몽골제국 연대기

몽골제국 연대기

라시드 앗 딘
지음

김호동
옮기고 엮음

사□계절

『몽골제국 연대기』 서문

몽골제국은 지난 수천 년간 인류 역사의 주된 무대였던 유라시아 대륙에서 가장 광대한 영토를 정복하고 통치한 제국이었다. 13세기 초부터 14세기 후반에 이르기까지 거의 두 세기에 걸친 제법 긴 기간 동안 몽골제국의 직접적인 지배 혹은 간접적인 영향에서 자유로운 집단은 거의 없었다. 한반도의 고려 왕조 역시 1260년경부터 그 지배 아래에 들어갔고 100년이 지난 뒤에야 비로소 그 손아귀에서 벗어날 수 있었다. 몽골제국의 출현과 지배가 세계사적인 대사건이었음은 그 누구도 부인할 수 없다.

그런데 근대로 들어와 유럽을 세계사의 주인공으로 인식하고 서술하는 역사관이 자리 잡으면서 유럽 이외 지역의 역사는 올바른 평가를 받지 못했다. 아시아 여러 나라와 민족은 인류 역사를 발전시킬 만한 힘을 갖지 못했기 때문에 그 역사는 정체될 수밖에 없었다는 낙인이 찍혔다. 반면 그리스·로마가 이룩한 눈부신 성취의 횃불을 이어받은 유럽인들은 대항해의 시대에 세계 각지를 식민지로 만들었고, 이때 와서야 비유럽 세계는 비로소 인류 역사의 본류에 동참할 수 있게 되었다고 평가받았다. 이러한 유럽 중심의 역사관은 19세기 이래 크게 유행했던 마르크스

주의적 유물 사관이건, 혹은 그것을 비판했던 베버주의적 역사 이론이건, 모두에게서 공통적으로 발견되는 변하지 않는 입장이었다.

유럽을 역사의 중심에 놓으려는 이러한 흐름 속에서 몽골제국의 역사가 올바른 평가를 받을 리 만무했다. 몽골제국은 유럽이 지향했던 휴머니즘과 계몽주의, 자유와 평등과 민주 같은 가치와는 정면으로 배치되는, 학살과 파괴의 화신이었고 전제와 혼란이 횡행하는 시대를 불러온 장본인으로 묘사되었다. 칭기스 칸은 아틸라의 뒤를 이어 '신의 채찍(Scourge of God)'으로 불렸고, 러시아는 오랜 세월 '타타르의 멍에(Tatar Yoke)'로 신음하면서 그 역사가 왜곡되고 마침내 소비에트 전체주의로 갈 수밖에 없었다고 여겨졌다.

양차 세계대전의 발발과 그것이 가져온 파괴는 이러한 서구 중심의 역사관을 근본부터 뒤흔들어 놓았고, 그 반작용으로 서구·비서구 사회를 모두 아우르는 통합적인 역사 인식의 필요성이 제기되었다. 세계사의 발전에 대한 새로운 인식은 몽골제국사를 바라보는 관점에도 중대한 변화들을 일으켰다. 지금까지 파괴와 학살이라는 어두운 색조가 캔버스를 뒤덮었다면 이제는 과도하게 칠해진 그 음영들이 조금씩 벗겨지면서, 그 아래에 가려져 있던 새로운 무늬들이 드러나기 시작했다. 지난 30여 년에 걸쳐 이루어진 몽골제국사 연구들을 살펴보면 이러한 경향은 뚜렷하게 확인된다. 유라시아의 여러 민족과 국가들이 몽골제국이라는 거대한 수레바퀴와 함께 엉켜서 돌아가면서, 그 전까지는 알지 못했던 지리적으로 먼 외부 세계와의 접촉과 교류가 가능하게 되었고, 이는 곧 근대적인 세계관의 확립으로 연결되었다.

역사 일반에 대한 이 같은 새로운 접근 방식, 특히 몽골제국사에 대한 새로운 이해가 강조되면서, 서아시아를 지배하던 몽골제국의 재상인 라시드 앗 딘이 14세기 초에 편찬한 『집사』가 주목을 받기 시작했다. 『집사』를 두고 많은 학자들은 역사상 '최초의 세계사'라는 별명을 붙여주었다. 이 말은 결코 과장이 아니다. 13세기 초 칭기스 칸의 제국이 탄생한 이후 14세기 후반 여러 지역을 지배하던 몽골의 정권들이 분열하고 붕괴할 때까지, 몽골제국의 역사는 그 자체로 이미 세계사였다. 몽골인들이 추진한 수많은 정복 전쟁들, 외교적 교섭과 사신들의 방문, 경제적 교류와 상인들의 활동, 종교의 확산과 선교사들의 왕래 등은 지구상의 수많은 지역을 하나의 네트워크에 연결시켰다. 그것은 13~14세기의 유라시아를 정치·문화적으로 연결시킨 '몽골웹(Mongol Web)'이었다. 『집사』는 바로 이 몽골웹이 포괄하는 제국 전역을 서술의 대상으로 삼고 있다.

그렇기 때문에 13~14세기 세계사의 핵심이자 기축이었던 몽골제국의 역사를 올바로 이해하기를 원하는 사람이 있다면 누구라도 『집사』에서부터 출발하지 않으면 안 된다. 내가 몽골제국사에 관심을 갖게 된 1980년대 초부터 『집사』에 매료되고 몰두하게 된 까닭도 바로 여기에 있었다. 당시 『집사』에서 가장 사료적 가치가 높고 중요한 몽골제국사 부분은 러시아어로 번역이 되어 있었으나, 그것을 읽어도 원자료가 담고 있을 생생함을 느끼기 어려웠다. 그래서 원문을 직접 읽기 시작했고, 나는 거기서 몽골제국사에 대해서 이제까지 느끼지 못했던 새로운 지견과 감동을 얻게 되었다. 당시 한국의 몽골제국사 연구는 거의 불모지나 다름없었다. 이곳에서 원사료가 주는 그 생생한 느낌을 다른 연구자들과 공유하고 싶다는 생각이 들어서 번역을 시작하게 되었다. 비록 긴 세월이 소요되기는 했지만, 그 끝에 모두 다섯 권으로 된 우리말 번역본이 나왔다.

『집사』의 편찬자인 라시드 앗 딘(Rashīd al-Dīn)이라는 인물에 대해서는 번역본 『집사』 제1권인 『부족지』에 필자가 쓴 해설에서 이미 자세히 설명했기 때문에, 여기서는 간략한 소개로 그치도록 하겠다. 그의 출생 연도는 1240~41년경으로 추정되지만, 기록에 따라 더 늦게 1247년 혹은 1250~51년경이라는 주장도 있다. 그는 이란 지방에서 출생했지만 유대인이었을 가능성이 높은 것으로 여겨지고 있다. 1256년 훌레구가 서아시아로 원정을 와서 시아파에 속하는 소위 '암살자단'의 근거지 알라무트 성채를 포위했을 때, 그곳에 있던 라시드 앗 딘의 조부와 부친을 비롯하여 일가가 몽골군에 투항했다. 라시드 앗 딘은 훌레구의 아들이자 후계자인 아바카 칸(재위 1265~82년)의 궁정에 나아가, 가업으로 익혔던 의약에 관한 지식을 바탕으로 칸을 위해 봉사하며 그의 총애를 받기 시작했다. 그러다가 가잔 칸(재위 1295~1304년)의 치세에 재상으로 등용되어 그를 도와 여러 가지 개혁책을 수립하고 막강한 영향력을 행사하였다.

가잔 칸의 개혁은 피폐해가던 훌레구 울루스(일 칸국)의 경제를 회복하고 몽골의 정치·사회적 지배력을 강화하기 위해서 추진되었다. 가잔은 이를 위해 칭기스 칸을 위시한 조상들이 어떤 과정을 통해 몽골제국을 건설했는지, 또 훌레구가 서아시아를 정복한 이래 자신에게 이르기까지 통치의 정통성이 어떻게 확립되었는지 등의 사실을 분명히 천명해야 할 필요가 있다고 생각했다. 그가 라시드 앗 딘에게 『몽골제국사』의 편찬을 지시한 것은 바로 이러한 의도에서였다.

그러나 1304년 5월 가잔 칸이 사망할 때까지 라시드 앗 딘은 집필을 완료하지 못했다. 가잔의 동생 울제이투(재위 1304~16년)가 형의 뒤를 이어 즉위하자 그는 이제까지 집필한 내용을 정서해서 칸에게 헌정했고, 이를 받아서 본 울제이투는 몽골제국사의 편찬을 신속하게 완성하라고 명령했다. 이렇게 해서 완성된 이 역사서에 '가잔의 칙명에 의해 편찬된 축복받은 역사서'라는 의미에서 『가잔 축복사』라는 이름을 붙였다. 그리고 칸은 라시드 앗 딘에게 세계의 주요한 민족들의 역사서와, 나아가 세계의 여러 경역을 설명한 지리서를 추가로 저술하라고 지시했다. 이렇게 해서 모두 3부, 즉 제1부 『가잔 축복사』, 제2부 『세계 민족지』, 제3부 『세계 경역지』로 이루어진 『집사』가 완성되었다. 이 가운데 세 번째에 해당되는 『세계 경역지』는 현재 전해지지 않고 있다.

필자가 지난 20년에 걸쳐서 완역한 것은 바로 제1부인 『가잔 축복사』, 즉 몽골제국의 역사다. 돌이켜 생각해보면 필자의 역량 부족으로 인해서 시간이 많이 지체되고 또 번역상의 오류도 눈에 띄지만, 국내의 많은 연구자들이 라시드 앗 딘의 손에 의해 편찬된 이 중요한 역사적 자료를 쉽게 읽고 자신의 연구에 활용하는 모습을 보고 나름대로 보람을 느낄 수 있었다.

다섯 권으로 이루어진 번역서는 '사료'로서의 신빙성을 확보하기 위해 가능한 한 원서의 표현에 충실하려고 노력했고, 고유명사의 표기나 당대의 특수한 표현과 용어들에 대해서도 원어가 주는 느낌을 가능하면 그대로 전달하려고 애썼다. 그러다 보니 전문적인 연구자가 아닌 일반적인 교양 독자들은 번역서에 몰입하기도 어려울 뿐만 아니라, 상당한 인내심 없이는 완독하기도 어려운 사정이 되었다. 이에 몽골제국사에 대한 일반인의 이해를 넓히기 위해서는 『집사』에 보다 용이하게 접근할 수 있어야 하지 않을까 생각하게 되었고, 그러한 이유로 이번에 한 권으로 된 『몽골제국 연대기』를 내놓게 되었다.

나는 일찍이 대학 학부와 대학원 시절에 토인비(Arnold J. Toynbee)의 대저 『역사의 연구』라든가 이븐 할둔(Ibn Khaldūn)의 『역사서설』 같은 기념비적 저서를 그 완역본이 아니라 서머벨(D. C. Somervell)과 로젠탈(F. Rosenthal)의 축약본을 통해서 처음 접했다. 두 사람의 축약본을 읽어보면 나름대로 충실하게 원서의 맛과 내용을 전달하려고 노력한 흔적이 역력히 보인다. 만약 이 두 대저를 처음부터 완역본으로 읽으려고 시도했다면, 그 방대한 분량은 두말할 나위도 없거니와, 거기에 담긴 수많은 디테일과 전문적인 설명으로 인해 결국 마지막 페이지에 도달하지 못하고 책을 덮었을지도 모른다. 그런 의미에서 축약본은 일반 교양 독서인에게는 원서의 근사치를 맛보게 해주는 동시에, 초보 전문가들에게는 추후에 원서 전체를 읽기 위한 일종의 징검다리 같은 역할을 해준다. 이 『몽골제국 연대기』도 그러한 역할과 가치를 갖기를 바라는 마음이다.

다섯 권으로 된 『집사』 한국어 번역본 가운데에서 몽골제국사의 탄생, 정복을 통한 세계제국으로의 발전, 각 지역에 들어서게 된 몽골 정권들(울루스)의 역사를 이해하기 위해서 독자들이 알면 좋겠다고 생각한 부분들을 선별하여 재배치하였다. 그 과정에서 라시드 앗 딘의 문장 자체를 필자의 방식대로 바꾸거나 새로운 내용을 삽입하지는 않았다. 문장에 수정을 가하거나 보충을 하더라도 그것은 독자의 이해를 위한 최소한의 수준으로 제한하였다. 『집사』에는 인명, 지명, 용어 등에 대해서 일일이 원문의 복원이 가능하도록 전사(轉寫)를 달고 또 자세한 주석도 첨가했지만, 여기서는 그러한 복잡한 학술적 장치들을 제거하였다. 다만 내용의 이해를 위해 꼭 필요한 경우에는 괄호 안에 설명을 추가하였다. 그러나 독자들이 라시드 앗 딘의 원문에 있는 내용이 정확하게 무엇인지 알기를 원할 때 그것을 확인할 수 있도록, 본문의 좌우 여백에 한국어 번역본의 권수와 쪽수를 함께 표기하였다. 아울러 보다 쉬운 이해를 위해서 지도와 계보를 삽입했는데, 한국어 번역본 및 『아틀라스 중앙유라시아사』에 실은 자료를 이용했다. 또한 모두 일곱 장의 세밀화를 첨가했는데, 이것은 프랑스 파리 국립도서관에 소장된 사본(Suppl. persan 1113)에 있는 것들이다.

일찍이 유럽의 한 학자는 중국에서 편찬된 『원사(元史)』를 갖고는 몽골제국사 개설서를 쓸 수 없지만, 라시드 앗 딘의 『집사』를 갖고는 그것이 가능하다고 말한 적이 있다. 물론 이는 『집사』의 자료적 가치와 그 중요성을 강조하기 위해서 한 말이지만, 어느 정도 일리 있는 주장이다. 실제로 19세기 전반에 스웨덴의 역사가 도오송(C. d'Ohsson, 1779~1851년)이 파리 국립도서관에 소장된 『집사』를 핵심 자료로 삼아서 방대한 분량의 몽골제국사를 저술한 바 있다. 또 다른 학자의 표현을 빌리면 『집사』는 14세기 초 서아시아의 타브리즈 같은 도시에 살던 사람들이 읽던 몽골제국사 개설서였다. 14세기 초 당대인들의 관점과 감성을 바탕으로 기록된 『집사』가, 그리고 그 축약본인 이 책이 21세기 한국의 독자들에게도 그 생생한 느낌과 감동을 전하는 수단이 되었으면 하는 바람이다.

2024년 7월 30일

양평 성숙재에서

김호동

일러두기

· 본서는 페르시아의 역사가 라시드 앗 딘이 저술한 『집사』의 한국어판 『라시드 앗 딘의 집사』 다섯 권을 연대기 형식으로 재편집한 것이다.

· 번역을 위해 이스탄불 톱카프도서관에 소장된 Revan Köşkü 1518을 저본으로 삼고, 타슈켄트 알 비루니(Al-Biruni)연구소에 소장된 no.1620과 대조했다. 또한 테헤란에 있는 이란 국민의회도서관에 소장된 no.2294 사본, 런던의 영국박물관에 소장된 Add.7628 사본, 톱카프도서관의 Bağdat Koşkü 282 사본, 파리의 프랑스국립도서관에 소장된 Supplement Persan 1113 사본 등 모두 여섯 종의 사본을 대조·검토하였다. 이 밖에도 1957년 아제르바이잔 바쿠에서 출간된 알리자데(A. Alizade)를 위시한 러시아 학자들의 교감본, 1995년 이란의 테헤란에서 출간된 무함마드 로샨(Muḥammad Rawshan)의 교감본, 1940년에 출간된 얀(Jahn)의 교감본 등을 참고하여 보충하였다.

· 각 단락의 출처는 다음의 규칙에 따라 표시하였다.

『라시드 앗 딘의 집사』 제1권 『부족지』, 216쪽 5행부터 217쪽 12행까지 → v.1, p.216, 5~p.217, 12.

『라시드 앗 딘의 집사』 제3권 『칸의 후예들』, 83쪽 1행부터 12행까지와 제4권 『일 칸들의 역사』, 329쪽 18행부터 330쪽 3행까지 → v.3, p.83, 1~12; v.4, p.329, 18~p.330, 3.

· 아랍문자의 알파벳 표기는 다음의 규칙에 따라 번역하였다.

ā, a, b, p, t, th, j, ch, ḥ, kh, d, dh, r, z, zh, s, sh, ṣ, ḍ, ṭ, ẓ, ʿ, ğ, f, q, k, g, l, m, n, w/v, h, i/y

· 사본에 표기된 몽골·튀르크 고유명사나 어휘를 영문으로 표기할 때 채택한 가장 중요한 원칙은 알파벳 전사(轉寫)만으로도 원문의 철자를 재구성할 수 있어야 한다는 점이었다. 그렇지 않을 경우, 전문적인 독자들이 역자의 자의적인 독음 여부를 판단하기란 불가능하기 때문이다. 따라서 장모음은 철자 위에 ¯ 표시를 통해 모두 나타내되, 단모음은 몽골·튀르크어의 원음을 고려해 첨가했다. 다만 자음 j와 ch, g와 k는 점 표시가 불분명한 경우 원음에 가까운 선택을 했다. 또한 b, p, t 등의 아랍문자에 점이 없을 경우에는 전사를 할 때 $로 표기하였다.

MNGKW: 뭉케(Möngkū), MWNGKA: 뭉케(Mōngkā), $WRQAQ: 투르칵(tūrqāq)

· 아랍, 페르시아, 튀르크, 몽골 등 다양한 민족과 언어에 속하는 이름과 용어들을 한글로 표기할 때 예외 없이 통일된 원칙에 따라 옮기는 것은 불가능하다. 그렇지만 기본적인 원칙이 필요하다는 점은 분명하며, 본서에서는 표기 원칙으로 몇 가지 사항을 지키려 하였다. 아랍·페르시아어의 kh는 'ㅎ'(예: 후라산Khurasan)으로, q는 'ㅋ'(예: 카즈빈Qazvin)으로 옮겼고, 튀르크어의 모음 ö, ü는 각각 'ㅚ'와 'ㅚ'로 옮겼다. 몽골어의 모음 o는 'h'로 하되 ö, ü, u는 모두 'ㅜ'(예: 우구데이Ögödei)로 하였고, 자음 q는 'ㅋ'(예: 칸qan, 쿠빌라이Qubilai)으로 하였다. 그러나 이러한 원칙에 따르다 보면 더러 우리의 귀에 매우 익숙한 용어가 어색하게 표기되는 경우가 생긴다. 따라서 일부의 경우는 전사 원칙을 무시하고 관용적 표현을 따르는 예외를 인정하였다.

❧ 제1편 칭기스 칸, 태동하는 제국 ❧

제3장 대외 원정과 제국의 팽창 109

❧ 제2편 세계제국의 탄생 ❧

제1장 우구데이 카안의 세계 정복전 185

제3편 쿠빌라이 카안의 시대

프롤로그*

신의 은밀한 진리들 가운데는 어느 누구의 상상과 인식으로도 미칠 수 없는 것들이 있다. 또한 여러 현자와 지식인들이 이해하고 아는 것이 있다고 하더라도 그것을 일반 대중과 무지한 사람들에게 설명하면, 이해 능력이 부족한 사람들 혹은 종교와 종파의 신조를 내세우는 사람들은 받아들이기를 거부한다. 그래서 그들은 그 진리를 받아들이지 못하고 반대만 하게 되는 것이다. 그러한 비밀들의 모습이 분명히 나타나서 세상 사람들의 눈으로 보아도 부인하지 못하며, 그래서 마침내 신앙을 갖게 하는 것이 신의 뜻이다.

장엄한 주님께서 이슬람 신도를 징계하는 일을 우상숭배자들이 아니라 신의 유일성을 믿는 강력한 다른 종족의 손으로 이루어지게 하신 것도 바로 그러한 비밀 가운데 하나다. 신께서는 그처럼 막강한 종족의 힘을 통해서 이슬람을 바로잡고, 나아가 천

* 프롤로그는 이 책의 편찬 당시 몽골제국과 세계 정세를 설명한 『집사』 제1권 『부족지』, 「[제1부의] 서언」, 71~86쪽의 내용을 발췌 요약했다. 그 밖에 「서언」에서 몽골제국사 편찬 경위를 설명한 부분은 이 책의 말미에 「에필로그」로 수록하였다.

성적으로 유일신에 대한 신앙을 갖는 그 종족을 이슬람으로 귀의케 하신다. 그들은 일반 대중에게 신성한 명령에 따르고 복종토록 하고, 자신은 율법에 헌신하여 그 계율과 의무의 실현을 위해 노력함으로써, 어떠한 우상숭배자도 이슬람을 경멸할 수 없도록 한다.

이 같은 주장에 대한 결정적이고 명백한 증거는 다음과 같다. 즉 무슬림 세계를 받쳐주던 기둥들이 재앙의 충격으로 흔들리자, 세계의 군주인 칭기스 칸과 그의 빛나는 후손들 가운데에서 위대한 군주들이 등장하였다. 이들이 세상 여러 지방을 정복하고 무수한 도시와 지역을 지배하였다. 동에서 서, 북에서 남에 이르기까지 지상의 여러 나라와 왕국은 그들의 수중에 있고, 그들이 선포한 막강한 칙령은 마치 바람처럼 바다와 사막을 넘어가서 온 사방의 모든 생명에게 미치고 있다.

지금 현재(1302년) 세상에서 가장 핵심적인 지역인 이란 땅의 왕국들은 가잔 칸이 통치하고 있다. 그는 탁월한 능력으로 국가를 운영하며 규범과 법령을 정돈하고 낡은 법률을 수정하였다. 그는 반항하는 자, 자만하는 자들의 목에 복속의 올가미를 걸어서 그의 명령에 순종하게 만들었다. 난제를 해결하는 순수한 지성과 왕국을 다스리는 명석한 판단은 여러 문제와 논점들 가운데 어느 하나도 의심의 베일 속에 남겨두지 않았다. 그의 완벽한 달변과 유창한 웅변에 가장 고귀하고 위대한 현자와 학자들도 문답할 힘을 잃는다. 예의범절과 각종 기예에 관한 지식에 있어서도 그는 독보적인 존재다.

그는 각 계층의 사람들을 위한 선정의 규례를 정비하고, 자비의 건물을 세우는 데 지고의 노력을 바쳤다. 갖가지 선행을 베풀고 번영의 대책을 세우는 데 많은 시간을 소비했다. 예언자 무함마드가 행한 이적(異跡)의 영향을 받아 순결한 빛으로 가득 찬 그의 마음은 이슬람을 자신의 종교로 선택했다. 그리고 유일신앙을 가진 일부 몽골인, 우상을 숭배하는 다른 종족들, 또 신을 믿지 않는 위구르나 다른 종족들로 구성된 자신의 군대를 모두 무슬림으로 개종시켰다. 그는 나라 안 여러 곳에 있는 우상을 부수고 우상의 전당을 허물었으며, 그 자리에 모스크를 짓게 했다. 이단적인 것은 무엇이건 모두 폐기하고 제거하라고 명령했고, 매순간 이슬람의 깃발을 높이 올리고 제도의 정비와 종교의 강화 및 율법의 현창을 위하여 새로운 칙령을 반포했다.

칭기스 칸과 그의 조상과 후손에게 위엄을 갖추어서 왕국의 문을 열어주고, 이슬람 종교를 강화하고 율법의 계명을 실행한 것이 바로 신께서 바라시는 일이다. 이 모든 것은 신의 유일성을 믿는 하나의 배(腹)에서 여러 종족들이 갈라져 나와 독립된 개체들을 이루었기 때문이다. 이 위대한 종족의 요체는 세계 정복의 군주 칭기스 칸이었고, 그의 후손들 가운데 핵심은 바로 마흐무드 가잔 칸이다. 따라서 이제 지고한 신의 은총의 자취가 그들 가운데 어떤 양상으로 나타났는지를 서술하고, 그렇게 된 역사와 그 종족들이 어떻게 분파되었는지를 설명해야 할 것이다.

역사란 드물게 일어나는 기이한 정황과 놀라운 사건들을 입수하고 정리하여 그것을 글로 적고 책에 기록한 것임은 지혜로운 분들이 모두 인정하는 바이다. 각 시대의 좋고 나쁘고 중요한 사건들을 묘사하여 후손들에게 귀감이 되게 하고, 지나간 시대의 정황을 다가올 시대에 알리며, 그렇게 함으로써 유명한 군주나 강력한 국왕들에 관한 설명이 시대의 페이지 위에 영원히 남도록 하는 것이 바로 학자의 임무다. 그렇게 하지 않으면 사건과 사실들은 시간의 경과와 시대의 흐름에 따라 사라져버리고 말 것이다.

옛날부터 '튀르크'라는 이름으로 불리던 한 종족이 있었다. 그들은 아무다리야와 시르다리야에서부터 동방의 끝까지, 그리고 킵착 초원에서부터 주르첸(여진)과 키타이(한지漢地) 지방의 변경에 이르는 지역까지를 거처로 삼고 살아왔다. 그들은 그 지방에 있는 산과 계곡과 초원에 거주했지만, 촌락과 도시에 정주하는 데에는 익숙치 않았다. 그들은 이란 땅에서 멀리 떨어져 있었기 때문에 과거의 사서로는 그들의 자세한 역사나 정황을 알 수 없었다.

세상의 통치와 지배의 순서가 칭기스 칸과 그의 후손들에게 이르게 되자, 친과 마친(남중국), 키타이(북중국), 인도, 마와란나흐르와 투르키스탄(중앙아시아), 시리아, 룸(소아시아), 아스(카프카즈 중북부), 러시아, 체르케스(캅카스 서북부), 킵착(카스피해 북방 초원), 켈레르(헝가리), 바쉬기르드(우랄산맥 남부) 등 지상의 왕국들을 모두 복속시켰다.* 과거에 일부 학자들은 칭기스 칸과 그의

* 각 지명에 관한 구체적인 설명은 『부족지』, 82쪽의 주석 29~34번을 참조하라. 이 밖에도 지명·인명 등 고유명사의 원서 표기가 궁금하다면, 본문 단락마다 표시해놓은 『집사』의 해당 쪽에서 확인하라.

일족의 역사와 신앙을, 또 그들의 통치 방식을 잘 알지 못했기 때문에 서로 상반된 주장을 하기도 했다. 몽골의 문자와 언어로 된 그들의 신빙성 있는 역사서들이 시대별로 정리되지 않은 채 불완전한 단편의 형태로 군주의 재고(보물고)에 보존되어 있고, 이방인이나 전문가들은 그것을 열람할 수 없었다. 어느 누구에게도 그것을 열람할 수 있는 기회가 주어지지 않았다.

이란 땅을 통치하는 군주의 자리가 마흐무드 가잔 칸에게 이르게 된 지금, 그는 명철한 판단으로 그 자료들을 정리할 필요가 있다고 생각하시고 일 칸의 나라의 종이자 주님의 은총에 의지하는 자, 즉 이 글의 저자이자 '하마단 출신의 의사 라시드'라는 별명을 지닌 나 파들 알라 이븐 아불 헤이르에게 이렇게 명령하셨다. "재고 안에 보존되어 있는 몽골 및 튀르크인들의 기원과 계보를 기록한 여러 사서들과 그들에 관한 일화를 적은 단편들을 참고하고 폐하의 신하들이 보관하고 있는 것들을 세심하게 검토하라. 진실된 언어로 그 내용을 정비·정리하여, 지금까지 베일에 가려 있던 진실의 자태를 드러내라."

만약 상세한 내용을 알 수 없을 경우에는, 키타이와 인도와 위구르와 킵착의 학자와 현자들, 그리고 폐하의 어전에 있는 여러 귀족들 가운데 존귀한 대신인 볼라드 칭상에게 탐문하라고 하셨다. 각종의 기예와 튀르크 종족의 계보와 그 역사에 관해서, 특히 몽골에 관한 지식에서 그를 능가할 사람은 이 세상 어디에도 없다.

특수한 용어로 기록된 사서들을 이용하여 편찬하되 처음부터 끝까지 신분 고하에 상관없이 누구든 읽고 이해할 수 있게 쓰고,

몽골 지배가 출현하던 시기에 생긴 기이한 정황과 중대한 사건들이 날이 지나고 달과 해가 흘러도 지워지지 않도록 하라고 하셨다. 왜냐하면 현재 아무도 그러한 일들을 알지도 탐구하지도 않고, 세월이 흘러서 젊은이들과 신세대는 조상의 이름과 계보는 물론, 지나간 시대에 어떤 일들이 일어났는지, 또 무슨 연유로 그런 일이 일어나게 되었는지에 대해 무관심하고 무지하기 때문이다.

이같이 중요한 임무를 수행하라는 제왕의 칙명을 받았을 때, 이 보잘것없는 종은 따르고 복종할 수밖에 없었다. 나의 마음은 몽골의 역사와 그들의 전승과 일화에 관한 지식을 얻으려는 열정으로 가득 찼다. 칙명을 완수하기 위해 엄청난 노력을 기울였고, 재고에 보존된 채 정리되지 않은 글들을 읽고 내용을 확인한 뒤에, 전부 정리하고 분류했다. 또한 폐하를 모시고 있는 여러 현자들, 여러 종족의 학자와 역사가들로부터 들은 내용을 모두 거기에 첨가하였다. 누구나 쉽게 이해할 수 있도록 평이한 문체를 사용하고 편과 장절을 나누어 집필했다. 이것이 신의 뜻에 부합하기를, 또한 폐하께서 따뜻한 눈으로 받아들여주시기를, 그리하여 능력 없는 이 종이 이승과 저승 두 세상에서 축복과 평안을 얻기를 바랄 뿐이다.

제1편

칭기스 칸,
태동하는 제국

칭기스 칸이 출생할 무렵인 12세기 중반 몽골 고원의 유목민들은 울루스(ulus)라 불리는 집단으로 나뉘어 살고 있었다. 울루스라는 말은 원래 '사람', '백성'을 뜻하지만 '부족', '나라'와 같은 뜻으로도 쓰였다. 당시의 대표적인 울루스로는 나이만, 케레이트, 타타르, 메르키트, 오이라트, 몽골 등이 있었다.

나이만은 고원의 가장 서쪽인 알타이 방면에 있었으며, 케레이트는 몽골 고원의 중심 지역에 위치해 있었다. 고원의 동부에는 타타르가 있었고, 초원의 북방, 즉 바이칼 호 남쪽의 셀렝게 강 유역에는 메르키트가 있었다. 가장 서북부에 해당되는 이르티쉬 강 유역에는 '삼림민'이라 불리던 오이라트가 있었다. '몽골'은 고원 중북부의 헨티 산지에 자리 잡고 있었다. 오논·케룰렌·톨라 세 강이 발원하는 '삼하의 원류'가 있는 부르칸 칼둔 부근이 이들의 근거지였다.

1206년 테무진은 오논 강의 발원지에서 쿠릴타이를 열었다. 몽골 고원의 모든 유목민들이 자신의 지배 아래 통합되었음을 선포하고 '칭기스 칸'이라는 칭호를 취했다. 그의 출생 연도에 대해서는 1155년부터 1167년까지 견해가 다양하지만, 현재 몽골국에서는 1162년을 공식 인정하고 있다. 그가 열 살 남짓 되던 해에 아버지 이수게이가 타타르인들에게 독살된 뒤 테무진 일가는 부르칸 칼둔 산지로 숨어들어가 비참한 생활을 했다. 그러나 그와 형제들이 성장하면서 상황은 조금씩 호전되었다. 테무진은 옹기라트씨 데이 세첸의 딸 부르테와 혼인한 뒤 아버지의 의형제였던 케레이트의 토오릴(옹 칸)을 찾아가 그의 가신이 되었다. 그리고 이때부터 적대 세력을 하나씩 격파해나갔다. 그는 의형제 자무카와 결별했고 자신의 후원자 토오릴과도 충돌했으며 타이치우트·메르키트·타타르를 격파했다. 그리고 마침내 몽골 고원에서 가장 강력한 두 집단인 케레이트와 나이만을 격파함으로써 통일의 위업을 달성했다.

이후 칭기스 칸은 1227년 사망할 때까지 대부분의 시간을 대외 원정으로 보냈다. 먼저 몽골 고원 주변에 있던 키르기스(1207년)와 오이라트(1208년)를 복속시킨 뒤 도주한 나이만의 왕자 쿠출룩을 추격하기 위해 중앙아시아로 군대를 보냈다. 1209년에는 몸소 탕구트(서하)를 공격하여 이듬해 복속시키고, 마침내 1211년 여진의 금과 전쟁을 시작했다. 수도 중도를 포위당한 금은 1214년 몽골의 요구를 받아들이고 화친하기로 했지만, 몽골군이 철수하자 그해 여름 황하 이남의 개봉으로 수도를 옮겼다. 몽골군은 다시 남하하여 화북을 점령하고 금과 전쟁을 계속했다. 한편 호라즘으로 보낸 사신단이 1218년 시르다리야 하반의 오트라르에서 학살당한 사건을 계기로 칭기스 칸은 서방 원정을 시작했다. 1219~25년 7년간의 전쟁 끝에 신흥 대국 호라즘은 멸망했고 중앙아시아와 서아시아에서 번영하던 많은 도시는 폐허로 변했으며 주민들은 살육을 당했다. 이슬람 측 사료에 기록된 살육된 사람들의 숫자는 크게 과장되어 있긴 하나 파괴의 실상이 참혹했던 것은 사실이다.

칭기스 칸은 귀환한 뒤 다시 탕구트 원정에 나섰다가 1227년 사망했다. 그는 세계를 정복하고 모든 나라를 지배하는 제국을 건설할 생각은 하지 않았을지 모른다. 그러나 원정의 결과 중국과 중앙아시아의 농경 지역에 대한 지배가 현실화됨에 따라 그의 제국은 서서히 세계제국으로 변모하기 시작했다.

제1장

열조의 시대

『집사』에 기록된 칭기스 칸 조상의 계보

†: 후계 부족, =: 혼인 관계

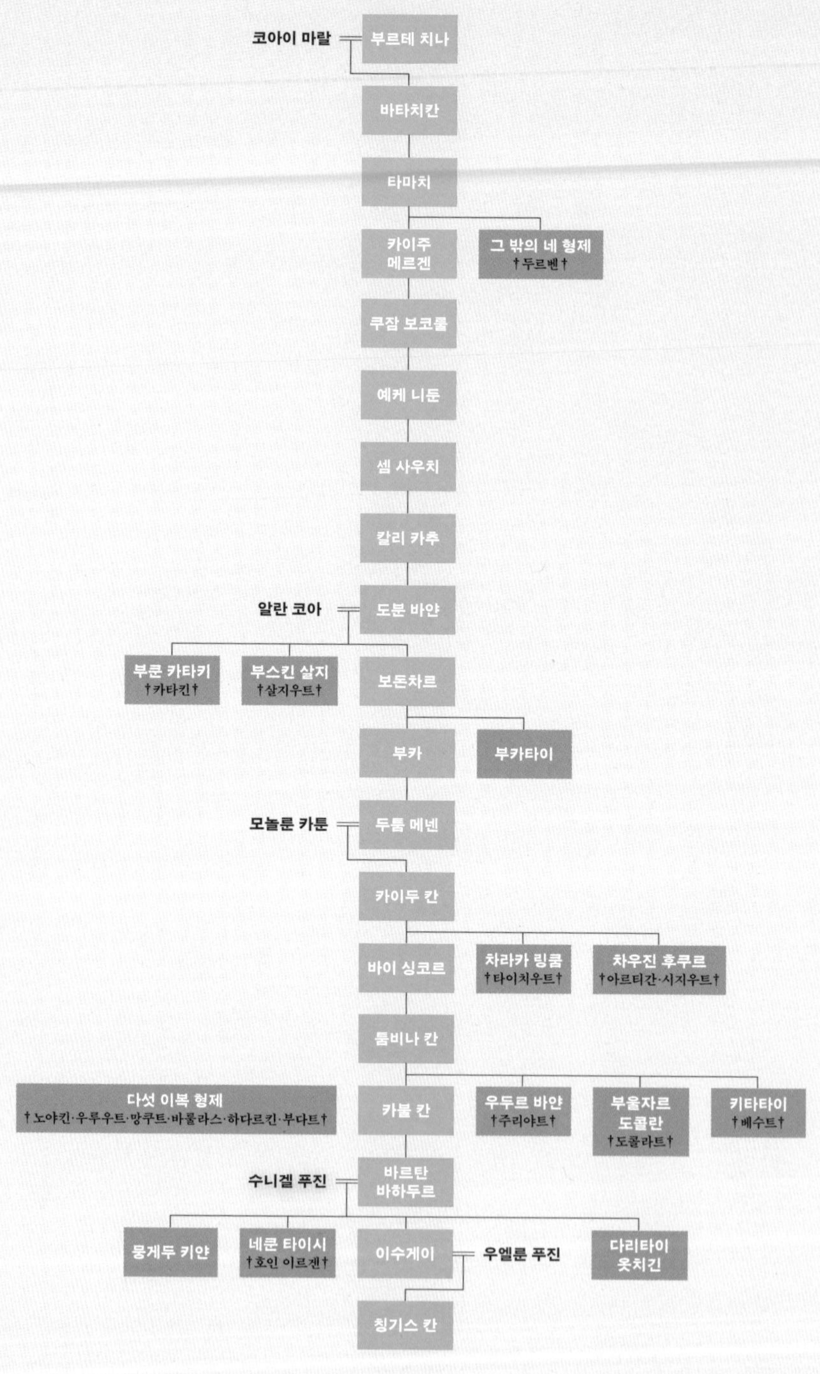

몽골과 튀르크의 여러 종족에게는 그들 모두를 통치할 만큼 강력한 군주가 없었기 때문에, 각자 별도의 군주와 수령을 세우고 서로 전쟁하고 대립하면서 대부분의 세월을 보냈다. 이웃해 있던 키타이(중국) 사람들은 유목 생활을 하던 그들을 빈번히 살육했고, 그들도 마찬가지로 키타이 지방에 대한 약탈을 거리낌 없이 감행하곤 했다. 키타이의 군주들은 늘 몽골 유목민의 위협을 걱정하며 국경을 각별히 경계하고 통제했다. v.2, p.13, 1 ~ 11

키타이 지방과 유목 종족들 사이에는 알렉산더의 성벽과 같은 것이 세워졌는데, 그것을 몽골어로는 '웅구'라고 부르고 튀르크어로는 '요쿠르카'라고 부른다. 이 장성의 한쪽 끝은 너무나 넓어서 건너기조차 힘든 카라무렌 강(황하)에 닿아 있고, 다른 쪽 끝은 주르첸 지방 끝에 있는 바다에 접해 있다. 키타이의 군주들은 웅구트족을 자기의 군대로 고용하고 또 헌신적인 예속민으로 삼아서 웅구의 관문 수비를 맡겼다. v.2, p.13, 11 ~ p.14, 1

여러 종족들에 관해서는 수많은 일화가 있지만 이곳 이란 땅에는 전해지지 않았으며, 그 조상들의 정황에 관해서도 자세히 알려지지 않았다. 그들 각자는 자기 조상들의 일화를 어느 정도 알고 있지만, 지난 세기나 먼 옛날의 정황을 확인시켜줄 만한 역 v.2, p.14, 6 ~ p.15, 1

사서는 없다. 지고한 신께서는 칭기스 칸의 조상들에게 행운을 주시어, 도분 바얀과 알란 코아의 후손들을 몽골의 여러 지파들 가운데 특별히 존귀한 존재로 만드셨는데, 그때부터 지금까지 대략 400년 정도의 시간이 흘렀다. 이제부터 칭기스 칸과 그의 조상들에 관한 일화와 역사와 계보를 살펴보도록 하자.

❧ 정결한 여인 알란 코아의 회임 ❧

v.2, p.16, 1 ~10 믿을 만한 역사가들이 진술하는 바에 따르면, 모든 몽골 종족은 아무르 강 상류에 있는 에르구네로 피신했던 네쿠즈와 키얀이라는 두 사람의 후손이라고 한다. 거기서 밖으로 나온 무리 가운데 부르테 치나라는 이름의 수령이 있었는데, 그에게는 부인과 자식이 많았다. 첫째 부인은 코아이 마랄이며, 그의 자식들 가운데 가장 뛰어난 아들은 바타치칸이었다. 그에게 아들이 하나 있어 후계자가 되었으니 이름이 타마치였다.

v.2, p.16, 10 ~p.17, 5 이 타마치에게 다섯 명의 아들이 있었는데, 큰아들 카이주 메르겐이 뒤를 이었다. 전하는 바에 따르면 다른 네 아들은 다른 곳으로 자신들의 거처를 옮기고자 했지만 강의 지류 하나가 가로막고 있었다. 그들은 마른 똥을 잔뜩 모아서 뗏목 같은 것을 만들어 타고 강을 건너 다른 지방으로 갔다고 한다. 사람들은 두르벤 족이 그들의 후손이라고 하는데, 그것은 두르벤이 '넷'을 뜻하고 그들이 네 집단으로 이루어진 연합체이기 때문이다.

v.2, p.17, 12 ~p.18, 17 카이주 메르겐의 아들 쿠잠 보코룰이 그의 후계자가 되었다.

그의 뒤를 이은 아들은 예케 니둔이었고, 그의 아들 셈 사우치가 또 그 뒤를 이었다. 그의 아들인 칼리 카추에게서 도분 바얀이 태어났는데, 그의 목지는 오논과 케룰렌과 톨라 강가에 있었다. 이 세 강은 부르가두 산에서 흘러나온다. 도분 바얀은 코룰라스족 출신의 알란 코아라는 정결한 부인을 얻었다. 그녀에게서 벨구누트와 부구누트라는 두 아들이 태어났지만, 도분 바얀은 얼마 후 세상을 일찍 떠났다.

믿을 만한 사람들이 전하는 바에 의하면, 알란 코아는 과부가 v.2, p.23, 5 ~11
된 지 얼마 지나지 않은 어느 날 집 안에서 잠이 들었다. 그때 천막 틈새로 한 줄기 빛이 들어와 그녀의 배 속으로 들어갔다고 한다. 그녀는 놀라고 두려워 그 일을 아무에게도 말하지 않았다. 곧 자신이 임신했다는 사실을 깨달았다. 출산할 때가 가까워지자 남편의 형제와 친족들이 모여 말하기를, "남편도 없는 부인이 몰래 남자를 구해서 임신까지 할 수 있단 말인가?"라고 했다.

그 말을 듣고 알란 코아가 대답했다. "남편이 없는 내가 아이 v.2, p.23, 12 ~20
를 가졌으니 당신들이 의심하는 것이 마땅하다. 그러나 내가 어떻게 창피를 당해야 마땅할 그런 부정한 행동을 했겠는가? 사실 나는 매일 밤 꿈을 꾸었다. 그 꿈속에서 사람의 모습을 한 빛이 밤에 내 눈 앞에 나타났다가 가버리는데, 그의 피부는 황색이고 눈은 회색이다. 그러니 당신들이 나에 대해서 품는 의심은 사실과 다르다. 지금 내 배 속에 있는 자식들은 특별하며, 그들은 장성해서 모두를 지배하는 군주가 될 것이다."

알란 코아에게서 세 아들이 태어났다. 큰아들은 부쿤 카타키 v.2, p.24, 3 ~p.25, 9

그림 1. 세 아들을 훈계하는 알란 코아

로, 카타킨족이 그의 후손이다. 둘째 아들은 부스킨 살지로, 살지우트족의 조상이다. 막내 보돈차르는 그 나무가 맺은 열매의 정수였다. 수많은 종족이 그에게서 나왔으며 칭기스 칸의 계보는 그에게로 거슬러 올라간다. 세 아들의 일족을 모두 니르운이라고 부르는데, 이는 알란 코아의 순결한 허리에서 나왔다는 사실을 나타낸다. 몽골의 종족들 가운데 니르운 집단이 아닌 이들은 모두 다 두릴리킨이라고 불린다. 벨구누트와 부구누트도 도분 바얀의 자식이지만 알란 코아에게서 나오지 않았기 때문에, 그 후손들은 두릴리킨이라고 불린다.

❀ 보돈차르와 모놀룬 ❀

알란 코아의 막내아들인 보돈차르는 수많은 몽골 부족의 지휘자로서 매우 용맹한 사람이었다. 두 아들을 두었는데 큰아들은 부카이고 작은아들은 부카타이였다. 칭기스 칸과 다수의 니르운 종족이 부카의 후손이다. 그가 아버지의 뒤를 이었으며, 두툼 메넨이라는 아들을 하나 두었다. 부카타이에게도 아들이 하나 있었는데 이름이 나친이다. 타이치우트 지파 가운데 일부가 나친에게서 나왔다고 말하는 사람도 있지만, 이는 믿을 만하지 못하다. 황실 재고에 보관된 역사서들 가운데 하나인 『금책(金冊, Altan Debter)』에 따르면, 타이치우트는 두툼 메넨의 아들인 카이두의 아들 차라카 링쿰에서 나왔다. v.2, p.27, 1 ~14

나친에 관해 전해지는 이야기가 하나 있다. 그가 자기 조카인 v.2, p.27, 15 ~p.28, 4

카이두 칸을 잘라이르족의 손아귀에서 빼내와 보살폈고, 그와 함께 오논과 케룰렌 지방으로 와서 서로 가까운 곳에 살았다는 것이다. 타이치우트 지파에 속하는 사람들의 수가 많았고, 나친의 자손들도 그들과 하나가 되어 뒤섞여버렸기 때문에, 나친의 후손들이 타이치우트라는 이름으로 불렸을 가능성은 있다. 특히 그들이 사촌간이어서 잘못된 전승이 생겨났을 것이다.

v.2, p.30, 1 ~9 부카의 아들인 두톰 메넨은 칭기스 칸의 7대조였다. 몽골인들은 7대조를 '두타쿤'이라고 부른다. 그에게는 아홉 명의 아들이 있었다. 부인의 이름은 모놀룬 카툰이었는데 '타르군(뚱보) 모놀룬'이라고도 불렀다. 그가 사망할 때 그녀는 살아 있었다. 그녀의 아들들은 저마다 다른 부족의 여자를 부인으로 삼고 사위 자격으로 그 부족으로 갔다. 모놀룬은 부유하여 재산이 많았으며, 누쉬 에르기와 흑산(黑山)이라고 부르는 곳에 거주지와 목지를 갖고 있었다. 말과 가축들이 어찌나 많았는지 수를 헤아릴 수 없을 정도였다.

v.2, p.30, 13 ~p.31, 12 그 당시 몽골족에 속하는 잘라이르 부족이 케룰렌 지방에 70개의 쿠리엔을 이루고 살고 있었다. 1000여 가호가 둥그렇게 원형으로 둔영을 쳤기 때문에 그것을 '바퀴'라는 뜻을 지닌 쿠리엔이라 불렀다. 이렇게 볼 때 그 부족은 7만 호였던 셈이다. 케룰렌은 키타이 지방에 가까웠기 때문에 키타이 병사들이 자주 침입했다. 그들은 장작과 나뭇가지를 묶어서 타고 강을 건너왔다. 그런 다음 키가 말채찍 길이밖에 안 되는 아이들을 포함하여 잘라이르족을 몰살시키고 재물과 가축을 약탈했다.

v.2, p.31, 13 ~p.32, 1

잘라이르 무리 가운데 약탈 현장에서 멀리 떨어져 있던 70여 가구가 모놀룬의 집 근처로 도망쳤다. 배고픔을 참을 수 없었던 그들은 땅에서 수두순 풀뿌리를 캐 먹었다. 그로 인해 구덩이가 파이고 평평한 지면이 울퉁불퉁해졌다. 그곳은 본래 모놀룬의 아들들이 말을 달리곤 하던 곳이었다. 그래서 이 일을 항의하자 그들은 모놀룬을 잡아서 살해했다.

v.2, p.32, 2 ~11

그때 모놀룬의 자식들은 각자 다른 부족의 여자들과 혼인하여 따로 살고 있었다. 잘라이르 사람들은 보복을 걱정하여 그들이 다니는 길목을 가로막고 기다렸다가 여덟 명의 아들을 살해했다. 단 한 사람, 켄베우트 부족과 혼인한 막내아들 카이두만 살아남았다. 그보다 먼저 그곳으로 장가갔던 숙부 나친이 잘라이르 사람들이 저지른 일을 듣고 나서 쿠미즈(마유주)를 담는 커다란 푸대 속에 카이두를 숨겼다.

v.2, p.32, 12 ~p.33, 4

얼마 후 키타이의 공격에서 살아남은 다른 잘라이르 사람들이 모놀룬 일가를 몰살한 70가구 사람들을 붙잡았다. 그들은 “너희는 우리와 상의도 하지 않고 어떻게 감히 이런 짓을 저질렀느냐”라고 질책한 뒤 남자들은 모두 죽이고, 여자와 아이들은 카이두의 종으로 보냈다. 그때부터 지금까지 잘라이르 부족은 ‘우테구 보골(세습 노비)’이 되었고, 칭기스 칸과 그의 일족의 유산으로 전해진다. 이후 나친과 카이두는 켄베우트 부족에서 독립했다. 카이두는 몽골리아의 변경에 있는 바르쿠진 투쿰이라는 곳에 자리를 잡았고, 나친은 오논 강 하류에 살게 되었다.

❧ 카이두 칸과 그의 자식들 ❧

v.2, p.36, 1 ~p.37, 10 카이두 칸은 칭기스 칸의 6대조였다. 몽골어로 6대조는 '보르카이'라고 부른다. 그에게서 세 명의 아들이 태어났는데, 첫째의 이름은 바이 싱코르이며 칭기스 칸의 계보는 그에게로 연결된다. 둘째는 차라카 링쿰이다. 막내는 차우진이며, 아르티간과 시지우트라는 두 부족이 그의 후손이다. '링쿰'이라는 말은 키타이어로 '고관'을 뜻한다. 그들은 키타이 지방 가까이에 살았기 때문에 키타이식 칭호를 많이 사용했다. 그러나 몽골의 평민들은 '링쿰'이라는 말의 뜻을 이해할 수 없어서 '차라카 링쿠'라고 발음했다. 『금책』에는 그가 모든 타이치우트 부족의 조상이라고 되어 있는데, 아마 이 설명이 진실에 더 가까울 것이다. 타이치우트는 수도 많고 강력한 부족이었다. 칭기스 칸이 어려서 아버지를 여의었을 때, 그의 휘하에 있던 대부분의 추종자와 병사들은 홀로 남겨진 그의 가족을 버리고 타이치우트 부족과 한편이 되었다. 이로 인해 칭기스 칸과 타이치우트 사이에서 싸움이 벌어졌는데, 이에 관한 설명은 뒤에 나온다.

v.2, p.38, 9 ~16 차라카 링쿰의 지파에 관해서는 다음과 같은 일화가 전해지고 있다. 그의 큰아들은 소르카두쿠 치나였이고, 소르카두쿠의 아들이 함바카이 카안이다. 그는 카불 칸과 같은 항렬이었다. 나중에 타타르 부족이 함바카이를 붙잡아 키타이의 알탄 칸(금나라 황제)에게 보냈는데, 알탄 칸은 나무로 만든 나귀에 함바카이를 쇠못으로 박아서 죽였다.

v.2, p.38, 19 ~p.41, 18 그가 타타르인들에게 붙잡힌 까닭은 다음과 같다. 함바카이

는 자기 딸을 타타르의 수령에게 시집보냈으나, 나중에 타타르와 사이가 틀어져 딸을 다시 데려오기 위해 길을 떠났다. 가는 길에 자신이 탄 붉은색 말이 갑자기 쓰러져 죽고, 양을 삶던 가마솥이 깨어지는 등 불길한 일들이 일어났다. 주위에서는 걸음을 멈추라고 만류했으나 그는 고집을 꺾지 않았다. 함바카이 일행을 맞이한 타타르인들은 연회를 베풀었다. 얼마 후 그는 술에 잔뜩 취한 채로 포박되었다. 그리고 알탄 칸에게 붙잡혀 가서 치욕적인 처형을 당했다. 그와 함께 타타르에게 갔던 토단 옷치긴은 미리 낌새를 알아채고 겨우 도망쳐서 돌아왔다. 이 소식을 들은 몽골인들은 쿠툴라 칸의 지휘하에 출병하여 키타이 사람들을 공격했다.

차라카 링쿰에게는 또 다른 아들이 있었다. 그는 자기 형 바이 v.2, p.42, 7 ~p.42, 14
싱코르가 죽자 형수를 처로 맞아들였다. 그녀에게서 두 아들이 태어났는데, 겐두 치나와 울렉친 치나이다. 그들의 후손들에게서 나온 집단을 치나스 부족이라 부른다. 그들은 칭기스 칸과 연합했다.

카이두의 셋째 아들 차우진은 여러 아이를 가졌고, 그에게서 v.2, p.42, 19 ~p.43, 3
생겨난 지파도 매우 많다. 아르티간과 시지우트가 그의 후손이며, 그들은 타이치우트와 칭기스 칸이 대립할 때 칭기스 칸 편에 섰다.

⁂ 카불 칸 ⁂

v.2, p.46, 1~6; v.2, p.48, 6~p.49, 1 바이 싱코르는 칭기스 칸의 5대조이고, 몽골어로 5대조는 '부다우쿠우'라고 부른다. 그의 아들 툼비나는 칭기스 칸의 4대조이며, 몽골어로 4대조는 '부다투'라고 부른다. 총명하고 용감한 아홉 아들을 두었는데, 그 각각에서 이름난 부족과 지파가 나왔다. 오늘날 그 숫자는 2~3만 호이고 남녀 모두를 헤아리면 10만 명에 이를 것이다. 이 숫자를 근거 없는 이야기라고 생각하면 안 된다. 왜냐하면 몽골인들은 예부터 자신의 근원과 계보를 간직하는 관습이 있고, 따라서 이들 아홉 지파의 이름과 그 일족의 규모가 잘 알려져 있기 때문이다.

v.2, p.49, 1~p.51, 4 아홉 아들 가운데 위로 다섯은 한 어머니에게서 태어났다. 첫째는 차크수이며 노야킨, 우루우트, 망쿠트 부족이 그의 후손이다. 둘째는 바림 시라투카 바이주이다. 셋째는 카출리이며 바룰라스 부족이 그의 후손이다. 넷째는 셈 카치운이고 하다르킨 부족이 그의 후손이다. 다섯째는 바트 켈게이이며 부다트 부족이 그의 후손이다. 툼비나의 또 다른 부인에게서 네 명의 아들이 태어났는데, 첫째는 카불 칸이며 그의 계보가 칭기스 칸으로 이어진다. 둘째는 우두르 바얀이며, 셋째는 부울자르 도콜란인데 도콜라트 부족이 그의 후손이다. 넷째는 키타타이이며 베수트 부족이 그의 후손이다.

v.2, p.53, 1~8 카불 칸은 칭기스 칸의 증조부이며, 몽골인들은 증조부를 '엘린칙'이라고 부른다. 그에게서 수많은 부족과 지파가 갈라져 나왔으며, 그의 후손들을 뭉뚱그려 '키야트'라고 부른다. 그의 큰아

들이 오킨 바르칵이다. '오킨'은 '딸'이라는 뜻인데, 그의 용모가 매우 아름답고 깨끗했기 때문이다. 그의 얼굴은 크고 넓고 둥글었으며 턱이 완전히 갈라져 있었다.

오킨 바르칵은 젊어서 죽었다. 아들을 한 명 남겼는데 이름은 소르칵투 유르키다. 그의 아들이 세체 베키였다. 유르킨 집안 사람들이 그의 후손이다. 당시 타타르족은 키타이 군주 알탄 칸에게 복속한 예속민이었다. 그런데 카불 칸이 그의 사신들을 죽이자 두 세력 사이에 깊은 반목이 생겼다. 카불 칸의 자식들도 타타르족과 적대하며 전투를 벌였다. 그들은 항상 매복하며 기회를 엿보았다. 그러다 갑자기 그런 기회가 찾아왔다. 그들은 오킨 바르칵을 붙잡아 알탄 칸에게 보냈고, 그 역시 나무로 된 나귀에 못 박혀 처형당했다. v.2, p.53, 9 ~p.54, 1

카불 칸의 둘째 아들이 바르탄 바하두르였으니, 그가 칭기스 칸의 조부다. 셋째 아들은 쿠툭투 뭉케였는데 타이추라는 아들이 하나 있었다. 넷째 아들은 카단 바하두르였다. 다섯째 아들은 쿠틀라 칸이었고, 그가 아버지 카불 칸이 죽은 뒤 군주가 되었다. 쿠틀라 칸은 처음에는 칭기스 칸과 연합했지만 나중에 옹 칸과 한편이 되었다. 이 이야기는 뒤에 칭기스 칸 부분에서 나올 것이다. 그의 큰아들 주치 칸이 후계자가 되었는데, 주치 칸은 자기 휘하의 천호와 함께 칭기스 칸과 연합하여 그의 군대에 포함되었다. 또 다른 아들이 있었는데, 이름은 알탄이다. 처음에는 칭기스 칸과 연합했다. 후에 칭기스 칸과 타타르족이 전투를 벌일 때 전리품에 정신을 팔지 않기로 결의했는데도 약속을 지키지 않았 v.2, p.54, 2 ~p.55, 2

다. 칭기스 칸은 그가 노획한 전리품을 회수했다. 그래서 화가 난 그는 옹 칸에게로 가버렸고 결국 나중에 칭기스 칸의 군대에 의해 죽임을 당했다. 여섯 째 아들은 토단 옷치긴이었다.

v.2, p.56, 1 ~17 카불 칸에 관해서는 일화들이 무척 많다. 그는 몽골인들 사이에서 매우 유명했고, 그의 자식들도 모두 용맹했다. 그들의 명성은 키타이의 알탄 칸 조정까지 널리 퍼졌다. 알탄 칸은 양측이 화친하기를 희망했다. 그래서 그를 초청하는 사신들을 보냈다. 카불 칸이 방문하자 알탄 칸은 그를 매우 정중하게 맞이하며 진수성찬과 감미로운 술을 대접하였다. 키타이 사람들은 강력한 적들을 은밀한 계교에 빠트리거나 독약을 타서 죽이는 기만과 음모로 악명이 높았다. 카불 칸은 그들이 혹시 음식에 독을 넣었을까 두려워하여 기회만 있으면 휴식을 취한다는 구실로 밖에 나갔고, 날씨가 더워 몸을 식히겠다면서 물에 들어가곤 했다. 그는 양 한 마리를 먹을 수 있을 정도로 오랜 시간을 잠수해 있으면서 물속에서 먹은 것을 전부 토했다. 그러고는 밖으로 나와서 다시 술과 음식을 먹었다.

v.2, p.56, 20 ~p.57, 10 하루는 술에 취한 카불 칸이 손뼉을 치고 발을 구르며 알탄 칸 앞으로 가서 그의 수염을 잡아당겼다. 대신과 친위병들은 이 모습을 보고 “우리 군주에게 어떻게 이러한 수모를 줄 수 있는가?” 라고 하면서 카불 칸을 없애려고 마음먹었다. 그러나 알탄 칸은 참을성 있고 현명한 군주였다. 그는 카불 칸에게 수많은 부족과 추종자들이 있다는 것을 잘 알고 있었다. 만일 이렇게 사소한 일로 그를 죽인다면 그의 형과 아우들이 적개심에 가득 차 복수하

러 올 것이며, 두 나라 사이에 적대와 증오가 그치지 않을 것이라고 걱정했다. 그래서 카불 칸의 행동을 장난과 익살로 여기고 화를 삭이면서 용서해주었다. 오히려 그의 키만큼 많은 금은보화와 의복을 창고에서 가져와 하사한 뒤 최대한의 예우를 갖추어 돌려보냈다.

대신들은 "그를 돌려보내는 것은 좋은 방책이 아닙니다"라고 말하며 알탄 칸을 설득했다. 결국 그도 생각을 바꾸고 카불 칸을 부르는 사신을 보냈다. 하지만 카불 칸은 되돌아가자는 사신의 제안을 거절했다. 그러자 알탄 칸은 이미 고향에 도착한 그에게 다시 사신을 보냈다. 그의 부인들은 사신에게 "그는 지금 아들과 며느리들을 찾아서 멀리 갔기 때문에 여기에 없다"라고 둘러댔다. 사신들은 할 수 없이 발길을 돌렸다. v.2, p.57, 11 ~18

그런데 그들이 돌아가는 도중에 지나가던 카불 칸을 발견하여 그를 붙잡았다. 일행은 얼마 후 카불 칸의 의형제인 살지우타이의 집에 머물렀다. 카불이 그에게 자신의 처지를 설명하자, 살지우타이는 회색 준마를 한 마리 주면서 "기회를 틈타 채찍을 휘둘러 도망치게!"라고 말했다. 밤이 되자 사신들이 그의 발을 등자에 묶어두었지만, 그는 기회를 포착하여 그 말을 타고 도망쳤다. 그를 쫓던 사신들은 도중에 습격을 받아 몰살당했다. 이렇게 해서 카불 칸은 무사할 수 있었다. v.2, p.57, 18 ~p.58, 14

❧ 쿠툴라 칸 ❧

v.2, p.67, 14 ~p.68, 5 카불 칸의 여섯 아들 가운데 쿠툴라 칸이 군주 자리를 계승했다. 비록 그의 형제들도 모두 용사였으나 힘과 용맹함에서 그가 가장 뛰어났다. 몽골의 시인들은 그의 용기와 대담함을 칭송하는 시를 남겼다. 전해지는 바에 따르면 그의 고함소리는 일곱 개의 산을 넘어서 들릴 정도였고, 산에서 울리는 메아리와 비슷했다고 한다. 그의 손은 마치 곰과 같아서, 아무리 크고 힘센 사람이라도 그가 두 손으로 움켜잡으면 화살이 부러지는 것처럼 허리가 두 동강 났다. 또한 겨울밤에는 불을 피운 장작더미 옆에서 맨몸으로 잠이 들곤 했는데, 활활 타는 불에서 튄 불똥이 몸에 떨어져 살을 태워도 그는 신경 쓰지 않았다. 어쩌다 잠에서 깨면 벼룩이 깨문 것이라 생각하고 몇 번 긁고는 다시 잠에 빠졌다고 한다. 그는 식사 때마다 세 살짜리 큰 양 한 마리를 먹고 큰 가죽 포대에 든 쿠미즈를 다 마셨지만 늘 포만감을 느끼지 못했다.

v.2, p.68, 6 ~15 타타르족이 그의 형제인 오킨 바르칵과 아버지의 사촌 함바카이 칸을 알탄 칸에게로 보내 죽였기 때문에, 쿠툴라는 군대를 이끌고 키타이로 가서 알탄 칸의 군대와 전투를 벌이고 그 지방을 약탈했다. 칭기스 칸이 키타이와 전쟁을 시작할 때 "키타이의 군주들이 함바카이 칸과 오킨 바르칵과 카단 바하두르, 즉 나의 형들을 죽이고 잔혹한 일을 저질렀습니다. 그들의 복수를 하기 위해서 내가 출정하는 것이니, 위대한 신의 가호와 도움을 청합니다"라고 신에게 탄원한 것도 이러한 연유가 있었기 때문이다.

v.2, p.68, 14 ~p.70, 14 쿠툴라 칸에 대해 다음과 같은 일화가 전해지고 있다. 차라카

링쿰의 손자이자 소르카두쿠 치나의 아들인 함바카이 칸은 그 당시 타이치우트의 군주였다. 그는 타타르족에서 부인을 한 명 고르기 위해 그들에게 갔다. 그러나 그들은 "무슨 까닭으로 우리의 딸들을 취하려 하는가?"라고 하면서 분노했고 함바카이를 붙잡아 알탄 칸에게 보냈다. 알탄 칸은 자신들의 관습대로 그를 나무로 만든 나귀에 못 박아 죽였다. 그리고 쿠툴라 칸의 부하 한 사람을 돌려보내 처형 소식을 일족에게 전하도록 했다. 그는 돌아가서 함바카이가 처형당한 일을 그의 아들인 카단 타이시, 카단의 아들인 토다와 쿠툴라, 그리고 이수게이에게 자세히 설명했다. 소식을 들은 이들은 피의 복수를 결의했다. 쿠툴라를 '칸'으로 추대하고, 모든 군대가 그와 함께 키타이 방면으로 향했다. 그들은 알탄 칸의 군대를 격파하고 수많은 키타이 사람들을 죽이고 그들의 재산을 약탈했으며 무수한 전리품을 취하여 병사들에게 나누어주었다.

쿠툴라는 귀환하는 도중에 홀로 떨어져서 사냥했다. 그때 두르벤 부족이 그가 혼자 있는 것을 보고 군대를 동원하여 공격했다. 그는 서둘러 도망쳤지만, 넓은 진창이 있는 어떤 곳에 이르러 말이 그 진창에 빠지고 말았다. 그러자 한 발을 안장 위에 올리고 진창 옆으로 펄쩍 뛰어나온 뒤, 말의 갈기를 움켜잡고 들어서 말을 진창 밖으로 끌어냈다. 그러고는 진창 건너편에 있던 적들을 따돌리고 집으로 달려갔다. v.2, p.71, 1 ~ 12

한편 먼저 도망친 그의 부하들이 집에 도착하여 두르벤족의 습격 소식을 알려주었다. 카단과 토다는 큰 소리로 울었었지만 v.2, p.71, 13 ~ p.72, 5

쿠툴라의 부인은 "나는 믿을 수 없다. 쿠툴라 칸이 어떤 사람인가. 그의 목소리는 하늘을 찌를 듯하고 그의 손아귀는 세 살짜리 곰의 손과 같지 아니한가. 결코 두르벤의 손에 운명을 마감할 사람이 아니다. 아마 곧 불현듯 나타날 것이다"라고 말했다.

v.2, p.72, 6 ~18 쿠툴라는 집으로 돌아오는 길에 두르벤족의 말 떼를 만났다. 그중에서 준마 한 마리를 낚아채더니 다른 암말도 모두 몰고 가 버렸다. 그때는 마침 봄이어서 평지에 오리 알이 무척 많았다. 그는 양말을 벗어서 오리 알을 가득 담고 안장 끈에 매단 뒤, 준마의 맨 등에 올라타고 돌아왔다. 그때 이수게이는 쿠툴라의 장례 음식을 준비하고 있었다. 쿠툴라를 보자 사람들은 모두 기뻐하며 즐거워했고, 장례식은 축하연으로 바뀌었다. 그의 부인은 "아무도 이 사람을 죽일 수 없을 것이라고 내가 말하지 않았더냐?"라고 했다.

v.2, p.73, 1 ~4 ; p.74, 15 ~p.75, 4 앞서 설명한 것처럼 함바카이가 알탄 칸에게 끌려가 죽임을 당한 후, 그의 뒤를 이을 군주를 정하기 위해 일족과 자식들 및 타이치우트족의 수령들이 모였다. 그들은 한동안 논의를 했지만 아무것도 정하지 못했다. 그 뒤 그들이 어떠한 결정을 내렸는지 알려지지 않았다. 다만 이수게이가 젊어서 사망하고 칭기스 칸과 타이치우트 부족 사이에서 반목이 생겼을 때, 누구보다도 아달 칸의 아들인 타르쿠타이 키릴툭과의 대립이 심했다. 이렇게 볼 때 토다, 쿠릴 바하두르, 앙쿠 후쿠추를 비롯한 수령들은 아달 칸의 아들인 타르쿠타이 키릴툭에게 지도자의 자리를 위임한 것으로 추측된다. 그러나 쿠툴라 칸이 죽은 뒤 그의 조카인 이수게

이 바하두르가 일족을 다스린 것은 분명하다.

ஃ 바르탄 바하두르 ஃ

v.2, p.76, 1 ~5

바르탄 바하두르는 칭기스 칸의 조부였다. 몽골어로는 조부를 '에부게'라고 부른다. 큰 부인이 있었는데 이름은 수니겔 푸진이고 타르쿠트 부족 출신이었다. 그에게 네 아들이 있었다.

v.2, p.76, 6 ~9

첫째의 이름은 뭉게두 키얀이다. 그에게는 아들이 여러 명 있었지만 후계자는 창슈트였다. 그는 칭기스 칸의 시대에 뭉게두 키얀의 군대와 종족과 속민들을 지휘했으며, 자기 휘하의 타이치우트 군사들과 함께 칭기스 칸을 모셨다.

v.2, p.77, 1 ~15

둘째 아들은 네쿤 타이시이다. 그의 후손을 '호인 이르겐(숲의 사람들)'이라고 부르는데 그 이유는 다음과 같다. 칭기스 칸의 시대에 변심한 그들은 타이치우트와 연합하여 삼림으로 가버렸다. 그래서 멸시하는 뜻으로 호이(숲)라는 별명이 생겼다. 타이치우트와 다른 일부 부족에도 같은 이름이 붙었는데, 그 까닭은 삼림 가까운 곳에 목지를 둔 부족들은 모두 삼림의 종족에 속한다고 여겼기 때문이다. 네쿤 타이시는 아들이 많았는데, 장남인 쿠차르가 후계자가 되었다. 그는 매우 멀리까지 정확하게 활을 쏘는 궁사였다. 그가 활을 얼마나 멀리까지 쏘았는지, 몽골인들은 "쿠차르의 화살은 어디까지 날아가는지 보이지 않는다"라고 과장하여 칭찬할 정도였다.

v.2, p.77, 15 ~p.78, 9

칭기스 칸이 어려서 아버지를 여의고 그를 따르던 사람들이 타이치우트 쪽으로 가버렸을 때, 쿠차르는 자기 군대를 데리고 칭기스 칸에게 와서 한동안 그를 위해 일했다. 칭기스 칸이 타타르족과 전쟁을 벌일 때 "우리 함께 합심하여 전투에 열중하고 전리품을 빼앗자. 그런 뒤에 우리가 빼앗은 것을 똑같이 분배하자"라고 약조했다. 그런데 쿠툴라 칸의 아들인 알탄, 네쿤 타이시의 아들 쿠차르와 칭기스 칸의 숙부인 다리타이 옷치긴 등이 그 약속을 지키지 않고 먼저 약탈물을 취했다. 칭기스 칸은 그들에게서 전리품을 압수하라고 명령했고, 그런 이유로 그들은 변심하고 말았다. 칭기스 칸이 옹 칸과 대립할 때 그들은 옹 칸의 편을 들었다. 나중에 옹 칸은 패배하고 도망쳐서 나이만에게로 갔다. 그곳에서 다시 칭기스 칸과 전쟁을 벌였지만, 신께서 칭기스 칸에게 승리를 가져다주었고, 쿠차르와 알탄은 죽음을 맞았다.

v.2, p.78, 15 ~21 셋째 아들은 이수게이 바하두르였으니, 그가 칭기스 칸의 아버지다. 키야트 지파의 보르지킨 가문이 그에게서 비롯되었다. 보르지킨은 '회색 눈'이라는 뜻이다. 이수게이의 자손과 오늘날에도 출생하는 일족의 대부분은 회색 눈에 황색 피부를 지니고 있다. 그 이유는 알란 코아가 회임할 때 "사람의 모습을 한 빛이 밤에 내 눈 앞에 나타났다가 가버리는데, 그의 피부는 황색이고 눈은 회색이다"라고 말한 일로 소급된다.

v.2, p.79, 6 ~14 넷째 아들은 다리타이 옷치긴이었다. 칭기스 칸과 심하게 반목하고 대립했기 때문에 결국 그의 일족은 예속민으로 전락하고 말았다. 앞에서 설명한 것처럼 그는 약속을 어기고 먼저 전리품을 취한 뒤 변심하여 옹 칸에게로 갔다가 다시 나이만에게로 갔

다. 그 뒤 두르벤 부족과 연합하여 여러 번 칭기스 칸과 전쟁을 벌였다. 그러다가 다시 칭기스 칸의 휘하로 들어왔으나 알탄, 쿠차르와 함께 죽임을 당했고, 그의 일족들 다수도 처형되었다.

⚜ 이수게이와 그의 자식들 ⚜

이수게이 바하두르는 칭기스 칸의 아버지였다. 몽골어로는 아버 v.2, p.83, 1 ~p.84, 1
지를 '에치게'라고 부른다. 그는 용맹한 군주였고, 그의 일족 모두가 합의에 의해 그를 지도자로 지명했다. 그는 몽골의 다른 부족들과 여러 번 전투를 벌였고, 타타르족이나 키타이 군대와도 싸웠다. 그래서 그의 명성과 이름은 주변에 널리 알려졌다. 그는 여러 부족에서 부인을 취했는데, 가장 큰 부인은 올쿠누트 부족 출신의 우엘룬 푸진이다. 그녀는 우엘룬 에케라고도 불렸으니 '우엘룬 어머니'라는 뜻이다. '푸진'은 키타이 말로 부인을 뜻한다. 이 큰 부인에게서 네 명의 아들이 태어났고 딸은 하나도 없었다. 다른 부인에게서 나이가 가장 어린 또 다른 아들이 태어났으니, 그의 이름은 벨구테이 노얀이다. 그러나 그는 네 아들의 중요함에는 미치지 못했다.

이수게이의 큰 아들이 테무진이었다. 그가 51세에 나이만의 v.2, p.84, 2 ~5
지배자를 죽이고 군주가 되었을 때 칭호를 칭기스 칸이라고 했다. 그에 관한 수많은 일화들은 뒤에서 서술할 것이다.

둘째 아들은 주치 카사르였다. 주치는 이름이고, '카사르'는 맹 v.2, p.84, 6 ~17
수를 의미한다. 왜냐하면 그는 몸집이 크고 힘이 세며 성격이 거

지도 1. 몽골제국 출현 전야의 세계와
몽골 고원의 주요 부족들

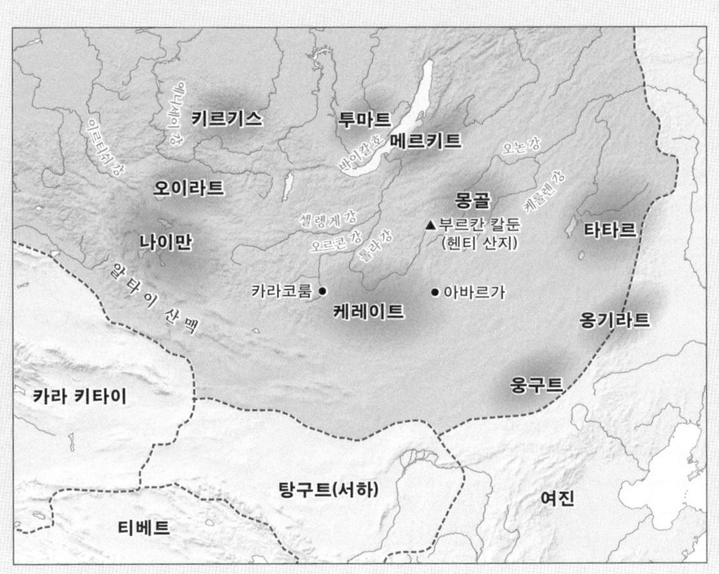
키르기스
투마트
메르키트
예니세이 강
이르티시 강
바이칼 호
오논 강
오이라트
몽골
케룰렌 강
셀렝게 강
▲부르칸 칼둔
(헨티 산지)
타타르
나이만
오르콘 강
톨라 강
알타이 산맥
카라코룸
아바르가
케레이트
옹기라트
웅구트
카라 키타이
탕구트(서하)
여진
티베트

아무르 강
바이칼 호
▲ 부르칸 칼둔
상경(회녕부)
카라코룸
몽골
여진(금)
고비 사막
북경(대정부)
일본
중도
개경
탕구트(서하)
황허
고려
교토
중흥부
낙양
항주(킹사이)
창장
남송
티베트
대리

칠었기 때문이다. 전하는 바에 따르면 그의 어깨와 가슴이 어찌나 넓고 허리는 얼마나 잘록했는지, 옆으로 누워서 자면 개 한 마리가 허리 사이로 빠져나갈 정도였다. 또한 힘이 얼마나 센지 사람 허리를 마치 나무로 만든 화살처럼 부러뜨릴 정도였다. 그는 대부분의 기간 동안 형인 칭기스 칸과 연합했으며 한마음이었다. 비록 옹 칸과 전투할 때 잠시 떨어지기도 했고 여러 차례 잘못을 범했다는 비난을 받는 일도 생겼지만, 칭기스 칸은 나이만의 군주 타양 칸과의 결전에서 카사르에게 중군을 맡겼다. 그는 그 전투에서 혼신의 힘을 다했고, 그래서 칭기스 칸도 그에게 은사를 내렸다.

v.2, p.84, 24 ~p.85, 14 주치 카사르는 자식이 많았다. 일설에 의하면 거의 40명에 가까웠다고 하지만, 널리 알려진 인물은 예쿠, 토쿠, 이숭게 셋이다. 예쿠는 키가 작았고, 토쿠는 그보다 더 작았다. 이숭게는 키가 크고 혈색이 붉었으며 수염을 길렀다. 주치 카사르가 사망하자 큰아들인 예쿠가 그의 자리에 앉았고, 예쿠가 죽자 그의 아들 하르카순이 계승했다. 그다음에는 그의 숙부인 이숭게가 뒤를 이었다. 뭉케 카안과 쿠빌라이 카안 시대에 주치 카사르의 계승자는 이숭게였고, 그는 명성이 자자했다. 중요한 문제나 국사를 논의할 때 반드시 참여했고 모두에게 대단히 존경받았다. 그는 관례에 따라 부친의 군대와 일족을 모두 관할했다. 쿠빌라이 카안과 그 동생인 아릭 부케가 대치했을 때 이숭게는 쿠빌라이 편을 들었다. 전하는 바에 따르면 그가 75세에 쿠릴타이에 참석하기 위해 쿠빌라이의 어전에 왔을 때 흰 머리가 한 올도 없었다고 한다.

v.2, p.85, 14 ~p.86, 2

칭기스 칸은 가족에게 군대를 배분할 때 주치 카사르의 아들인 예쿠, 토쿠, 이숭게 등에게 1000명을 주었는데, 여러 부대에서 각각 100명씩 뽑은 병사들이었다. 그의 지위를 계승한 일족이 그 군대를 모두 지휘했는데, 현재 여러 세대가 지나면서 그 숫자가 매우 늘어났다. 주치 카사르와 이숭게의 목지는 몽골리아 경계 안에서 동북방, 즉 에르게네, 쿠케 나우르, 카일라르 부근에 있다. 그 근처에는 칭기스 칸의 막냇동생 옷치긴의 아들인 지부와 손자인 타가차르의 목지가 있다.

v.2, p.86, 2 ~10

예쿠에게는 타이탁과 하르카순이라는 아들이 있었는데, 그들은 한 개의 백호를 관할했다. 토쿠의 아들인 에부겐 또한 백호를 관할했으며, 이숭게의 아들인 에메겐은 쿠빌라이 시대에 주치 카사르의 지위와 그의 울루스를 관할했다. 에메겐의 아들인 식투르도 역시 아버지의 후계자가 되었다. 훗날 그는 옷치긴의 일족인 타가차르의 손자들과 연합하여 쿠빌라이 카안에게 반역을 도모했다가 처형당했고, 그 군대는 다른 사람들에게 분배되었다.

v.2, p.89, 11 ~p.90, 1

이수게이의 셋째 아들은 카치운이었다. 그는 수많은 부인과 아들을 두었지만, 그의 후계자는 알치다이였다. 그의 목지와 울루스는 동방에 위치했다. 몽골리아 안에서 곧바로 동쪽에 있고, 키타이인들이 카라무렌(황하)에서부터 주르첸 바다(태평양)까지 이어서 세워놓은 성벽 부근에 있다. 즉 주르첸 지방(만주)과 매우 가까운 곳에 위치해 있다. 그 근처에는 이키레스 부족의 옛 목지, 칼랄진 엘레트 지방, 알쿠이 강 등이 있다.

v.2, p.90, 3 ~17

칸이 아들들에게 군대를 배분할 때 3000명을 알치다이에게 주었는데, 이들은 멸망하고 복속한 나이만, 우량카트, 타타르의 병사들로 이루어졌다. 알치다이에게는 아들이 많았는데, 후계자는 차쿨라였고 그다음은 쿨라우르, 그다음은 카단, 그다음은 싱라카르가 뒤를 이었다. 쿠빌라이 카안이 시험 삼아 알치다이의 일족을 헤아렸을 때 그들은 모두 600명이었다. 마지막 지도자인 싱라카르는 옷치긴 노얀의 일족인 나야(나얀) 및 다른 왕자들과 연합하여 쿠빌라이에게 반란을 꾀했다가 처형되었고, 그 군대도 다른 이들에게 분배되었다.

v.2, p.90, 18 ~p.91, 11 이수게이의 넷째 아들은 테무게 옷치긴이다. 테무게는 이름이고 옷치긴은 '불과 목지의 주인'을 뜻한다. 막내아들이 부모를 모셨기 때문에 옷치긴이라 부른 것이다. 그는 옷치 노얀이라는 이름으로 널리 알려졌다. 큰 부인의 이름은 산닥친이다. 올쿠누트 부족 출신으로 칭기스 칸의 모친 우엘룬의 친족이었다. 옷치 노얀은 몽골인들 중에서도 건물 짓는 일을 특히 좋아하여, 가는 곳마다 궁전과 전각과 정원을 건설했다. 칭기스 칸은 다른 동생들보다 특히 그를 더 아껴서 그 형들보다 더 높은 자리에 앉혔다. 지금도 그의 자식들은 주치 카사르나 카이운의 자식들보다 더 높은 곳에 앉는다. 칭기스 칸이 자제들에게 군대를 분배할 때 그에게 5000명을 주었는데, 그중 2000명은 킬키누트 부족의 오로나르 지파에서 충원되었고, 1000명은 베수트 부족에서, 그리고 나머지 2000명은 다른 여러 부족에서 징발되었다.

v.2, p.91, 11 ~p.92, 3 옷치긴의 많은 자식들 가운데 타가차르 노얀이 후계자가 되었다. 여러 세대가 흐르면서 칭기스 칸에게 받은 5000명의 병사는

수가 점점 더 많아졌다. 그의 목지는 동북방으로 몽골리아의 가장 변두리에 있었으며, 그 너머로는 어떠한 몽골인도 살지 않았다. 타가차르 노얀은 쿠빌라이 카안의 어전에서 열리는 쿠릴타이에 항상 참석하여 중대한 국사를 논의하고 존경을 받았다. 쿠빌라이는 아릭 부케와 대립할 때 그를 군대의 지휘관으로 임명하여 적의 군대를 격파했다. 그가 사망했을 때 아들이 여럿 있었는데, 지부가 후계자가 되었고, 그 뒤를 타가차르가 이었다. 그에게도 자식이 많았고, 수많은 군대와 함께 쿠빌라이 카안을 위해 열심을 다해 봉사했다. 아줄이 그의 후계자가 되었고, 그다음은 나야(나얀이라고도 불림)였다.

쿠빌라이는 옷치긴 일족의 숫자를 헤아리라는 칙령을 내렸는 v.2, p.92, 3 ~12
데, 그 수가 700명에 이르렀다. 나야는 쿠빌라이의 치세 말기에 그의 사촌들과, 즉 주치 카사르의 후손인 식투르, 알치다이 노얀의 후손인 싱라카르, 쿨겐의 후손인 에부겐, 우구데이 카안의 아들인 쿠텐의 일족, 기타 쿠빌라이 휘하에 있던 다른 왕자들과 비밀리에 내통하였다. 이들은 카이두와 연합하여 반란을 계획했다. 그런데 음모가 탄로 났고, 카안은 군대를 이끌고 가서 그들을 진압했다. 그 일부를 처형하고 휘하의 군대는 여러 사람에게 분배해 버렸다. 오늘날 그들의 울루스에 남아 있는 사람은 아무도 없다.

이수게이의 다섯 번째 아들은 벨구테이 노얀이다. 그는 우엘 v.2, p.92, 13 ~p.93, 11
룬이 아니라 다른 부인에게서 태어났고 다른 형제들과 동등하게 여겨지지 않았다. 하지만 항상 칭기스 칸을 모셨다. 하루는 칭기스 칸이 유르킨 집안 사람들과 연회를 벌이다 싸움이 일어났다.

이때 그들은 키리에스, 즉 말 계류장을 관장하던 벨구테이의 어깨를 칼로 내리쳤다. 이 이야기는 뒤에 칭기스 칸 편에서 자세히 설명할 것이다. 그에게는 자식들이 매우 많았지만 자우투가 후계자가 되었다. 그를 '자우투'라고 부른 이유는 100명의 부인과 100명의 아들을 두었기 때문이다. 몽골어로 '자운'은 100을 뜻한다. 그는 나중에 반란에 가담했지만 쿠빌라이가 예전의 공을 생각하여 목숨을 살려주었다. 다만 군대는 몰수하고 그를 중국 남쪽 해안의 더운 지방으로 보내버렸다.

v.2, p.94, 4 ~20 이수게이 바하두르가 치른 전투의 대부분은 상대가 타타르족이었다. 그들은 당시 몽골리아의 여러 종족들 가운데 가장 유명했고, 다른 부족에 비해 더 많은 군대를 보유하고 있었다. 카불 칸의 부인의 형제였던 사인 테킨이 사망하고 그의 일족이 타타르족의 무당 차라칼을 살해한 사건이 있은 뒤부터, 카불 칸의 자식들과 타타르족 사이에는 불화와 적대가 생겨났다. 양측은 항상 전투를 벌이며 싸웠다. 마침내 이수게이가 그들을 압도하고 패배시켰다. 특히 칭기스 칸이 태어날 무렵에 이수게이는 타타르를 침공하여 그들의 수령인 테무진 우게와 코리 부카를 죽이고 그 재산과 말 떼를 약탈했다. 그가 돌아왔을 때 마침 칭기스 칸이 태어났고, 그는 이를 상서로운 조짐이라고 여겨 아들의 이름을 '테무진'이라고 지었다.

제2장

칭기스 칸의 전반생

칭기스 칸의 증조부 카불 칸의 일족

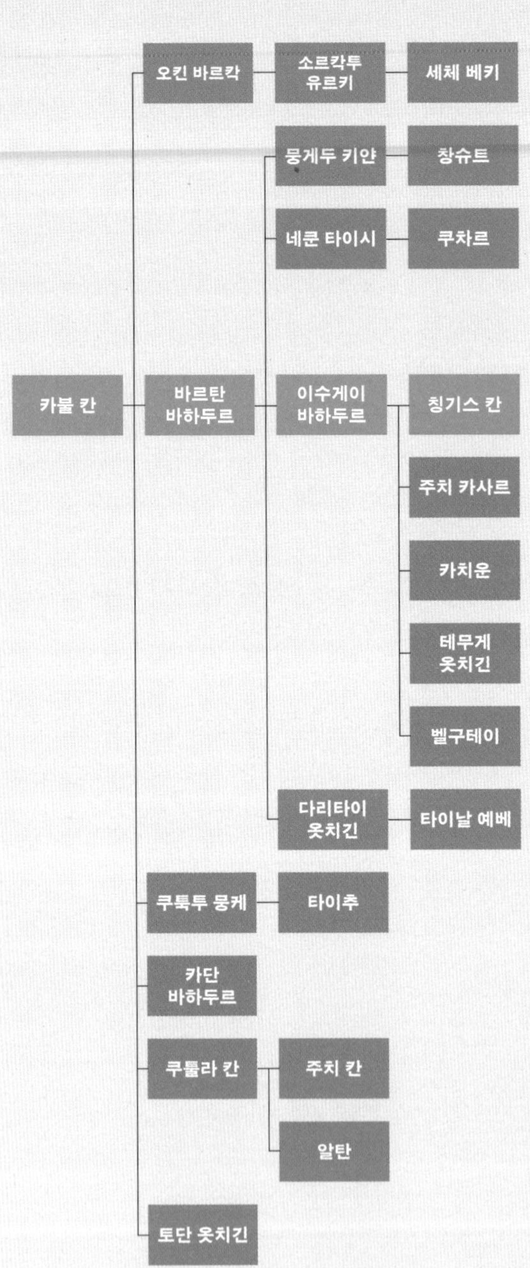

시간의 흐름과 함께 규범이 무너지고 나라와 민족들은 혼란에 v.2, p.101, 4 ~p.102, 2
빠질 수밖에 없다. 신께서는 영원한 창조 과정 속에서 신성한 율법을 실현하기 위해서 각 세대마다 용기와 위엄을 갖춘 위대한 군주를 내려보내신다. 그에게 하늘의 성스러운 축복을 내리고 막강한 외투를 입힌 뒤 그 같은 혼란을 없애게 하신다. 영원한 의지와 불멸의 지혜로 세계 정복의 전쟁터를 제패한 용맹한 기사, 즉 세상의 군주인 칭기스 칸이 행운의 등자에 위용의 발을 올려놓고 위엄이 가득 찬 손으로 오만한 무리들을 내리쳤다. 그의 예리한 창끝에서 튀는 불꽃은 마치 바람처럼 반역자들의 땅에 흙먼지를 불러일으켰다. 그는 철퇴를 휘둘러 성채를 부수고 피를 뿌리는 칼로 반도들을 거꾸러뜨렸다. 그의 칼은 숙명이었기 때문에 그의 얼굴이 향하는 곳은 어디든 정복될 수밖에 없었고, 그의 지시를 받는 사람은 누구나 순종할 수밖에 없었다. 적대와 반항의 길로 간 사람들은 생명과 재산을 모두 잃어버렸다.

이렇게 해서 그는 짧은 시간에 수많은 왕국들을 장악한 뒤, 엄 v.2, p.102, 3 ~21
정한 관례와 야삭(법령)과 규범을 정비·편찬했다. 또한 그는 정의를 구현하며 백성을 보살피는 규례들을 실행에 옮겼다. 세계를 정복하는 과정에서 그의 군대가 몰고 온 파괴가 이슬람권 각 지방에 미치자 창조주께서는 그 같은 상처를 치유하기 위해 파괴를 가져온 바로 그들이 이슬람을 받아들이도록 했다. 세상 사람들에게 신의 완벽한 위력과 명령을 분명히 드러내신 것이다. 신의 이 같은 의도는 관용의 체현자, 이슬람의 제왕, 인류의 군주, 신의 그림자, 종교의 구원자이신 술탄 마흐무드 가잔 칸, 즉 칭기스 칸 가문의 진주요 통치자 일족의 태양이신 그분에게서 분명히 드러났다. 그로 인해 위구르와 몽골의 종족들과 배화교도(조로아스터교)와 불교도들 모두가 이슬람 종교의 권역 안으로 들어왔다. 우상을 숭배하는 사찰들과 율법에 어긋나는 사원들을 완전히 뿌리 뽑고 다신교도와 이슬람의 적대자들을 지상에서 모두 없애버렸다.

칭기스 칸의 부인과 자식들

v.2, p112, 7 ~12 칭기스 칸에게는 거의 500명의 부인과 후궁들이 있었는데, 여러 종족에서 취한 사람들이다. 그 가운데 일부는 몽골식으로 혼인했지만, 대부분은 다른 나라와 지방을 정복했을 때 전리품으로 데려왔다. 그중에서 가장 중요한 부인은 다음 다섯 명이다.

v.2, p.112, 13 ~15 첫째 부인 부르테 푸진은 쿵크라트 부족의 수령 데이 노얀의 딸이다. 모든 부인들 가운데 첫째이며, 명망 높은 네 아들과 다섯 딸의 어머니다.

v.2, p.112, 16 ~p.113, 7 그녀의 큰 아들은 주치인데, 킵착 초원에 있는 모든 군주와 왕자들이 그의 후손이다. 전해지는 바에 따르면, 메르키트 부족이

칭기스 칸에게 승리를 거두고 그녀를 약탈하였을 때 부르테 푸진은 이미 주치를 임신하고 있었다. 그들은 그녀를 케레이트 부족의 군주인 옹 칸에게 보냈고, 그는 그녀를 존경과 경의로써 대했다. 또한 그는 칭기스 칸의 부친과 유지했던 오랜 우정 때문에 칭기스 칸을 '자식'이라고 불렀고, 따라서 그녀를 며느리로 생각하고 돌보았다. 그의 아미르들은 "왜 그녀를 취하지 않습니까?" 라고 권유했지만, "그녀는 내 며느리다. 사심을 품고 그녀를 바라보는 것은 남자답지 않은 일이다"라고 거절했다. 칭기스 칸은 사르탁 노얀의 조부인 잘라이르 부족 출신 사바를 옹 칸에게 보내 부인을 돌려달라고 요청했다. 옹 칸은 이를 받아들여 사바에게 그녀를 맡겼다. 칭기스 칸에게 돌아가던 도중에 주치가 태어났다. 도로는 위험했고 주변에는 머물 장소도, 요람도 없었다. 사바는 부드러운 밀가루 반죽을 조금 만들어 아기를 감싼 뒤, 자기 품에 안고 데려왔다. 이처럼 길에서 갑자기 태어난 까닭에 이름이 '손님'이라는 뜻의 주치가 된 것이다.

둘째 아들은 차가다이로, 투르키스탄 지방의 처음부터 아무다리야의 끝까지, 즉 중앙아시아의 지배권을 그에게 주었다. 그의 울루스를 알구와 무바락 샤와 바락이 차례로 관할했고, 지금은 바락의 아들인 두아와 쿠틀룩 호자가 지배하고 있다. v.2, p.113, 8 ~11

셋째 아들인 우구데이는 칭기스 칸이 사망한 후에 '카안', 즉 황제가 되어 13년간 보위에 있었다. 구육 칸은 그의 큰 아들이며, 카이두와 그 부근에 있는 몇몇 왕자가 그의 후손이다. v.2, p.113, 14 ~16

넷째 아들은 톨루이였다. 그는 예케 노얀 혹은 울룩 노얀이라 v.2, p.113, 18 ~p.114, 5

는 호칭으로도 불렸는데, '큰 수령'이라는 뜻이다. 칭기스 칸은 그를 '벗'이라는 의미의 누케르라고 부르곤 했다. 대부분 아버지를 모시며 지냈고 전쟁을 할 때도 함께 있었다. 톨루이는 몽골어로 '거울'을 뜻한다. 그가 사망한 뒤에는 '톨루이'라는 단어는 피휘(避諱)가 되었다. 몽골인들이 거울을 튀르크어 '쿠즈구'라고 부르는 까닭도 이 때문이다. 뭉케, 쿠빌라이, 훌레구, 아릭 부케가 모두 그의 자식이며, 현재의 황제인 테무르 카안과 이란 땅을 통치하는 이슬람의 제왕인 가잔 칸도 그의 후손이다.

v.2, p.114, 8 ~12 칭기스 칸의 네 아들은 모두 총명하고 용맹하며, 아버지와 군대와 백성의 사랑을 받았다. 그들은 나라의 네 기둥 같은 존재였다. 칭기스 칸은 한 명 한 명을 군주처럼 여기고 네 마리의 쿨룩(준마駿馬)이라고 불렀다.

v.2, p.114, 18 ~p.115, 10 부르테 푸진에게서 다음 다섯 명의 딸이 태어났다. 코친 베키, 치체겐, 알라카이 베키, 투말룬, 알탈룬이 그들이다.

v.2, p.115, 19 ~p.116, 3 둘째 부인 쿨란 카툰은 메르키트 부족 우하즈 지파의 수령인 다이르 우순의 딸이다. 그는 칭기스 칸의 명령을 받들어 복속하고 딸을 바쳤다. 그녀에게서 아들 하나가 태어났는데, 이름은 쿨겐이다. 이 아들에게는 앞에서 말한 네 아들과 같은 지위가 주어지지 않았다.

v.2, p.116, 4 ~12 쿨겐은 네 아들을 두었는데, 큰아들의 이름은 코자였다. 쿨겐이 사망한 뒤 그에게 병사 6000명과 부친의 자리가 주어졌다. 코자의 아들인 우루다이가 아버지의 지위와 군대를 물려받았다. 그는 쿠빌라이 카안을 모셨다. 아들을 하나 두었는데 이름은 에

부겐이며, 역시 부친의 지위와 군대를 관할했다. 그러나 그는 타가차르 노얀의 일족인 나야 및 다른 왕자들과 쿠빌라이 카안을 배신하고 카이두와 연합하려고 했기 때문에, 카안은 그를 다른 사람들과 함께 처형했다.

셋째 부인 이수겐은 타타르족 출신이다. 그녀에게서 아들이 하나 태어났으니, 이름은 차우르였다. 그는 젊어서 사망했다. v.2, p.116, 13 ~14

넷째 부인 공주 카툰은 키타이의 군주 알탄 칸의 딸이다. 얼굴이 못생긴 것으로 유명했으나 그의 부친이 막강한 군주였기 때문에 칭기스 칸은 예우를 갖추어 대했다. 그녀는 자식을 얻지 못했고, 아릭 부케의 시대까지 살다가 사망했다. v.2, p.116, 15 ~19

다섯째 부인 이술룬은 앞에서 말한 이수겐의 자매이고, 타타르족 출신이다. v.2, p.116, 20 ~21

이 밖에도 칭기스 칸에게는 여러 부인들이 있었으나, 그들은 가장 존귀한 다섯 부인의 반열에 들지 못했다. 그중의 하나가 케레이트의 군주인 옹 칸의 형제 자아 감보의 딸 이바카 카툰이었다. 그녀에게는 벡투트미쉬 푸진이라는 이름의 자매가 있었는데, 칭기스 칸은 그녀를 주치에게 시집보냈다. 소르칵타니 베키라는 이름을 가진 또 다른 자매는 톨루이에게 시집을 가서, 네 개의 고귀한 진주를 머금은 조개처럼 유명한 네 아들의 어머니가 되었다. 칭기스 칸은 처음에 자신이 이바카 카툰을 취했는데, 어느 날 밤 꿈을 꾼 뒤 그녀를 숙위를 서던 우루우트 부족 출신의 케흐티 노얀에게 주었다. v.2, p.117, 1 ~10

또 다른 부인으로는 구르베수 카툰이 있었다. 그녀는 나이만 v.2, p.117, 16 ~p.118, 6

족의 군주 타양 칸의 큰 부인으로 그의 깊은 총애를 받았다. 타양 칸이 살해된 뒤 칭기스 칸은 몽골의 관습에 따라 그녀를 부인으로 취했다. 또 다른 부인은 탕구트 군주의 딸이다. 칭기스 칸이 그녀를 선물로 원했다. 또한 칭기스 칸은 나이만족 출신의 한 후궁에게서 주르체테이라는 아들을 두었는데, 그는 일찍 사망했고 그의 모친의 이름도 알려져 있지 않다. 또 다른 아들의 이름은 우르차칸이다. 그 또한 갓난아이 때 죽었다. 그의 모친은 타타르족 출신의 후궁으로 이름은 알려져 있지 않다.

v.2, p.122, 2 ~8 지금까지 칭기스 칸의 유명한 부인들과 아들딸들에 관해 자세히 설명했다. 이제 칭기스 칸이 처음 태어날 때의 이야기부터 시작하기로 하자. 그러나 출생한 뒤 얼마 동안의 기간에 대해서는 개괄적으로 서술할 수밖에 없다. 왜냐하면 그의 생애 초반에는 해마다 무슨 일이 있었는지 자세히 알려져 있지 않기 때문이다. 그 후에는 해마다 무슨 일이 있었는지 몽골의 연대기와 서적에 기록되어 있다. 그 시점부터는 자세하게 기술하도록 하겠다.

❧ 유년기(1155~66년) ❧

v.2, p.124, 1 ~p.125, 3 칭기스 칸의 출생부터 열세 살 되던 해에 아버지가 피살되어 홀로 남겨질 때까지의 시기다. 칭기스 칸이 태어났던 시대에는 몽골의 점성사들이 천문을 관측하여 시간을 기록하거나 역사가들이 날짜를 기재하지 않았다. 따라서 그가 태어난 날짜와 시간은 정확하지 않다. 그러나 몽골의 귀족들 사이에서는 그가 73세에

사망했다고 널리 알려져 있다. 또한 사망 시점은 돼지해 1227년 가을 보름날로 정확히 기록되어 있다. 그러나 이것이 그의 출생 시점부터 일흔 세 번째 해라고 할지라도 그는 아마 한 해의 중간에 태어났을 것이다. 이렇게 본다면 그의 생애는 만 72년이 되는 셈이니, 그는 1155년에 태어났다고 보아야 할 것이다.

그런데 그의 출생 이후 41년의 기간 가운데 일부는 유년기였 v.2, p.125, 3 ~10
고 또 일부는 곤경 속에서 보냈기 때문에, 그사이에 벌어진 일들은 자세히 알려지지 않았다. 그래서 역사가들은 이 기간의 사건들을 매년 단위로 기록하지 않고 요약 서술하는 방법을 택했다. 그 이후부터는 그가 사망할 때까지 매년 단위로 자세하게 기록했다. 우리도 이와 똑같은 방법으로 서술할 것이다.

이수게이 바하두르가 일족의 수령으로 한창 세력을 누리고 있 v.2, p.125, 11 ~p.126, 6
을 때, 많은 사람이 그에게 복속했다. 그러나 타타르를 비롯한 다른 부족들은 그를 적대하여 전쟁이 자주 일어났다. 1155년 그가 타타르 원정에 나섰을 때 그의 부인은 임신 중이었다. 이수게이는 타타르의 군주인 테무진 우게, 코리 부카와 전투를 벌여 승리하였고, 그들의 재산과 가축을 약탈한 뒤 델리운 볼닥으로 돌아왔다. 그 후 얼마 지나지 않아 행운과 축복의 시각에 칭기스 칸이 태어났다. 그는 손에 마치 간(肝)처럼 생긴 복사뼈만 한 핏덩이를 움켜잡고 있었고, 그의 이마에는 세계 정복자의 징표가 선명했다. 이수게이는 적장 테무진 우게에게 거둔 승리를 상서로운 징표로 여겨 아들에게 테무진이라는 이름을 지어주었다.

이후 13년 동안 이수게이는 몽골의 여러 부족들에 대한 통치 v.2, p.126, 18 ~p.127, 1

권을 확고히 다졌다. 그는 몇 개월에 한 번씩 자기 울루스 주변에 있던 유목민 부족들에 대한 원정을 단행했고, 대부분의 전투에서 승리를 거두었다. 일부 친족 집단은 그를 미워했지만 대항할 힘이 없었기 때문에 그가 살아 있을 동안은 마음속에 증오의 씨앗만 뿌리고 있었다.

v.2, p.127, 2 ~11 그런데 이수게이가 젊은 나이에 사망하자, 그의 부친의 친족이자 사촌들의 무리였던 타이치우트 지파가 매우 강력해졌다. 이들은 이수게이가 살아 있을 때에는 그에게 복속했으나, 그가 죽기 직전에 또 그가 죽은 다음에는 적개심을 드러냈다. 아버지가 사망했을 때 칭기스 칸은 열세 살이었고 다른 형제들은 더 어렸다. 어머니 우엘룬 에케는 매우 현명하고 유능한 사람이었지만, 이수게이의 죽음으로 인해 그들은 곤경에 빠지게 되었다. 이 기간 동안 그들의 정황은 자세히 알려지지 않았다.

타이치우트 부족의 배신

v.2, p.138, 1 ~6 칭기스 칸이 열세 살 때 아버지를 여읜 뒤부터 41세가 될 때까지의 이야기를 요약해서 기술할 것이다. 그동안 그는 타이치우트 지파와 전투를 벌였고, 몇 차례 붙잡히기도 했으나 신의 도움으로 도망쳤다. 이러한 역경을 겪다가 마침내 28년이 지난 뒤부터 욱일승천하게 되었다.

v.2, p.138, 7 ~18 이수게이가 사망하자 생전에 그를 미워하며 은밀히 적개심을 품었던 타이치우트의 수령들, 즉 그의 친족들은 오래전부터 품

어온 원한을 드러내기 시작했다. 특히 카불 칸의 손자이자 아달 칸의 아들인 타르쿠타이 키릴툭과 그의 사촌 쿠릴 바하두르, 이 두 사람은 오만불손한 행동을 하기 시작했다. 칭기스 칸의 일족 가운데 타이치우트가 가장 막강했다. 그래서 이수게이에게 복속하던 다른 친족과 군대 역시 등을 돌리고 점차 그들과 연합하기에 이르렀다. 그들 가운데 일부는 목지가 삼림 안에 있었기 때문에 '호인 이르겐'이라 불렸다. 당시 이수게이 일족의 목지는 오논과 케룰렌 지역에 있었다.

v.2, p.138, 19 ~p.139, 8

이수게이의 추종자들 대부분이 타이치우트와 연합할 때, 모두의 '아카', 즉 형이었던 토단 쿠후르치도 떠나려 했다. 당시 테무진이라는 이름으로 불리던 칭기스 칸은 그에게 가서 떠나지 말라고 애원했지만, 그는 "나는 결심했다. 선택의 여지는 없다. 더 이상 남아 있을 수 없다"라는 몽골의 속담을 말하고 떠났다. 어머니 우엘룬 에케는 직접 깃발을 들고 말에 올라타 휘하의 병사들을 이끌고 떠난 사람들을 되돌리기 위해 추격했다. 양측은 전열을 가다듬고 전투에 돌입했고, 그녀는 떠난 사람들 가운데 일부를 되돌아오게 했다.

v.2, p.139, 9 ~17

그 전투에서 차라카 에부겐이라는 노인이 목덜미에 활을 맞아 부상을 입었다. 칭기스 칸이 안부를 물으러 그에게로 가니, 차라카가 이렇게 말했다. "너의 좋으신 아버지가 돌아가신 뒤 우리의 일족과 군대가 너에게 등을 돌렸다. 나는 그들을 막으려고 했지만 뜻을 이루지 못하고 오히려 상처만 입었다." 칭기스 칸은 그의 상처가 심하고 상태가 나쁜 것을 보고 울었다. 그가 밖으로 나온 직후 차라카는 사망하고 말았다.

❧ 의형제 자무카와의 대결: 13 쿠리엔의 전투 ❧

v.2, p.140, 1 ~p.141, 1 그 시기에 자무카 세첸이 자지라트 지파의 수령이었다. 하루는 그의 친족인 테구 다차르가 몇 명의 기병과 함께 칭기스 칸의 목지가 있던 사리 케헤르 부근으로 말을 훔치러 왔다. 마침 그 근처에는 잘라이르 부족 사람인 주치 타르말라의 집이 있었는데, 그는 칭기스 칸의 부하였다. 타르말라는 자신의 말을 훔치려는 테구 다차르를 보고 활로 쏘아 살해했다. 친족의 죽음에 분노한 자무카는 군대를 이끌고 타이치우트 지파를 찾아가 그들과 연맹을 맺었다. 그때 이키레스와 코룰라스 같은 다른 부족들도 타이치우트와 연합했다.

v.2, p.141, 3 ~10 이들은 모두 한편이 되어 칭기스 칸을 공격했다. 꽤 오랫동안 싸움이 계속되었고 칭기스 칸은 그들을 제압할 수 없었다. 그래서 그의 많은 추종자들이 떨어져나가는 지경에 이르렀다. 한번은 칭기스 칸이 그들의 포로가 되기도 했는데, 술두스 부족에 속하는 소르칸 시라의 도움을 받아 겨우 탈출할 수 있었다. 몇 년 동안 여러 일이 벌어졌지만 칭기스 칸은 신의 가호를 받아서 힘을 되찾고 많은 무리를 거느리게 되었다.

v.2, p.141, 10 ~p.142, 3 마침내 타이치우트를 위시한 여러 부족 연합이 3만 명의 기병으로 출정했다. 칭기스 칸은 적의 습격 계획을 알지 못했다. 당시 이키레스 부족에 속하는 네쿤이라는 사람이 타이치우트 사람들

과 함께 있었는데, 그의 아들 보투라는 칭기스 칸을 모시고 있었다. 적들은 후일 칭기스 칸의 목지가 된 구렐구(부르칸 칼둔 남쪽)에 진을 쳤다. 네쿤이 다른 일로 그곳에 갔다가 그들의 계획을 눈치 채고, 바룰라스 부족의 물케와 투탁을 칭기스 칸에게 보내 그들의 의도와 계략을 알려주었다. 그때 칭기스 칸은 달란 발주스에 있었는데, 물케와 투탁은 알라우트 산과 투라우트 산 사이에 난 길로 와서 칭기스 칸에게 적의 출현을 알렸다.

칭기스 칸은 즉시 군대를 정비하고, 그를 지지하던 부족들 모두에게 소식을 알렸다. 그들이 다 모인 뒤에 수를 헤아려 천인대를 편성하고 보니 모두 13개의 쿠리엔이 되었다. 13 쿠리엔의 군대가 칭기스 칸 쪽에 집결하자, 타이치우트 군대는 알라우트와 트라우트 사이 길을 지나 와서 발주스에 전열을 펼쳤다. 칭기스 칸은 3만 명에 이르는 적군의 기병을 격파했고, 우두트와 부르두트 부족의 수령들이 그에게로 와서 복속했다. v.2, p.142, 4 ~p.145, 7

칭기스 칸은 강가의 커다란 숲에 진영을 쳤다. 그리고 70개의 가마솥에 불을 지피라고 한 뒤, 포로들을 모두 거기에 넣어 끓이라고 명령했다. 이로 인해 공포에 질린 주리야트 부족은 천막을 칭기스 칸의 목지 근처로 옮겼다. 훗날 그 가운데 일부가 다시 반란을 일으켰다. 하지만 숫자도 많고 세력과 장비도 잘 갖추었던 타이치우트 부족은 전투에서 패배한 뒤 여러 곳으로 흩어졌다. v.2, p.145, 8 ~15

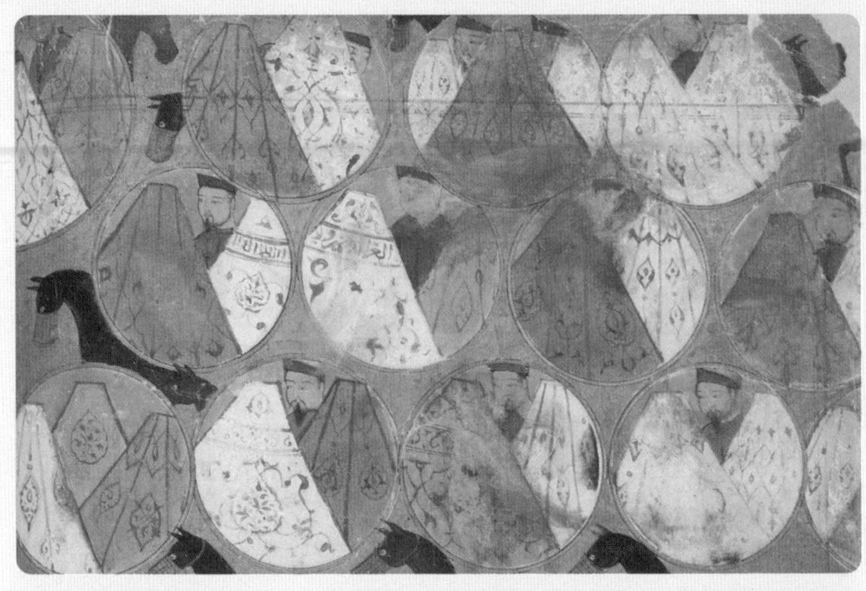

그림 2. 치나스 부족을 가마솥에 삶아 죽이다

⁂ 주리야트 지파의 거듭된 투항과 이반 ⁂

주리야트 지파의 천막은 칭기스 칸의 목지와 가까운 곳에 있었다. 하루는 모두 초원 한가운데 있는 산으로 가서 몰이사냥을 시작했다. 그곳은 칭기스 칸이 즐겨 다니던 사냥터와 잇닿아 있었다. 그래서 그들은 함께 사냥을 했고 무척 많은 동물들을 잡았다. 그들은 칭기스 칸에게 그곳에서 함께 숙영하자고 청했다. 그들은 모두 400명이었는데 솥이나 사료를 챙겨 온 사람이 없었다. 그중에서 200명은 집으로 가고 200명만 남아 칭기스 칸과 숙박했다. 칭기스 칸은 그들에게 솥과 사료를 주라고 지시했다. v.2, p.146, 1~13

다음 날에도 그들은 함께 사냥을 했고 칭기스 칸은 그들의 몫보다 더 많은 사냥감을 나눠주었다. 집으로 돌아갈 때가 되자 그들은 칭기스 칸에게 깊은 감사를 표시하며 말했다. "타이치우트는 우리를 버리고 떠나가서 보살펴주지 않았습니다. 그런데 칭기스 칸께서는 이전에 교분도 없었는데 이런 은혜를 베풀어주었으니, 정말로 백성을 돌보고 군대를 지휘할 줄 아는 군주이십니다." 그들은 돌아가는 내내 칭기스 칸에게 감사하며 모든 부족들에게 그의 명성을 퍼뜨렸다. v.2, p.146, 13~p.147, 2

집으로 돌아온 주리아트의 수령 울룩 바하두르는 또 다른 수령인 마쿠이 야다나에게 칭기스 칸에게 전향하자고 권유했다. 그러나 마쿠이는 이 말에 동의하지 않으며 "타이치우트가 우리에게 무슨 나쁜 짓을 했단 말인가? 그들은 우리의 일족인데, 어떻게 아무 이유도 없이 배신하고 칭기스 칸에게 갈 수 있단 말인가?"라고 말했다. 그가 승낙하지 않자 울룩 바하두르는 타가이 v.2, p.147, 3~17

달루라는 수령과 함께 휘하에 있던 주리야트 사람들을 데리고 칭기스 칸에게 갔다. "우리는 남편 없는 부인들처럼, 주인 없는 말 떼처럼, 목자 없는 양 떼처럼 되었습니다. 우리는 당신과의 우정을 위해 칼을 휘둘러 당신의 적들을 베겠습니다"라고 말했다. 칭기스 칸은 이렇게 대답했다. "너는 나의 앞머리 털을 잡아당겨 잠에서 깨운 사람과 같고, 나의 아래턱을 잡아당겨 앉은 자리에서 일으킨 사람과 같다. 나는 너의 신뢰에 보답하기 위해 어떤 일이라도 하겠다."

v.2, p.147, 19 ~p.148, 7 얼마 후 주리야트의 수령들이 다시 반란을 일으켰다. 타가이 달루는 여러 지방을 돌아다니다가 마침내 메르키트 출신의 쿠둔 오르창이라는 사람에게 살해당했다. 이로써 주리야트 지파는 힘을 잃고 흩어져버리는 듯했다. 그 뒤 자무카 세첸이 주리야트 지파의 수령이 되었는데, 그는 총명하고 유능했으나 교활하고 간사한 인물이었다. 칭기스 칸은 그를 '안다'라고 불렀다. 자무카는 겉으로는 우정을 가지고 대하는 척했으나 속으로는 적의를 품었다.

v.2, p.148, 13 ~19 얼마 후 주리야트 사람들은 "타이치우트의 수령들은 이유 없이 우리를 해코지하고 고통을 준다. 반면 테무진 왕자는 입고 있던 옷을 벗어주고 타고 있던 말을 내준다. 이 사람이야말로 나라를 다스리고 군대를 지휘하며 울루스를 잘 관리해줄 분이다"라고 입을 모아 말하고, 여러모로 상의하고 숙고한 끝에 모두 칭기스 칸을 찾아왔다. 그들은 스스로, 복속을 선택했고 그의 통치의 그림자 아래에서 만족과 평온을 누렸다.

여러 부족 수령들의 귀순

술두스 부족 사람인 소르칸 시라의 아들 칠라우칸과 베수트 부족 사람인 제베는 토다라는 수령의 속민이었다. 토다는 타이치우트 지파의 수령 카단 타이시의 아들로, 두 사람은 토다를 버리고 칭기스 칸에게 왔다. 칠라우칸이 타이치우트 부족에서 이탈한 이유는 다음과 같다. v.2, p.148, 21 ~p.149, 3

과거 칭기스 칸이 타이치우트에게 버림을 받고 세력이 미약했던 시절, 하루는 어떤 일로 말을 타고 떠났다. 도중에 그는 바위 하나가 저절로 굴러온 것을 보고 "매우 기이하고 놀라운 일이다. 이 길로 가면 안 된다는 것인가"라고 생각하며 갈지 말지 망설였다. 그러나 결국 그것에 신경 쓰지 않고 길을 계속 가다가 타이치우트의 수령 타르구타이 키릴툭에게 붙잡혔다. 칭기스 칸은 형틀을 쓰고 감시받는 처지가 되었다. 그 당시에는 포로를 곧바로 처형하는 관습이 없었다. 그곳에 있던 한 노파가 칭기스 칸을 측은하게 여겨 머리를 빗겨주고 목에 난 상처에 조그만 헝겊을 덧대주곤 했다. 그러다가 칭기스 칸은 기회를 포착하여 형틀을 찬 채 도망쳤다. 그 부근에 큰 호수가 있었는데, 물에 들어가 코만 밖으로 내놓고 숨었다. 타이치우트 사람들이 그를 찾아서 온 사방을 뒤지기 시작했다. v.1, p.290, 8 ~p.291, 10

소르칸 시라와 그의 아들 칠라우칸의 천막이 마침 그 호수 근처에 있었다. 소르칸 시라는 물 밖으로 나와 있던 칭기스 칸의 코를 보고 머리를 물속에 더 집어넣으라고 은밀히 눈치를 주었다. 그리고 수색하던 무리에게 "당신들은 다른 곳을 찾아보시오. 이 v.1, p.291, 10 ~p.293, 8

쪽은 내가 살펴보겠소"라고 말하여 그들을 흩어지게 했다. 밤이 되자 칭기스 칸을 물에서 꺼내서 형틀을 벗기고 자기 집으로 데리고 갔다. 그러고는 수레 위에 쌓아놓은 양털 속에 그를 숨겼다. 그때 또 다른 수색대가 칭기스 칸의 자취를 따라 소르칸의 집으로 왔다. 그들은 칭기스 칸이 그 집에 숨어 있다고 의심했다. 여기저기 꼼꼼하게 뒤지면서 양털 무더기를 꼬챙이로 찔러보기까지 하였으나, 결국 그를 찾지는 못했다. 그 뒤 소르칸 시라는 그에게 갈색 암말 한 마리와 약간의 고기와 고기 굽는 꼬챙이, 그리고 활과 화살을 비롯한 여행에 필요한 물건들을 주었다. 이렇게 해서 칭기스 칸은 구사일생으로 돌아올 수 있었다. 소르칸 시라의 아들 칠라우칸이 타이치우트에게서 이탈해서 그에게 오게 된 것도 이러한 인연 때문이다.

v.1, p.335, 4~17 그와 비슷한 시기에 칭기스 칸에게 투항한 베수트 부족의 제베는 타이치우트의 세력이 쇠진해지자 홀로 산간과 삼림에서 돌아다니고 있었다. 하루는 칭기스 칸의 사냥 포위망에 제베가 갇혔다. 칭기스 칸이 그를 알아보고 싸우려 하였지만, 보코르치 노얀이 "내가 싸우겠습니다"라고 하고 나섰다. 그는 칭기스 칸에게 입이 하얀 말을 빌려서 타고 갔다. 보코르치가 제베를 향해 활을 쏘았으나 빗나갔고, 제베가 응사한 화살은 보코르치가 타고 있던 말에 명중했다. 말은 쓰러져 죽었고 제베는 그 틈에 도망쳤다. 얼마 후 힘도 떨어지고 도움도 받을 수 없게 된 제베가 투항했다. 칭기스 칸은 그의 용맹함을 생각하여 처음에는 십호장의 직책을 주었지만, 후일 백호장을 거쳐 천호장으로 승진시켰고, 마침내

만호장에 임명했다.

이렇게 타이치우트 지파에 속한 사람들 대부분이 칭기스 칸에게로 왔을 때, 바아린 부족의 수령은 시르게투 에부겐이라는 사람이었다. 에부겐은 '노인'이라는 뜻이다. 이곳 이란에서 쿠빌라이 카안을 모시도록 보낸 바얀 장군이 바로 그의 후손이다. 시르게투 에부겐은 타이치우트의 수령인 타르쿠타이 키릴툭을 포로로 붙잡아, 자신의 두 아들 나야, 알락과 함께 칭기스 칸에게 복속했다. 나야는 후일 뭉케 카안의 시대까지 백스무 살의 수명을 누렸다. 그가 뭉케의 치세에 "칭기스 칸이 태어났을 때 나는 그 잔치의 고기를 먹었다"라고 말했다는 기록이 있다. v.2, p.149, 15 ~21

❀ 유르킨 집안과의 불화, 타타르 원정 ❀

하루는 칭기스 칸과 그의 어머니 우엘룬 에케, 동생 주치 카사르와 테무게 옷치긴 등이 유르킨 집안의 수령 세체 베키, 타이추와 함께 오논 강가의 숲에 모였다. 이들은 쿠미즈를 담은 가죽 자루와 암말 등을 준비하고 잔치를 열었다. 바우르치(조리사)들이 우엘룬 에케, 세체 베키, 세체 베키의 '큰어머니' 쿠후르친 카툰에게 쿠미즈가 담긴 나무통을 바쳤다. 또한 세체 베키의 '작은어머니'인 네무이를 위시한 부인들에게도 쿠미즈 통을 하나 바쳤다. 당시에는 아버지의 부인들을 자기 생모보다 나이가 더 많은지 적은지에 따라서 '큰어머니'와 '작은어머니'로 구분했다. v.2, p.150, 13 ~p.151, 4

쿠후르친 카툰은 네무이에게 두 번째 쿠미즈 통을 먼저 돌리 v.2, p.151, 4 ~12

는 것을 보고 화를 냈다. 그리고 칭기스 칸의 조리사들 가운데 우두머리인 시우체르를 때렸다. 시우체르는 큰 소리로 울면서 "네쿤 타이시와 이수게이 바하두르가 죽었다고 나를 무시하며 이렇게 때렸다"라고 소리쳤다. 칭기스 칸과 그의 모친은 꾹 참고 아무 말도 하지 않았다.

v.2, p.151, 12 ~p.152, 3 그 잔치에서 칭기스 칸의 동생인 벨구테이가 키리에스를 관장했다. 그런데 카타킨 부족에 속하는 한 사람이 말을 묶는 밧줄을 훔쳐갔다. 그는 타이치우트 지파의 수령 부리의 부하였다. 부리가 세체 베키와 연합해서 그 카타키 사람을 감싸자 벨구테이와 말다툼이 벌어졌고, 급기야 부리가 칼로 벨구테이의 어깨를 내리쳐 살이 잘리는 지경에 이르렀다. 곧 칭기스 칸의 부하들이 덤벼들어 패싸움이 벌어졌다. 그러자 벨구테이는 "이 정도 상처는 아무것도 아니니, 나 때문에 서로 사이가 나빠져서는 안 된다"라고 말하고 싸움을 극구 만류했다.

v.2, p.152, 4 ~11 벨구테이가 상처를 입고 시우체르가 얻어맞은 모습을 본 사람들은 막대기를 들고 가서 유르킨 사람들을 제압했다. 칭기스 칸의 부하들은 곧 쿠후르친 카툰을 붙잡았다. 이렇게 되자 세체 베키는 자기 휘하의 유르킨 집안 전부를 이끌고 칭기스 칸에게서 떨어져나갔다. 나중에 서로 화해하기로 합의하여 칭기스 칸은 두 카툰을 돌려보냈다. 바로 그때 키타이의 알탄 칸 휘하의 대장군 칭상(승상)이 군대를 이끌고 타타르의 수령 무진 술투를 치러 온다는 소식이 도착했다.

v.2, p.152, 21 ~p.153, 16 타타르족은 원래 강력한 세력을 갖고 있었고 칭기스 칸의 조

상들은 옛날부터 그들과 전투를 벌였다. 그는 타타르가 키타이 군대의 공격을 받아 곤경에 처해 있다는 소식을 듣고는, 즉시 가까운 이웃에 있던 병사들을 소집하여 오논으로 출정했다. 유르킨 사람에게도 함께 출정하자고 전령을 보냈는데 엿새를 기다렸으나 아무도 오지 않았다. 칭기스 칸은 울자(현재 몽골공화국의 동북부에 있는 Ulzh 강)에서 타타르의 수령 무진 술투의 군대를 공격하여, 그를 붙잡아 죽이고 말 떼와 가축과 물자를 차지했다. 그중에는 은으로 만든 요람과 금실로 짠 이불도 있었다. 그 당시 몽골인은 그 같은 사치품이 매우 드물었기 때문에 전과가 널리 알려졌다. 칭기스 칸의 승리로 인하여 알탄 칸은 자신의 목적을 달성할 수 있었다. 칭상은 흡족해하며 칭기스 칸을 칭찬하고 '자우우트 쿠리', 즉 백호장의 칭호를 하사했다. 그와 동시에 칭상은 케레이트의 수령인 토그릴에게 '왕'이라는 호칭을 내렸고, 이후 그는 '옹 칸'이라는 별칭으로 불리기 시작했다.

v.2, p.153, 21 ~p.154, 11

칭기스 칸은 타타르에게 승리하고 얻은 보상을 유르킨 집안 사람들에게도 나누어주려고 했다. 그런데 유르킨 가운데 일부가 반도들과 연합하여 칭기스 칸 휘하의 병사 두 명을 살해하고 50명의 말을 빼앗은 뒤 옷도 벗겨버렸다. 이를 알게 된 칭기스 칸은 "그들은 내 동생 벨구테이의 어깨를 칼로 베고 내가 화평하자고 말했는데도 듣지 않았다. 이제 다시 반도들과 연합했으니 나도 대책을 강구할 수밖에 없다"라고 말했다. 그는 초원을 지나 그들에게 돌격했다. 돌란 볼닥에서 그들을 공격하여 많은 사람을 죽이고 약탈했다. 세체 베키와 타이추는 부인과 자식과 몇 사람만 데리고 겨우 달아났다.

v.2, p.154, 16 ~p.155, 4 유르킨 집안의 문제를 처리한 칭기스 칸은 케레이트의 수령 옹 칸과 결별한 그의 동생 자아 감보를 제거하기로 마음먹었다. 그는 전투에서 적을 격파했으며, 케레이트의 한 지파인 퉁카이트는 한동안 흩어졌다가 모두 칭기스 칸에게로 귀순했다. 칭기스 칸은 옹 칸과 친밀했기 때문에 자아 감보와 퉁카이트 사람들을 그에게 돌려보냈다. 그 후 자아 감보는 옹 칸과 연합했으나 사이가 틀어져서 나이만의 군주인 타양 칸에게 갔는데, 이에 관해서는 뒤에서 설명할 것이다.

❧ 칭기스 칸과 옹 칸의 우호 ❧

v.2, p.176, 10 ~p.177, 3 칭기스 칸의 부친 이수게이와 옹 칸은 서로 이웃한 곳에 살면서 오래전부터 화목한 관계를 유지했다. 이수게이는 옹 칸이 어려움에 처했을 때 돕고 나락에 빠졌을 때 구해주었다. 그들은 서로를 의형제라고 불렀고, "애정은 세습된다"라는 속담처럼 칭기스 칸도 그를 아버지라고 불렀다. 옹 칸은 케레이트 부족과 그 지파 퉁카이트, 그리고 케레이트에 복속한 다른 부족들의 군주였다. 그들은 몽골의 부족들과 닮았고 관행과 풍습과 언어도 비슷했다.

v.2, p.177, 20 ~p.178, 7 옹 칸의 조부 마르구즈에게 두 아들이 있었다. 큰 아들은 쿠르차쿠스 부이룩 칸이었는데, 부이룩이라는 말은 '명령'을 뜻한다. 나이만의 군주인 타양 칸에게도 부이룩 칸이라는 형제가 있었는데, 그에 대한 이야기는 뒤에서 나올 것이다. 또 다른 아들의 이

름은 구르 칸이었다. 중앙아시아에 있는 카라 키타이의 군주도 구르 칸이라 불렸는데, 구르 칸은 '강대한 군주'라는 뜻이다.

쿠르차쿠스 부이룩의 아들 중 한 명이 '옹 칸' 토그릴이다. 또 v.2, p.178, 8 ~p.179, 1
한 명은 에르케 카라이고, 셋째는 자아 감보인데 그의 본래 이름은 케레이테이였다. 그 밖에도 타이 테무르와 부카 테무르 등 아들이 몇 명 더 있었으나, 토그릴이 후계자가 되었다. 케레이테이는 어렸을 때 탕구트 사람들에게 붙잡혀 한동안 그들과 함께 지내며 거기서 출세했다. 그래서 '자아 감보'라는 칭호로 불렸는데, 탕구트어로 '나라의 대신'이라는 뜻이다. 그는 처음에 형 옹 칸과 연합했지만 후일 한두 차례 형을 배신했다. 에르케 카라 역시 자신이 군주가 되려는 마음을 품고 형 옹 칸과 다투곤 했다. 옹 칸은 먼저 에르케 카라와 연합했던 다른 형제들을 살해한 뒤에 그를 없애려고 했는데, 이에 대해서는 뒤에서 설명할 것이다.

칭기스 칸이 옹 칸과 우호하고 연합하던 당시 그는 자아 감보 v.2, p.179, 2 ~11
와도 의형제를 맺고 있었다. 칭기스 칸은 자아 감보의 딸들 가운데 이바카 베키를 부인으로 맞기도 했다. 그의 또 다른 딸은 벡투트미쉬 푸진인데, 칭기스 칸은 그녀를 자신의 큰 아들 주치와 혼인시켰다. 또 다른 딸 소르칵타니 베키는 톨루이와 혼인시켰다. 자아 감보는 또 다른 딸을 탕구트 군주의 아들에게 주었다. 그녀는 매우 아름답고 순결했다. 칭기스 칸이 탕구트를 정복하고 그 군주를 죽인 뒤 자아 감보의 딸을 찾으려고 온갖 노력을 했지만 성공하지 못했다.

옹 칸에게는 두 아들이 있었다. 큰 아들은 셍군이고, 작은 아 v.2, p.179, 12 ~16

들은 아바쿠였다. 토쿠즈 카툰이라는 딸도 한 명 있었는데, 칭기스 칸은 그녀를 톨루이에게 주었다. 톨루이가 사망한 뒤 훌레구가 유산으로 그녀를 취했다.

v.2, p.179, 17 ~p.180, 9 옹 칸과 이수게이가 우애를 맺고 서로 '의형제'라고 부르게 된 연유는 다음과 같다. 옹 칸은 아버지 쿠르차쿠스 부이룩 칸이 사망한 뒤 계승권을 두고 형제들과 다투었다. 그 과정에서 동생인 타이 테무르 타이시와 부카 테무르, 그리고 조카 몇 명을 살해했다. 이로 인해 그의 숙부인 구르 칸이 그를 공격했고, 옹 칸은 패배하여 한동안 떠돌이 신세가 되었다. 그때 이수게이가 그에게 은신처를 제공하고, 그를 도와 구르 칸을 공격하여 코시(하서) 방면으로 쫓아냈다. 그런 다음 이수게이가 빼앗은 나라를 옹 칸에게 맡긴 인연으로 두 사람은 의형제가 되었다.

v.2, p.180, 10 ~p.181, 7 그 뒤 에르케 카라는 자기 형 옹 칸이 다른 형제들을 죽이고 권력을 장악한 것을 보고, 나이만 지방의 이난치 칸에게 도망쳤다. 이난치 칸은 한동안 그를 보호하다가 얼마 후 그를 돕기 위해서 출병했다. 그들은 옹 칸에게서 케레이트 부족민과 군대를 빼앗고 그를 쫓아냈다. 이수게이 바하두르도 이미 사망한 터라 도움을 받을 길이 없던 옹 칸은 투르키스탄을 지배하던 카라 키타이의 구르 칸에게 피신했다. 그런데 그 지방에 있는 위구르와 탕구트의 도시에서 반란이 일어나며 그는 다시 곤란에 빠졌다. 겨우 다섯 마리의 염소젖으로 연명하고, 두세 마리의 낙타로 끼니를 때울 지경에 이르렀다. 그렇게 어려운 상황 속에서 얼마간 지내다가 칭기스 칸이 위세를 떨친다는 소식을 듣고 그의 부친인

이수게이와 맺었던 우호에 기대어 1196년 봄 구세우르 나우르로 왔다. 그곳은 칭기스 칸의 목지와 가까웠고, 과거에 이수게이와 함께 지낸 곳이기도 했다. 그는 부하 두 명을 케룰렌 강 상류에 있는 칭기스 칸에게 보내 자신이 도착했다는 소식을 알렸다.

칭기스 칸은 말을 타고 그를 영접하러 왔다. 그들이 만나자 옹 칸은 "나는 배고프고 수척해졌다"라고 말했다. 칭기스 칸은 측은한 마음이 들어 그를 위해 몽골 사람들에게 '쿱추르(가축세)'를 거두어서 주고, 자신의 쿠리엔과 오르도(숙영지) 중앙에 머물게 하면서 보살폈다. 가을에 두 사람은 '검은 숲'이라는 뜻의 카라운 캅찰 계곡에 함께 둔영을 설치했다. 옹 칸과 이수게이 바하두르가 의형제였기 때문에 그와 칭기스 칸은 아버지와 자식이 되어 연회를 열었다. 봄이 되자 그들은 유르킨 집안 가운데 아직도 적대하는 사람들을 공격했고, 칭기스 칸은 세체 베키와 타이추 두 사람을 추격하여 붙잡았다. v.2, p.181, 8 ~p.182, 3

❀ 메르키트와 나이만 원정 ❀

뱀해인 1197년 칭기스 칸은 메르키트족의 수령인 톡타이를 치기 위해 출정했다. 그들은 몽골과는 별도의 집단으로 매우 강력한 세력을 이루고 있었다. 전투는 모나차(셀렝게 강과 가까운 케룰렌 강가)에서 벌어졌다. 메르키트의 한 지파인 우두이트를 격멸하고 약탈했는데, 그 전투에서 빼앗은 것들은 모두 옹 칸과 그의 부하들에게 주었다. v.2, p.182, 5 ~13 v.2, p.182, 14 ~p.183, 8 그 뒤 호랑이해인 1198년 많은 군대를 지휘하며 세력을 회복한 옹 칸은 칭기스 칸과 아무런 상의도 없이 혼자서 메르키트 원정을 감행했다. 부쿠라 케헤르에서 그들을 공격하여 수령인 톡타이의 아들 투구즈 베키를 죽였으며, 톡타이의 두 딸인 쿠툭타이와 찰라운을 사로잡았다. 또한 톡타이의 두 형제인 쿠두와 칠라운을 가축 및 노복들과 함께 끌고 왔다. 그러나 칭기스 칸에게는 아무것도 주지 않았다. 톡타이는 셀렝게 강 아래, 즉 몽골리아의 동쪽에 있는 바르쿠진으로 도망쳤다. 그곳에 거주하던 바르쿠트라는 부족의 이름도 바로 이 지명에서 나온 것이다.

v.2, p.183, 10 ~p.184, 14 양해인 1199년 칭기스 칸은 옹 칸과 나이만족의 부이룩 칸을 치기 위해 출정했다. 당시 나이만의 군주인 타양 칸은 부이룩 칸의 형이었다. 그러나 부이룩 칸은 형에게 복종하지 않고 독자적으로 군대와 지역을 보유했으며 서로 사이가 매우 나빴다. 나이만의 군주들은 '쿠출룩 칸'이나 '부이룩 칸'이라는 칭호로 불렸는데, '쿠출룩'은 거대하고 강력하며 권위적이라는 뜻이다. 타양 칸의 이름은 원래 타이 부카였기 때문에 키타이의 군주들이 그를 '타이왕(太王)'이라고 불렀다. 몽골인들은 키타이 말을 이해하지 못해서 그를 '타양 칸'이라 칭했던 것이다. 그들의 부친은 이난치 빌게 부구 칸이었다. 타양 칸의 아들인 쿠출룩 칸이 후계자가 되었는데, 그들에 관한 이야기는 뒤에 다시 나올 것이다.

v.2, p.184, 15 ~p.185, 2 부이룩 칸을 치기 위해 출정한 칭기스 칸과 옹 칸은 알타이 산맥 부근의 키질 바시에 있던 그를 공격했다. 패배한 부이룩 칸은 북쪽으로 이동하여 키르기스인들이 사는 켐 켐치우트 지방으로

갔다. 이어서 그의 휘하에 있던 이디 투클룩이라는 장군이 전위대로 나와 맞섰다. 칭기스 칸의 전위대가 그들을 밀어냈고 그들은 산 쪽으로 도망쳤다. 산 위에 이르렀을 때 수령 이디 투클룩이 타고 있던 말의 배댓끈이 풀리며 그가 안장과 함께 굴러떨어졌다. 병사들은 그를 붙잡아 칭기스 칸에게 데리고 갔다.

※ 옹 칸의 배신 ※

1199년 겨울 부이룩 칸 휘하의 장군이었던 쿡세우 사브락이 그 v.2, p.185, 3 ~p.186, 4
부근에 주둔하고 있었다. 칭기스 칸과 옹 칸은 나이만 지방에 있는 바이타락 벨치레라는 곳에서 한 차례 전투를 벌였다. 밤이 되자 양쪽은 동이 트면 전투를 재개하기로 약속하고, 병사들은 쿠리엔 모양의 진영을 만들고 잠에 들었다. 그런데 옹 칸은 자기 군대가 주둔하는 자리에 횃불을 밝혀놓은 채 밤중에 그 부근의 산 너머로 철수했다.

옹 칸이 기만술을 써서 전장에서 빠져나와 다른 지방으로 가 v.2, p.186, 19 ~p.187, 6
는 도중, 메르키트의 군주인 톡타이의 동생 쿠두와 톡타이의 아들 칠라운 두 사람은 옹 칸이 없는 틈을 타서 다시 반란을 일으키고 자기들의 군대와 영지를 되찾았다. 칭기스 칸은 옹 칸의 비열한 행동을 목격하고 "옹 칸은 나를 재난과 화염 속에 던지고 혼자서 도망쳤다"라고 분노하며, 자신도 귀환하여 사리 케헤르라는 곳으로 왔다.

옹 칸은 타탈 토쿨라로 왔고, 그의 동생인 닐카 셍군과 자아 v.2, p.187, 6 ~14

감보 두 사람은 기병과 종복을 데리고 뒤쫓아서 이데루 알타이에 이르렀다. 그곳은 강이 하나 흐르고 숲이 울창했다. 쿡세우 사브락은 즉시 군대를 몰아 추격하여 그곳에 있던 적을 급습하고 재산과 가축을 약탈했다. 거기서 옹 칸의 울루스가 있는 변경으로 더 진격하여 달라두 아마사라에 있던 그의 기병과 속민과 가축을 모두 빼앗았다.

v.2, p.187, 14 ~p.188, 14 닐카 셍군과 자아 감보는 목숨을 지키기 위해 옹 칸에게 왔고, 옹 칸은 즉시 자기 아들인 셍군에게 군대를 주어 적을 추격하라고 보냈다. 그리고 칭기스 칸에게 사신을 보내 상황을 알리며 도움을 요청했다. "나이만족이 나를 약탈했다. 네가 거느리고 있는 네 명의 용맹한 장군, 즉 네 마리의 준마를 청하니, 그들을 보내 나의 군대와 재산을 되찾아주기 바란다." 칭기스 칸은 보르추, 무칼리, 보로굴, 칠라우칸, 이 네 명의 용맹한 장군을 군대와 함께 파견했다. 그들이 도착했을 때는 이미 나이만의 군대가 셍군을 격파한 뒤였다. 옹 칸 휘하의 두 장군이 죽임을 당하고, 셍군이 타고 있던 말은 상처를 입었으며, 그는 말에서 떨어져 붙잡히기 직전이었다. 바로 그때 네 장군이 도착한 것이다.

v.2, p.188 15 ~p.189, 13 출정하기 전에 보르추 노얀은 "제게는 전투에 타고 나갈 말이 없습니다"라고 하면서, 칭기스 칸이 갖고 있던 유명한 말들 가운데 제베키 부라를 달라고 청했다. 칭기스 칸은 그 말을 주면서 "이 놈을 빨리 달리게 하고 싶을 때는 채찍으로 갈기를 쓰다듬어라! 채찍으로 때리면 안 된다"라고 주의를 주었다. 셍군의 말이 상처를 입어 그가 거의 붙잡힐 지경이 된 것을 본 보르추는 달려

가서 그를 구하고 자기가 타고 있던 말을 주었다. 그런 다음 자신은 제베키 부라로 갈아탔다. 그런데 아무리 채찍질을 해도 말은 달리지 않았다. 셍군은 보르추를 남겨놓고 먼저 출발했다. 그때 보르추는 칭기스 칸이 한 말이 생각났다. 채찍으로 말의 갈기를 쓰다듬으니 바람처럼 질주하여 셍군과 군대가 있는 곳에 도착했다. 그들은 함께 군대를 정비하여 적을 물리쳤다. 그리고 옹 칸에게 군대와 부족민과 재산과 가축을 돌려주고 칭기스 칸에게로 돌아왔다.

옹 칸은 그 같은 도움에 매우 기뻐하고 감사를 표했다. "작년에 나는 또 한 번 적들에게 패배하여 굶주리고 헐벗은 채 나의 자식 칭기스 칸에게 갔다. 그는 나를 보살피고 배를 채워주었으며, 나의 헐벗은 사람들을 입혀주었다. 이 많은 빚을 내가 어찌 갚을 수 있을까?"라고 말했다. 전하는 바에 따르면 그 뒤 어느 날 옹 칸이 보르추에게 은사를 내리려고 그를 찾았다. 마침 그는 케식, 즉 시위 당번이었기 때문에 칭기스 칸의 활통을 차고 있었다. 그는 먼저 칭기스 칸의 허락을 받은 뒤 활통을 다른 사람에게 맡기고 옹 칸에게 갔다. 옹 칸은 그에게 옷을 입혀주고 황금으로 된 술잔 열 개를 하사했다. 보르추는 그 잔들을 들고 칭기스 칸의 어전으로 돌아왔다. 그가 무릎을 꿇고 그것을 보여주면서 말하기를 "제가 죄를 지었습니다"라고 했다. "왜 그러느냐?"라고 묻자, "저는 이것 때문에 칭기스 칸의 활통을 풀어놓고 옹 칸에게 갔습니다. 제가 시위 당번인데 만일 무슨 일이 일어났다면, 또는 누군가 당신을 해치려고 했다면 저는 큰 죄를 지었을 것입니다"라고

v.2, p.189 14 ~p.190, 11

대답했다. 칭기스 칸은 이 말을 듣고 기뻐하며 그에게 은사를 내리고, "이 잔들은 네 것이니 갖고 가거라!"라고 말했다.

❧ 타이치우트, 카타킨, 살지우트, 메르키트 등과의 전투 ❧

v.2, p.190, 17 ~p.191, 5 원숭이해인 1200년 봄, 칭기스 칸과 옹 칸은 사리 케헤르 부근에서 만나 쿠릴타이를 개최했다. 전하는 바에 따르면 옹 칸은 칭기스 칸에게 큰 신세를 졌음에도 불구하고 오히려 이 기회를 이용하여 그를 붙잡을 계획을 세웠다고 한다. 연회 자리에서 바아린 부족에 속하는 우수 노얀이 의심을 품고 장화 속에 단검을 넣은 뒤, 옹 칸과 칭기스 칸 사이에 앉아 고기를 먹으면서 주변을 살폈다. 옹 칸은 그들이 자신의 의도를 눈치챘다는 사실을 깨닫고 계획을 실행에 옮기지 못했다. 칭기스 칸은 후일 우수 노얀의 공을 인정하여 그에게 바아린 부족 만호를 주었다.

v.2, p.191, 6 ~p.192, 3 쿠릴타이가 끝난 뒤 그들은 함께 타이치우트를 공격하러 출정했다. 당시 타이치우트의 수령은 타르쿠타이 키릴툭, 앙쿠 후쿠추, 쿠릴, 쿠두다르 등이었다. 바르쿠진으로 도망쳤던 메르키트의 군주 톡타이는 그 소식을 듣고 자신의 형제인 쿠두와 오르창을 보내 타이치우트를 지원했다. 그 무리들이 모두 오논 강가에 집결했다. 칭기스 칸과 옹 칸은 그들을 향해 달려가 전투를 벌였다. 타이치우트 군대는 패배하여 도주하기 시작했다. 칭기스 칸의 군대는 타르쿠타이 키릴툭과 쿠두다르를 추격하여 울렝구트 투라스까지 쫓아가서 사살했다. 앙쿠 후쿠추, 그리고 톡타이 베

키의 형제인 쿠두와 오르창은 바르쿠진으로 갔고, 쿠릴은 나이만에게 피신했다.

카타킨과 살지우트 부족은 과거에 칭기스 칸과 적대 관계였 v.2, p.192, 7 ~p.193, 16
다. 그들은 타이치우트 사람들이 대부분 죽임을 당하고 일부만 도망쳤다는 소식을 듣고 두르벤, 타타르, 쿵크라트 등의 부족과 연합을 서약했다. 몽골인들 사이에서 이보다 더 큰 규모의 서약 의식은 없었다고 한다. 준마와 황소와 숫양과 수캐를 칼로 도살하고, "오, 하늘과 땅의 주여! 우리가 이렇게 서약하는 것을 들으소서! 이것들은 동물의 근본인 수컷입니다. 만일 우리가 자신의 말을 지키지 않고 약속을 어긴다면 바로 이 동물들처럼 될 것입니다"라고 말했다.

그들이 출정하려고 할 때 쿵크라트 부족에 속하는 데이 세첸 v.2, p.193, 17 ~p.194, 5
이 은밀히 칭기스 칸에게 전갈을 보내 "적들이 이 같은 서약을 하고 당신이 있는 쪽으로 향했습니다"라고 알렸다. 이에 칭기스 칸은 옹 칸과 함께 오논 근처에 있는 쿠툰 나우르에 진영을 쳤다. 부이르 나우르에서 맞닥뜨린 양측은 전열을 정비하고 격렬한 전투를 벌였다. 그날 전투에서 칭기스 칸이 승리를 거두고 적은 패배하고 말았다.

그해 겨울 옹 칸은 케룰렌 쪽으로 먼저 이동하여 쿠바 카야 길 v.2, p.194, 7 ~p.196, 2
을 따라왔고, 다른 사람들도 그의 뒤를 따라 이동하였다. 그러던 중에 그의 동생 자아 감보가 옹 칸 휘하의 장군들에게 형에 대한 불만을 터뜨렸다. 무리에 있던 알툰 아슉이라는 사람이 그 내용을 옹 칸에게 고자질했다. 그러자 자아 감보는 네 명의 장군들,

즉 일 쿠투르, 일 쿵쿠르, 나린 토그릴, 알린 타이시와 연합하여 옹 칸의 적이었던 나이만의 군주 타양 칸에게 귀순했다. 그들과 결별한 옹 칸은 쿠바 카야에서 겨울을 보냈고, 칭기스 칸은 키타이의 변경에 있는 체케체르에서 겨울을 보냈다.

v.2, p.196, 4 ~p.197, 13 칭기스 칸은 메르키트의 알락 우두르, 타이치우트의 키르칸 타이시, 타타르의 차우쿠르와 킬 테구르를 공격하기 위해 출정했다. 그들은 모두 각 부족의 수령이고 중요한 인물들이었으며 한군데에 모여 칭기스 칸에게 대적하고 있었다. 알락 우두르는 그들 가운데 선임자였으며, 절대적인 권력을 지닌 군주가 되려는 야망을 품고 있었다. 칭기스 칸은 달란 네무르게스라는 곳에서 그들을 격멸하고 약탈했는데, 일부 족속들이 도망쳤다가 다시 집결했다.

v.2, p.196, 14 ~p.197, 8 당시 바야우트 부족의 안목 있고 현명한 노인 한 사람이 다음과 같은 예언을 했다. “키야트 지파의 유르킨 가문에 속하는 세체 베키는 군주가 되려는 야망을 갖고 있지만 성공하지 못할 것이다. 자무카 세첸은 자신의 목적을 성취하기 위해 항상 사람을 곤경에 빠뜨리고 여러 가지 계략과 기만을 꾀하지만, 그 역시 성공하지 못할 것이다. 칭기스 칸의 동생인 주치 카사르도 똑같은 야망을 갖고 있다. 그는 자신의 완력과 재주와 궁술을 맹신하지만, 역시 성공하지 못할 것이다. 메르키트 종족의 알락 우두르도 수령이 되려는 욕망을 품고 용맹과 권위를 자랑하지만, 그 또한 목적을 이루지 못할 것이다. 그러나 이 테무진, 즉 칭기스 칸은 수령과 군주가 될 만한 외모와 태도와 자질을 모두 갖추었으니,

반드시 군주의 자리에 오를 것이다." 그는 이러한 예언을 운문과 수사를 섞어서 몽골 노래로 불렀는데, 결국 그가 말한 대로 이루어졌다. 칭기스 칸은 군주가 되었고 자기 형제들을 제외한 나머지 모두를 죽였다.

주치 카사르는 당시 칭기스 칸과 떨어져 있었는데, 제브케라는 장군이 그의 곁에 있었다. 쿵크라트 부족은 칭기스 칸에게 복속하려 했는데, 제브케가 주치 카사르를 부추기며 쿵크라트를 쫓아내라고 말했다. 이로 인해 쿵크라트 사람들은 칭기스 칸을 믿지 않게 되었다. 나중에 이러한 사실을 안 칭기스 칸은 주치 카사르에게 책임을 물었다. v.2, p.197, 13 ~19

꧁ '구르 칸'에 즉위한 자무카 세첸 ꧂

그 뒤 닭해인 1201년에 곤경에 처한 쿵크라트는 자무카에게 의탁했다. 거기서 이키레스·코룰라스·두르벤·카타킨·살지우트 등의 부족들과 함께 상의한 뒤, 켐에서 대회를 열고 자무카를 '구르 칸'으로 추대했으니, '사해의 군주'라는 뜻이다. 자무카는 곧바로 칭기스 칸 공격 계획을 논의했다. 그런데 그걸 들은 코리다이가 코룰라스 부족 출신의 자기 사위인 메르키타이에게 사정을 털어놓았다. 메르키타이는 "이 소식을 칭기스 칸에게 알려야 합니다"라고 말하고는, 자기 말 중에서 귀 위에 혹이 난 회색 말 한 마리를 데려왔다. v.2, p.198, 1 ~16

코리다이는 말을 타고 달려 타이치우트족에 속한 한 쿠리엔 v.2, p.198, 18 ~p.199, 14

에 도착했다. 때는 밤이었다. 코룰라스 출신인 카라 메르키타이가 보초를 서고 있다가 그를 붙잡았다. 그런데 카라 메르키타이는 그가 누군지 알아보았다. 그 자신도 칭기스 칸 쪽으로 기울고 있었기 때문에, 코리다이를 황백색 준마에 태워서 신속하게 도망치게 했다. 그곳을 떠나 달리던 코리다이는 자무카에게 흰색 천막 하나를 바치러 가던 한 무리와 마주쳤다. 그들이 그를 잡으려고 했지만 말이 어찌나 빨리 달렸는지 순식간에 눈앞에서 사라져버렸다. 그가 칭기스 칸에게 도착하여 자무카 측의 계획을 전하니, 칭기스 칸은 즉시 군대를 일으켰다. 칭기스 칸의 군대는 이디 코로칸에서 자무카에게 승리했고, 쿵크라트 부족도 거기서 칭기스 칸에게 복속했다.

v.2, p.199, 15 ~p.200, 11 1202년 개해 봄에 칭기스 칸은 알치 타타르와 차간 타타르를 치기 위해 올쿠이 실지울지트 강가에서 출정하면서 명령을 내렸다. "어느 누구도 약탈물을 취하는 데 정신을 팔아서는 안 된다. 전투가 끝나고 적을 없앤 뒤에 약탈물을 공평하게 나눌 것이다." 모두 이 명령에 따르기로 약속했다. 그러나 쿠툴라 칸의 아들 알탄, 네쿤 타이시의 아들 쿠차르, 칭기스 칸의 숙부 다리타이 옷치긴 등은 약속을 어기고 전투 중에 약탈에 몰두했다. 칭기스 칸이 그것을 불쾌히 여겨 쿠빌라이와 제베를 보내 그들이 가져간 약탈물을 다시 빼앗았다. 그로 말미암아 그들은 분노했고 마음이 은밀히 옹 칸 쪽으로 기울었다.

v.2, p.200, 14 ~p.201, 8 같은 해 가을, 나이만 군주의 형제인 부이룩 칸, 메르키트 군주인 톡타이 베키, 두르벤·타타르·카타킨·살지우트 등의 수령인

아쿠추 바하두르, 오이라트의 군주 쿠투카 베키 등이 대군을 이끌고 칭기스 칸과 옹 칸을 공격하러 왔다. 칭기스 칸과 옹 칸은 쿠이 체케체르와 치우르카이에 전초병을 배치했다. 전초병들 가운데 한 사람이 본진으로 돌아와 나이만 군대의 도착을 전했다. 칭기스 칸과 옹 칸은 올쿠이 실지울지트에서 이동하여 장벽이 있는 쪽으로 갔다. 알렉산더의 성벽과 같은 이 장벽은 키타이 변경의 카라운 지둔, 즉 홍안령 산맥 경계에 세워져 있었다.

옹 칸의 아들인 셍군이 본진 앞에서 행군하다가 어떤 숲에 이르렀다. 그 숲만 지나면 장벽에 도달한다. 그런데 이를 알아챈 나이만족의 부이룩 칸이 출전했고, 몽골 부족들 중에서는 카타킨의 아쿠추 바하두르와 메르키트족 톡타이 베키의 형제인 쿠두 등이 전위로 나섰다. 양쪽 부대가 막 격돌하려는 차에, 적들이 그대로 본대로 돌아가버렸다. 그러자 셍군은 거기서 더 전진하여 장성으로 들어갔다. v.2, p.201, 9 ~p.201, 17

적군은 눈보라를 부르기 위해 자다(jada) 마술을 부렸다. 자다란 주문을 외우면서 여러 종류의 돌을 물에 넣으면 폭풍우와 눈보라가 일어나는 마술이다. 그런데 그 눈보라가 자기들 쪽으로 불어닥치는 바람에 나이만군은 후퇴했다. 그들은 쿠이텐이라 부르는 곳에 다시 진을 쳤다. 그곳에서 나이만의 부이룩 칸, 또 그와 연합했던 몽골의 병사와 수령들은 혹독한 추위로 손발의 감각을 잃고 말았다. 이때 극심한 눈보라와 어둠으로 말미암아 수많은 사람과 가축이 산꼭대기에서 굴러떨어져 죽었다는 일화가 유명하다. v.2, p.201, 17 ~p.202, 5 v.2, p.202, 6 ~p.202, 18 칭기스 칸과 옹 칸은 '아랄', 즉 섬 옆에 자리를 잡았다. 당시 자무카는 자신을 구르 칸으로 추대했던 무리와 함께 부이룩 칸과 한편이 되어 있었다. 그러나 상황이 이렇게 되자 그는 칭기스 칸 쪽으로 다시 기울어, 자신을 군주로 추대했던 사람들의 천막을 약탈하고 칭기스 칸에게 돌아왔다. 칭기스 칸과 옹 칸은 장성을 지나 아브지에 쿠테게르라는 동영지에서 겨울을 보냈다. 옛날에 그곳은 쿵크라트 부족의 동영지였고, 후일 쿠빌라이 카안과 아릭 부케도 그곳에서 전투를 벌였다. 또한 그곳은 물이 없는 사막이라 주민들은 눈을 녹여서 물을 구한다. 그해 겨울 칭기스 칸은 큰아들 주치와 셍군의 자매인 차우르 베키의 혼인을 청했고, 옹 칸은 셍군의 아들인 투스 부카와 칭기스 칸의 딸 코친 베키의 혼인을 추진했다. 그러나 이 혼사는 성사되지 못했고, 그로 말미암아 이 두 사람 사이에 틈이 벌어지기 시작했다.

쿠이텐의 전투와 발주나 맹약

v.2, p.203, 1 ~10 자무카 세첸은 원래 칭기스 칸에게 적개심을 품고 있었다. 속임수에 능한 그는 셍군에게 가서 "나의 형 칭기스 칸이 당신의 적인 타양 칸과 의기투합하여 그에게 계속 사신을 보내고 있다"라고 말하며 둘 사이를 이간질했다. 셍군은 어리석게도 그 말을 믿고, "칭기스 칸이 출정하면 우리도 군대를 사방에서 불러 모아 그를 공격하자!"라고 말했다.

v.2, p.203, 11 ~18 앞에서 약속을 어기고 먼저 약탈물을 취했다가 칭기스 칸에게

그것을 다시 빼앗긴 다리타이, 알탄, 쿠차르 등도 자무카·셍군의 연합에 동참했다. 또한 망쿠트족의 타가이 쿨라타이, 하다르킨족의 무쿠르 쿠란도 그들과 연합하기로 했다.

v.2, p.203, 19 ~p.204, 9

그때 셍군은 아버지와 떨어져 엘레트로 이동했다. 그는 자기의 부하인 사이칸 토단을 아버지에게 보내, 자신의 부대와 칭기스 칸의 부대가 같은 곳에 주둔하도록 만들어서 그를 공격할 기회를 잡게 해달라고 청했다. 또한 자신이 자무카와 손을 잡고 선수를 쳐서 칭기스 칸을 습격하려고 한다고 말했다. 옹 칸은 아들의 요청을 어불성설이라고 여기며, "자무카는 허황한 소리나 하는 믿을 수 없는 사람이니 그의 말에 귀를 기울여서는 안 된다"라고 충고했다. 그러는 사이에 며칠이 지났고, 칭기스 칸은 더 멀리 떨어진 곳에 둔영을 쳤다.

v.2, p.204, 10 ~16

돼지해인 1203년 봄, 셍군이 아버지에게 다시 사신을 보내 설득하려고 했다. 옹 칸은 그의 주장을 듣고 슬퍼하면서 이렇게 말했다. "그 덕분에 우리가 사람처럼 지내게 되었다. 그는 여러 차례 자신의 재산과 생명을 걸고 우리를 도와주었다. 어떻게 그를 해칠 생각을 할 수 있단 말인가? 내가 아무리 안 된다고 말해도 너는 말을 듣지 않으니, 내가 더 이상 무슨 말을 하겠는가?"

v.2, p.204, 22 ~p.205, 9

그들은 다음과 같이 계략을 꾸몄다. "전에 그가 차우르 베키와 주치의 혼례를 청했으나 우리는 응하지 않았다. 이제 사람을 보내 두 사람의 결혼을 명목으로 저들을 초대하자. 그래서 그가 오면 붙잡아버리자." 그들은 사신을 보내 혼인 수락의 뜻을 알렸고, 이 소식을 들은 칭기스 칸은 두 명의 부하와 함께 옹 칸을 향해 출발했다. 도중에 쿵크라트 부족의 수령인 텝 텝그리의 부친인 뭉릭의 천막에서 묵었다. 다음 날 아침에 뭉릭은 칭기스 칸이 가는 것을 만류하며 "우리의 가축들이 여위었으니 우선 그들을 살찌우도록 하자. 먼저 한 사람만 보내 잔치에 참석하고 혼례 음식을 먹게 하자!"라고 말했다.

v.2, p.205, 10 ~p.206, 10 칭기스 칸은 옹 칸과 셍군의 급습 계획을 알지 못했다. 그때 옹 칸 휘하의 수령인 예케 체렌이 집으로 가서 부인에게 그들의 계획을 발설했다. 그런데 마침 체렌 휘하에 있던 키실릭이라는 목동이 우연히 천막 밖에서 그 이야기를 들었다. 그는 동료인 바다이에게 자기가 들은 이야기를 말했고, 두 사람은 즉시 칭기스 칸에게 가서 이 소식을 알렸다. 후일 두 사람은 그 공로로 '타르칸'이라는 지위를 받고 특별한 은사를 누렸다.

v.2, p.206, 11 ~p.207, 4 칭기스 칸은 그들의 말을 듣고, 자신은 아랄에 머물면서 천막들은 실루울지트 산 쪽으로 안전하게 이동시켰다. 그리고 젤메를 척후로 삼아 산의 북쪽에 있는 마우 운두르로 보냈다. 옹 칸은 마우 운두르 산의 남쪽에 붉은 버드나무 숲이 자라는 곳, 즉 몽골인들이 훌란 부루카트라고 부르는 곳으로 왔다. 알치다이 노얀의 부하 두 명이 적을 발견했다. 그들은 말을 달려, 칼랄지트에 주둔하고 있던 칭기스 칸에게 소식을 전했다.

v.2, p.207, 4 ~p.208, 3 칭기스 칸은 즉시 출정했다. 태양이 창 하나 정도 높이에 떠올랐을 때, 양측 군대는 대치하며 전열을 정비했다. 칭기스 칸의 군대는 적었고 옹 칸의 군대는 많았다. 칭기스 칸은 장군들에게 "우리가 어떻게 해야 하겠나?"라고 의견을 물었다. 그곳에 우루

우트 부족의 수령 케흐티 노얀과 망쿠트 부족의 수령 쿠일다르 세첸이 있었다. 일찍이 우루우트와 망쿠트 두 부족이 칭기스 칸을 떠나 타이치우트 종족과 연합했을 때에도, 이들 두 사람은 이반하지 않고 그의 곁에 남아 헌신했다. 칭기스 칸이 적을 어떻게 상대해야 할지 물었을 때, 케흐티는 채찍으로 말갈기를 쓰다듬으며 아무런 대답도 하지 않았다. 그러나 칭기스 칸의 의형제였던 쿠일다르는 "칸이여! 나의 의형제여! 내가 나가겠습니다. 적의 등 뒤에 있는 저 쿠이텐 산꼭대기에 나의 깃발을 꽂아 용맹함을 보이겠습니다. 다만 내가 죽으면 내 자식들을 부탁드립니다" 라고 말했다. 쿠일다르는 신의 도움을 기대하며 즉각 출진했고, 곧 적진을 통과해서 산 정상에 자신의 깃발을 올렸다.

이에 칭기스 칸과 다른 장군들도 모두 공격을 개시하여, 무엇 v.2, p.208, 4 ~12
보다도 먼저 케레이트에 예속된 집단 가운데 최정예 군대인 지르킨 부족을 패주시켰다. 이어서 케레이트족의 일원이었던 퉁카이트 부족을 격파하고, 그다음에는 옹 칸 휘하의 대장군인 코리 실레문 타이시를 물리쳤다. 옹 칸의 시위병들도 거의 몰살될 위기에 처했다. 그러나 얼마 후 전세가 역전되면서 칭기스 칸의 군대가 수세에 몰렸다. 그 순간 셍군의 얼굴에 화살 한 대가 날아와 박히면서 케레이트의 공격이 멈추게 되었다. 만약 그렇지 않았다면 칭기스 칸의 군대는 파멸할 위기에 처했을 것이다.

이 전투는 지금도 몽골인들 사이에서 널리 회자되고 있다. 그 v.2, p.208, 13 ~p.209, 6
곳은 키타이 변경 가까이에 있다. 적군의 숫자가 많았기 때문에 칭기스 칸은 결국 퇴각할 수밖에 없었다. 귀환할 때 그는 본진에서 떨어져 나와 발주나 방향으로 갔다. 그곳에는 몇 개의 조그만 샘들이 있었지만, 사람도 가축도 물이 부족했다. 사람들은 진흙에서 물을 짜 마셨다. 당시 칭기스 칸과 함께 발주나로 온 병사의 숫자는 적었는데, 그들을 '발준투'라고 부른다. 발주나에 함께 있던 사람들이라는 뜻이다. 그들은 확고한 권리를 갖고 다른 사람들보다 더 존귀한 대우를 받는다.

v.2, p.209, 10 ~p.210, 2 칭기스 칸은 칼랄진 엘레트 전투에서 돌아와 오르무렌 강으로 왔는데, 그 부근에는 커다란 절벽이 있는 켈테게이 카다 강이 흐르고 있었다. 그곳은 현재 타가차르 휘하 집단의 거주지이다. 그곳에 집결하여 군대의 수를 헤아려보니 4600명이 남아 있었다. 그는 군대를 두 무리로 나누어 칼라 강으로 이동했다. 2300명은 칭기스 칸과 함께 그 강 한쪽으로, 나머지 2300명은 우루우트, 망쿠트 부족과 함께 강의 다른 쪽을 따라 하류를 향해 진군했다.

v.2, p.210, 3 ~11 도중에 쿵크라트의 수령 테르게 에멜의 천막이 있는 곳 부근에 도착했다. 그에게 사신을 보내어 "전에 우리는 의형제이자 인척이었소. 당신들은 우리와 외삼촌 관계였소. 만일 동맹자가 된다면 우리도 당신들의 벗이 되겠소! 만일 적대한다면 우리도 적대하겠소"라고 했다. 그들은 좋은 말로 회답을 보내 동맹자가 되었다. 칭기스 칸은 그곳에서 퉁게 나우르와 투루카 코로칸이라는 호수와 냇물이 있는 곳 가까이로 이동하여 진을 치고 병사들에게 행군의 피로를 풀라고 명령했다.

❧ 칭기스 칸이 옹 칸에게 적시한 일곱 가지 은혜 ❧

그 뒤 칭기스 칸은 일두르킨 부족의 아르카이 제운을 옹 칸에게 사신으로 보내, 그동안 자신이 베푼 일곱 가지 은혜를 낱낱이 밝히며 그를 질책하였다. v.2, p.210, 13 ~17

"첫째. 지금 우리는 퉁케 나우르와 투루카 코로칸에 진을 쳤습니다. 목초가 좋아서 우리의 거세마들은 힘을 되찾았습니다. 오, 나의 칸 아버지여! 일찍이 그대의 숙부 구르 칸이 당신에게 '너는 내 형 부이룩 칸의 자리를 내게 넘겨주지 않았고, 나의 형제인 타이 테무르와 부카 테무르 두 사람을 모두 없애버렸다'라고 분노하면서, 당신을 카라운 캅찰이라는 협곡으로 몰아넣고 포위했습니다. 당신은 거기서 불과 몇 사람만 데리고 빠져나왔는데, 당신을 그곳에서 빼내준 사람이 누구였습니까? 나의 아버지 이수게이가 아니었던가요? 타이치우트 일족의 수령인 우두르 쿠난과 부카치 두 사람이 다른 몇 명을 데리고 당신과 함께 떠나갔을 때, 나의 아버지 이수게이도 카라 부카 초원을 통과하여 툴라탄 툴랑구와 협곡의 꼭대기를 지나서, 구세우르 나우르로 갔습니다. 그리고 쿠르반 텔레수트에 있던 구르 칸을 거기서 몰아냈습니다. 그는 카신 지방으로 갔고 그 뒤에는 결코 모습을 드러내지 않았습니다. 나의 좋으신 아버지께서 이런 방식으로 구르 칸에게서 나라를 되찾아 당신에게 주었습니다. 그 이유는 당신이 나의 아버지와 의형제였기 때문이고, 또한 그것이 내가 당신을 '칸 아버지'라고 부르는 까닭입니다. 당신이 내게 빚진 여러 은혜 가운데 이것이 첫 번째입니다." v.2, p.210, 18 ~p.211, 19 v.2, p.212, 2 ~15 "둘째. 오, 나의 칸 아버지여! 당신 휘하의 사람들이 모두 구름 아래로 사라졌을 때, 나는 큰 목소리로 키타이 지방에 있던 의형제 자아 감보에게 소리를 지르고 모자를 벗어서 흔들며 손뼉을 쳐서 그를 나에게 오도록 했습니다. 그를 불러오자 나의 적들은 복수하기 위해 매복했습니다. 또 한번은 메르키트의 군대가 의형제 자아 감보를 쫓아낸 적이 있는데, 나는 관용을 베풀어 그를 구해주었습니다. 의형제 자아 감보를 자우쿠트, 즉 키타이 지방 한가운데에서 구출해 오고 메르키트의 손에서 구원해준 내가 무엇 때문에 그를 죽이겠습니까? 또한 나는 당신을 위해서 내 형을 죽이고 동생을 파멸시켰습니다. 만일 그들이 누구냐고 물으신다면, 나의 형인 세체 베키와 나의 동생인 타이추 쿠리가 그들입니다. 당신이 내게 빚진 또 하나의 은혜가 바로 이것입니다."

v.2, p.212, 16 ~p.213, 6 "셋째. 오, 나의 칸 아버지여! 또 있습니다. 당신은 마치 구름 속에 있던 태양이 모습을 드러내듯이 내게로 왔고, 마치 불처럼 서서히 밖으로 나와서 내게 왔습니다. 나는 당신의 주린 배를 반 나절도 지나지 않아서 채워주었습니다. 한 달도 지나지 않아서 당신의 헐벗은 몸에 옷을 입혀주었습니다. 만일 누가 '이것이 무슨 뜻이냐?'고 묻는다면, 이렇게 말하십시오. 나 칭기스 칸이 무리착 세울 뒤에 있는 카티클릭 백양나무 숲에서 전투를 벌여 메르키트족을 약탈하고, 그들의 가축과 천막과 오르도와 좋은 옷들을 모두 당신에게 주었다고. 그래서 당신의 배고픔과 헐벗음이 사라졌습니다. 이것이 당신이 내게 진 세 번째 은혜입니다."

v.2, p.213, 8 ~p.214, 3 "넷째. 메르키트 종족이 부쿠라 케헤르에 있을 때, 나는 사태

를 파악하고 정탐하기 위해 톡타이 베키에게 사신을 보냈습니다. 그런데 당신은 기회가 생기자 내게 알리지도 않고 또 나를 기다리지도 않은 채, 나보다 먼저 출정하여 거기서 톡타이 베키의 부인들과 형제를 붙잡았습니다. 쿠툭타이 카튠과 찰라군 카튠을 가지고, 톡타이의 형제인 쿠두와 아들 칠라운을 붙잡았으며, 우두이트 메르키트족의 울루스 전부를 차지했는데도, 내게는 아무것도 주지 않았습니다. 그 뒤 우리가 나이만으로 출정하여 바이타락 벨치레에서 전열을 정비했을 때, 당신에게 끌려와 복속했던 쿠두와 칠라운이 군대와 재산을 가지고 도망쳤습니다. 그러자 쿡세우 사브락이 선두에 선 나이만 군대가 도착하여 당신의 울루스를 약탈했습니다. 그런 상황에서 나는 보르추와 무칼리와 보로굴과 칠라운, 이 네 준마를 보내서 당신의 울루스를 되찾아 주었습니다. 이것이 당신이 내게 진 또 다른 은혜입니다."

"다섯째. 그 뒤 우리는 카라 강에 도착했습니다. 거기에는 훌 v.2, p.214, 5 ~15
란 빌타쿠우트가 있고, 그 근처에 조르칼 쿤이라는 산이 있었습니다. 거기서 우리는 맹서하면서 '독을 품은 뱀이 우리 사이에서 이빨을 드러낼 때, 우리는 우리 자신의 말과 입술과 치아로 직접 이야기하기 전까지는 서로 헤어지지 말자!'라고 했습니다. 그런데 지금 누군가가 악의를 품고 한 말을 우리는 서로 만나 확인하지도 않았는데, 당신은 그것을 믿고 내게서 떨어져나갔습니다."

"여섯째. 오, 나의 칸 아버지여! 그 뒤 나는 추르쿠 산을 향해 v.2, p.215, 2 ~10
마치 송골매처럼 날아갔습니다. 나는 부이르 나우르 호수를 지나, 푸르고 잿빛 나는 다리를 가진 학들을 잡아서 당신에게 주었습니다. 만일 그것이 무엇이냐고 묻는다면, 두르벤족과 타타르족입니다. 그다음에 나는 회색매가 되어 쿠케 나우르 호수를 지나, 푸른색 다리를 가진 학들을 당신을 위해 사로잡았습니다. 그들이 누구였느냐고 묻는다면, 카타킨족과 살지우트족과 쿵크라트족입니다. 그런데 지금 당신은 바로 그들의 도움을 받아 나를 위협하고 있습니다. 이것이 당신이 내게 빚진 또 하나의 은혜입니다."

v.2, p.215, 12 ~p.216, 10 "일곱째. 오, 나의 칸 아버지여! 당신은 내게 어떠한 은혜를 베풀었나요? 당신은 내게 무슨 유익함을 주었나요? 오, 나의 칸 아버지여, 왜 나를 두렵게 하는 겁니까? 왜 당신의 며느리와 아들들이 편하게 잠을 자도록 내버려두지 않는 겁니까? 당신의 아들인 나는 내 몫이 적다고 해서 더 많이 바라지 않았고, 그것이 나쁘다고 해서 더 좋은 것을 바란다고 말한 적도 없습니다. 수레는 두 바퀴 중 하나가 부서지면 움직일 수 없습니다. 만일 수레를 끄는 소가 병들었다고 해서 수레꾼이 소를 수레에서 풀어놓으면, 도둑이 그것을 훔쳐갈 것입니다. 만일 풀어놓지 않고 수레에 그대로 매놓으면 그 소는 죽을 것입니다. 만일 수레의 두 바퀴 가운데 하나가 부서지면 소가 그것을 끌려고 해도 움직일 수 없을 것입니다. 바퀴가 부서진 수레를 언덕 위로 억지로 끌고 올라간다면 소의 목에는 상처가 생기고, 그래서 날뛰다가 힘이 빠져 쇠잔해질 것입니다. 내가 바로 당신 수레의 바퀴였습니다."

v.2, p.219, 14 ~16 칭기스 칸의 사신들이 옹 칸에게 이 말을 전하자, 옹 칸은 "그가 옳다. 우리가 그를 부당하게 대했다. 그러나 그 대답은 내 아

들 셍군이 해줄 것이다"라고 말했다.

❧ 셍군의 회답 ❧

셍군은 칭기스 칸에게 다음과 같은 회답을 보냈다. "그가 언제 나를 '의형제'라고 불렀던가. 오히려 나를 '무당 톱토아'라고 부르지 않았던가. 그가 언제 나의 아버지를 '칸 아버지'라 불렀던가. 그를 '살인자 노인'이라고 부르지 않았던가. 내가 언제 전쟁을 하자며 사신을 보냈던가. 그러나 이제 그가 사신을 보냈으니 만일 그가 승리한다면 우리의 울루스는 그의 차지가 될 것이고, 반대로 우리가 이긴다면 그의 울루스는 우리 것이 될 것이다." 그는 이렇게 말하고는 자신의 장군들, 즉 빌게 베키와 토단 두 사람에게 "출정하자! 깃발을 올리고 북을 울리자! 거세마를 타고 출정하자! 칭기스 칸을 치기 위해 진군하자!"라고 말했다. v.2, p.220, 1~8

칭기스 칸이 사신을 옹 칸에게 보냈을 때, 그는 쿵크라트족 대부분을 복속시키고 발주나 호수로 갔다. 이키레스족에 속하는 보투가 코룰라스족에게 쫓겨, 그곳에서 칭기스 칸과 연맹하고 함께 머물며 발주나의 물을 마셨다. 그때 주치 카사르가 칭기스 칸에게서 떨어져 홀로 머물고 있었는데, 카라운 지둔에서 그의 부인과 자식들이 옹 칸의 군대에게 억류되었다. 홀로 도망친 그는 동물의 시체와 부츠를 끓여 먹으면서 마침내 발주나에 있던 칭기스 칸에게 돌아왔다. 옹 칸은 그 전에 칭기스 칸과 칼랄진 엘레트에서 전투를 한 뒤 키트 쿨카트 엘레트로 갔다. v.2, p.220, 12~p.221, 1 v.2, p.221, 2 ~15 그때 옹 칸과 함께 지내고 있던 칭기스 칸의 숙부인 다리타이 옷치긴, 쿠툴라 칸의 아들 알탄 제운, 네쿤 타이시의 아들 쿠차르 베키, 자지라트족의 자무카, 바아린족, 녹타 보올의 일족인 수게이와 토그릴, 망쿠트족의 타가이 쿨라타이, 타타르족의 수령 쿠투 테무르 등이 다른 마음을 품었다. 이들은 상의하여 말하기를 "옹 칸에게 야습을 감행하여 우리 스스로 군주가 되자. 옹 칸이나 칭기스 칸 누구와도 연합하지 말자!"라고 했다. 그들의 모반 계획을 들은 옹 칸이 먼저 그들을 공격하고 약탈했다. 이런 까닭에 다리타이 옷치긴과 바아린족 일부, 케레이트 부족의 한 지파인 사카이트, 눈친 부족 등이 칭기스 칸에게 귀순했다. 알탄 제운, 쿠차르 베키, 쿠투 테무르 등은 나이만의 타양 칸에게 망명했다.

⚜ 케레이트 옹 칸의 멸망 ⚜

v.2, p.222, 1 ~p.223, 2 1203년 돼지해 여름에 칭기스 칸은 발주나에서 물을 마시고, 가을에는 그곳에서 나와 오논 강 언저리에 추종자들을 집결시킨 뒤 옹 칸을 치기 위해 출정했다. 주리야트족의 칼리우다르와 우량카트족의 차우르간 두 사람은 주치 카사르의 부하이자 속민으로 알려져 있었는데, 칭기스 칸은 그들을 옹 칸에게 보냈다. 사신으로 가서 "주치 카사르가 우리를 보냈다"라고 하면서 이렇게 말하게 했다. "내 마음은 나의 형에게 멀어졌습니다. 그에게 갈 길을 찾아보았지만, 그와 재회할 수 있는 어떤 길도 찾을 수 없었습니다. 나의 처와 자식들은 나의 칸 아버지에게 있습니다. 나는

나뭇가지와 풀로 된 집에서 진흙과 돌로 된 베개를 베고, 벗이나 동료도 없이, 꽤 오랜 기간 혼자 자며 지냈습니다. 나는 칸 아버지를 믿었기 때문에 이 사신들을 은밀히 보내서 나의 일족과 군내와 처자식들을 되돌려주기를 청하는 바입니다. 내가 가족들과 만나면 칸 아버지께 복속하고 성심으로 귀순하겠습니다."

옹 칸도 주치 카사르의 부하인 사신들을 잘 알고 있었다. 그렇 v.2, p.223, 3 ~12
기 때문에 칭기스 칸이 옹 칸의 경계심을 풀 계책으로 그들을 보냈으리라고는 전혀 의심하지 않았다. 또한 당시 칭기스 칸은 매우 곤경에 처해 있었고 주치 카사르도 방랑하며 돌아다니고 있었기 때문에, 옹 칸은 그 말을 완전히 믿었다. 그리하여 옹 칸은 사신들을 후대하여 돌려보냈다. 그는 자기 부하 이투르겐을 그들과 함께 가게 했다. 주치 카사르와의 서약을 위해, 아교를 추출할 때 사용하는 짐승의 뿔 속에 약간의 피를 넣어 보냈다. 몽골인은 서약을 할 때 피를 나눠 마시는 관습이 있었기 때문이다.

그들 세 사람이 함께 길을 가고 있었는데, 반대쪽에서 칭기스 v.2, p.223, 13 ~p.224, 4
칸이 군대와 함께 옹 칸을 공격하러 오고 있었다. 칭기스 칸의 깃발을 발견한 칼리우다르는 옹 칸의 사신인 이투르겐이 도망치지나 않을까 걱정했다. 그는 좋은 말을 타고 있었기 때문이다. 칼리우다르는 즉시 말에서 내려 말의 앞발을 들어 올리고 말발굽에 돌멩이가 꼈다는 핑계를 대며, 이투르겐도 말에서 내리게 했다. 그리고 "내가 말발굽에 낀 돌을 빼는 동안 내 말을 잘 잡고 있으시오!"라고 말했다. 이투르겐은 말의 앞발을 손으로 붙잡았고, 그가 거기에 정신을 팔고 있는 동안 칼리우다르는 핀으로 발굽을 깨끗이 정돈했다. 그러는 사이에 칭기스 칸이 군대와 함께 다가왔다. 그는 이투르겐에게 몇 마디 말을 한 뒤에 그를 붙잡아 그의 준마와 함께 주치 카사르에게 보냈다. 재산과 가축을 다 빼앗긴 주치 카사르가 말도 없이 뒤처져 걸어오고 있었기 때문이다.

v.2, p.224, 5 ~15 칭기스 칸은 그 두 사람의 사신을 향도로 세우고, 밤에도 멈추지 않고 달려서 제지르 운두르까지 진군했다. 드디어 옹 칸이 있는 곳에 도착하여 전투가 벌어졌다. 그는 옹 칸을 격파하고 케레이트의 군대와 왕국을 모두 빼앗았다. 옹 칸과 그의 아들 셍군은 소수의 사람들과 함께 도망쳤다. 옹 칸은 도망치면서 이렇게 말했다. "나는 떨어져야 마땅한 사람에게서 떨어졌도다. 나는 멀어져야 마땅한 사람에게서 멀어졌도다. 내가 이 모든 역경, 재난, 비탄, 고통, 방황, 절망을 겪는 것은 얼굴이 부은 녀석 때문이로다!" 자기 아들인 셍군을 가리키는 말이었다. 그는 너무나 화가 난 나머지 이름도 부르지 않고 이런 식으로 말했다.

v.2, p.224, 16 ~p.225, 5 옹 칸은 마침내 나이만 지방에 있는 디딕 사칼의 네쿤 우순에 이르렀다. 그때 나이만의 군주 타양 칸 휘하에 있던 코리 수바추와 테틱샬이라는 두 장군이 전초를 서다 그를 붙잡아 죽이고 머리를 타양 칸에게 바쳤다. 타양 칸은 그런 행동에 대해 못마땅해하며, "이처럼 연로하고 강력한 군주를 왜 죽였는가? 산 채로 데리고 왔어야 마땅했다"라고 말했다. 그리고 옹 칸의 머리에 은박을 입히고, 그것에 대해 한동안 경외심을 보이며 자기 보좌 위에 놓아두라고 지시했다.

v.2, p.225, 6 ~p.226, 1 옹 칸의 아들 셍군은 몽골리아의 변경, 즉 사막 가장자리에 있

는 이식 발가순이라는 마을을 지나 부리 티베트 지방으로 들어갔다. 한동안 거기 머물면서 일대를 약탈하고 파괴를 일삼았다. 티베트 사람들이 그를 잡기 위해 포위해오자 그는 다시 호탄과 카쉬가르 지방의 변경으로 피신했다. 그러나 그곳의 태수가 그를 붙잡아 죽였다. 그는 생포한 셍군의 부인과 아이를 칭기스 칸에게 보내고 자신은 귀순했다. 이것이 케레이트족의 최후이자 그 나라의 종말이다.

칭기스 칸이 옹 칸의 군대를 공격하여 그와 그의 아들을 패주 v.2, p.226, 4~14
시키자, 케레이트 사람들은 그에게 복속했다. 칭기스 칸은 그 나라와 울루스를 장악했다. 그해 1203년 겨울에 테멘 케헤레에서 사냥한 뒤, 승전고를 울리며 기쁘고 편안한 마음으로 축복받은 자신의 오르도로 돌아왔다. 그가 이처럼 커다란 승리를 거두었기 때문에 군주의 대업이 그에게 확정되었고, 주변의 종족들이 그에게 귀순했다. 거대한 회의를 열어 준엄하고 자비로운 법령들을 선포하고, 상서롭게 칸의 자리에 앉았다.

⚜ 나이만족의 군주 타양 칸의 최후 ⚜

1204년 쥐해 봄, 나이만의 군주 타양 칸은 조카난 혹은 요하난이 v.2, p.245, 6~p.246, 1
라는 이름의 사신을 웅구트족의 군주인 알라쿠시 티긴 쿠리에게 보내어, “전하는 바에 의하면 변경에 새로운 군주가 나타났다고 한다. 하늘에는 태양과 달이 둘 있지만, 지상에 어떻게 두 사람의 군주가 한 왕국에 있을 수 있겠는가. 그대는 나의 오른손이 되어

라. 군대로써 나를 지원하여 그의 활통을 빼앗아버려라"라고 말했다. 그러자 알라쿠시는 자신의 심복 가운데 한 사람을 칭기스 칸에게 보내 상황을 알리고 복속했다.

v.2, p.246, 4 ~13 칭기스 칸은 사신을 통해 타양 칸이 자신을 적대한다는 것을 확인했다. 그해 봄 테메게인 툴쿤추트에서 쿠릴타이를 열었다. 장군들은 한결같이 "우리의 말들이 여위었으니, 살찌게 한 뒤 가을에 출정합시다"라고 말했다. 그러자 칭기스 칸의 숙부인 다리타이 옷치긴이 "오, 벗들이여! 어째서 말의 수척함을 구실로 삼는가? 사신이 전한 말을 들었는데 어떻게 타양 칸이 오도록 내버려두겠는가. 우리가 먼저 그를 잡자!"라고 말했다.

v.2, p.246, 17 ~p.247, 4 그 뒤 칭기스 칸의 형제인 벨구테이가 칭기스 칸에게 이렇게 말했다. "만일 나이만족이 당신의 활통을 빼앗는다면, 우리의 뼈들을 한곳에 모아서 헤아리지 않을 것입니다. 그들은 이미 거대한 울루스와 수많은 가축을 갖고 있으며, 우리마저 지배하려고 합니다. 그러나 큰 울루스와 수많은 가축이 있다고 해서 그가 무엇을 할 수 있겠습니까? 만일 우리가 먼저 손을 쓴다면 이 활통을 빼앗는 것은 힘든 일이 아닙니다." 칭기스 칸은 이 말에 흡족해하며 보름날 칼라 강에 있는 켈테게이 카다로 출정했다. 그는 한동안 그곳에 주둔했지만 전투는 벌어지지 않았다.

v.2, p.247, 4 ~13 그해 가을에 다시 한번 모두 모였다. 타양 칸은 캉가이 지방 부근의 알타이 강에 있었다. 먼저 쿠빌라이와 제베 두 장군을 선봉으로 파견했다. 이후 선발대가 돌아왔을 때 안장을 묶은 회색 말 한 마리가 칭기스 칸의 군대에서 뛰쳐나가 나이만 진영으로

가버렸다. 당시 타양 칸에게는 두르벤·타타르·카타킨·살지우트 등의 수령들이 모두 모여 있었다. 메르키트의 군주 톡타이, 그곳으로 도망쳤던 케레이트의 장군 알린 타이시, 오이라트족과 그들의 수령 쿠투카 베키 등도 거기 있었다.

v.2, p.247, 13 ~p.248, 9

그들은 몽골의 말이 여위어 있는 것을 보았다. 타양 칸은 장군들과 상의하여 말하기를 "몽골인들의 말이 여위었다. 우리는 '개싸움'을 하듯이 전투하면서 천천히 뒤로 물러나 그들이 우리를 따라오도록 만들자. 그러면 그들의 말들은 더욱 지치는 반면 우리의 말은 무섭고 사나운 개 바락처럼 될 것이다. 그런 다음에 정면으로 맞서서 전투를 벌이자"라고 제안했다. 그때 타양 칸의 장군들 가운데 한 명인 코리 수바추가 이렇게 말했다. "당신의 부친 이난치 칸은 자기 등과 말 엉덩이를 어느 누구에게도 보여준 적이 없었는데, 당신은 어찌해서 이렇게 두려워하며 도망가는 전술을 씁니까. 이럴 것 같으면 당신 부인 구르베수 카툰을 불러오는 편이 낫겠소!" 그녀는 타양 칸이 아끼는 부인이었다. 그가 이런 말을 내뱉으며 머리끝까지 화를 내자, 타양 칸은 할 수 없이 전투를 시작했다.

v.2, p.248, 10 ~16

칭기스 칸은 주치 카사르에게 "너는 콜(중군)을 지휘하라!"라고 지시하고, 자신은 군대를 정렬시켰다. 자무카 세첸이 멀리서 칭기스 칸의 전열을 보고는 부하들에게 말하기를, "나의 의형제 칭기스 칸의 대형과 전열은 남다르다. 나이만족은 송아지의 껍질조차 다른 사람에게 남겨주지 않으니, 지금 누가 그들의 도움을 받겠는가?"라고 하였다. 그는 즉시 타양 칸의 군대에서 이탈해서 밖으로 나가버렸다.

v.2, p.248, 17 ~p.249, 11 그날 격렬한 전투가 벌어졌다. 밤이 가까워졌을 때 타양 칸의 군대가 패배하고 전투에서 물러났다. 타양 칸은 여러 곳에 깊은 상처를 입고 가파른 산기슭으로 피신했다. 코리 수바추와 몇 명의 다른 장군들이 그의 곁에 있었다. 그를 일으키려 했지만, 심한 상처 때문에 움직일 수 없었다. 그러자 코리 수바추는 이렇게 말했다. "타양 칸이여! 우리는 산기슭을 올라가는 산염소와 같습니다. 일어나서 싸웁시다!" 이 말에도 불구하고 그는 일어서지 않았다. 그가 다시 말했다. "오, 타양 칸이여! 당신의 카툰들, 특히 당신이 사랑하는 구르베수가 예쁘게 단장하고 오르도들을 가지런히 한 채 당신을 기다리고 있습니다. 어서 일어나서 갑시다!" 그는 이 말에도 움직이지 않았다. 그러자 코리 수바추는 장군들에게 "그가 먼저 죽기 전에, 우리가 죽는 것을 그가 볼 수 있도록 나가서 싸웁시다"라고 말했다.

v.2, p.249, 12 ~23 그들은 산기슭에서 내려와 격렬한 전투를 벌였고 결국 한 명도 남김없이 전사했다. 칭기스 칸이 생포하려고 했지만, 그들은 이를 단호히 거부하고 죽음을 택했다. 이에 칭기스 칸은 단호함과 충성심에 탄복하면서 "저런 부하들을 갖고 있는 사람에게 무슨 걱정이 있겠는가!"라고 말했다. 밤이 되자 칭기스 칸은 타양 칸의 군대를 추격하기 시작했다. 패배한 사람들은 두려움에 떨며 험준한 산지로 올라갔다. 그러다가 나쿠 쿤이라는 가파르고 거친 절벽 끝으로 내몰렸다. 그날 밤 수많은 나이만 병사들이 절벽에서 미끄러지고 굴러떨어져 죽었다. 이 일화는 몽골인들 사

이에 아주 유명하다. 그 전투에서 두르벤, 타타르, 카타킨, 살지우트와 같은 부족들이 모두 칭기스 칸에게 귀순했다. 메르키트족은 이번에도 도망쳤다. 타양 칸의 아들인 쿠출룩도 자기 숙부인 부이룩 칸에게로 도망쳤다.

v.2, p.250, 1 ~12

같은 해 1204년 겨울, 칭기스 칸은 메르키트의 군주 톡타이 베키를 향해 출정했다. 그는 타양 칸과 연합했다가 패배한 뒤에 도망쳤다. 칭기스 칸은 행군 중에 메르키트족의 우와즈 지파에 속한 사람들을 만났다. 그들의 수령인 다이르 우순은 타르무렌 강 상류에 진을 치고 있었다. 그는 "우리는 전투할 생각이 없다"라고 하면서, 자기 딸 쿨란 카툰을 데리고 칭기스 칸을 찾아와 배알했다. 칭기스 칸은 그들을 백호로 나누고 그 위에 감관을 임명하여 유수진이 있는 곳에 배치하라고 명령했다.

v.2, p.250, 13 ~p.251, 7

그런데 칭기스 칸이 출정한 사이에 그들은 다시 반란을 일으키고 유수진들을 약탈했다. 유수진에 남아 있던 사람들이 모두 모여 그들과 전투를 벌여, 그들이 빼앗아간 것을 모두 되찾았다. 칭기스 칸은 군대를 이끌고 가서 도망친 메르키트족 우두이드 지파 사람들을 다이칼 코르간이라는 성채에서 사로잡았다. 그런데 그들은 다시 반란을 일으켜, 셀렝게 강 부근의 쿠루 칸찰이라는 성채로 들어갔다. 칭기스 칸은 보로굴과 칠라우칸의 형제인 침바이 두 사람에게 우익의 군대를 주어 그들을 처리하게 했다. 그들이 성채에 숨어 있던 사람들을 모두 붙잡아 왔다.

v.2, p.251, 9 ~19

1205년 소해가 상서롭게 시작되었다. 칭기스 칸은 군대를 정비하라고 지시하고, 탕구트라고 불리는 카신 지방을 향해서 출정했다. 먼저 리킬리라는 매우 견고한 성채에 이르렀다. 성채를 포위하고 짧은 기간 안에 함락시킨 뒤, 성벽과 보루를 모두 허물어버렸다. 그다음에 킹로스라는 매우 큰 도시를 정복하고 약탈했다. 군대는 탕구트 지방의 다른 곳도 약탈하고 매우 많은 전리품과 무수한 가축과 낙타를 데리고 귀환하였다.

제3장

대외 원정과 제국의 팽창

칭기스 칸의 가장 존귀한 다섯 부인과 그들의 자녀

검정 글씨: 여성

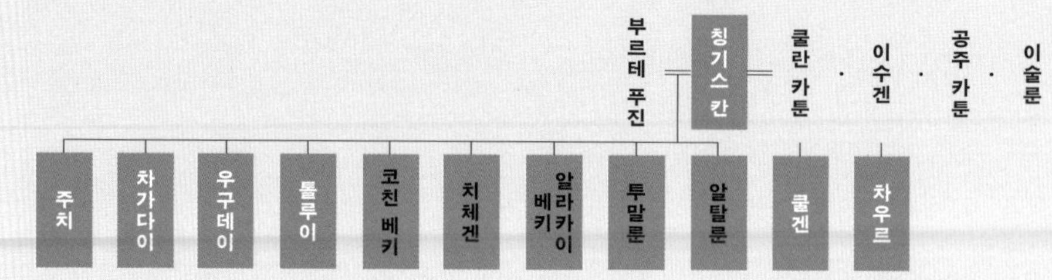

부르테 푸진
칭기스 칸
쿨란 카툰
이수겐
공주 카툰
이술룬
주치
차가다이
우구데이
톨루이
코친 베키
치체겐
알라카이 베키
투말룬
알탈룬
쿨겐
차우르

주치 가문의 계보도

주치
오르다
바투
베르케
베르케체르
시반
탕구트
보알
싱코르
토카테무르
셍굼
사르탁타이
쿨리
쿠룸시
훌레구
사르탁
토간
투타르
밍카타르
코치니
타르부
뭉케테무르
투데뭉케
노카이
투카르
바얀
바시키르타이
차간 부카
마쿠다이
툴라 부카
톡토아
토그릴차
우즈벡
티니벡
자니벡
베르디벡

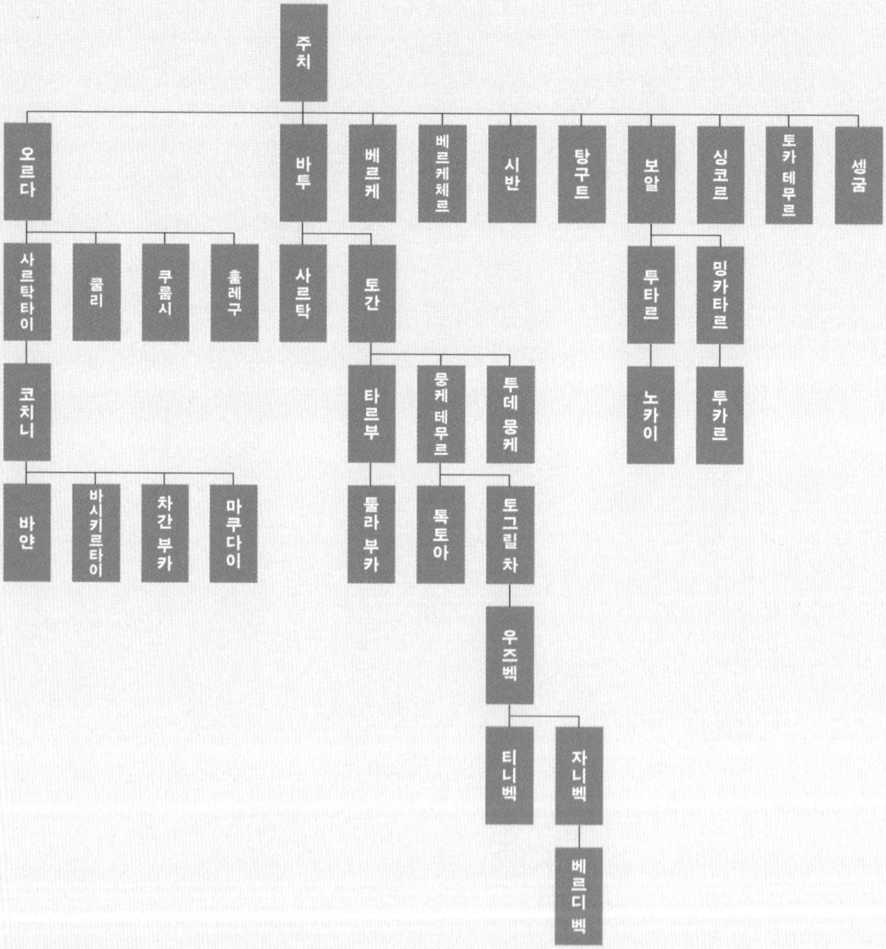

⚘ 칭기스 칸의 즉위 ⚘

v.2, p.252, 1~11

1206년 호랑이해가 찾아왔다. 초봄에 칭기스 칸은 '아홉 개의 다리를 지닌 흰 깃발'을 세우고, 많은 사람들과 함께 장엄하게 쿠릴타이를 열었다. 그 자리에서 그는 축복을 받으며 보좌에 앉았다. '칭기스 칸'이라는 칭호를 정한 사람은 콩코탄 출신 뭉릭 에치게의 아들, 즉 '텝 텡그리'라 불리는 무당 쿠케추였다. '칭'은 강하고 단단하다는 뜻이며, '칭기스'는 그 복수형이다. 카라 키타이 군주들의 칭호인 '구르 칸'이 강하고 위대함을 뜻하는 것과 비슷하다.

v.2, p.252, 12~20

쿠릴타이가 끝나자 칭기스 칸은 나이만족의 부이룩 칸에 대해서 원정을 나섰다. 부이룩은 울룩 탁 부근의 수자우 강에서 사냥을 하고 있었는데, 낌새를 차리지 못했다. 칭기스 칸과 그의 군대가 갑자기 들이닥쳐 그를 죽이고 그의 왕국과 천막, 부인과 자식, 말 떼와 가축을 빼앗았다. 쿠출룩 칸은 자기 부친 타양 칸이 살해되었을 때 도망쳐 숙부인 부이룩 칸에게 갔고, 메르키트의 군주 톡타이 베키도 앞에서 설명한 것처럼 그곳으로 갔다. 이들 두 사람은 다시 도망쳐 나이만 지방의 변경인 이르티쉬에 피신했다.

v.2, p.253, 3~7

1207년 토끼해 가을, 탕구트 지방이 반란을 일으켜 물자를 보내지 않고 명령도 받들지 않았기 때문에, 칭기스 칸은 다시 그곳

그림 3. 칭기스 칸의 즉위

으로 출정했다. 이번 원정에서는 그 지방 전체를 정복하고 당당히 귀환했다.

갈은 해에 칭기스 칸은 알탄과 부라를 키르기스의 수령들에게 v.2, p.253, 9 ~p.254, 1
사신으로 파견했다. 두 명의 키르기스 수령이 사신을 극진히 환대하고, 각자 자기 휘하에 있던 부하들을 그 사신과 함께 보내, 흰색 송골매를 바치고 칭기스 칸에게 귀순했다.

탕구트와 키르기스 지방에서 승리를 거둔 칭기스 칸은 1208년 v.2, p.254, 3 ~19
용해에 자신의 목지로 돌아와 여름을 보냈다. 겨울에는 이르티쉬로 도망간 톡타이 베키와 쿠출룩을 치기 위해 출정했다. 도중에 전초병과 선봉대가 갑자기 쿠투카 베키를 수령으로 하는 오이라트족과 마주쳤다. 그들은 칭기스 칸의 군대에 대적할 수 없음을 깨닫고 귀순하여 향도 역할을 했다. 군대는 톡타이 베키와 쿠출룩을 급습하여 격파하고, 그들의 재산과 말 떼와 가축을 모두 약탈했다. 톡타이는 그 전투에서 죽었고, 쿠출룩은 소수의 사람들과 함께 다시 도망쳐 카라 키타이 지방의 구르 칸에게 피신하여 한동안 그곳에 머물렀다. 구르 칸은 그를 위로하고 '아들'이라 불렀다. 얼마 후 자신의 딸을 그에게 주었는데, 그의 최후에 대해서는 뒤에서 이야기하겠다.

위구르와 카를룩의 귀순

1209년 뱀해 봄, 위구르의 군주 이디쿠트는 칭기스 칸의 위용에 v.2, p.254, 21 ~p.255, 11
관한 소문을 들었다. 당시 위구르인들은 카라 키타이의 구르 칸에게 공납을 바쳤고, 칸의 대신 가운데 샤우감이라는 사람이 감관의 직무를 수행하며 그들을 지배했다. 칭기스 칸 쪽으로 기울게 된 이디쿠트는 감관 샤우감을 죽이고, 그에게 사신을 보내 복속의 뜻을 알렸다. 그 소식을 들은 칭기스 칸은 알프 우누크와 다르바이를 이디쿠트에게 사신으로 보냈다. 이디쿠트는 매우 기뻐하며 두 사신을 공손히 환대하였다. 그리고 그들과 함께 자기 휘하에서 부쿠시 이시 아이구치와 알긴 테무르 투툭을 뽑아서 칭기스 칸에게 보내며 다음과 같은 청원을 아뢰었다.

v.2, p.255, 12 ~p.256, 4 "오고 가는 사람들로부터 세상을 정복하고 지배하는 군주의 용맹과 위용에 대해 들었습니다. 저희는 카라 키타이의 군주 구르 칸에게 반란을 일으켰습니다. 이제 '사신을 보내 구르 칸의 정황을 비롯하여 많든 적든 내가 아는 모든 것들을 아뢰고 성심과 힘을 다해 모셔야지!'라는 생각을 하고 있던 차에, 칭기스 칸의 사신들이 먼저 도착했습니다. 하늘에 구름이 걷혀 맑게 개고 그 속에 있던 밝은 태양이 밖으로 나온 듯했고, 강 위에 얼어붙었던 얼음들이 깨져 맑고 깨끗한 물이 보이는 것과 같다고 생각하면서, 마음속에는 커다란 기쁨이 가득 찼습니다. 그래서 저는 이 위구르 지방을 모두 바치고, 칭기스 칸의 종이자 아들이 되고자 합니다."

v.2, p.256, 5 ~20 그런데 앞서 이야기한 바와 같이 메르키트의 톡타이 베키는 전투에서 활에 맞아 사망했지만, 그의 동생 쿠두와 아들 칠라운과 마자르와 쿨투칸 메르겐 등 네 명은 목숨을 건졌다. 그들은 톡타이의 시체를 수습하려고 했지만 다 하지 못하고 서둘러 그의

머리만 갖고 이르티쉬에서 위구르 지방으로 도망쳤다. 그들은 사신을 이디쿠트에게로 보냈는데 이디쿠트는 그를 죽여버렸다. 이로 인해 잠무렌 강에서 전투가 벌어졌고, 여기서 패배한 네 사람은 쿠출룩과 함께 다른 변경 지역으로 도망갔다. 이디쿠트는 이러한 사실을 알리기 위해 부하 네 명을 칭기스 칸의 어전으로 보냈다.

그런데 이보다 먼저 이디쿠트가 보낸 사신이 칭기스 칸에게 도착하여 청원을 아뢰었다. 그는 은사를 내리면서 "만일 이디쿠트가 진실로 힘을 다 바칠 마음을 갖고 있다면, 그가 창고 안에 가지고 있는 것을 직접 들고 오게 하라!"라는 칙령을 내렸다. 사신들이 돌아와 그의 명령을 전하자, 이디쿠트는 창고 안에 있던 화폐와 물품들 가운데 적당하다고 생각되는 것들을 골라서 칭기스 칸의 어전으로 향했다. v.2, p.257, 2~9

1210년 말해에 칭기스 칸은 사신을 다시 이디쿠트에게 보내고 그해 여름은 오르도에서 머물렀다. 이디쿠트는 칭기스 칸에게 오기 위해 준비를 하는 중이었다. 가을이 왔고, 칭기스 칸은 다시 한번 탕구트로 출정했다. 에리카이라는 도시에 도착해서 탕구트 왕국을 정비하라고 지시했다. 탕구트의 군주는 딸을 그에게 주었고, 이에 칭기스 칸은 당당하게 귀환했다. v.2, p.257, 10~18

1211년 양해 봄, 카를룩의 아르슬란 칸이 칭기스 칸의 어전으로 와서 귀부하여 케룰렌에서 그를 배알했다. 이어서 위구르의 군주 이디쿠트가 와서 배알하고, "만일 제게 은사를 내리셔서 이 종을 높여주신다면, 폐하의 붉은색 외투와 황금 혁대 고리를 제 v.2, p.272, 7~16

가 갖도록 해주십시오. 또한 저를 칭기스 칸의 네 아들 다음에 있는 다섯 째 아들이 되게 해주십시오"라고 청원했다. 칭기스 칸은 그가 혼인을 청하고 있다는 것을 깨닫고, "너에게 내 딸을 주겠다. 나의 다섯째 아들이 되거라"라고 말했다.

❀ 금나라 원정과 후네겐 다반의 전투 ❀

v.2, p.272, 18 ~p.273, 9 1211년 봄, 칭기스 칸은 키타이 지방 원정을 지시했다. 먼저 쿵크라트족 출신의 토쿠차르에게 병사 2000명을 주어서 남쪽 방면에 전초로 보냈다. 이는 자신이 원정하는 동안 이미 복속한 몽골, 케레이트, 나이만의 여러 부족들이 반란을 도모하지 못하게 하기 위함이었다. 예방 조치를 취한 뒤 그는 군대를 정비하여 그해 가을에 키타이(북중국), 카라 키타이(거란), 주르첸(여진) 등의 지방을 정복하기 위해 출정했다.

v.2, p.275, 9 ~p.276, 2 칭기스 칸은 먼저 '탈' 강에 도착하여 타이수와 바우티 등의 도시를 정복했다. 거기서 진군하여 우샤푸(烏沙堡), 창주(昌州), 쿤주(桓州), 푸주(撫州)를 점령했다. 칭기스 칸의 세 아들 주치와 차가다이와 우구데이는 운나우이(雲內), 퉁징(東勝), 누주(武州), 숙주(朔州), 융주(寧州 혹은 豊州) 등의 도시를 빼앗았다. 시긴(西京)이라는 매우 큰 도시가 있었다. 그곳에는 장려한 건물들이 많았는데, 거기에 속한 지방들과 함께 모두 70만 호를 헤아렸다. 칭기스 칸은 주르첸의 지배를 받던 이 지방을 모두 정복했다.

v.2, p.276, 4 ~11 그해 가을에는 주르첸의 도시들 가운데에서도 매우 큰 도시인

퉁깅(東京) 방면으로 제베를 출정시켰다. 그러나 그곳에 도착한 제베는 도시를 포위하지 않고 퇴각했다. 적의 군대가 멀리 물러갔다는 소식이 고을마다 전해졌다. 제베가 280킬로미터 정도 물러나자 주민들은 드디어 안심했다. 그 순간 제베는 준마와 바락말을 골라서 타고 밤낮을 가리지 않고 달려가서 전광석화처럼 도시를 함락시켰다.

v.2, p.276, 11 ~p.277, 6

칭기스 칸은 푸주에 진영을 치고 포위에 들어갔다. 주르첸족 장군들이 대군을 이끌고 선봉에 나서, 카라운 지둔 근처에 있는 후네겐 다반(野狐嶺)에 주둔했다. 키타이 군대의 수령인 쿠샤 삼진(胡沙參政)은 주르첸 군대의 수령인 기우깅(九斤)과 협의하여 "칭기스 칸의 군대는 푸주를 탈취한 뒤 약탈물을 분배하고 말들에게 풀을 먹이느라 정신이 없다. 만일 우리가 그들을 급습한다면 격파할 수 있을 것이다"라고 말했다. 기우깅도 "이곳은 지형이 매우 험난하니, 다수의 보병과 기병의 지원을 받아 함께 진격하자!"라고 대답했다.

v.2, p.277, 12 ~p.278, 3

당시 키타이족, 카라 키타이족, 주르첸족을 모두 다스리는 금나라의 군주는 주르첸 사람이었지만, 주르첸족이 지배하기 이전에 키타이 지방의 군주들은 키타이족과 카라 키타이족이었다. 칭기스 칸과 전쟁을 한 이 군주는 주르첸의 다이킴 완얀 아쿠다(大金 完顏 阿骨打)의 후손이다. 몽골인들은 아쿠다의 후손으로서 군주가 된 사람들을 모두 알탄 칸이라고 불렀다. 칭기스 칸, 그의 뒤를 이어 우구데이 카안과 전쟁을 했던 마지막 알탄 칸의 이름은 수세(守緖)였다.

v.2, p.277, 8 ~p.279, 2 칭기스 칸의 군대가 음식을 만들어서 먹느라고 정신이 없던 바로 그때 금나라 군대의 공격 소식이 전해졌다. 병사들은 솥을 쏟아버리고 즉각 출정하여 쿤지우인에 진을 펼치고 적이 오기를 기다렸다. 알탄 칸의 군대는 매우 많았다. 이윽고 양측의 군대가 서로 부딪치며 전투가 시작됐다. 몽골군은 수적 열세에도 불구하고 즉시 알탄 칸의 군대를 격파했고, 얼마나 많은 사람을 죽였는지 그 부근의 평원이 온통 악취로 진동할 정도였다. 몽골군은 도망가는 적군을 추격하여 키우카부(會河堡)에서 후위를 따라잡고 그들을 격파했다. 칭기스 칸이 후네겐 다반에서 싸운 격전은 지금도 몽골인들에게 널리 회자되고 있다.

❧ 북중국 키타이 도시들의 정복 ❧

v.2, p.279, 12 ~p.280, 8 칭기스 칸은 순티주이(宣德州)라는 큰 도시를 점령하고 파괴했다. 그리고 타인푸(德興府)로 갔는데, 그곳에는 과수원과 정원이 많고 술도 풍부했다. 그곳의 군대는 강하고 수도 많아서 몽골군도 도시에 접근하지 못하고 되돌아왔다. 톨루이와 치쿠 쿠레겐 두 사람이 군대를 이끌고 다시 가서 그 도시를 격파했다. 가을에 칭기스 칸이 몸소 후일리(懷來)라는 도시로 갔다. 알탄 칸의 중요한 장군인 기우기 충시(高琪 總師)가 대군과 함께 그곳을 방어했지만, 전투 끝에 그를 격파하고 참치말(居庸關)이라는 협곡까지 추격했다.

v.2, p.280, 9 ~p.281, 4 칭기스 칸은 카타이와 부차 장군을 보내 그 협곡의 꼭대기를

지키게 하고, 자신은 아래쪽에 있는 시킹기우(紫荊口)라는 또 다른 협곡으로 갔다. 이 소식을 들은 알탄 칸은 칭기스 칸이 그곳을 통과하여 평원으로 진입하지 못하도록 누둔(奧屯) 장군에게 많은 군대를 주어 속히 파견했다. 그러나 그가 도착했을 때 칭기스 칸은 이미 협곡을 지나 남쪽으로 나온 뒤였다. 그는 제베를 참치말 협곡으로 보내고 협곡을 지키던 카타이와 부차는 본진으로 불렀다. 그 뒤 칭기스 칸은 카타이와 5000명의 기병을 파견하여 중두(中都)로 가는 길을 장악했다. 자신은 조주(涿州)의 성문 앞에 진을 치고 20일간 포위한 뒤 점령했다.

그 뒤 주치와 차가다이와 우구데이를 우익으로 보내서 보주(保州)에서 후이밍주(懷孟州)에 이르는 모든 도시와 성채들을 점령했다. 거기에는 또 다른 두 개의 큰 도시가 있었다. 하나는 몽골인들이 발가순이라고 하고 키타이어로는 징진푸(眞定府)라고 부르는 도시이고, 다른 하나는 그것보다 작은 우주이(威州)인데, 이 둘을 모두 정복했다. 그곳을 거쳐서 카라무렌, 즉 황하로 내려갔다가 돌아오는 길에 퉁민푸(東平府) 등지를 약탈했다. v.2, p.281, 5 ~14

칭기스 칸은 주치 카사르, 쿵크라트의 알치 노얀, 자신의 막내아들 주르체테이, 쿵크라트의 부차 등 네 사람을 좌익으로 임명하여 해안을 따라 도시들을 정복하도록 했다. 그들은 기주(薊州)와 란주(灤州)을 파괴하고, 중간에 있는 성채들을 모두 정복한 뒤 귀환했다. 칭기스 칸 자신은 톨루이와 함께 중군을 맡아서 가운데 길로 출정했다. 퉁핑푸(東平府)와 타이밍푸(大名府)라는 두 개의 큰 도시는 공격하지 않고 포위하지도 않았다. 그 밖에 그가 지나 v.2, p.281, 14 ~p.282, 7

간 길에 있던 다른 모든 촌락과 도시들은 정복하고 파괴한 뒤에 돌아왔다.

v.2, p.282, 8 ~16 이에 앞서 그는 무칼리 구양(國王)을 미주(密州)라는 큰 도시로 보냈다. 무칼리에게 그곳을 정복하고 중두 근교에서 자신이 도착할 때까지 기다리라고 명령했다. 이전에 몽골인들은 이 도시를 칸발릭이라 불렀는데, 오늘날에는 몽골의 군주들이 그 도시를 다시 번영케 하여 다이두(大都)라 부른다. 알탄 칸의 수도 가운데 하나인 매우 큰 도시였으며, 강력한 군대가 그곳에 주둔해 있었다. 칭기스 칸이 그곳에 도착하자 무칼리 구양이 어전으로 왔다. 칭기스 칸이 키타이 방면으로 원정을 시작해서부터 중두의 근교에 도착할 때까지 1211~12년 만 2년의 시간이 흘렀다.

❧ 금나라의 수도 중두의 함락 ❧

v.2, p.283, 1 ~20 그 뒤 닭해인 1213년 봄의 마지막 달에 칭기스 칸은 앞서 언급한 중두 교외에 진을 쳤다. 알탄 칸은 그 도시 안에 있었다. 그는 다른 대신들이 참석한 가운데 군대의 지휘관인 기우깅에게 말하기를, "몽골군은 모두 병에 걸렸다. 그러니 지금 전투를 벌이는 것이 어떻겠는가?"라고 했다. 그러나 재상이었던 융군 칭상(完顏丞相)이 "우리가 징발한 군인들은 평원 각지에 처자식들을 남겨두었습니다. 만일 우리가 패배한다면 그들은 흩어져버릴 것이고, 우리가 승리한다면 모두 자기 처자식에게로 달려갈 것입니다. 국가의 사직과 존귀한 황위를 어떻게 성공이 의심스런 일에 걸

수 있단 말입니까? 지금 최상의 방책은 사신을 보내 복속하는 것입니다. 어떻게 해서든지 그들을 나라 밖으로 내보낸 뒤에 다른 방책을 강구합시다"라고 말했다.

알탄 칸은 이 말에 동의하고 사신을 칭기스 칸에게 보냈다. 그 v.2, p.283, 21 ~p.284, 6
리고 자신의 딸인 공주 카툰을 푸킹 칭상(福興丞相)이라는 또 다른 재상에게 맡겨 칭기스 칸에게 보냈다. 그들이 도착하여 전갈과 딸을 건네자, 칭기스 칸은 복속을 받아들이고 몽골로 돌아갔다. 재상은 칭기스 칸을 따라 참치말을 지나 마지(野麻池)라는 곳까지 가서 환송한 뒤 돌아갔다.

그로부터 넉 달 뒤 알탄 칸은 남깅(南京)으로 도읍을 옮겨버렸 v.2, p.284, 7 ~p.285, 3
다. 그 도시는 카라무렌 강가에 있었고, 둘레가 무려 225킬로미터에 이른다고 전해진다. 세 겹의 견고한 성벽으로 둘러싸여 있고, 무수한 강과 과수원과 정원이 있었다. 알탄 칸은 중두를 방어하기 위해 자기 아들을 남기고, 푸킹 칭상과 신충 칭상(秦忠丞相)이라는 장군을 그의 보좌관으로 지정했다. 알탄 칸이 조주에 이르렀을 때 링킨케 킬순(良鄉)에서 그의 뒤를 따라오던 카라 키타이 군대를 만났다. 알탄 칸이 그들의 무기들을 빼앗으라고 명령하자, 그들은 반란을 일으켰다. 그들은 자기 군대의 지휘관을 죽이고 진다(斫荅), 비자르(比涉兒), 빌라르(札剌兒) 세 사람을 새로운 수령으로 추대한 뒤 돌아갔다.

얼마 뒤 중두에 남아 있던 푸킹 칭상이 알탄 칸의 본대와 합류 v.2, p.285, 4 ~12
하기 위해 뒤에서 따라오다가 이 소식을 듣고는 강을 건너는 다리가 있는 곳으로 군대를 보내 카라 키타이 병사들을 막았다. 하지만 카라 키타이 군대는 다리를 지키는 군대의 후방을 급습하여 병사들을 죽이고 말과 무기와 양식을 빼앗았다. 그들은 중두 근교에서 방목하던 가축 전부를 몰고 다리를 건너가서 병사들을 배불리 먹였다.

v.2, p.285, 12 ~p.286, 14 그때 류가(耶律留哥)라는 카라 키타이인은 키타이 지방이 반란에 휩싸인 것을 보고 세력을 키웠다. 그는 카라 키타이의 목지와 이웃한 주르첸의 지방들과 퉁깅(東京)과 캄핑(咸平) 같은 큰 도시들을 장악하고 스스로 리왕(遼王)이라 호칭했다. 카라 키타이의 장군들 가운데 진다와 비자르는 칭기스 칸에게 복속하기 위해 사신들을 보냈다. 그러나 알탄 칸의 아들과 대신들이 중두에 주둔하며 길을 막고 있었기 때문에 칭기스 칸에게 가지 못하고 중두 남쪽에 머물렀다. 리왕을 칭한 류가도 칭기스 칸을 찾아와 배알하고 복속했다. 칭기스 칸은 그에게 은사를 베풀어 융샤이(元帥)라는 칭호를 주었다. 칭기스 칸은 그에게 기우왕(廣)과 징푸(寧府)라는 두 지방과 도시를 맡기고 그 부근을 방어하라고 보냈다. 알탄 칸이 남깅으로 갈 때 푸주 타이시(蒲鮮萬奴)라는 수령을 키타이 지방의 감독관으로 임명했었는데, 그는 고발자들의 모함을 받고 해임되고 말았다. 그러자 그는 아들 테케(鐵哥)를 먼저 시위로 보내고 자신도 칭기스 칸 쪽의 어전으로 왔다. 푸주 타이시는 나중에 다시 반란을 일으켜 스스로 '퉁깅왕(東京王, 즉 東夏王)'을 칭했다.

v.2, p.286, 15 ~p.287, 4 이 모든 사건들은 칭기스 칸이 키타이와 주르첸 지방 대부분을 정복하고 몽골리아로 돌아간 뒤, 알탄 칸이 도읍을 남쪽으로

옮기자 벌어진 일이었다. 귀족과 백성들은 어느 쪽을 택할지 주저하면서 혼란스러워했다. 대부분의 지방은 여러 명의 왕이 난립하는 시대처럼 황폐해졌고, 각지에서 수령들이 태수나 군주를 칭하며 자립했다. 알탄 칸이 중두를 방어하기 위해 남겨둔 아들은 도시를 신하들에게 맡기고, 자신은 아버지가 있는 남깅으로 갔다.

v.2, p.287, 5 ~p.288, 10

칭기스 칸은 살지우트 출신의 사무카 바하두르와 이미 복속해서 중용한 주르첸 출신의 밍안을 키타이 지방으로 파견했다. 그들은 곧장 중두를 포위했다. 그 전에 알탄 칸은 중두의 식량이 소진되었다는 소식을 듣고, 융샤이라는 만호장에게 식량 운송을 명령했다. 그러나 도중에 칭기스 칸의 군대를 만나 보급품을 대부분 빼앗겼다. 중두의 주민들은 굶주림 속에서 인육을 먹거나 사망했다. 알탄 칸이 중두에 남겨두었던 푸킹 칭상은 비통에 빠져 독약을 먹고 죽었으며, 신충 칭상 장군은 알탄 칸이 있는 남깅으로 도망쳤다. 마침내 사무카 바하두르와 함께 파견되었던 밍안이 중두에 입성하여 승전 소식을 칭기스 칸에게 보냈다.

v.2, p.288, 11 ~p.289, 2

그때 칭기스 칸은 쿤주(桓州)에 있었다. 시기 쿠투쿠, 웅구르 바우르치, 하르카이 카사르 등 세 사람을 보내서 중두에 있던 알탄 칸의 재물을 모두 가져오게 했다. 알탄 칸은 도시를 탈출할 때 가장 신뢰하는 두 신하에게 재고와 물자를 관리하라고 명령했다. 이 관직을 키타이어로는 류슈(留守)라고 부른다. 두 신하는 금실로 짠 의복과 진귀한 보물을 챙겨서 몽골의 세 지휘관을 찾아갔다. 웅구르 바우르치와 하르카이 카사르는 그것을 받아들였지만, 쿠투쿠 노얀은 거절했다.

v.2, p.289, 2 ~13 그 뒤 그들은 황실의 재물을 거두어 칭기스 칸에게 보냈다. 나중에 칭기스 칸은 쿠투쿠 노얀에게 "너는 무엇을 받았느냐?"라고 물었다. 그는 "제게 주려고 했지만 받지 않았습니다"라고 말했다. "어째서인가?"라고 묻자 그는 이렇게 대답했다. "우리가 도시를 정복하지 못했을 때는 한 조각의 끈에서 작은 모자에 이르기까지 모든 것이 알탄 칸의 소유였지만, 도시를 점령한 지금 그 모든 것은 칭기스 칸의 것이라고 생각했습니다. 제가 그것들을 어찌 감히 숨기거나 훔쳐서 누군가에게 줄 수 있단 말입니까? 그래서 아무것도 취하지 않은 것입니다." 칭기스 칸은 쿠투쿠를 칭찬하며 그가 뇌물로 제안받은 것의 두 배를 은사로 내려주고, 웅구르 바우르치와 하르카이 카사르는 질책했다.

v.2, p.290, 1 ~p.291, 2 그 뒤 개해 1214년에 칭기스 칸은 쿠아울(魚兒濼)에 있었다. 사무카 바하두르를 몽골 병사 1만 명과 함께 알탄 칸이 있는 쪽으로 출정시켰다. 탕구트 지방으로 가는 길로 나가서 킹잔푸(京兆府, 즉 西安)에 도착했다. 그 부근에는 마치 철문과도 같은 협곡이 있는데 퉁칸(潼關)이라고 부른다. 칭기스 칸의 군대는 그곳의 도시와 성채들, 그리고 슈주(汝州?) 지방을 모두 정복하고 파괴했다. 그리고 알탄 칸이 있는 남깅 부근의 피우잉(杏花營?)에 도착했다. 이어서 쿠티부를 약탈하고 돌아가 셈주(陝州)에 이르렀다. 카라무렌을 건너서 피킹(北京)이라고 불리는 큰 도시에 왔다. 성 안에 있던 알탄 칸 휘하의 아판드(邪荅忽)와 핀시 살리(斜烈) 장군이 밖으로 나와 복속했다. 사무카가 이런 일들을 마친 뒤 칭기스 칸의 어

전으로 왔다.

그 뒤 칭기스 칸은 뭉릭의 아들인 톨룬 체르비에게 몽골군과 키타이군을 주어서 키타이 방면으로 파견했다. 그는 먼저 차간 발가순, 즉 징진푸(眞定府)를 약탈하고 그곳의 주민들을 복속시켰다. 이어 퉁핀푸(東平府)를 정복하기 위해 그곳의 강물을 위에서 막았지만 주민들은 항복하지 않았다. 얼마 후 그들이 돌아가자 알탄 칸의 군대가 다시 이 지방을 장악했다 v.2, p.291, 3 ~9

1216년 쥐해에 친기(張鯨)가 반란을 일으켰다는 소식이 칭기스 칸에게 전해졌다. 그는 킴주(錦州) 출신이고 그 전에 복속했던 주르첸의 장군들 가운데 하나였다. 주르첸의 여러 지방들 중에서 캄티(錦州?), 판시, 쿠카잉(廣寧) 등지를 하사받은 그는 자신을 류시왕(遼西王)이라고 부르고, 또 타이칸양(大漢王)이라는 칭호를 취하며 오만하게 굴었다. 칭기스 칸은 그를 제거하고 그 지방을 다시 정복하기 위해 무칼리 구양이 지휘하는 좌익군을 파견했다. 칭기스 칸은 앞서 말한 3~4년 동안 키타이의 여러 지방과 성채들을 정복한 뒤, 쥐해에 자신의 오르도로 돌아왔다. v.2, p.291, 11 ~p.292, 10

메르키트와 투마트 정벌

칭기스 칸이 키타이 지방에 대한 정복을 마치고 돌아왔을 때, 메르키트족의 수령인 톡타이 베키의 형제 쿠두, 그의 세 아들 칠라운과 마자르와 메르겐 등이 이반했다는 소식이 도착했다. 그들은 나이만 지방 변경의 험준한 산지로 가서 반란을 도모하려 한 v.2, p.292 12 ~p.293, 10

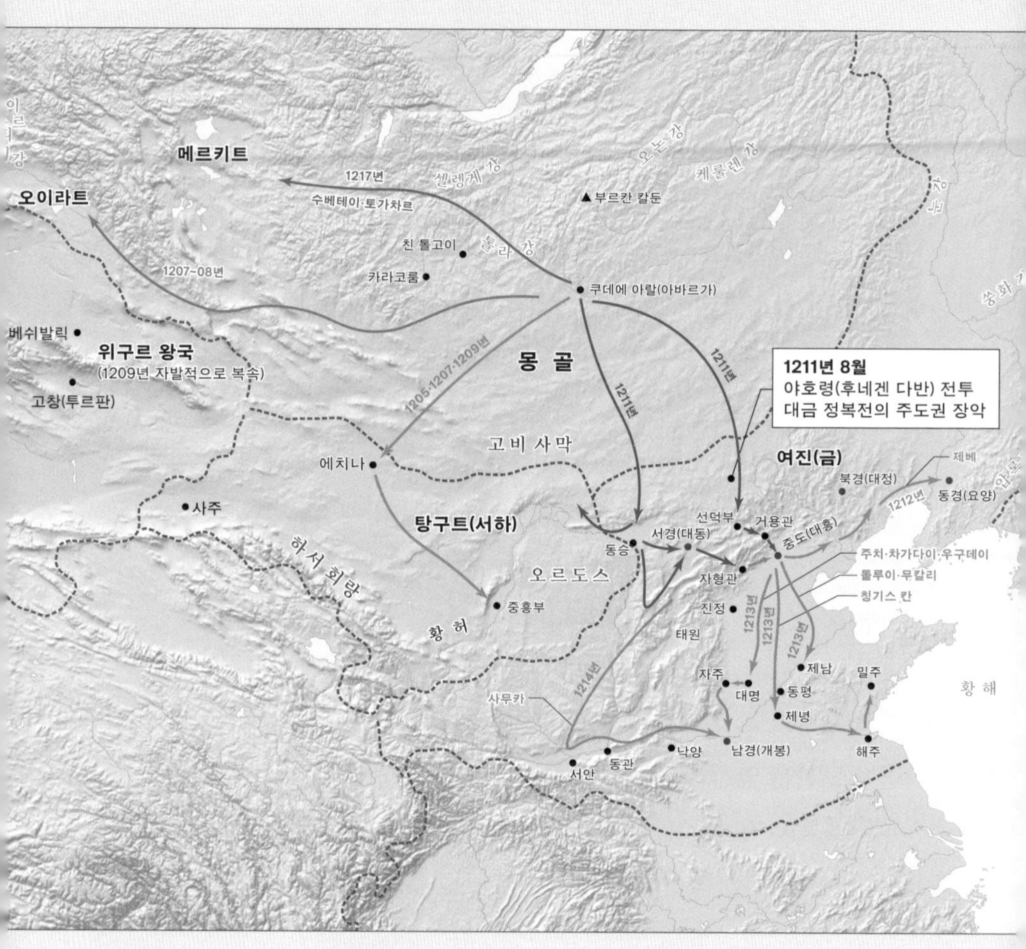

지도 2. 칭기스 칸의 대외 원정 - 오이라트·탕구트·여진

다고 했다. 1217년 칭기스 칸은 그들을 치기 위해 수베테이 바하두르를 군대와 함께 보냈다. 원정군에 많은 수레를 준비하고 그것을 쇠못으로 단단하게 하여, 돌 위에서도 쉽게 부서지지 않도록 하라고 명령했다. 앞서 칭기스 칸은 키타이를 원정할 때 쿵크라트족의 토가차르에게 2000명의 군사를 맡겨 후방에서 유수진과 오르도들을 지키게 했다. 한동안 키타이 지방에 머물러 있던 그를 다시 불러서 수베테이와 합류하게 했다.

그들은 몽골리아 지방 안에 있는 잠무렌 부근에서 쿠두가 이 v.2, p.293, 10~20
끄는 메르키트족을 격파하고 모두를 죽였다. 톡타이 베키의 막내아들이며 명사수였던 메르겐을 제외하면 단 한 명의 메르키트족도 살려두지 않았다. 메르겐은 주치에게 데려갔다. 주치는 칭기스 칸에게 사신을 보내 그의 활솜씨가 워낙 출중하니 살려달라고 청했다. 그들로 말미암아 여러 차례 고통을 받았던 칭기스 칸은 주치에게 이렇게 대답했다. "나는 나라와 군대를 일구어 너에게 물려주었다. 그런데도 너는 그를 살리려고 하는가?" 결국 주치는 메르겐을 죽였고, 메르키트족의 자취는 완전히 소멸되고 말았다.

같은 소해인 1217년, 칭기스 칸은 투마트족의 수령 타이툴라 v.2, p.294, 1~11
소카르가 키타이 원정을 틈타서 다시 반란을 일으켰다는 소식을 들었다. 독자적인 군대를 보유한 투마트족은 호전적이며 반역적이었다. 칭기스 칸은 두르벤 노얀과 바아린 출신의 나야 노얀에게 출정을 명령했다. 나야 노얀이 병을 핑계 대자, 칭기스 칸은 한동안 생각하다가 지휘관을 보로굴로 교체했다.

v.2, p.294, 12 ~ p.295, 3 명령을 받은 보로굴은 장군들에게 "자네들이 군주께 나를 언급했는가, 아니면 그분이 혼자서 생각하신 것인가?"라고 물었다. 장군들은 "그분 혼자서 생각하신 것"이라고 대답했다. 그는 "칭기스 칸의 홍복을 위해서 내가 간다. 그러나 다른 사람의 피를 대신해서 내가 가는 것이다"라고 말하고는, 자신의 처자식을 군주에게 맡기고 출정했다. 그는 투마트족을 정복했지만 전투 도중에 전사했다. 보로굴 노얀이 남긴 말을 전해들은 칭기스 칸은 그의 공로를 회상하고 죽음을 크게 슬퍼했다. 또한 그의 자식들에게 자비를 베풀었다. 그리고 "그가 남긴 사람들은 내게 마치 간장과 같이 소중하다. 슬퍼해서는 안 된다. 그들은 내가 돌볼 것이다"라고 말했다. 이후에도 그의 자식들을 우대하고 여러 은사를 내리면서, 항상 그들의 처지를 신경 썼다.

v.2, p.295, 5 ~ 21 호랑이해인 1218년에 칭기스 칸은 무칼리에게 '구양(國王)'이라는 칭호를 주었는데, 과거에 그를 주르첸 지방으로 보냈을 때 주르첸 사람들이 그를 그렇게 불렀기 때문이다. 그를 다시 한번 그 지방으로 보내며 이 칭호를 하사하고 웅구트족 1만 명의 군대를 주었다. 또 그의 휘하에 쿠시쿨이 지휘하는 한 개 천호, 우루우트족 네 개 천호, 보투 쿠레겐을 수령으로 하는 이키레스족 두 개 천호, 쿠일다르의 아들 뭉케 칼자를 수령으로 하는 망쿠트족 한 개 천호, 알치 노얀을 수령으로 하는 쿵크라트족 세 개 천호, 무칼리의 형제 다이순을 수령으로 하는 잘라이르족 두 개 천호를 배속시켰다. 몽골군 외에도 카라 키타이와 주르첸의 군대가 무칼리의 휘하에 있었는데, 그들의 수령은 우야르 왕샤이(烏葉兒元

帥)와 투간 왕샤이(禿花元帥)였다. 칭기스 칸은 성심을 다한 두 사람을 만호장으로 임명했다.

※ 나이만의 왕자 쿠출룩의 최후 ※

쿠출룩은 자기 아버지 타양 칸이 살해되었을 때 도망쳐서 숙부인 부이룩 칸에게 갔다. 부이룩이 살해되자 메르키트의 수령 톡타이와 함께 도망쳤다. 칭기스 칸의 공격으로 톡타이가 죽자, 쿠출룩은 또다시 도주해서 베쉬발릭 길을 경유하여 쿠차 지방으로 갔다. 그 뒤 용해인 1208년에 거기서 카라 키타이, 즉 거란(西遼)의 군주인 구르 칸에게로 갔다. 용해에서부터 시작해서 그가 바닥샨 변경에서 살해될 때까지 11년이 걸렸다. 칭기스 칸이 쿠출룩의 부친인 타양 칸과 전쟁을 하여 그를 죽이고 쿠출룩이 도망친 1204년 쥐해부터 쿠차 지방에 올 때까지의 4년을 합하면 모두 15년이 되는 셈이다. v.2, p.296, 18 ~p.297, 6

전하는 바에 따르면 쿠출룩이 구르 칸의 오르도에 도착하여 칸의 앞으로 갔을 때, 그의 큰 부인 구르베수가 쿠출룩을 좋게 여겼다. 그래서 그가 도착한 지 사흘 만에 쿵쿠(皇后)라는 딸과 혼인시켰다. 그녀는 실질적인 통치자였기 때문에 딸에게 몽골의 여인들이 혼인하면 쓰는 보그탁 모자 대신 키타이 관습에 따라 니크세를 쓰게 했다. 그리고 쿠출룩에게 기독교를 버리고 불교를 믿으라고 강요했다. v.2, p.297, 7 ~p.298, 1

구르 칸은 막강한 군주로서 투르키스탄과 마와라안나흐르, 즉 v.2, p.298, 2 ~22

중앙아시아의 모든 지방을 지배했고, 많은 군대와 물자와 말떼를 소유했다. 또한 호라즘 왕국 군주의 조상들이 그에게 금 3만 디나르를 바치겠다는 약조를 한 뒤 매년 그 액수를 구르 칸에게 보냈다. 왜냐하면 그는 몽골과 나이만과 다른 강력한 유목민 종족들을 막아내는 견고한 방벽과 같은 존재였기 때문이다. 그러나 호라즘의 군주 술탄 무함마드가 성장하며 상황이 바뀌었다. 후라산과 이라크 지방을 정복하고 투르키스탄 일부도 빼앗아 위세를 크게 떨친 그는 이교도인 구르 칸이 부과한 세금과 공납을 거부했다. 그는 주변의 군대를 소집하여 마와라안나흐르 지방을 정복하기 위해 부하라로 출정했다. 주변의 국왕들, 특히 사마르칸트의 군주인 술탄 우쓰만에게는 연맹을 제의했다. 그들은 오랫동안 카라 키타이의 지배를 받아서 구르 칸을 혐오했기 때문에, 술탄 무함마드의 선동에 부응하여 그와 연합했다. 그는 또한 은밀히 쿠출룩에게도 전갈을 보내 그를 유인했다.

v.2, p.299, 1 ~p.300, 7 쿠출룩은 구르 칸의 위세가 흔들리고 동부 변경의 수령이 칭기스 칸에게 복속하는 것을 보았다. 그는 곤경에 처한 구르 칸을 배반하기로 마음먹고 그에게 이렇게 말했다. "나의 울루스와 종족에게서 떨어져 지낸 지가 꽤 되었습니다. 칭기스 칸은 키타이 지방과 그 부근을 공략하느라 바쁩니다. 나의 부민과 군대는 에밀과 카얄릭과 베쉬발릭 부근에 흩어져 돌아다닌다고 합니다. 만일 구르 칸께서 허락해주신다면 그들을 소집해서 물심양면 당신을 돕겠습니다." 구르 칸은 그의 말을 믿고 허락해주었다. 칭기스 칸이 내리치는 칼을 피해 도망갔던 타양 칸 휘하의 군대와

부민들이 쿠출룩을 향해 모여들었다. 그는 여러 곳을 약탈하고, 더 많은 군대와 물자를 장악하게 되었다. 그 뒤 그는 구르 칸의 고장과 지역을 공격하고 수중에 넣었다. 늙고 병든 구르 칸은 그의 계략에 속수무책이었다.

쿠출룩은 술탄 무함마드가 구르 칸을 치려한다는 소식을 듣고 v.2, p.300, 8 ~p.301, 3
더욱 오만해졌다. 양측은 협약을 맺어 술탄은 서쪽에서, 쿠출룩은 동쪽에서 구르 칸을 협공하기로 했다. 만일 술탄이 그를 먼저 잡으면 알말릭과 호탄과 카쉬가르까지를 술탄이 차지하고, 쿠출룩이 그를 수중에 넣으면 파나카트까지를 차지하기로 했다. 기선은 쿠출룩이 먼저 잡았다. 그러나 그는 서둘러 진군하는 바람에 발라사쿤에서 패배하고 말았다. 그는 철수해서 군대의 전열을 정비했다. 술탄 무함마드도 사마르칸트의 술탄 우쓰만과 함께 구르 칸에게로 향했다. 타라즈 지방에 도착했을 때 구르 칸 휘하의 장군 타양구가 대군과 함께 그곳에 있었다. 양측의 전투가 벌어졌는데 술탄 무함마드가 적을 물리치고 타양구를 붙잡았다.

이 소식을 들은 쿠출룩이 전속력으로 달려가 구르 칸을 덮쳤 v.2, p.301, 3 ~11
다. 구르 칸은 달리 방도가 없었기 때문에 그에게 굴복하려고 했지만, 그는 이를 마다하면서 짐짓 구르 칸을 아버지처럼 여기고 경의를 표하며 대했다. 이러한 기만으로 구르 칸이 영유하던 투르키스탄 왕국 전부와 군주의 지위를 차지할 수 있었다. 구르 칸은 2년 뒤 비통에 빠져 사망했고, 그가 35년 동안 성공을 누리며 비축한 재물과 군대는 모두 쿠출룩의 손에 들어갔다.

카라 키타이 왕국을 장악한 쿠출룩은 학정을 펼치기 시작했 v.2, p.301, 13 ~p.303, 2

다. 불교로 개종한 그는 매년 무슬림들이 사는 지방으로 군대를 보내 곡물을 먹어치우고 불태웠다. 또한 호탄으로 가서 그곳 주민들에게 무함마드의 종교를 버리라고 강요했다. 기독교를 따르거나 아니면 불교도가 되어 키타이 복장을 입거나, 두 가지 가운데 하나를 선택하라고 강요했다. 그는 논쟁을 통해 이슬람의 장로들을 굴복시키기 위해 학자와 수도자는 모두 벌판으로 나오라고 명령했다. 그 무리의 지도자인 이맘 무함마드의 날카로운 논변에 당혹한 쿠출룩은 그에게 온갖 고문을 가했고, 마침내 그가 가르치던 신학교의 문에 십자가 형상으로 못 박았다. 이맘 무함마드의 죽음을 접한 무슬림들은 비탄에 빠져 손을 들어 기도를 올렸다. 억압받는 이들의 기도의 화살이 응답의 과녁에 명중하며, 세계 정복자 칭기스 칸의 군대가 포학한 이교도를 제거했다.

v.2, p.303, 4 ~14 그렇게 된 사정은 이러하다. 키타이 원정을 끝낸 칭기스 칸은 무칼리 구양에게 많은 군대를 주어 그 방면에서의 작전을 맡기고 자신은 서쪽 변경으로 향했다. 쿠출룩을 제거하기 위해 제베를 선봉으로 보냈는데, 그때 쿠출룩은 카쉬가르에 있었다. 몽골군이 전투를 미처 시작하기도 전에 쿠출룩은 도주해버렸다. 제베 노얀은 시내로 들어가 자신의 종교가 무엇이든 누구나 조상들의 관습을 지킬 수 있다고 선포했다. 무슬림의 집에 머물던 쿠출룩의 병사들은 모두 죽음을 당했다. 몽골군은 쿠출룩을 끝까지 추격했고, 그는 바닥샨 변경의 산중에서 길을 잘못 들어 사릭콜이라는 계곡으로 들어갔다. 몽골군은 거기서 그를 붙잡아 죽이고 돌아왔다.

❀ 오트라르 학살 사건 ❀

쿠출룩이 일으킨 반란의 먼지가 가라앉자 칭기스 칸은 쿠릴타이를 열었다. 만호장·천호장·백호장들을 지정하고, 그들 사이에 통용될 새로운 규범과 법령을 정해준 뒤, 호라즘 샤가 지배하는 곳으로 출정했다. 호라즘 원정을 나선 이유는 다음과 같다. v.2, p.326, 14 ~p.303, 2

몽골인들은 도시에서 멀리 떨어진 초원민이었기 때문에 여러 종류의 직물과 의복과 카펫 등이 매우 귀했다. 그래서 상인들은 몽골과의 교역에서 막대한 이익을 거둘 수 있었다. 어느 날 부하라 출신 상인 세 명이 금실로 짠 직물, 잔단에서 생산된 직물인 잔다니치, 면포 등을 칭기스 칸에게 가져왔다. 그중 한 명이 터무니없는 가격을 불렀다. 이에 분노가 치민 칭기스 칸은 "이 사람은 우리에게는 이런 옷이 전혀 없는 줄 아는군!"이라고 말하며, 창고 안에 있던 값비싼 옷들을 보여주라고 했다. 이를 목격한 다른 두 상인은 직물의 가격을 묻는 칭기스 칸에게 선물로 가져온 것이라고 둘러댔다. 기분이 좋아진 칭기스 칸은 그들에게 은사를 베풀었다. v.2, p.309, 2 ~p.310, 5

칭기스 칸은 상인들이 돌아갈 때 "카툰, 왕자, 대신들은 각자 휘하에서 두세 사람을 선발하여 금과 은을 주고, 그들과 함께 술탄이 통치하는 지방으로 가서 교역을 하여, 그곳의 보배와 진귀한 물품을 구해 오도록 하라!"라고 지시했다. 이렇게 해서 몽골의 귀족들이 선발한 450명의 무슬림이 모였다. 칭기스 칸은 마흐무드 호라즈미를 자신의 사신으로 지정하여 그 상인들과 동행케 했다. 그리고 호라즘 샤에게 다음과 같은 내용의 전갈을 보냈 v.2, p.310, 9 ~p.311, 7

다. "그곳의 상인들이 내게로 왔는데 나는 그들을 돌려보냅니다. 나도 한 무리의 상인들을 동행시켜 그곳으로 보내, 각종 물품과 귀중품들을 이곳으로 가지고 오라고 했소. 그대 왕조의 강고함과 왕국의 광대함은 잘 알려져 있소. 그대는 내게 귀한 자식이자 내가 친애하는 무슬림이오. 이제 내가 가까운 변경의 적들을 일소하고 모두 복속시켰으니, 우리는 이웃이 되어 지혜와 용기에 근거하여 협력의 길을 걷도록 합시다. 그래서 세상의 번영을 가져다주는 상인들이 마음 놓고 오고 갈 수 있도록 합시다."

v.2, p.311, 10 ~20 몽골의 사신과 상인들이 오트라르에 도착했다. 당시 그곳의 지휘관은 술탄의 모친인 테르켄 카툰의 친척 이날축이었다. 이 무렵 그는 가이르 칸이라는 호칭으로 불리고 있었다. 상인들 가운데 과거에 그를 알던 힌두인이 한 명 있었는데, 전처럼 그를 '이날축'이라고 부르며, 칭기스 칸의 위세를 믿고 예우를 갖추어 대하지 않았다. 이에 가이르 칸은 분노했고, 또 그들의 물건에 탐욕이 생겨서 몽골 상인들을 감금해버렸다. 가이르 칸은 이러한 상황을 이라크에 있던 술탄에게 알렸다. 술탄 호라즘 샤는 칭기스 칸의 권고를 무시하고, 상인들을 처형하고 물건을 빼앗으라는 명령을 내렸다. 그는 그들의 피와 물건을 차지한 대가를 자기 목숨으로 치르리라는 사실을 예상하지 못했다.

v.2, p.312, 10 ~17 이 학살 소식은 칭기스 칸에게 큰 충격을 주었다. 그는 자제할 수도 평정을 찾을 수도 없었다. 분노가 극에 달한 그는 홀로 언덕 위로 올라가 혁대를 목에 걸치고 모자를 벗은 뒤 얼굴을 땅에 댔다. 그리고 사흘 밤낮을 울면서 기도했다. "위대한 신이여! 이 분

란을 일으킨 것은 제가 아닙니다. 당신의 은총으로 제게 복수할 힘을 주소서!" 그리고 그는 산에서 내려와 전쟁을 준비하기 시작했다.

✤ 호라즘 원정의 시작 ✤

토끼해인 1219년 여름 칭기스 칸은 이르티쉬 강으로 가는 도중에 술탄 무함마드에게 사신을 보내 자신의 원정은 술탄이 오트라르에서 상인들을 살해한 것에 대한 응징이라고 통고했다. 가을에 진군을 명령하여 지나가는 길에 있는 모든 지방을 점령했다. 그가 카얄릭 부근에 이르렀을 때, 그곳 수령들의 우두머리인 아르슬란 칸이 귀순하여 은사를 받았다. 그들은 몽골군의 지원부대에 배속되었다. 베쉬발릭에서는 위구르족의 군주 이디쿠트가 가축들을 데리고, 또 알말릭에서는 수크낙 티긴이 군대와 함께 어전으로 왔다. v.2, p.327, 3~10

그해 가을 마지막에 칭기스 칸은 대군을 이끌고 오트라르에 도착하여 성채 맞은편에 천막을 쳤다. 술탄은 이미 대군을 가이르 칸에게 주었으며, 시종장인 카라차와 기병 1만 명을 지원군으로 파견했다. 그들은 성채와 도시의 성벽을 견고하게 정비하고 무기들을 집결시켰다. 칭기스 칸은 차가다이와 우구데이에게 수만 명의 병사를 이끌고 가서 오트라르를 포위하라고 명령했다. 주치에게는 약간의 군대를 주어 잔드와 양기켄트 쪽으로 보내는 한편, 다른 한 무리의 장군들은 호젠트와 파나카트로 보냈다. v.2, p.327, 12~20 v.2, p.328, 3~14 오트라르 전투는 5개월간 이어졌다. 마침내 주민들의 상황이 궁지에 몰리자, 카라차는 몽골군에 도시를 내주는 것에 동의했다. 그러나 반란을 일으킨 장본인인 가이르 칸은 온갖 구실을 대면서 협약을 거부했다. 카라차는 더 이상 그에게 투항을 종용하지 않고, 밤중에 자신의 군대만 이끌고 성에서 나왔다. 몽골군이 그를 붙잡아 왕자들 앞으로 데리고 갔다. 왕자들은 카라차가 주군을 배신했다고 비난하며 죽여버렸다. 이어 도시를 점령하고 주민들 전부를 마치 양 떼처럼 도시 밖으로 몰아낸 뒤, 시내에 있는 것들을 모두 약탈했다.

v.2, p.328, 15~24 가이르 칸은 2만 명의 병사를 데리고 시내에 있는 성채 안으로 들어갔다. 매일 50명씩 나와서 싸우다가 죽음을 맞이했다. 한 달 동안 전투가 계속되었고 대부분이 살해되었다. 하지만 가이르 칸은 계속 버텼다. 그가 성채의 지붕으로 올라가 저항하자, 몽골군은 성벽과 성채를 부수어 평지로 만들어버렸다. 일부 농민과 장인들은 부하라와 사마르칸트로 도주했다. 몽골군은 가이르 칸을 쿡 사라이에서 살해하고 계속 진군했다.

❧ 주치의 활약 ❧

v.2, p.329, 1~p.330, 2 칭기스 칸의 명령에 따라 '울루스 이디(울루스의 주인)'라는 별명으로 불린 장남 주치는 잔드로 갔다. 그의 부대는 먼저 시르다리야 강변에 있는 수크낙에 도착했다. 그는 후세인 핫지라는 상인을 사신으로 보내, 주민들에게 재산과 생명을 안전하게 보장해

줄 테니 복속하라고 권유했다. 그러나 수크낙에 도착한 사신이 미처 전갈의 내용을 알리기도 전에 불한당과 깡패들이 "알라는 위대하다!"라고 소리치면서 그를 죽이고 말았다. 그리고 자신들이 무슨 대단한 일을 한 것처럼 으스댔다. 이 사건을 전해 들은 주치는 병사들에게 아침부터 저녁까지 전투할 수 있도록 준비하라고 지시했다. 드디어 전투가 시작되었고 한 사람도 남기지 않고 모두를 죽임으로써 복수했다. 그곳의 지배권은 피살된 후세인의 아들에게 주었다. 거기서 진군하여 우즈켄트와 바르칠릭켄트를 정복한 뒤 아시나스로 향했다. 그곳의 병사들은 대부분 불량배였고, 전투에서 거의 모두 전사했다.

v.2, p.330, 3 ~13

이 소식이 잔드에 전해지자 그 부근을 방어하라는 술탄의 지시를 받았던 쿠틀룩 칸은 밤중에 시르다리야를 건너서 호라즘으로 향했다. 그가 잔드에서 빠져나갔다는 소식을 들은 주치는 친 테무르를 잔드로 보내 주민들을 위무하고 몽골군에 적대적인 행동을 하지 말라고 권유했다. 이제 잔드에는 수령도 총독도 없었기 때문에, 몽매한 평민들은 친 테무르를 죽이려고 했다. 그러나 그는 기지를 발휘하여 수크낙에서 벌어진 일과 후세인 핫지의 죽음을 알려서 그들을 진정시켰다. 그리고 그들과 "외지의 군대가 이곳에 주둔하지 않도록 하겠다"라는 약조를 맺었다.

v.2, p.330, 14 ~p.331, 3

친 테무르가 주치에게 돌아와 자신이 목격한 일을 전해주었다. 그들은 그곳으로 출정하여 도시 외곽에 진을 쳤다. 병사들은 해자를 메우고 공격을 준비하느라 바삐 움직이기 시작했다. 그러자 잔드의 주민들도 성문을 닫아걸고 성벽 위로 올라갔다. 몽골군은 성벽에 사다리를 걸고 사방에서 기어오르기 시작하더니, 마침내 도시의 성문을 열었다. 그들은 도시 주민 전부를 밖으로 끌어냈는데, 양측에서 다친 사람은 한 명도 없었다. 전투가 끝나자 몽골군은 친 테무르에게 욕을 한 수령만 죽였을 뿐, 시민에게는 자비의 손길을 내밀었다. 그들을 벌판으로 내보내 아흐레 밤낮을 그곳에 머물게 했고, 그동안 몽골군은 도시를 약탈했다.

❧ 주치의 일화 ❧

v.3, p.188, 1 ~6 칭기스 칸은 이르티쉬 강 부근과 알타이 산지 안에 있는 모든 지방과 울루스, 또 그 지역의 하영지와 동영지들을 주치에게 위임하였다. 그리고 그에게 킵착 초원과 그 방면에 있던 왕국들도 정복하여 가지라는 강력한 칙령을 내렸다. 그의 목지와 도읍은 이르티쉬 부근에 있었다

v.3, p.188, 13 ~p.189, 6 주치는 칭기스 칸의 명령을 받들어 많은 지방을 정복하고 복속시켰다. 칭기스 칸이 타직 지방, 즉 서아시아의 정복을 위해 출정할 때에는, 그를 오트라르에 남겨두었다. 주치는 오트라르를 정복하고 그 성채를 파괴한 뒤 사마르칸트 부근에서 부친과 합류했다. 칭기스 칸은 거기서 다시 그를 차가다이·우구데이와 함께 호라즘으로 보냈다. 그들은 그곳을 포위했으나 주치와 차가다이 사이의 불화로 인해 정복하지는 못했다. 칭기스 칸은 우구데이를 지휘관으로 하라고 명령했고, 그는 능력을 발휘하여 형제들 사이에 화목을 이루고 호라즘을 정복했다. 차가다이와 우

구데이는 아버지가 있는 방면으로 향하여 탈리칸에서 칭기스 칸을 만났지만, 주치는 자신의 오르도와 유수진이 있는 이르티쉬 방면으로 갔다.

이에 앞서 칭기스 칸은 주치에게 북방의 지역들, 즉 켈레르, v.3, p.189, 7 ~16
바쉬기르드, 러시아, 체르케스, 킵착 초원 및 그 방면의 여러 지방을 경략하라고 지시했다. 그런데 주치는 자신의 임무를 소홀히 하고 거처로 가버린 것이다. 칭기스 칸은 화가 나서 "사정을 볼 것도 없이 그를 야사(사형)에 처하겠노라!"라고 말했다. 그런데 그때 주치가 갑자기 병에 걸렸고, 그로 인해 그는 아버지가 타직 원정을 끝내고 자신의 오르도들이 있는 몽골리아로 귀환했을 때 만나러 올 수 없었다. 그 뒤 칭기스 칸은 몇 차례 그를 소환했지만 그는 병을 핑계로 오지 않았다.

망쿠트 부족 출신의 어떤 사람이 주치의 목지 근처를 지나갔 v.3, p.189, 17 ~p.190, 5
다. 그때 마침 주치는 한 목지에서 다른 목지로 이동하던 중에 병에 걸린 상태로 자신의 사냥터에 도착했다. 그는 몸이 아팠기 때문에 사냥을 담당하던 부하를 보내서 사냥하도록 했다. 하지만 망쿠트 사람은 그중 한 명을 주치라고 생각했다. 그가 어전에 왔을 때 칭기스 칸이 주치의 병세를 물어보았다. 그는 "병에 대해서는 들은 바가 없습니다. 다만 그는 어떤 산에서 열심히 사냥하고 있었습니다"라고 대답했다.

이 말을 들은 칭기스 칸은 분노의 불길에 사로잡혀, "아버지의 v.3, p.190, 5 ~15
말을 듣지 않는 것을 보니 분명히 반역자가 된 것이다"라고 했다. 그는 "주치가 정신이 나가 결국 이렇게까지 행동하는구나"라고 말하고는, 그가 있는 쪽으로 군대를 보냈다. 먼저 차가다이와 우구데이가 출발했고, 자신도 그 뒤를 따라서 출정했다. 바로 그때 주치가 사망했다는 소식이 도착했다. 칭기스 칸은 크게 슬퍼했고 가슴 아파했다. 조사 결과 망쿠트 사람의 말과는 달리 주치는 병들어 있었으며 사냥터에 없었다는 사실이 확인되었다. 그 사람을 처형하기 위해 찾아보았지만 이미 사라진 후였다.

v.3, p.190, 15~18 주치 울루스의 대신과 사신들은 그가 서른 살과 마흔 살 중간쯤의 나이에 사망했다고 말했다. 이 말은 합리적인 것으로 보인다. 어떤 사람들은 그가 스무 살에 죽었다고 하는데 이는 분명한 오류다. 이제 잠시 주치가 태어나게 된 특수한 상황과 그의 후손들의 이야기를 살펴보자.

❧ 주치의 출생과 그 후손들의 계보 ❧

v.3, p.151, 1~4 주치는 누이인 코친 베키를 제외하고는 칭기스 칸의 자식들 가운데 가장 나이가 많았다. 그는 칭기스 칸의 가장 큰 부인인 부르테 푸진에게서 태어났는데, 그의 출생을 둘러싸고 다음과 같은 일화가 전해지고 있다.

v.3, p.151, 5~18 칭기스 칸이 아직 군주로서 확고한 자리를 잡지 못했을 때 부르테가 아이를 가졌다. 바로 그때 메르키트족이 급습하여 그녀를 끌고 갔다. 당시 그들은 케레이트의 군주 옹 칸과 평화를 맺고 있었기 때문에 부르테를 그에게 보냈다. 옹 칸은 과거에 칭기스 칸의 부친과 의형제를 맺은 사이였고, 그래서 칭기스 칸도 '자식'

이라고 불렀다. 그는 예의를 갖추어 부르테를 며느리로 대하고, 낯선 사람들의 눈길에서 보호했다. 옹 칸의 신하들은 "왜 부르테를 취하지 않습니까"라고 말했지만, 이에 대해 그는 "그녀는 내 며느리다. 사심을 품고 그녀를 바라보는 것은 남자답지 않은 일이다"라고 대답하곤 했다.

상황을 알게 된 칭기스 칸은 잘라이르 부족 출신의 사바를 옹 v.3, p.151, 18 ~p.152, 11
칸에게 보내 부르테를 찾아오게 했다. 옹 칸은 그녀를 사바와 함께 돌려보냈다. 그런데 집으로 돌아가던 도중에 부르테는 갑자기 출산을 하게 되었다. 그의 이름을 손님이라는 뜻을 지닌 '주치'로 지은 것도 이러한 연유에서다. 길은 위험했고 중간에 멈출 여유도 없었기 때문에 요람을 만드는 것은 아예 불가능했다. 사바는 밀가루 반죽으로 갓난아기를 감싸고, 그것을 품에 안아 다치지 않게 하였다. 그를 조심스럽게 데리고 와서 칭기스 칸에게 드렸다.

그는 장성한 뒤 항상 아버지를 모시며 좋을 때나 힘들 때나 도 v.3, p.152, 13 ~18
왔다. 그러나 그와 동생들, 특히 차가다이와 우구데이 사이에는 늘 반목과 다툼과 불화가 벌어졌다. 다만 주치와 톨루이, 그리고 이 두 사람의 자식들은 일치단결하여 비난하는 일이 없었고, 주치 출생의 정당함을 인정했다.

칭기스 칸은 주치가 어리고 젊었을 때 옹 칸의 질녀, 즉 자아 v.3, p.152, 18 ~p.153, 11
감보의 딸을 부인으로 맞아주었다. 그녀의 이름은 벡투트미쉬 푸진이었는데, 칭기스 칸의 또 다른 부인인 이바카 베키와 톨루이의 부인인 소르칵타니 베키가 그녀와 자매 사이였다. 주치는 그녀 이외에도 카툰과 후궁을 여럿 두었고, 그들에게서 많은 자식이 태어났다. 믿을 만한 사람들이 전하는 바에 따르면 아들만 40명에 가까웠고, 그들에게서 헤아릴 수도 없이 많은 손자들이 태어났다고 한다. 그러나 거리가 너무 멀고 계보를 잘 아는 사람도 없기 때문에, 그들의 지파를 모두 확인할 수는 없다. 그렇지만 그의 아들과 손자 가운데 비교적 잘 알려진 이들을 아래에 간단히 기록하겠다.

v.3, p.154, 9 ~19 첫째 아들은 오르다였다. 쿵크라트족 출신으로 사르탁이라는 이름을 가진 부인에게서 출생했다. 주치의 후계자는 둘째 아들인 바투였지만, 뭉케 카안이 내린 칙령에는 오르다의 이름이 먼저 나왔다. 오르다는 바투의 통치에 대해서 만족했고, 부친 주치의 자리에 그를 앉힌 것도 오르다 자신이었다. 칭기스 칸이 주치에게 분봉해준 군대 중 반은 그가 소유했고 나머지 반은 바투가 차지했다. 그는 다른 세 명의 형제, 즉 우두르와 토카 테무르, 셍굼과 함께 주치 울루스의 좌익군이 되어, 지금까지 좌익의 왕자들이라고 불리고 있다. 네 형제의 일족은 지금도 함께 살고 있다.

v.3, p.154, 19 ~p.155, 11 네 형제의 목지와 군대는 주치 울루스의 좌익, 곧 동방에 위치하여, 그의 후손과 울루스가 지금도 그곳에 있다. 오르다의 후계자들은 바투 가문의 칸들을 만나러 간 적이 결코 없다. 서로 멀리 떨어져 있고, 또 독자적으로 자기 울루스의 군주였기 때문이다. 그러나 그들은 바투의 후계자들을 자신들의 군주이자 통치자로 여겨서, 칙령을 내릴 때에는 그 문서의 상단에 바투 울루스 군주의 이름을 먼저 적는 것을 관례로 삼았다. 현재 오르다 울루스의

군주는 코니치의 아들인 바얀이다. 그는 자기 사촌인 쿠블룩과 서로 대립하다가 불안해지자, 쿠릴타이에 참석한다는 명분을 내세워 바투 울루스의 군주인 톡타이에게 와서 도움을 청했다. 이 이야기는 뒤에서 더 자세히 설명하겠다.

오르다에게는 세 명의 큰 카툰이 있었고 모두 일곱 명의 아들 v.3, p.155, 12 ~p.156, 14
이 태어났다. 첫째 아들이 사르탁타이였는데, 쿵크라트 출신 주게 카툰에게서 출생했다. 그에게는 네 명의 큰 카툰과 여러 후궁들이 있었다. 그는 훌레구의 부인인 쿠투이 카툰의 자매인 후지얀 카툰에게서 코니치라는 아들을 얻었다. 코니치는 오랫동안 오르다 울루스를 통치했다. 훌레구 울루스의 아르군 칸 및 가잔 칸과 화목했고, 우의를 나타내기 위하여 항상 사신이 두 나라 사이를 왕래했다. 그는 날이 갈수록 살이 찌고 비대해졌다. 급기야 비곗덩어리가 목을 눌러 질식해 죽는 일이 생기지 않도록 근위병들이 밤낮으로 그를 살피는 지경에 이르렀다. 이동할 때는 말들이 그의 몸무게를 감당할 수 없어서 수레를 타야 했다. 결국 걱정하던 일이 일어나서, 그는 자다가 비계에 눌려 질식사했다.

코니치는 네 명의 큰 카툰과 바얀, 바시키르타이, 차간 부카, v.3, p.156, 15 ~p.158, 1
마쿠다이라는 네 아들을 낳았다. 이 중 첫째 아들 바얀은 쿵크라트 출신의 투쿨칸 카툰에게서 출생했는데, 아버지가 사망한 뒤 자신의 계모 셋을 카툰으로 취하였다. 그는 그 밖에도 또 다른 카툰을 세 명 두었다. 바얀은 현재 아버지 코니치의 자리를 계승하여 그 울루스를 확실히 관할하며, 가잔 칸과 화목하고 친밀한 관계를 유지하고 있다.

v.3, p.158, 1 ~7 바얀에게는 쿠블룩이라는 종형제가 있었다. 쿠블룩은 오르다의 아들 훌레구, 그의 아들 테무르 부카의 아들이었다. 그는 바얀에게 "전에는 나의 아버지가 울루스를 관할했으니 그 유산은 내게 넘어와야 마땅하다"라고 말하고는, 무리를 규합하고 카이두와 두아에게서 군대를 받아 갑자기 바얀을 공격했다. 바얀은 패배하여 바투 울루스의 군주인 톡타이에게 갔다. 그곳에 머물며 겨울을 지낸 뒤 봄에 쿠릴타이에 참석한다는 명분을 내세워 톡타이를 만나러 와서 지원을 청했다.

v.3, p.158, 7 ~18 그때 톡타이는 노카이와 전쟁 중이었다. 또한 그는 이슬람의 제왕인 가잔 칸을 두려워하여, 여러 구실을 대면서 군대를 주지 않았다. 대신에 톡타이는 카이두와 두아에게 사신을 보내서, 쿠블룩을 자기에게 인도하라고 요청했다. 또한 오르다 울루스를 확실히 바얀에게 준다는 칙령을 내렸다. 그때부터 지금까지 바얀은 쿠블룩 및 그를 지원하는 카이두·두아의 군대와 열여덟 번이나 전투를 벌였다. 톡타이는 카이두의 아들 차파르와 두아에게 사신을 파견하여 쿠블룩을 넘기라고 요청했지만 그들은 받아들이지 않았다. 그들은 쿠블룩을 오르다 울루스의 군주로 세우면, 그들이 가잔 칸과 전쟁을 할 때 쿠블룩이 자신들을 도울 것이라고 생각했다.

v.3, p.158, 19 ~p.159, 19 1303년에 바얀이 가잔 칸에게 켈레스와 툭 테무르라는 두 대신이 이끄는 사신단을 보냈다. 그들은 그해 2월에 바그다드 지방에 있던 가잔 칸의 어전에 도착하여 송골매와 선물들을 바치면서, 톡타이와 함께 손을 잡고 카이두·두아에 맞서는 군사 연맹을

제안했다. 톡타이는 2만 호의 병력을 데레수라는 곳으로 보내 카안의 군대와 합류하도록 했다. 왜냐하면 그의 변경은 카안의 왕국과 가깝고, 카이두가 중간을 갈라놓기 전에는 서로 연접해 있었기 때문이다. 이보다 앞선 몇 년간 카이두는 그들이 카안의 군대와 연합할지도 모른다고 우려하여 자신의 두 아들 양기차르와 샤, 뭉케 카안의 아들 시리기의 아들인 투라 테무르, 아릭 부케의 아들 말릭 테무르 등을 군대와 함께 바얀이 있는 지방으로 파견했다. 카안의 군대와 바얀의 군대 사이를 차단하여 양측이 합세하지 못하도록 하기 위함이었다.

쿠블룩은 바얀에게서 취한 군대와 또 카이두·두아가 지원해준 v.3, p.159, 19 ~p.160, 8
군대를 데리고 바얀이 지배하는 일부 지방과 울루스를 탈취했다. 바얀은 여전히 오르다 울루스의 대부분을 관할했지만 전투가 지속되면서 그의 군대는 타고 다닐 말조차 부족한 형편이 되었다. 그러나 그는 적과 계속해서 맞섰고, 우리 쪽에 경제적인 지원을 청하였다. 이슬람의 제왕 가잔 칸은 바그다드로 온 그의 사신들을 타브리즈에서 돌려보냈고, 그와 카툰들을 위해 금과 의복과 그 밖의 선물을 보냈다.

오르다는 큰 아들 사르탁타이 이외에 여섯 명의 아들을 두었 v.3, p.155, 18 ~20
는데, 그들의 이름은 다음과 같다. 쿨리, 쿠룸시, 쿵키란, 초르마카이, 쿠투쿠이, 훌레구.

주치의 둘째 아들은 바투였다. 그는 오키 푸진 카툰에게서 출 v.3, p.165, 7 ~15
생했는데, 그녀는 쿵크라트 출신 알치 노얀의 딸이었다. 바투를 '사인 칸'이라 부르곤 했는데, 현명한 군주라는 뜻이다. 그는 매우 유능했으며, 주치를 계승하여 오랫동안 울루스와 군대를 관할했다. 칭기스 칸의 네 아들이 사망한 뒤 손자들 무리 가운데에서는 그가 '아카'였고, 그들 사이에서 존경받고 위엄을 누리는 존재였다. 쿠릴타이에서 어느 누구도 그의 말을 거스르지 않았고, 모든 왕자들이 그에게 복종했다.

v.3, p.165, 15 ~p.166, 12 일찍이 칭기스 칸이 칙명을 내려 주치로 하여금 군대를 이끌고 가서 이비르 시비르, 불라르, 킵착 초원, 바쉬기르드, 러시아, 체르케스, 하자르의 데르벤드 등 북방의 모든 지역을 장악하게 했다. 그러나 그는 칙명을 제대로 받들지 않았다. 그래서 우구데이가 보좌에 오른 뒤 바투에게 동일한 출정 명령을 내렸다. 또한 우구데이는 자기 조카인 뭉케와 그 동생 부첵, 자기 아들인 구육, 그리고 제베와 수베테이와 같은 장군들을 군대와 함께 파견했다. 원숭이해인 1236년에 출정을 시작하여 북방의 대부분을 경략하고 정복하였다. 쥐해, 곧 1240년 봄에 구육과 뭉케는 우구데이 카안의 칙명에 따라 귀환했다. 그 뒤 얼마간 더 바투와 그의 형제들은 그 지방을 정복하였고 그의 일족은 아직도 그렇게 하고 있다.

v.3, p.166, 15 ~18 바투는 카툰과 후궁을 여럿 두었다. 아들이 네 명 있었는데, 사르탁, 토칸, 에부겐, 울락치가 그들이다.

v.3, p.153, 14 ~p.154, 5 주치의 자식으로는 위에서 설명한 오르다와 바투를 포함하여 모두 열네 명의 이름이 알려져 있다. 그 명단은 다음과 같다. 오르다, 바투, 베르케, 베르케체르, 시반, 탕구트, 보알, 칠라우쿤, 싱코르, 침바이, 무함마드, 우두르, 토카 테무르, 셍굼.

주치의 출생과 그의 일족 및 울루스에 관한 이야기를 했으니, 이제 다시 본론으로 돌아가서 칭기스 칸의 중앙아시아 원정의 경과를 보도록 하자. 편역자

❧ 파나카트와 호젠트의 전투 ❧

칭기스 칸이 1219년 가을 오트라르에 도착했다. 부하라를 공략하기 전에, 그는 먼저 큰 아들 주치를 잔드와 바르칠릭켄트로 보내고, 차가다이와 우구데이는 이곳에 남아서 오트라르 정벌을 마무리하라고 하였다. 또한 알락 노얀과 식투르와 타가이 세 사람에게는 5000명을 주어 파나카트로 파견했다. 파나카트의 지휘관인 일레트구 말릭은 캉클리인들로 이루어진 군대를 데리고 대치하며 사흘 동안 전투를 벌였다. 나흘째 되던 날 평화를 원하는 도시 주민들이 복속하러 밖으로 나왔다. 몽골군은 군인과 장인과 농민을 구분한 뒤, 군인들 가운데 일부는 칼로 베고, 또 일부는 활을 쏘아 죽였다. 나머지 사람들은 천호·백호·십호로 편성하고, 젊은 사람들은 징용대로 만들어 호젠트로 끌고 갔다. v.2, p.331, 17 ~p.332, 7

몽골군이 호젠트에 도착하자 주민들은 성채 안으로 피신했다. 그곳의 지휘관은 테무르 말릭이었는데, 매우 용맹하고 기개 있는 사람이었다. 시르다리야 강물이 둘로 갈라지는 중간에 견고하고 높은 성채가 있었는데, 테무르 말릭이 1000명의 용사들과 함께 성채를 지켰다. 몽골 군대가 도착했지만 화살과 투석이 그 성채에 미치지 못했다. 몽골군은 호젠트의 젊은이들을 징발하여 v.2, p.332, 8 ~18

그곳으로 몰고 갔다. 오트라르를 비롯해 정복한 촌락에서 지원병을 불러들여 징용대의 숫자는 5만 명에 이르게 되었고, 몽골군도 2만 명이 집결했다. 그들을 모두 십호·백호로 나누고 현지의 타직인 십호마다 몽골인 한 사람을 임명했다. 이들을 동원해 그곳에서 17킬로미터 떨어진 산에서 돌을 날라 와서 시르다리야 강물을 막았다.

v.2, p.332, 19 ~p.333, 13 테무르 말릭은 12척의 배를 건조한 뒤 윗면에 진흙과 식초를 섞어서 바른 모포를 덮고 옆면에는 작은 쪽문을 뚫어놓았다. 매일 새벽마다 그중 절반을 사방으로 보내 몽골군을 공격했다. 화살과 불은 물론 나프타로도 그 배를 격침시킬 수 없었다. 밤마다 강물에 쌓은 돌을 뚫고 넘어와서 공격하는 통에 몽골군은 곤경에 처했다. 그 뒤 몽골인들은 수많은 활과 투석기를 준비하여 격렬한 전투를 벌였다. 테무르 말릭은 사태가 위급해지자, 미리 준비해둔 70척의 배에 용사들과 장비를 싣고 밤중에 번개처럼 도주했다. 그는 마치 물 위로 부는 바람처럼 배들을 몰아서 파나카트에 도착했다. 배가 접근하지 못하도록 물 위에 설치한 사슬도 한 번에 끊어버리고 가뿐히 통과했다. 강 양쪽에서 그와 싸우던 병사들이 잔드와 바르칠릭켄트까지 추격했다.

v.2, p.333, 13 ~p.334, 5 그의 소식을 들은 주치 칸은 군대를 시르다리야 양안의 여러 지점에 배치하고 부교를 짓도록 한 다음 투석기와 쇠노를 설치했다. 테무르 말릭은 적군이 강을 막고 기다리고 있다는 소식을 듣고는, 이번에는 바르칠릭켄트 강기슭에서 뭍으로 올라와 말을 타고 달렸다. 몽골인들이 그의 뒤를 추격했다. 그는 짐들을 먼저

앞으로 보낸 뒤 자신은 멈추어서 전투를 하다가 뒤따라가곤 했다. 며칠 동안 그의 휘하에 있던 병사들 대부분이 살해되었고 몽골 병사의 숫자는 계속 늘어났다. 마침내 그만 홀로 남았을 때 그에게는 세 대의 화살밖에 남지 않았다. 그 가운데 하나는 촉도 없이 부러진 상태였다. 세 명의 몽골인이 그를 추격하고 있었다. 그는 촉이 없는 화살을 몽골 병사 눈에 명중시키고, 다른 두 사람에게 "아직 두 대가 남았다. 돌아가서 목숨을 보전하는 것이 어떻겠느냐"라고 말했다. 몽골인들은 물러갔고 그는 호라즘으로 갔다.

부하라 함락

앞에서 언급한 것처럼 1219년 가을 마지막에 각자에게 임무를 부여한 칭기스 칸은 다섯 달간 오트라르에 머문 뒤, 1220년 봄에 부하라를 향해 출발했다. '예케 노얀'이라는 별명으로 불린 막내아들 톨루이가 그를 보좌했다. 그들이 새벽에 자르누크라는 곳에 이르자 그 부근의 주민들은 몽골 군대를 두려워하며 성채 안에 피신했다. 칭기스 칸은 다니시만드 하집을 사신으로 보내 투항을 권고했다. 그는 주민들에게 이렇게 소리쳤다. "나는 다니시만드 하집이며 무슬림이다. 칭기스 칸의 명령을 받고 사신으로 왔으며, 당신들을 파멸의 구렁에서 구해주려고 한다. 칭기스 칸은 수만의 용맹한 병사들을 이끌고 이곳에 도착했다. 만일 그를 거역한다면 성채는 황야로 변하고 초원에는 피가 아무다리야 강처럼 흐르게 될 것이다. 충고를 받아들여 그에게 복속한다면 당

v.2, p.335, 22 ~p.337, 14

신들의 생명과 재산은 안전할 것이다." 주민들은 그 말을 듣고 복속하는 것이 좋겠다고 판단했다. 지도자들이 여러 가지 음식을 들고 칭기스 칸을 찾아갔다. 그는 자르누크 주민들을 벌판으로 몰아내고 젊은이들은 부하라를 공략하기 위한 징용대로 선발하라고 지시했다. 그 밖의 다른 사람들은 돌아가도록 허락했다.

v.2, p.338, 9 ~p.339, 9 칭기스 칸은 거기서 부하라로 향했다. 1220년 3월 그는 도시 성문 앞에 진영을 쳤다. 부하라의 군사는 2만 명이었으며 지휘관은 쿡 칸이었다. 하미드 누르 타양구, 세빈치, 키실리 칸 등 다른 지휘관들도 있었다. 다음 날 새벽에 성문이 열리고 한 무리의 이맘과 학자들이 어전으로 찾아왔다. 칭기스 칸은 도시와 그 안에 있는 성채를 살펴보기 위해 말을 타고 시내로 들어갔다. 모스크로 간 그는 설교단 앞에 섰다. 그의 아들인 톨루이가 말에서 내려 단 위로 올라갔다. 칭기스 칸이 "이곳은 술탄의 거처인가?"라고 묻자, 사람들은 "신의 전당입니다"라고 말했다. 그가 말에서 내려 설교단을 두세 계단 오르더니 "초원에 풀이 없다. 우리 말들의 배를 채워라!"라고 지시했다. 병사들이 도시의 창고를 열고 곡식을 꺼내왔다. 쿠란을 보관하던 상자들을 여물통으로 만들고, 술을 담은 포대를 모스크 안으로 던졌다. 가무를 위해 시내의 가수들을 불러들였고, 몽골인들은 자기들의 방식으로 노래를 불렀다. 사이드·이맘·셰이흐의 대표들이 마부를 대신해 말 옆에 서서 명령을 기다렸다.

v.2, p339, 10 ~23 그 뒤 칭기스 칸은 도시 밖으로 나와 시민들을 불러 모았다. 그는 예배일에 기도할 때 사용하는 광장의 단 위로 올라가 술탄의

거역과 배신행위에 대해서 아주 자세히 설명한 뒤 이렇게 말했다. "여러분! 그대들은 큰 죄를 지었고, 대신들은 그 우두머리라는 사실을 알아두시오. 이렇게 말하는 데 어떤 증거가 있느냐고 묻는다면, 그것은 내가 바로 신의 채찍이라는 사실이오. 만일 여러분이 큰 죄를 짓지 않았다면 위대한 신께서 그대들을 징벌하라고 나를 보내지 않았을 것이오." 그리고 그는 부자와 세도가들을 불러 은닉한 재물을 내놓으라고 하면서, 주민들에게 재물의 징수를 책임질 신뢰할 만한 사람을 추천하게 했다. 모두 270명이 지명되었는데, 190명은 그 도시의 주민이고 나머지는 외지인이었다. 그는 그들 각각에게 몽골인 한 명과 타직인 한 명을 '바스칵', 즉 감관으로 붙여서 군인들이 그들을 괴롭히지 못하도록 했다.

v.2, p.339, 25 ~p.340, 8

칭기스 칸은 온 도시에 불을 지르라고 명령했다. 벽돌로 지은 모스크와 몇몇 건물을 제외한 도시 대부분이 며칠 만에 모두 불타 없어졌다. 몽골군은 부하라 사람들을 점점 더 압박했다. 양측이 발사한 돌과 화살이 비처럼 쏟아졌고, 성채 안에서는 나프타 병을 쏘아댔다. 며칠 동안 공격이 계속되니 마침내 성채에 있던 사람들이 궁지에 몰렸다. 성채의 해자가 온갖 것들로 메워져 땅과 같이 평평해지더니 이내 징용대의 시체로 말미암아 높아졌다.

v.2, p.340, 8 ~16

마침내 몽골군은 성을 장악하고 성채에 불을 질렀다. 자신의 발에 흙도 안 묻히던 지체 높은 당대의 칸들과 귀족들은 비참한 포로가 되어 소멸의 바다로 가라앉았다. 캉클리인들 가운데 키가 채찍보다 큰 사람은 살아남지 못했다. 3만 명 이상이 죽임을 당했고 부녀자들은 포로로 끌려갔다. 몽골군은 성벽을 부수어 평평한 땅과 같이 만들어버렸다. 도시민 모두를 벌판으로 내몰고, 젊은이들은 징용대로 선발해 사마르칸트와 다부시야로 끌고 갔다. 모든 일을 마친 칭기스 칸은 부하라를 떠나 사마르칸트로 출발했다.

❧ 사마르칸트 정복 ❧

v.2, p.340, 18 ~p.341, 13 칭기스 칸은 앞서 말한 1220년 봄 마지막 달에 사마르칸트로 향했다. 술탄 무함마드 호라즘 샤는 그곳에 병사 11만 명을 배치해 두었는데, 그 가운데 6만 명이 튀르크인이었으며 술탄의 대신과 칸들도 함께 있었다. 이 밖에 5만 명의 타직인과 20마리의 코끼리, 그리고 셀 수 없이 많은 도시의 귀족과 평민들이 그곳에 있었다. 성채의 성벽을 견고하게 하기 위해 그 둘레에 몇 겹의 벽을 쌓았으며, 해자를 강물과 연결해놓기도 했다. 사람들은 사마르칸트를 정복하려면 여러 해가 걸릴 것이라고 입을 모았다. 그래서 그는 부하라를 먼저 정복한 뒤 거기에서 모든 징용대를 사마르칸트 쪽으로 보냈고, 오트라르나 다른 지방을 정복한 왕자들이 징발한 병사들도 사마르칸트로 불렀다.

v.2, p.341, 13 ~p.342, 5 칭기스 칸은 쿡 사라이에 본영을 치고, 속속 도착한 부하들은 도시를 포위하며 진을 쳤다. 그는 하루 동안 몸소 성벽과 보루를 둘러보고 그 도시와 성문을 장악할 방책을 궁리했다. 그러는 가운데 호라즘 샤가 하영지에 머물고 있다는 소식이 전해졌다. 그는 제베와 수베테이에게 3만 명을 주어 그를 추격하러 보냈다.

셋째 날 새벽에 무수한 몽골군과 징용대가 도시의 성벽을 포위했다. 사마르칸트의 병사들이 밖으로 나와 전투가 벌어졌고, 양측에서 많은 사람이 죽었다. 밤이 되자 각자 자기 진영으로 돌아갔다.

다음 날 칭기스 칸은 직접 말에 올라 전군에 성벽을 포위하라고 명령했다. 두려움을 느낀 시민들의 의견이 갈라졌다. 그다음 날 대담한 몽골인들과 주저하는 도시민 사이에 전투가 다시 시작됐다. 그런데 갑자기 이슬람의 판관과 장로 한 무리가 칭기스 칸을 찾아와 안전을 보장하는 약속을 받고 시내로 돌아갔다. 동이 틀 무렵 그들은 몽골군에게 성문을 열어주었다. 그날 병사들은 성벽과 보루를 파괴하여 땅처럼 평평하게 만드는 데 몰두했다. 여자와 남자들을 100명 단위로 편성하여 평원으로 나오도록 했다. 판관과 장로의 가속들은 나오지 않아도 좋다고 했다. 거의 5만 명에 가까운 사람들이 그들의 보호를 받아 목숨을 구했다. 몽골인들은 숨는 사람은 누구라도 피를 흘릴 것이라고 소리친 뒤 도시를 약탈하고 굴속에 숨어 있던 이들을 살해했다. 사람들이 코끼리들을 칭기스 칸에게 데리고 와서 먹이를 청하니, 그것들을 벌판으로 끌고 나가 스스로 먹이를 구하게 하라고 명령했다. 코끼리들은 얼마 후 굶어 죽었다. v.2, p.342, 6~22

그날 밤 몽골인들은 도시 밖으로 나왔고, 성채 안에 있던 사람들은 큰 두려움에 떨었다. 수비하던 알파르 칸은 용기를 내어 1000명의 용사들과 성채 밖으로 나와 몽골군을 공격한 뒤 도주했다. 새벽이 되자 병사들은 다시 성채를 에워쌌고, 화살과 돌이 v.2, p.343, 1~16

사방을 날아다녔다. 보루와 성벽이 무너지고 해자도 파괴됐다. 저녁이 되었을 때 몽골군이 성문을 장악했고 1000명가량이 모스크로 피신했다. 몽골인들은 나프타를 던져서 모스크와 그 안에 있던 사람들을 모두 불태워 죽였다. 마침내 성채를 장악한 뒤 그 안에 남아 있던 사람들을 벌판으로 몰고 나왔다. 튀르크인과 타직인을 분리하고 그들을 모두 십호·백호로 나누었다. 튀르크인들은 몽골의 관습에 따라 변발을 시켰다. 나머지 3만 명이 넘는 캉클리인은 모두 처형했다. 이 밖에도 20여 명에 이르는 술탄의 장군들이 죽임을 당했다.

v.2, p.343, 18 ~p.344, 7 도시와 성채를 폐허로 만들고 수많은 장군과 병사들을 죽인 다음 날 남은 사람들의 수를 헤아렸다. 그들 가운데 3만 명을 장인이라는 명목으로 아들과 카툰과 대신들에게 나누어주었고, 또 같은 수의 사람을 징용대로 데려갔다. 나머지 사람들은 20만 디나르의 보상금을 내고 떠나도 좋다는 허락을 받았다. 징용대 일부는 후라산으로 데리고 가고, 일부는 칭기스 칸의 아들들과 함께 호라즘으로 보냈다. 그 뒤 몇 차례 더 징용대를 요구했다. 징용된 이들 중 목숨을 보전한 사람은 거의 없었고, 이로써 그 지방은 완전히 황폐해졌다. 칭기스 칸은 그해 여름과 가을을 사마르칸트 주변에서 보냈다.

호라즘 샤의 최후

v.2, p.344, 9 ~p.345, 5 칭기스 칸이 1220년 여름에 사마르칸트를 정복한 뒤로 술탄 무

함마드와 그의 군대의 상황이 계속 전해졌다. 그는 술탄이 두려움에 떨고 있다는 사실을 알게 되었다. 술탄의 아들 잘랄 앗 딘이 "우리는 각지에 군대를 분산하지 말고 집결시켜야만 합니다. 그래서 적과 정면으로 마주보고 전투를 해야 합니다"라고 말했지만 술탄은 그 말을 듣지 않았다. 칭기스 칸이 사마르칸트를 공략하는 동시에 술탄을 추격하기 위해서, 베수트 출신의 제베에게 1만 명의 병사를 맡겨 선봉으로 파견했다. 그리고 우량카트 출신의 수베테이에게 또 다른 1만 명의 병사를 맡겨 후위를 맡도록 했다. 쿵크라트 출신의 토쿠차르에게 또 다른 1만 명의 병사를 주어 그들의 뒤를 따라가게 했다.

제베와 수베테이와 토쿠차르는 이들 3만 명의 용사들과 함께 v.2, p.346, 9 ~ 22
펀자브 지방의 여울목을 건너서 술탄의 종적을 추격했다. 술탄은 이에 앞서 티르미드 강가에 있었는데, 부하라와 사마르칸트 함락 소식을 듣고 다시 길을 떠났다. 그를 호위하며 동행하던 튀르크인들이 그를 몰래 죽이려고 했지만, 낌새를 알아챈 술탄은 밤중에 잠자리를 다른 천막으로 옮겼다. 새벽이 되었을 때 천막은 수많은 화살에 구멍이 뚫려서 마치 체처럼 보였다. 술탄은 극도로 두려워하며 서둘러 니샤푸르로 갔다. 니샤푸르에 도착한 그는 죽음의 운명이 드리우는 근심에서 벗어나기 위해 술과 환락에 몰두했다.

제베와 수베테이는 먼저 발흐로 왔다. 도시의 대인들은 그들 v.2, p.346, 23 ~p.349, 11
을 영접하기 위해 양식을 준비하여 사람을 보냈다. 그들은 거기서 길 안내를 얻어 자바에 도착했다. 몽골군은 그곳을 그냥 통과

하려고 했지만, 성문을 닫아건 주민들이 북을 치면서 그들을 모욕했다. 몽골군은 사흘 만에 성채를 장악하고 붙잡힌 사람은 모두 죽였다. 그러고 나서 신속하게 추격을 재개했다. 이들이 접근했다는 소식이 니샤푸르에 전해지자 술탄은 이라크 쪽으로 향했다. 그러는 사이 니샤푸르에 도착한 제베와 수베테이는 그곳 대인들에게 사신을 보내, 칭기스 칸의 명령에 복종할 것을 종용하고 사료와 식량을 요구했다. 대인들은 식량을 보내면서 귀순의 뜻을 밝혔다. 제베는 그들에게 "몽골군이 나타나면 즉각 영접하라. 너희 가족의 안전을 원한다면 성벽의 견고함이나 병사의 많음을 믿지 말라"라고 충고하며, 위구르 문자로 쓴 '알 탐가', 즉 붉은 인장이 찍힌 칙령 한 통과 칭기스 칸의 칙령 사본 하나를 주었다. 그 내용은 다음과 같았다. "너희들은 위대한 신께서 해가 뜨는 곳에서 지는 곳까지 지상의 모든 곳을 내게 주었다는 것을 알라! 누구라도 복속하면 그 자신과 처자식과 권속들에게는 자비가 있을 것이나, 저항한다면 모두 파멸되고 말 것이다."

v.2, p.349, 13 ~p.350, 1 제베는 주베인 길을 따라갔고, 수베테이는 '제왕의 길'을 따라 잠을 거쳐 투스로 갔다. 복속하는 도시들에는 자비를 베풀었고, 반항하는 사람은 누구나 없애버렸다. 그들은 어디에서도 오래 머물지 않았다. 먹을 것과 입을 것 등 필요한 것만 취하고는 추격을 계속했다. 도중에 준마와 양질의 가축을 발견하면 그것들을 챙긴 뒤 다시 진군했다. 후라산 지방에는 성벽으로 둘러싸인 견고한 도시가 많았지만, 그들에게는 당면한 더 큰 문제가 있었기 때문에 그런 곳을 포위하는 데는 관심을 두지 않았다. 수베테이

는 이스파라인으로 왔고, 제베는 마잔다란으로 가서 많은 사람들을 죽였다. 수베테이가 담간을 거쳐 심난에서도 또 많은 사람들을 죽였다.

술탄은 루르 지방에서 그곳의 수령인 아타벡 누스라트 앗 딘 v.2, p.350, 21 ~p.351, 16
과 함께 방책을 논의하고 있었는데, 몽골군이 도착했다는 소식이 전해졌다. 아타벡은 몽골군의 공격을 두려워하여 도망쳤고, 술탄은 아들들과 함께 하마단 지방에 있던 카룬 성채로 가다가 도중에 몽골군을 만났다. 그들이 도망치는 무리 가운데 술탄이 있다는 사실을 모른 채 활을 쏴서 술탄을 태우고 가던 말이 몇 군데 상처를 입었다. 술탄은 뛰었다 걸었다 하면서 겨우 목숨을 건졌다. 그는 카룬에서 하루를 머문 뒤 신하들에게 몇 마리의 말을 받아 바그다드로 향했다. 몽골군은 술탄이 떠났다는 사실을 알고 그를 추격하여 달려갔다.

술탄은 말머리를 사르차한 성채로 돌렸다. 그는 거기서 길란 v.2, p.351, 17 ~p.352, 3
길을 따라 달렸고 그곳에서 다시 이스피다르 지방으로 갔다. 이제 그에게는 아무것도 남은 것이 없었다. 거기서 아물의 속령인 다부이 구역으로 왔다. 그러나 그가 어디를 가든 하루면 몽골군이 쫓아왔다. 그는 마잔다란의 대인들과 상의하여 며칠간 카스피해 동남쪽에 위치한 아바스쿤의 섬들 가운데 한 곳에 은신하기로 했다.

술탄은 한동안 섬에 숨어 지냈다. 그러나 소문이 퍼지자 그는 v.2, p.352, 4 ~p.353, 6
만일에 대비하기 위해 다른 섬으로 옮겼다. 마침 그때 제베 노얀이 라이에서 보낸 몽골군들이 도착했다. 그들은 술탄을 찾지 못했지만 그의 후비들과 재물이 있는 성채들을 함락하고, 그 안에 있던 모든 것을 사마르칸트의 칭기스 칸 어전으로 보냈다. 이 끔찍한 소식이 술탄에게 전해졌다. 자신의 후비들이 더럽혀지고 아들들은 칼날의 먹이가 되었다는 사실을 알고 경악했다. 그는 신께 자신의 영혼을 위탁할 때까지 걱정과 근심 속에서 몸부림쳤고, 고통과 재난으로 말미암아 울부짖었다. 마침내 그는 사망하고 그 섬에 묻혔는데, 몇 년 뒤 잘랄 앗 딘이 그의 뼈를 거두어 아르다힌 성채로 갖고 오라고 명령했다.

v.2, p.353, 7 ~19 호라즘 샤는 아들들 가운데 우즐락을 후계자로 정해놓았는데, 아바스쿤의 섬에 있을 때 그를 폐위하고 잘랄 앗 딘으로 후계자를 교체했다. 아버지가 사망한 뒤 잘랄 앗 딘은 몽골군이 칭기스 칸의 명을 받들어 후라산과 이라크에서 퇴각했다는 소식을 들었다. 그는 마음을 놓고 망키실락으로 와서 짐을 싣는 데 필요한 말들을 취하고, 파발꾼을 선발대로 삼아 호라즘으로 보냈다. 호라즘에는 한때 후계자였던 그의 형제 우즐락 술탄을 비롯하여 다수의 고위 대신들이 9만 명의 캉클리인들과 함께 있었다. 몽골군의 발길은 아직 그곳에 미치지 않았다.

v.2, p.353, 20 ~p.354, 11 술탄 잘랄 앗 딘이 호라즘에 도착하자 대신들은 그의 과단성에 겁을 먹고, 그를 제거할 계획을 꾸몄다. 누군가가 이러한 사실을 그에게 알리자, 그는 기회를 틈타 니사 길을 거쳐서 샤드야흐로 향했다. 술탄이 호라즘을 떠난 직후 몽골군이 그곳에 도착했다. 몽골군은 도주하던 술탄의 형제와 자식들과 조우하게 되었고, 그들의 신분도 모른 채 모두 죽여버렸다.

술탄은 샤드야흐에 도착하여 사흘 동안 바쁘게 준비를 한 뒤, 한밤중에 말을 타고 가즈닌으로 향했다. 그가 출발한 뒤 불과 한 시간 만에 몽골군이 샤드야흐에 도착했다. 그들은 다시 술탄의 뒤를 쫓아 달려갔다. 술탄은 추격하는 몽골군을 다른 길로 따돌린 뒤, 자신은 하루에 220킬로미터씩 달려 일주일 만에 가즈닌에 도착했다. 그가 나타났다는 소문이 퍼지자 사방에서 부하들이 그를 찾아왔고 사람들이 모여들었다. v.2, p.354, 12 ~22

❧ 호라즘 왕국의 멸망 ❧

호라즘의 원래 이름은 구르간지이고, 몽골인들은 이를 우르겐치라고 불렀다. 중앙아시아의 여러 도시들이 모두 정복되었을 때 왕국의 도읍인 이 도시는 마치 밧줄이 끊어진 천막처럼 정복지 한가운데에 있었다. 칭기스 칸은 그곳을 정복하기 위하여 세 아들, 즉 주치와 차가다이와 우구데이를 보냈다. 1220년 가을 이들은 우익의 아미르들과 함께 수많은 군대를 이끌고 호라즘을 향해 출발했다. v.2, p.355, 9 ~16

술탄 잘랄 앗 딘은 아버지가 사망한 뒤 호라즘으로 갔지만 일부 대신들이 그에게 반감을 드러냈기 때문에 돌아오고 말았다. 그곳에 있던 그의 형제와 고관들은 몽골 왕자들이 쳐들어온다는 소문을 듣고 그의 뒤를 따라 후라산으로 가다가 도중에 몽골군에 붙잡혀 살해당했다. 그래서 왕국의 수도 호라즘에는 소수의 귀족과 장군만 남아 있었다. 도시 주민들은 이루 말로 다할 수 없 v.2, p.355, 19 ~p.356, 9

을 정도로 많았지만, 이처럼 거대한 재난이 닥쳤을 때 대책을 강구하고 결정할 지도자가 없었다. 결국 술탄의 모친 테르켄 카툰의 일족인 후마르를 술탄 자리에 앉혔다.

v.2, p.356, 22 ~p.357, 13 주치, 차가다이, 우구데이 세 형제는 마침내 대군을 이끌고 도착했다. 도시를 천천히 돌아본 뒤에 말에서 내렸고, 군대는 도시를 둘러싸고 진영을 쳤다. 그 뒤 사신들을 보내 시민들에게 투항을 권유했다. 호라즘에는 돌이 없었기 때문에 커다란 뽕나무를 잘라서 투석기에 실었다. 사방에서 징발대가 도착하자 여기저기서 공성 작업을 시작했다. 먼저 해자를 메우기 시작하여, 이틀 만에 평지로 만들었다. 그리고 도시 안으로 흘러들어가는 아무다리야 강물을 끊어버리기로 했다. 이를 위해 몽골군 3000명이 투입되었는데, 시민들이 갑자기 공격하여 몽골군이 전멸했다. 이 승리로 인해 시민들은 항전 의식이 더욱 고취되었다.

v.2, p.357, 13 ~20 그런데 주치와 차가다이는 성격 차이로 갈등하면서 사이가 벌어졌다. 그로 인해 전투에도 차질이 생겼다. 그 결과 몽골군의 유골을 쌓아서 만든 언덕들이 지금도 호라즘 옛 도시 주변에 남아 있다고 말할 정도다. 이런 상황에서 7개월이 지나갔지만, 도시는 여전히 함락되지 않았다.

v.2, p.357, 21 ~p.358, 5 왕자들이 호라즘을 포위하고 있는 동안 칭기스 칸은 나흐샤브로 와서 잠시 머문 뒤 티르미드 강을 건너 발흐로 갔다. 그곳을 정복하고 나서 탈리칸 성채로 갔다. 그가 성채를 포위하기 시작하려던 바로 그때 호라즘에 있던 아들들에게서 사신이 도착했다. 호라즘을 공략에서 수많은 병사들이 사망했으며, 주치와 차

가다이 사이의 불화가 실패의 원인이었다는 사실을 알게 된 칭기스 칸은 분노하며 "톨루이가 군대를 지휘하라!"라고 명령했다.

호라즘에 도착한 톨루이 칸은 전군을 전투에 투입했다. 몽골군은 그날로 성채의 보루에 깃발을 꽂고 시내로 진입해서 사방에 나프타 병을 투척했다. 도시 주민들은 골목으로 은신했고 곳곳에서 전투가 벌어졌다. 몽골인들은 격렬하게 싸워 동네와 건물들을 하나씩 무너뜨리고 불태웠으며, 이런 식으로 해서 일주일 만에 도시 전체를 점령했다. 시민들을 전부 벌판으로 내몰았는데, 각종 기술을 지닌 장인들 가운데 10만 명 정도는 따로 분리하여 동방으로 보냈다. 젊은 여자와 아이들은 포로로 끌고 가고, 나머지는 처형하기 위해 병사들에게 분배했다. 전하는 바에 따르면 몽골의 병사들의 숫자가 5만 명이 넘었는데 병사 한 사람당 24명씩 분배되었다고 한다. v.2, p.358 11 ~21

후라산 정복

칭기스 칸은 1220년 여름 사마르칸트를 정복한 뒤, 그해 가을 주치와 차가다이와 우구데이를 호라즘으로 보냈다. 자신은 톨루이와 함께 사마르칸트를 떠나 나흐샤브 초원으로 왔다가, 몽골인들이 '테무르 카할카', 즉 철문이라고 부르는 길을 거쳐 티르미드로 출정했다. 톨루이는 대군과 함께 후라산으로 보내고 자신은 티르미드 공략에 전념했다. 칭기스 칸은 사신을 보내어 몽골에 복속하고 성벽과 성채를 허물라고 요구했다. 그러나 주민들 v.2, p.359, 15 ~p.360, 16

은 성벽의 반이 아무다리야에 접해 있고 성채가 견고한 것을 믿고 복속을 거부하며 격렬하게 저항했다. 11일째 되던 날 몽골군은 도시의 성문을 돌파했다. 사람들을 모두 벌판으로 내몰아 병사들에게 일정한 수를 분배한 뒤 죽여버렸다. 어떤 노파는 병사들에게 "나를 살려주면 진주를 주겠다"라고 애원했다. 병사들이 먼저 내놓으라고 하자 입에 삼켰다고 말했다. 그러자 그들은 즉시 그녀의 배를 갈라서 진주를 꺼냈고, 이미 죽은 사람들의 배도 갈라서 확인했다고 한다.

v.2, p.360, 17 ~p.361, 2 칭기스 칸은 캉구르트 지방과 슈만 변경으로 가서 그 일대를 정복하고 살육과 약탈로 초토화시켰다. 그런 다음에 군대를 보내 바닥샨과 거기에 속한 곳들도 정복했다. 이로써 그 지방에서 반란자와 거역자의 흔적이 완전히 지워졌다. 이어서 칭기스 칸은 아무다리야를 건넜는데, 앞서 말한 용해의 겨울, 그해가 끝나갈 무렵이었다.

v.2, p.361, 3 ~12 그는 1221년 초에 티르미드 여울목을 통해서 아무다리야를 건너 후라산 지방에서 가장 큰 도시인 발흐에 도착했다. 성채 앞에 진을 치니 그곳 수령들은 선물을 들고 와서 귀순의 뜻을 표시했다. 그 뒤 사람의 수를 세어야 한다는 구실로 발흐의 주민들을 모두 벌판으로 데리고 나와, 관례대로 병사들에게 분배하여 살해했다. 도시의 성벽과 보루를 파괴하고, 가옥과 동리에 불을 질러 모두 폐허로 만들었다.

v.2, p.361, 13 ~p.362, 7 칭기스 칸은 거기서 탈리칸으로 진군해 그곳을 포위했다. 그곳에는 누스라트 쿠흐라고 불리는 매우 견고한 성채가 있었고

용맹한 전사도 수없이 많았다. 아무리 사신을 보내 복속을 권유해도 받아들이지 않았다. 7개월 동안 그곳을 포위했지만 성채가 워낙 견고해서 정복할 수 없었다. 칭기스 칸이 탈리칸을 포위하던 1221년 봄, 주치와 차가다이와 우구데이 등 왕자들은 여전히 호라즘을 장악하지 못하고 있었다. 이에 칭기스 칸의 명을 받은 톨루이가 테무르 카할카, 즉 철문을 거쳐 호라즘으로 향했다. 칭기스 칸은 우익과 좌익을 편성하고 자신은 중군을 이끌고 가서 메르브를 점령했다. 거기에서부터 니샤푸르에 이르는 모든 지역, 즉 아비바르드, 니사, 야지르, 투스, 자자름, 주베인, 바이하크, 하프, 산간, 사락스, 주라바드 등의 큰 도시들을 모두 정복했다. 그는 니샤푸르도 점령했고, 그해 봄이 지나가기 전에 모든 도시와 지방을 남김없이 장악했다.

칭기스 칸은 탈리칸에서 톨루이에게 사신을 보내 더워지기 전 v.2, p.362, 8 ~15
에 돌아오라고 했다. 톨루이는 명령에 따라 귀환했는데 도중에 쿠히스탄 지방을 공격했다. 축추란 강을 건너서 헤라트를 정복한 뒤 칭기스 칸에게 합류했다. 그가 도착할 즈음 칭기스 칸은 격렬한 전투 끝에 탈리칸 성채를 점령하고 그것을 파괴했다. 톨루이가 도착하여 그를 알현했다. 얼마 뒤 차가다이와 우구데이가 호라즘에서 돌아와 역시 그를 알현했다. 주치는 오지 않고 자신의 유수진으로 가버렸다.

탈리칸 전투에서 칭기스 칸이 가장 사랑하는 손자이자 차가 v.2, p.362, 16 ~p.363, 8
다이가 자신의 후계자로 정한 무에투켄이 석궁에 맞아 사망하고 말았다. 그 소식을 들은 칭기스 칸은 분노에 휩싸여 살아 있는 것은 모두 다, 인간이든 가축이든 짐승이든 조류든 전부 죽이라고 명령했다. 포로나 전리품도 취하지 말고, 그곳을 사막으로 만들어서 다시는 어떤 인간도 살지 못하게 하라고 명령했다. 그래서 오늘날까지 그곳에 아무도 살지 않게 되었다. 또한 칭기스 칸은 절대로 무에투켄의 사망 사실을 차가다이에게 알려서는 안 된다고 말했다. 얼마 후 호라즘에서 돌아온 그가 아들을 찾자 다른 곳으로 갔다고 변명을 둘러댔다.

v.2, p.363, 8 ~17 하루는 칭기스 칸이 아들들을 불러서 화를 내며, 차가다이를 향해 "너는 왜 내 명령을 듣지 않는 거냐"라고 꾸짖었다. 차가다이는 두려워하며 무릎을 꿇고 "만일 제가 아버님의 명령을 어긴다면 저를 죽이십시오!"라고 말했다. 그러자 칭기스 칸은 "네 아들 무에투켄이 전사했다. 그러나 내가 명령하건대 너는 울지 말라!"라고 했다. 그는 비통한 마음을 누르며 울지 않았고, 잠시 후 소변을 보겠다면서 벌판으로 나가 몰래 울었다. 그리고 마음을 누그러뜨린 뒤 눈물을 닦고 자리로 돌아왔다.

v.2, p.363, 18 ~p.366, 3 칭기스 칸은 아들들과 군대를 이끌고 탈리칸 언덕에서 하영을 했다. 그때 잘랄 앗 딘은 가즈닌에 있었는데, 메르브의 태수였던 칸 말릭이 4만 명의 기병을 데리고 와서 합류했다. 술탄은 그의 딸과 혼인했다. 투르크만의 장군들 가운데 사이프 앗 딘 오그락도 4만 명의 병사를 이끌고 합류했다. 구르 지방의 수령들 또한 사방에서 합세했다. 바로 그때 칭기스 칸은 가즈닌, 가르지스탄, 자불, 카불 등지의 도로를 경계하고 수비하기 위해 시기 쿠투쿠를 몇 명의 장군 및 3만 명의 병사들과 함께 파견했다. 칸 말릭

은 시기 쿠투쿠의 진지 가까이 있었고 그에게 복속의 의사를 표시했다. 그런 뒤 은밀히 잘랄 앗 딘에게 사람을 보내 그를 파르반으로 부르고, 자신도 그곳으로 출발했다.

v.2, p.366, 4 ~10

시기 쿠투쿠는 칸 말릭이 권속을 데리고 잘랄 앗 딘에게 갔다는 소식을 들었다. 즉시 군대를 이끌고 추격하여 밤중에 그를 따라잡았다. 공격할 좋은 기회였으나 신중을 기하기 위해 날이 밝기를 기다렸다. 그러는 사이 칸 말릭은 도망쳐 동틀 무렵에 약속 장소인 파르반에서 술탄에게 합류했다. 캉클리인들과 다른 병사들도 약속한 대로 모두 그곳에 모였다.

v.2, p.366, 17 ~p.367, 4

바로 그때 몽골군도 그곳에 도착했다. 양측은 전열을 정비하고 전투에 돌입했다. 술탄은 우익을 칸 말릭에게 위임하고, 좌익에는 사이프 앗 딘 오그락을 배치한 뒤, 자신은 중군을 맡았다. 그는 전군에게 말에서 내려 말고삐를 단단히 잡고 용감하게 싸우라고 명령했다. 다음 날 몽골군 진영에 기병 한 사람당 모포나 다른 것으로 인형을 하나씩 만들어 자신의 부마(副馬)에 앉히고, 뒤에서 잡고 있으라는 명령이 하달되었다. 군대의 숫자를 실제보다 더 많아 보이게 한 것이다.

v.2, p.367, 4 ~15

밤중에 그런 준비를 마치고 아침 일찍 전열을 가다듬었다. 술탄의 군대는 그 모습을 보고 몽골군 지원대가 왔다고 생각하여 도망치려고 했다. 그러나 술탄이 큰 소리로 독려하자 병사들은 안정을 찾았다. 술탄은 병사들과 함께 큰 북과 작은 북을 치면서 공격을 시작했다. 술탄의 군대는 병력이 대단히 많았기 때문에 포위망을 만들어 몽골군을 그 안에 가두었다. 결국 몽골군이 패주하고 말았다. 그 지방에는 동굴과 협곡이 무척 많았기 때문에 몽골인들이 말을 타고 달리기 어려웠다. 준마를 갖춘 술탄의 군대가 추격해서 많은 몽골군을 죽였다.

v.2, p.367, 16 ~22 칭기스 칸은 이 소식을 듣고 매우 화가 났지만 내색하지 않았다. "쿠투쿠는 항상 승리에만 익숙해서, 한 번도 운명의 가혹함을 맛본 적이 없었다. 이번에 그도 매운맛을 보았으니 정신을 차렸을 것이다. 좋은 경험으로 삼고 앞으로는 조심할 것이다"라고 말하고는 즉시 전열을 재정비했다. 뒤이어 시기 쿠투쿠와 함께 있던 장군들이 뿔뿔이 흩어졌던 병사들을 수습해서 돌아왔다.

v.2, p.367, 23 ~p.368, 9 승리한 술탄 잘랄 앗 딘은 자기 거처로 돌아갔고 병사들은 많은 전리품을 거두었다. 그런 가운데 칸 말릭이 사이프 앗 딘 오그락과 아라비아 말 한 마리를 두고 갈등을 벌이다 채찍으로 그의 머리를 후려쳤다. 술탄은 캉클리인들을 신뢰하지 않았기 때문에 이 문제를 더 추궁하지 않았다. 오그락은 분을 참지 못하고 그날 밤 말을 타고 키르만과 상쿠란 산지 쪽으로 가버렸다. 이로 말미암아 술탄의 세력은 꺾이게 되었다. 게다가 칭기스 칸이 대군을 몰고 곧 도착한다는 소식을 들었다. 달리 대처할 방도가 없었던 술탄은 가즈닌으로 가서 인더스 강을 건너려 했다.

술탄 잘랄 앗 딘 추격전

v.2, p.368, 18 ~p.369, 5 시기 쿠투쿠가 칭기스 칸의 어전으로 와서 술탄 잘랄 앗 딘에 관한 상황을 아뢰었다. 탈리칸 성채는 이미 함락한 뒤였고, 차가다

이와 우구데이는 호라즘에서 승리를 거두고 돌아왔으며, 톨루이는 후라산에서 개선했다. 병사들은 탈리칸 언덕에서 하영하며 휴식을 취했고 가축들은 살이 올랐다. 시기 쿠투쿠의 보고를 받은 칭기스 칸은 전군에 출정 명령을 내렸다. 엄청나게 많은 군대가 1222년에 잘랄 앗 딘을 치기 위해 출정했다. 하루에 이틀 거리를 이동하느라 음식을 해 먹을 시간조차 없었다.

가즈닌에 도착한 칭기스 칸은 술탄이 보름 전에 인더스 강을 v.2, p.369, 10 ~18
건너기 위해 떠났다는 소식을 들었다. 그는 전속력으로 술탄을 추격했다. 술탄은 강가에서 배들을 준비하고 있었다. 술탄의 후미에 있던 분견대가 몽골의 전초병들을 격파했다. 술탄이 새벽에 강을 건너려고 한다는 사실을 안 칭기스 칸은 밤중에 말을 달려 새벽녘에는 그의 앞과 뒤를 막아버렸다. 칸의 군대가 사방에서 술탄을 에워쌌다.

태양이 떠올랐을 즈음 술탄은 자신이 물과 불 사이에 갇혔다 v.2, p.369, 19 ~p.370, 9
는 사실을 깨달았다. 칭기스 칸은 병사들에게 활을 쏘지 말고 술탄을 생포하라고 명령했다. 몽골군은 공격을 감행하여 칸 말릭이 지휘하는 우익을 제압했다. 좌익도 무너졌다. 술탄은 중군을 지휘하며 700명의 전사들과 함께 새벽부터 정오까지 맞서서 싸웠다. 그는 죽을 각오로 저항했지만 몽골군은 계속 포위망을 좁혔다.

그는 더 이상의 저항이 무망하다는 사실을 깨달았다. 그는 갑 v.2, p.370, 9 ~p.371, 3
자기 뒤로 돌아서 말의 고삐를 움켜잡고 방패를 등 뒤에 걸쳤다. 그러고는 채찍으로 말을 후려쳐 마치 번개처럼 강을 건너간 뒤 강물에 칼을 씻었다. 칭기스 칸은 매우 놀라 입을 다물지 못했고, 아들들에게 그를 가리키며 이렇게 말했다. "그런 아버지에게서 저런 아들이 나오다니! 이 같은 위기에서도 스스로의 힘으로 빠져 나올 수 있었으니, 그는 장차 우리에게 수많은 어려움을 안길 것이다." 몽골군이 그를 추격하여 물로 뛰어들려고 했으나 칭기스 칸은 그만두게 했다.

v.2, p.371, 4 ~12 믿을 만한 역사서에 따르면, 술탄은 더 이상 적에게 대항할 수 없다는 것을 알았을 때 먼저 자신의 부인과 자식들을 물에 빠뜨려 죽이고, 재물을 물에 던진 뒤 물 속으로 뛰어들었다고 한다. 술탄의 병사들도 모두 죽임을 당했다. 술탄은 그가 가진 금은보화를 인더스 강에 버리라고 명령했다. 전투가 끝난 후 칭기스 칸은 잠수부들에게 그것들을 모두 건져 올리라고 명령했다.

v.2, p.371, 15 ~18 칭기스 칸은 발라와 두르베이 장군을 인도 지방으로 보내서 술탄 잘랄 앗 딘을 수색했다. 그들은 인도의 중앙부까지 갔지만 아무런 종적도 찾지 못했다. 대신 물탄, 라호르, 페샤와르, 말릭푸르 등지에서 살육과 약탈을 한 뒤 인더스 강을 건너서 칭기스 칸의 어전으로 돌아왔다. 칭기스 칸은 잘랄 앗 딘의 추격을 지시한 뒤, 자신은 1223년 봄에 인더스 강 상류 쪽으로 돌아갔다. 그리고 우구데이는 하류 쪽을 정복하도록 했다. 그는 가즈닌을 겁략하고 장인들을 동쪽 지방으로 보냈다. 그런 다음 남은 사람들은 모두 죽이고 도시는 파괴했다. 우구데이는 칭기스 칸에게 사신을 보내 "만일 명령하신다면 출정하여 시스탄을 포위하겠습니다"라고 말했다. 칭기스 칸은 "날씨가 더워졌으니 돌아오라. 그

곳에는 다른 군대를 보내겠다"라고 말했다.

v.2, p.371, 19 ~p.372, 4

칭기스 칸은 그해 여름을 몽골인들이 파르반이라고 부르는 평원에 머물면서 발라 노얀의 귀환을 기다렸다. 그리고 그 부근에 있는 지방들을 모두 정복하고 약탈했다. 그러다 발라와 두르베이가 도착하자 다른 곳으로 이동했다. 그가 쿠나운 쿠르간 성채에 도착했을 때 우구데이가 어전에 합류했다. 그해 겨울은 부야카부르 부근에서 머물렀는데, 그곳 태수인 살라르 아흐마드가 복속을 결심하고 군대에 필요한 사료와 장비들을 힘닿는 데까지 준비해서 왔다.

v.2, p.373, 7 ~p.374, 1

칭기스 칸은 술탄 무함마드와 그의 아들 잘랄 앗 딘의 일을 처리한 뒤, 정복한 모든 도시에 감관을 배치했다. 처음에 그는 인도를 거쳐 탕구트 지방으로 이어지는 길로 귀환할 생각이었다. 그때 탕구트가 다시 반란을 일으켰다는 소식이 전해졌다. 또한 처음에 귀환하기로 한 길에는 험한 산지와 우거진 숲이 있고 기후와 물도 맞지 않았기 때문에, 행군로를 돌려서 페샤와르로 갔다. 그곳에서 처음 원정을 왔을 때와 같은 길을 거쳐 아들들과 장군들을 모두 데리고 몽골리아로 향했다.

v.2, p.374, 3 ~17

칭기스 칸은 타직 지방을 정복한 뒤 페샤와르에서 출발했다. 바미얀 산지의 길을 경유하면서, 바글란 부근에 남겨두었던 유수진과 합류했다. 그는 아무다리야를 건너 그해 겨울은 사마르칸트 부근에서 머물렀다. 거기서 출발하면서 술탄 무함마드의 모친인 테르켄 카툰과 그의 후비들을 먼저 이동시키라고 명령했다. 그곳을 떠나 파나카트 강에 도착했을 때 주치를 제외한 아들들이 모두 아버지 앞으로 모였고, 거기서 쿠릴타이를 개최했다. 그 뒤 그곳을 떠나 천천히 쉬면서 이동하여 마침내 원래의 목지로 돌아왔다.

※ 제베와 수베테이 원정군의 활약 ※

v.2, p.374, 20 ~p.376, 9 한편 술탄 무함마드가 아바스쿤의 섬에서 사망한 뒤, 잘랄 앗 딘은 호라즘으로 갔다가 형제들과의 불화 때문에 발길을 돌렸다. 도중에 그는 추격해오던 몽골군과 전투를 했고, 니샤푸르를 거쳐 가즈닌으로 향했다. 한편 몽골군은 이라크 지방을 정복하기 시작하여, 먼저 하르와 심난을 장악한 뒤 라이를 약탈했다. 또한 쿰으로 가서 그곳 주민을 모두 죽이고 어린아이들은 포로로 끌고 갔다. 하마단은 수령이 귀순하여 말과 직물들을 선물로 보내고 감관의 주둔을 받아들였다. 몽골군은 술탄의 대군이 수자스에 모여 있다는 소식을 듣고 그곳으로 가서 적을 섬멸했다. 잔잔에서는 다른 도시들의 두 배나 되는 사람을 살육하고 그 지방에 아무것도 남겨두지 않았다. 다시 카즈빈으로 가서 격렬한 전투를 벌인 뒤 도시를 빼앗았다. 카즈빈 사람들이 시내에서도 단검을 들고 계속 저항한 결과 양측을 합쳐서 5만 명가량이 전사했다.

v.2, p.376, 11 ~21 1220년 겨울에 그들은 라이 부근에서 큰 전투를 치렀는데, 그때 칭기스 칸은 나흐샤브와 티르미드 근방에 있었다. 그해는 추위가 매우 심해서 그들은 아제르바이잔 쪽으로 향했고, 가는 도중에 곳곳에서 똑같은 방식으로 살육과 약탈을 감행했다. 그들

이 타브리즈에 도착했을 때, 그곳 태수는 은신한 채 사람을 보내 우호를 청하고 수많은 재물과 가축을 헌상했다. 몽골군은 겨울을 보내기 위해 알란으로 향했다. 조지아에서는 1만 명의 조지아인들과 전투를 벌여 대부분을 죽였다. 이후 조지아 부근의 좁은 길과 울창한 산림에 막혀서 더 이상 전진하지 못하고 마라가로 되돌아갔다.

그들은 마라가를 포위했다. 당시 그곳 태수는 여자였고 루인 v.2, p.377, 3 ~9
디즈에 머물고 있었기 때문에, 시내에는 몽골군에 대항하여 전략을 세우고 전투를 지휘할 사람이 없었다. 몽골인들은 성벽을 공격하기 위해 무슬림 포로들을 앞장세웠고, 뒤돌아서는 사람은 그 자리에서 처형했다. 며칠간 이런 식으로 전투를 하여 마침내 함락시킨 다음 귀천을 불문하고 모두 죽였다. 운반하기 쉬운 재물은 모두 가져가고 나머지는 파괴해버렸다.

호라즘의 군주 술탄 무함마드의 신하였던 자말 앗 딘 아이바 v.2, p.377, 11 ~p.378, 2
가 반란을 일으켜 하마단의 감관을 살해하고, 몽골에 복속한 알라 앗 다울라를 루르 지방에 속하는 기리트 성채에 감금했다. 이에 몽골군은 하마단으로 가서 자말 앗 딘 아이바와 그의 부하들을 처형했다. 이어서 그들은 도시를 포위하고 학살을 감행했으니, 1221년 8월과 9월에 일어난 일이다. 하마단을 파괴한 뒤 나흐치반으로 향하여 그곳을 점령하고 살육을 행했다. 마지막에 아타벡 하무시가 복속하자 그에게 '알 탐가' 칙서 한 통과 목제 패자를 주었다. 거기서 알란으로 갔는데, 먼저 사라우를 살육하고 약탈한 뒤 아르다빌에서도 똑같은 일을 벌였다. 이어서 바일라

칸을 무력으로 점령하고 시민들을 모두 살해했다. 그 뒤 알란 지방에서 가장 큰 도시인 간자를 완전히 파괴했다.

v.2, p.378, 3 ~14 다음은 조지아 차례였다. 그곳 사람들은 군대를 정비하고 전쟁을 준비했다. 제베는 5000명을 데리고 매복하고, 수베테이는 군대를 이끌고 전진했다. 전투 개시 후 얼마 지나지 않아서 몽골군은 등을 돌려 후퇴했다. 조지아 사람들은 기세를 올리며 적을 추격했다. 바로 그때 매복했던 제베가 나와 그들을 포위하고, 한 순간에 3만 명의 조지아 병사들을 물리쳤다. 이어서 데르벤드와 시르반으로 향하다, 중간에 있는 샤마히를 포위하고 살육을 한 다음 많은 사람들을 포로로 끌고 갔다. 데르벤드를 통과하기가 어려워지자 그들은 시르반의 군주에게 사신을 보내 평화를 맺자고 했다. 그는 열 사람의 대인들을 보냈는데, 몽골군은 그 가운데 한 사람을 죽이고 다른 사람들을 협박하여 길 안내를 시켰다.

v.2, p.378, 15 ~p.379, 6 그들이 데르벤드를 무사히 통과하여 알란인들의 지방에 이르렀는데, 그곳에는 사람이 무척 많았다. 알란인들은 킵착인들과 연합하여 몽골군과 전투를 벌였고, 그 전투에서 어느 쪽도 승리하지 못했다. 그러자 몽골은 킵착에 전갈을 보내, "우리와 너희는 한 종족이고 알란인들과는 다르지 않은가. 우리 서로 협약을 맺고 공격하지 말자. 금이든 옷이든 원하는 것은 모두 너희에게 줄 테니, 알란인들은 우리에게 맡겨라!"라고 하면서, 풍부한 물자를 보냈다. 그러자 킵착인들은 돌아가버렸고, 몽골은 알란인에게 승리를 거두고 살육과 약탈을 저질렀다. 킵착인들은 협약을 믿고 편안한 마음으로 자기네 고장으로 흩어졌는데, 몽골군

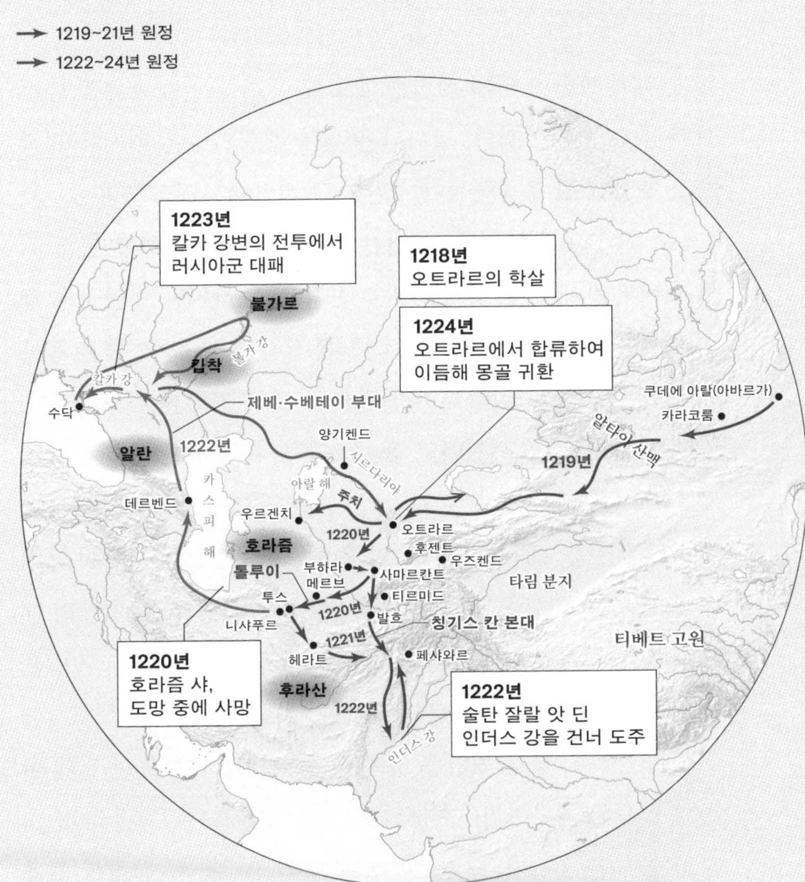

지도 3. 칭기스 칸의 대외 원정 - 중앙아시아·서아시아

이 갑자기 그들을 덮쳐 잡히는 대로 죽이고, 그들에게 주었던 것보다 배로 빼앗아갔다. 살아남은 일부 킵착인들은 러시아 지방으로 도망쳤고, 몽골인들이 초원인 그 지방에서 동영했다.

v.2, p.379, 7 ~17 그들이 그곳을 떠나 흑해 연안의 도시 수닥을 점령했다. 그 뒤 러시아 지방에 있던 킵착인들을 공격했다. 하지만 몽골군은 적의 숫자가 많은 것을 보고 퇴각했다. 킵착과 러시아인들은 몽골군이 겁을 먹고 퇴각했다고 생각하고 12일 거리를 추격해갔다. 그때 갑자기 몽골군이 뒤로 돌아 그들을 공격하면서 미처 대열을 정비하기도 전에 많은 사람이 죽었다. 1223년 5월 칼카 강가에서 일주일간 전투가 벌어져 마침내 킵착과 러시아인들이 패배했다. 몽골이 그들을 추격하여 도시들을 파괴하자 그 지방의 대부분에서 인적이 사라졌다. 몽골군은 그곳을 떠나 타직 지방을 거쳐 칭기스 칸의 어전으로 돌아왔다.

v.2, p.379, 19 ~p.380, 9 칭기스 칸이 타직 지방을 정복한 뒤 1224년 귀환하던 길에 여름과 겨울이 지나갔다. 그가 1225년 초 몽골리아에 있는 자신의 오르도 부근에 왔을 때, 열한 살의 쿠빌라이와 아홉 살의 훌레구, 두 손자가 마중 나왔다. 마침 그때 나이만 지방 변경, 즉 일리 강 건너편, 위구르 지방에 가까운 아이만 후이라는 곳에서 쿠빌라이는 토끼를 잡고 훌레구는 영양을 잡았다. 몽골인들은 어린 아이가 처음으로 사냥을 해서 짐승을 잡으면 그의 엄지손가락에 살코기와 비계를 발라주는 '자미시' 의식을 행했다. 칭기스 칸은 손자에게 몸소 자미시를 해주었는데, 쿠빌라이는 칭기스 칸의 엄지손가락을 아주 부드럽게 잡았다. 그런데 훌레구는 아주 세

게 잡았고, 칭기스 칸은 "이 놈이 내 손가락을 부러뜨리겠네!"라고 말했다고 한다.

그곳을 떠나 부카 수지쿠에서 둔영했다. 그곳에 황금색 큰 천 v.2, p.380, 10 ~17 막을 치라고 명령하고 성대한 연회를 개최했다. 땅이 부드러워서 먼지가 일어나자, 그는 각자 돌을 들고 와서 자신의 오르도들 부근에 깔아놓으라고 명령했다. 그러나 그의 동생인 옷치긴만 돌 대신 나무를 갖다놓았기 때문에 그의 죄를 물었다. 그곳에서 며칠간 사냥을 했는데, 옷치긴은 자신이 속한 우익의 몰이사냥을 따라가지 않고 약간 뒤처졌다. 그가 저지른 이 두 가지 잘못으로 말미암아 칭기스 칸은 그를 일주일 동안 오르도 안에 들어오지 못하게 했다.

❀ 최후의 탕구트 원정 ❀

1225년 봄 칭기스 칸은 마침내 자신의 오르도들이 있는 곳으로 v.2, p.381, 3 ~21 돌아왔다. 그해 여름에는 그곳에 머물며 세세한 법령들을 지시했다. 가을에는 탕구트 지방을 공격하기 위해서 출정했다. 그는 차가다이에게 군대의 한 익을 지휘하며 오르도들의 후위에 있으라고 명령했다. 주치가 사망했기 때문에 우구데이가 부친을 모셨으며, 톨루이는 모친 소르칵타니 베키에게 발진이 생겨 며칠간 뒤처져 있다가 그 뒤에 칭기스 칸과 합류했다. 그때 우구데이의 아들인 구육과 쿠텐을 돌려보냈는데, 그들은 "칭기스 칸께서 저희들에게 은총과 은사로써 무엇을 주실 건가요?"라고 질문했다. 그는 "내게 있는 것은 모두 톨루이의 것이다. 왜냐하면 그가 막내아들로서 나의 천막과 목지를 관할할 주인이기 때문이다"라고 대답했다.

v.2, p.382, 3 ~p.383, 7 그는 탕구트 지방에 도착하여 대부분의 도시들을 정복했다. 캄주, 사주, 카주, 우루카이, 두르메게이 등의 도시를 포위하고 불을 질렀다. 그 지방의 군주인 시두르쿠라는 인물이 50만 명의 군대를 이끌고 몽골군과 전투하러 나왔다. 그 부근에 카라무렌에서 흘러나온 수많은 호수가 모두 얼어붙어 있었다. 칭기스 칸은 얼음 위에 서서 병사들에게 적을 향해 활을 쏘아 건너오지 못하게 하라고 명령했다. 그날 전투에서 얼마나 많은 탕구트인이 죽었는지, 전하는 바에 따르면 시신의 머리 세 개를 세워 두었다고 한다. 그 당시 몽골인은 1만 명이 죽으면 시신의 머리 하나를 세우는 관습이 있다고 하니, 3만 명이 전사한 셈이다. 시두르쿠는 패배하여 자신의 도시로 돌아갔다. 칭기스 칸은 그가 더 이상 저항할 힘이 없으니 관심을 두지 말자고 하면서, 그 도시를 지나서 다른 도시와 지방들을 취하고 키타이 방면으로 갔다.

v.2, p.383, 8 ~19 1226년 초봄이 되었을 때 칭기스 칸은 옹군 달란 쿠둑이라는 곳에서 자신의 상황에 대해 생각했다. 왜냐하면 죽음이 가까워졌음을 보여주는 꿈을 꾸었기 때문이다. 왕자들 가운데 주치 카사르의 아들인 이숭게에게 "내 아들 우구데이와 톨루이는 어디에 있는가?"라고 물었다. 그들은 자기 군진에 있었다. 이숭게는 "10~15킬로미터 정도 떨어진 곳에 있습니다"라고 답했다. 칭기스 칸은 즉시 사람을 보내 그들을 데리고 오라고 했다. 다음 날

새벽, 식사를 할 때 그는 임석한 사람들에게 "아들들과 상의할 것이 있으니 자네들은 잠시 물러나 있겠는가?"라고 말했다.

사람들이 물러나자 칭기스 칸은 아들들에게 조용히 여러 가지 훈계를 내렸다. 그는 우구데이를 후계자로 지명하고 유촉(遺囑)을 모두 마친 뒤 이렇게 충고했다. "너희들은 각자의 울루스로 가라. 왜냐하면 울루스들이 소홀히 방치되어 있기 때문이다. 나는 집 안에서 죽음을 맞이하고 싶지 않다. 나의 명성과 영예를 지키며 저승으로 가겠노라. 너희들은 내가 죽은 뒤 야삭, 즉 법령을 개변하지 말라. 여기에 없는 차가다이에게도 말하라. 내가 떠난 뒤 사람들이 내 말을 바꾸어서 왕국 안에 분쟁이 일어나는 일이 없게끔 감독하라." 그는 말을 모두 마친 뒤 두 아들에게 작별을 고했다. 두 아들을 각자의 울루스로 돌려보내고, 자신은 군대를 이끌고 낭기야스 방면으로 향했다. v.2, p.384, 1 ~20

칭기스 칸이 주르첸과 낭기야스와 탕구트 지방의 경계 중간에 있는 류판샨(六盤山)에 도착했을 때, 주르첸의 군주가 칭기스 칸이 왔다는 소식을 듣고 사신을 보내 선물과 복속의 뜻을 전해왔다. 그 뒤 탕구트의 군주인 시두르쿠 역시 그에게 사신을 보내 평화를 청하며 "저를 자식으로 받아들여주십시오"라고 말했다. 칭기스 칸은 그의 청원을 받아들였다. 그러자 시두르쿠는 선물을 준비하고 도시의 주민들을 밖으로 데리고 나올 때까지 한 달의 여유를 달라고 했다. 칭기스 칸은 이를 허락하며 그가 배알하러 오기를 기다렸다. v.2, p.385, 1 ~p.386, 3

❀ 칭기스 칸의 죽음 ❀

v.2, p.386, 8 ~18 그때 칭기스 칸은 "내게 병이 생겼으니 내가 나아질 때까지 기다려라"라고 하며, 톨룬 체르비에게 자신을 근시하게 했다. 그는 자신이 그 병으로 인해 죽으리라는 것을 확신하고, 대신들에게 "나의 죽음을 알리지 말라. 적이 눈치 챌지 모르니 절대로 곡을 하거나 애도하지 말라. 탕구트의 군주와 백성들이 기간에 맞추어 밖으로 나오면 모두 없애버려라!"라고 유언했다. 돼지해 가을 중간달 보름, 즉 1227년 9월 26일 그는 보좌와 왕국을 명망 높은 후손들에게 남겨주고 세상을 떠났다. 장군들은 그의 명령에 따라 탕구트인들이 밖으로 나오자 모두 죽였다.

v.2, p.386, 18 ~19 ; p.388, 11 ~16 그 뒤 그들은 칭기스 칸의 관을 모시고 귀환했는데, 오르도들에 도착할 때까지 도중에 마주친 모든 생물을 죽였다. 오르도 부근에 있던 왕자, 카툰, 대신들이 모두 모여 장례를 치렀다. 칭기스 칸의 4대 오르도에서 각각 하루씩 장례식을 거행했다. 카툰과 왕자들이 사방에서 며칠씩 걸려 그곳으로 와서 애도를 표했다.

v.2, p.386, 22 ~p.387, 7 몽골리아에는 부르칸 칼둔이라는 큰 산이 있다. 그 산 정상에서 많은 강이 발원하고, 수많은 나무들이 울창한 삼림을 이룬다. 타이치우트족이 그 삼림에 거주했다. 칭기스 칸은 그곳을 자신의 매장지로 선택하고, "우리와 후손들의 매장지는 이곳이 될 것이다"라고 말했다. 칭기스 칸의 하영지와 동영지도 그 부근에 있었다. 그는 오논 강 하류에 있는 델룬 볼닥에서 태어났으며, 거기에서 부르칸 칼둔까지는 엿새 거리다. 오이라트의 한 개 천호가 그곳에 자리 잡고 그 땅을 지키고 있다.

그림 4. 칭기스 칸의 사망과 장례

v.2, p.387, 19 ~p.388, 5 한번은 칭기스 칸이 사냥을 갔는데, 이 지방의 어떤 곳에 나무 한 그루가 있었다. 그 아래 멈추었을 때 그의 마음속에 기쁨이 차올랐다. 그는 "이곳은 내가 묻힐 만한 곳이니, 잘 표시해두라"라고 지시했다. 이 말을 들었던 사람들이 장례를 치를 때 일화를 전하자 왕자와 대신들은 그곳을 매장지로 정했다. 전하는 바에 따르면 그를 묻은 바로 그해에 평원에서 수많은 나무와 풀이 새로 자라기 시작했고, 지금은 울창한 숲이 되어 그 안을 지나갈 수도 없게 되었다. 또한 처음에 있던 그 나무와 그가 묻힌 곳을 다시는 알 수 없게 되었다고 한다. 이 금단의 구역을 오랫동안 지키던 사람들조차 그곳으로 가는 길을 더 이상 찾을 수 없을 정도다.

v.2, p.388, 6 ~11 칭기스 칸의 자식들 가운데 가장 막내인 톨루이와 그의 아들들인 뭉케 카안, 쿠빌라이 카안, 아릭 부케, 그리고 그들의 또 다른 자손들, 즉 그 지방에서 사망한 사람들이 여기에 묻혔다. 칭기스 칸의 다른 자식들, 즉 주치, 차가다이, 우구데이 및 그들의 자식과 후손들은 다른 곳에 매장되었다. 칭기스 칸의 대금구(大禁區)를 지키는 임무는 우량카트족 수령들에게 부여됐다.

제2편

세계제국의 탄생

칭기스 칸은 1206년 몽골 고원을 통일한 직후 대외 원정을 시작했지만 영토를 확장하는 것이 목적은 아니었다. 1214년 금과 화친을 맺은 뒤 곧바로 철군했고, 호라즘 원정이 끝난 뒤에도 군대와 함께 몽골 초원으로 귀환했다. 그의 원정은 과거 흉노 이래 유목 국가들이 흔히 사용해왔던 전략, 즉 군사적 위협을 통한 화친의 체결과 그를 통한 물자의 안정적 확보를 노린 것이었다. 그러나 금 황실은 수도를 개봉으로 옮겨 황허 이북을 포기했고, 호라즘은 국왕의 도주와 피살로 나라가 멸망하고 말았다. 그 결과 칭기스 칸은 북중국 일부와 중앙아시아를 지배하게 됐다.

반면 칭기스 칸 사후 후계자들이 추진한 대외 원정은 단지 정치적 응징이나 군사적 위협이 아니라 정복과 영토적 지배가 목표였다. 우구데이가 즉위한 직후인 1231년 고려에 보낸 국서에 이 점이 잘 드러난다. 여기에는 몽골이 영원한 하늘의 가호를 받아 정복전을 수행하기 때문에 저항하는 사람과 국가는 멸망할 것이라는 위협적인 언사와 함께, 고려 국왕이 직접 찾아와 투항 의사를 표시하라는 요구가 들어 있었다. 후일 구육이나 뭉케가 교황과 프랑스 국왕에게 보낸 서한에서도 이와 동일한 위협과 요구가 발견된다.

칭기스 칸 사후 몽골의 세계 정복전은 2대 카안 우구데이가 즉위한 1229년부터 5대 쿠빌라이가 남송을 멸망시킨 1279년까지 반세기에 걸쳐서 부단히 추진되었다. 정복전의 양상은 한 국가를 멸망시키고 그에 인접한 다음 국가로 넘어가는 방식이 아니라, 여러 지역에 대한 동시다발적 공략이었다. 우구데이는 금과 전쟁을 계속하는 한편, 바투와 구육이 지휘하는 원정군을 서방으로 보내 우랄 산맥 서쪽의 불가르와 킵착을 복속시키고 나아가 러시아와 유럽 각국을 경략케 했다. 동시에 서아시아로는 장군 초르마군을, 고려에는 사르탁을 파견했다. 우구데이의 뒤를 이은 구육은 직접 대군을 이끌고 서방 원정에 나섰지만 도중에 사망하고 말았다.

4대 카안 뭉케는 남송전을 계속하는 동시에 서아시아의 칼리프 정권과 '암살자들'로 악명 높았던 시아파 세력을 제거하기 위해 훌레구의 원정군을 파견했다. 훌레구는 1258년 아바스 왕조의 수도 바그다드를 함락하고 시아파의 요새들을 파괴했으나, 1260년 팔레스타인의 아인 잘루트에서 이집트의 맘루크 군대에게 패하고 말았다. 1259년 여름 뭉케가 남송 원정 도중 사천에서 급사하자 쿠빌라이는 동생 아릭 부케를 제압하고 카안의 자리에 올랐다. 1273년 양양과 번성을 함락한 몽골군은 여문환 휘하의 남송 수군을 접수하고 창장을 따라 내려가 마침내 1276년 수도 항주에 무혈 입성했다.

이로써 몽골의 세계 정복전은 끝났고 몽골은 역사상 가장 넓은 육상 제국이 되었다. 인구 100만 명도 안 되는 몽골인이 어떻게 이러한 성취를 이룰 수 있었을까. 무엇보다도 기동성이 뛰어난 기마 군대의 탁월함을 꼽을 수 있다. 나아가 과거의 유목 군대와는 달리 엄격한 규율과 절대적인 충성으로 무장한 일사불란한 정예 군단을 보유하고 있었다. 그러나 기마 군대만으로는 강력한 성채를 장악할 수 없다. 몽골인은 정복지의 기술과 인력과 재화를 최대한 활용하여 공성전과 수상전도 능숙하게 수행했다. 물론 이러한 군사적 강점 이외에도 칭기스 칸이 세운 제국의 근간, 즉 천호 조직·친위병제·법령 등은 중앙집권적 지배 체제를 확립하고 지배층의 내적인 결속을 강화했다. 또한 그의 계승자들의 탁월한 리더십은 몽골인들이 수 세대에 걸쳐 추진한 세계 정복전을 성공으로 이끄는 원동력이 되었다.

제1장

우구데이 카안의 세계 정복전

우구데이 카안의 가계도

검정 글씨: 여성

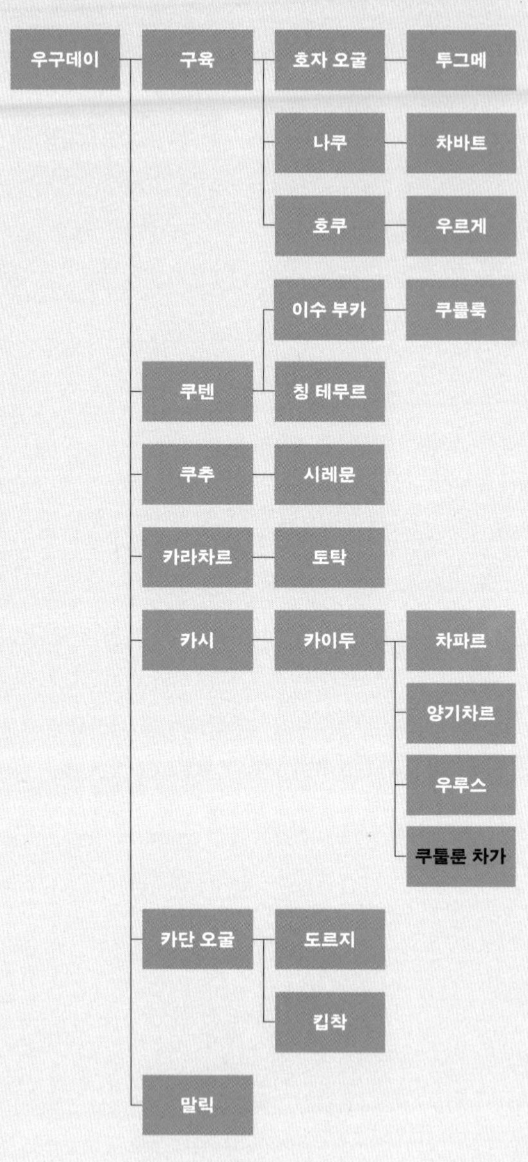

❧ 우구데이의 부인과 자식들 ❧

우구데이 카안은 칭기스 칸의 셋째 아들이며 모친은 부르테 푸진이다. '우구데이'는 '꼭대기로 오르다'라는 뜻이다. 그는 현명함과 유능함, 올바른 판단력과 확고함, 진지함과 너그러움과 정의로움으로 유명했다. 한편으로는 연회를 즐기는 호주가였다. 칭기스 칸이 종종 이 문제로 그를 질책하고 충고하기도 했다. 칭기스 칸은 우구데이와 톨루이 가운데 누구를 후계자로 택할지 오랫동안 고민했다. 왜냐하면 아버지의 목지와 천막은 막내아들이 관할하는 것이 몽골의 오랜 관습이었기 때문이다. 심사숙고 끝에 그는 이렇게 말했다. "나라를 다스리는 것은 어려운 일이니 우구데이가 관할하라. 그렇지만 나의 목지와 가옥과 재산과 군대의 주요 부분은 모두 톨루이에게 맡긴다." v.3, p.15, 1 ~p.16, 9

마침내 그가 탕쿠트 지방에서 갑작스럽게 병이 들자, 조용한 자리를 만들어 우구데이를 후계자로 정하고 군주의 자리를 그에게 물려주었다. 또한 그는 자식들의 자질과 능력을 잘 고려하여, 각자에게 별도의 직무를 정해주었다. "사냥을 좋아하는 사람은 주치와 함께하도록 하라. 법령과 규범과 관례와 성훈들에 대해서 잘 알기를 원하는 사람은 차가다이에게 가라. 관용과 은사 v.3, p.16, 12 ~p.17, 5

와 재화를 원하는 사람은 우구데이를 가까이 하라. 용맹과 명성과 승리, 그리고 세계 정복을 희망하는 사람은 톨루이를 모시도록 하라!"

v.3, p.17, 9 ~p.20, 2 우구데이는 카툰이 무척 많았고, 후궁도 60명이나 두었다. 그 가운데 중요하고 유명한 카툰은 네 명이었다. 첫째는 보락친이었고, 둘째는 투레게네였으며, 셋째 부인은 무게였고, 넷째 부인은 자친이었다.

v.3, p.18, 4 ~p.19, 12 전하는 바에 따르면 둘째 부인 투레게네는 원래 메르키트 부족 출신으로 그 수령인 다이르 우순의 부인이었는데, 몽골군이 그를 죽이고 그녀를 약탈해서 우구데이가 그녀를 취했다고 한다. 이에 앞서서 다이르 우순은 자신의 딸인 쿨란 카툰을 칭기스 칸의 부인으로 보냈다. 그러나 또 다른 이야기에 따르면 투레게네 카툰이 그 부족 출신인 것은 사실이지만 다이르 우순의 부인은 아니었다고 한다. 메르키트의 수령인 톡토아 베키의 형제들인 치부크, 카추, 칼 칠라운을 붙잡았을 때, 그들의 부인 셋도 모두 데려왔다고 한다. 우구데이가 차가다이에게 "가서 저들을 겁탈합시다"라고 말했지만 차가다이는 내켜하지 않았다. 그러나 우구데이는 의기양양하게 가서는 투레게네를 강제로 취했다는 것이다. 칭기스 칸은 그의 행동을 인정했고, 다른 두 부인은 다른 사람들에게 주었다.

v.3, p.19, 12 ~24 투레게네는 대단한 미색은 아니었으나 남을 통제하는 능력이 뛰어났다. 우구데이가 사망한 뒤 한동안 그녀가 몽골의 통치권을 휘둘렀다. 그때 칭기스 칸의 유지를 무시하고 일족의 말을 듣

지 않으면서 칭기스 칸 일족들 사이에 분란이 일어났다.

우구데이 카안은 아들을 일곱 명 두었는데, 위로 다섯이 투레 v.3, p.21, 1 ~5
게네 카툰에게서 출생했다. 그중 구육이 큰 아들이고, 그다음으로는 쿠텐, 쿠추, 카라차르, 카시가 있다. 구육에게서 호자 오굴, 나쿠, 호쿠라는 세 아들이 나왔다. 카시에게서 난 아들이 바로 카이두인데, 그는 나중에 쿠빌라이와 대적하며 독자적인 길을 걸었다. 이외에 각기 다른 후궁에서 출생한 아들이 둘 있었는데, 그 이름은 카단 오굴과 말릭이었다.

❧ '카안'이라는 칭호로 즉위 ❧

칭기스 칸이 1227년 돼지해에 사망한 뒤 사람들은 그의 유해를 v.3, p.48, 1 ~13
케룰렌에 모시고 장례를 치렀다. 장례식이 끝나고 나서 왕자와 대신들은 왕국의 사무를 논의한 뒤, 각자 자기 거처로 돌아가서 휴식을 취하였다. 그로부터 약 2년 가까이 왕국에는 군주가 없었다. 모두들 나라의 근본이 흔들리지 않도록 군주를 신속하게 추대하는 것이 좋다고 생각했고, 이를 위해 대쿠릴타이 개최를 서둘렀다.

혹한의 맹위가 꺾이고 소해인 1229년 봄이 도래했을 때 사방 v.3, p.48, 14 ~p.49, 8
의 왕자들과 대신들은 쿠릴타이에 참석하기 위해 칭기스 칸의 대오르도로 향했다. 킵착 방면에서는 주치의 아들인 오르다, 바투, 시반, 베르케, 베르케체르, 토카 테무르가 왔고, 쿠야스 방면에서는 차가다이와 그의 아들과 손자들이 왔다. 에밀과 코박에서는 우구데이의 자식들과 그들의 일족이 왔다. 동방의 여러 곳에서는 우구데이의 숙부인 옷치긴과 벨구테이, 그리고 그들의 사촌이자 카치운의 아들인 일치다이 노얀 등이 왔다. 또한 각지에서 대신들과 군대의 지휘관 및 많은 사람들이 케룰렌으로 왔다. '대인'이라는 뜻으로 '예케 노얀' 또는 '울룩 노얀'이라 불리던 톨루이는 천막과 자신의 목지가 거기 있었으므로, 그대로 그곳에 머물러 있었다.

v.3, p.49, 9 ~p.50, 15 쿠릴타이가 시작되자 사흘 낮과 밤을 오락과 환락으로 보내다가 마침내 왕국과 제위에 관한 대화를 시작했다. 칭기스 칸이 우구데이를 카안에 앉히라는 유언을 남겼기 때문에, 왕자들은 다 같이 그에게 복속의 의사와 결의를 표명했다. 그러자 우구데이는 이렇게 말했다. "칭기스 칸의 칙령이 그러했던 것은 사실이다. 그러나 형들과 백숙(伯叔)들이 있고, 특히 막내 톨루이가 국사를 맡는 것이 내가 하는 것보다 훨씬 더 합당하다. 왜냐하면 몽골의 규범과 관습에 따르면 큰 집의 막내아들이 부친의 후계자가 되고 그의 목지와 천막을 관할해야 마땅하기 때문이다. 울룩 노얀(톨루이)은 대오르도의 막내아들이고, 밤이나 낮이나 언제나 아버지를 모시면서 규범과 야삭을 보고 들어서 잘 알고 있다. 그러니 내가 어떻게 카안의 자리에 앉겠는가?" 왕자들은 한목소리로 그에게 다시 권유했고, 수많은 권고와 종용이 있은 뒤 우구데이도 부친의 유명에 순종하고 숙부들과 형제들의 권유에 응하는 것이 마땅하다고 판단하여 그 뜻을 받아들였다.

v.3, p.50, 16 ~p.51, 8 쿠릴타이에 참석한 사람들이 모두 다 모자를 벗어 들고 혁대

를 풀어서 어깨에 걸쳤다. 차가다이가 우구데이의 오른팔을, 톨루이는 왼팔을, 숙부 옷치긴은 그의 혁대를 잡아서 그를 카안의 보좌에 앉혔다. 톨루이는 술잔을 받쳐 들었다. 천막의 안과 밖에 있던 모든 참석자들은 아홉 차례 무릎을 꿇었다. 그에게 '카안'이라는 칭호가 부여되었다. 카안은 창고의 재물들을 꺼내어 가져오라고 명령했고, 친족과 이방인, 백성과 군대 등 모두에게 나누어 주었다. 연회와 분배의 일을 마친 뒤 카안은 관습에 따라 칭기스 칸의 영혼을 위하여 사흘 동안 음식 제물을 바쳤다. 그리고 칭기스 칸을 모시던 대신들의 일족과 후손 가운데 용모가 수려한 딸 40명을 선발했다. 그들에게 보석으로 치장한 옷을 입힌 다음 선택된 말들과 함께 순장시켜서 칸의 영령이 있는 곳으로 보냈다.

우구데이가 카안으로 즉위한 뒤 세계 각지로 군대를 보내 본격적으로 대제국을 건설하는 과정을 서술하기 전에, 그에게 보위를 양보한 차가다이와 톨루이, 이 두 형제와 그 일족들에 관해서 간단하게 살펴보자. 편역자

❧ 차가다이의 행적 ❧

차가다이는 칭기스 칸의 둘째 아들이고, 그의 모친은 대카툰 부르테 푸진이었다. 그는 정의롭고 유능하며 엄정한 사람이었다. 칭기스 칸은 신하들에게 "법령과 규범과 관례와 성훈들에 대해서 잘 알기를 원하는 사람은 차가다이에게 가라!"라고 말하였다. 군대를 분배하여 나누어줄 때 차가다이에게는 4000명을 주었 v.3, p.211, 1~3; p.233, 1~12

다. 그리고 바룰라스 출신의 카라차르, 잘라이르 출신의 이수르 노얀의 부친인 무게를 장군으로 붙여주고, 나이만족의 목지였던 알타이에서부터 아무다리야 강가에 이르는 땅을 그에게 주었다.

v.3, p.233, 12 ~p.234, 8 그는 항상 부친을 모셨고 그의 명령에 따라 전쟁에 출정해서 임무를 전심전력으로 수행했다. 1211년 가을에 칭기스 칸이 키타이 지방을 정복하러 출정했을 때, 차가다이와 우구데이, 톨루이 삼형제는 함께 우누이(雲內), 퉁칭(東勝), 무지우(武州), 순지우(宣州), 풍지우(豊州) 등 다섯 개 도시를 정복했고, 그 뒤 조주(涿州)를 포위했다. 1212년에 그들은 모두 태행산 부근에 왔고, 융주에서 풍징에 이르는 모든 도시와 지방과 성채들을 점령했다. 그리고 그곳에서 카라무렌 강까지 갔다가 돌아와, 풍양푸(平陽府)와 타이왕푸(大原府) 및 거기에 속한 지방을 장악하고 약탈했다. 타이왕푸에서 약탈한 것들은 차가다이에게 속하게 되었다.

v.3, p.234, 9 ~p.235, 9 1220년 겨울, 칭기스 칸이 타직 지방으로 출정하여 오트라르에 도착했을 때, 차가다이를 주치·우구데이와 함께 그곳에 남겨두고 공략하게 했다. 그들은 오트라르를 정복했고, 그 뒤 파나카트와 투르키스탄 지방 대부분을 정복했다. 사마르칸트를 함락한 뒤에 그곳에서 부친과 만났다. 칭기스 칸은 삼형제를 다시 호라즘으로 보냈는데, 차가다이와 주치가 합심하지 못하는 상황이 벌어졌다. 이를 본 칭기스 칸은 우구데이가 비록 어리긴 하지만 선임자가 되어 지휘권을 맡으라고 명령했다. 우구데이는 형제들이 합심하고 협력하게 하여 호라즘 정복에 성공했다. 그 뒤 주치는 자기 유수영으로 가버렸다.

그들은 1222년 여름 탈리칸에 있던 칭기스 칸을 찾아가 배알 v.3, p.235, 10 ~16
하였다. 차가다이·우구데이·톨루이 세 형제는 그해 여름은 그 부근에서 보낸 뒤 부친을 모시고 인더스 강가까지 술탄 잘랄 앗 딘을 추격하여 격파하였다. 술탄은 패배하여 강을 건넜고, 그들은 그 여름 동안 인근을 정복하는 데에 몰두했다. 그 뒤 아버지를 모시고 원래의 고향과 목지가 있는 몽골리아로 돌아왔다.

1225년 칭기스 칸은 다시 반란을 일으킨 탕쿠트로 출정하면 v.3, p.235, 17 ~p.236, 1
서, 차가다이에게 “오르도들 후방에 있는 군대의 일부를 관할하라”라고 명령했다. 차가다이는 이번에도 임무를 열심히 수행했다. 칭기스 칸이 원정 도중 사망하자 그는 우구데이, 톨루이와 함께 부친의 영구를 오르도가 있는 몽골리아로 이송하여 함께 장례를 치른 뒤, 각자 자신의 목지로 돌아갔다.

차가다이는 형제들 가운데에서도 우구데이·톨루이와 매우 친 v.3, p.236, 2 ~p.238, 1
했기 때문에 부친의 유언대로 우구데이를 카안의 자리에 앉히기 위해 노력했다. 즉위식에서 그는 막냇동생인 톨루이 및 다른 친족들과 함께 아홉 차례 고두의 예를 행했다. 그는 비록 형이었지만 우구데이에게 최대한 경의를 표했고 세세한 예절까지 철저하게 준수했다. 차가다이가 우구데이에게 이렇게 깍듯하게 존경과 예의를 갖추었기 때문에, 차가다이는 칭기스 칸이 그에게 하사해준 울루스와 군대의 통치자가 되어, 베쉬발릭 부근에서 자기 왕국의 군주로서 확고하게 자리 잡았다.

우구데이 카안은 모든 중요한 사안을 사신을 보내서 차가다이 v.3, p.238, 1 ~10
와 상의했다. 그는 중요한 일이 생길 때마다 카안의 어전에서 열리는 쿠릴타이에 참석했는데, 모든 왕자와 대신들은 그를 영접했다. 그는 카안의 어전에서 고두의 예를 취한 뒤에 천막 안으로 들어갔다. 카안이 보좌에 앉아 통치한 13년 동안 차가다이는 이런 방식으로 그를 힘껏 지원해주었다. 그는 카안이 죽고 1년이 채 지나지 않은 1242년에 사망했다.

❧ 차가다이와 그의 후손들 ❧

v.3, p.211, 3 ~10 차가다이와 그의 후손들에 대해서 간단하게 살펴보도록 하자. 차가다이에게는 수많은 카툰과 후궁들이 있었으나, 다음 두 카툰이 가장 중요했다. 첫째는 이술룬 카툰으로서, 쿵크라트 부족의 수령 다리타이의 아들인 카타 노얀의 딸이었다. 부르테 푸진과 카타 노얀은 사촌 간이었다. 둘째는 테르캔 카툰인데, 이술룬 카툰과 자매다. 차가다이는 이술룬이 사망한 뒤 그녀를 취했다.

v.3, p.211, 12 ~16 그에게는 여섯 명의 아들이 있었다. 그 이름은 무에투켄, 모치 예베, 벨기시, 사르만, 이수 뭉케, 바이다르이다.

v.3, p.212, 1 ~10 첫째 아들 무에투켄은 이술룬 카툰에게서 출생했다. 차가다이는 다른 자식들보다 그를 더 사랑했다. 칭기스 칸도 그를 총애했기 때문에 그는 대부분의 시간을 칭기스 칸 곁에서 보냈다. 칭기스 칸이 차가다이를 주치·우구데이와 함께 호라즘으로 보내고 자신은 바미얀 성채 공략에 몰두하고 있을 때, 무에투켄이 성채에서 날아온 화살에 맞아 사망했다. 이로 인해 칭기스 칸은 크게 상심했고, 그 성채를 함락한 뒤 그곳을 완전히 파괴하고 주민들

은 모두 죽였다. 그리고 그곳에 '마우 쿠르칸', 즉 폐허의 성채라는 이름을 붙였다.

v.3, p.213, 3 ~21

무에투켄에게는 네 명의 아들이 있었다. 바이주, 부리, 이순토아, 카라 훌레구가 그들이다. 둘째 아들 부리의 출생에 관해서는 다음과 같은 일화가 전해지고 있다. 과거에는 오르도에 속한 종복의 부인들이 한군데에 모여서 일을 돕는 관습이 있었다. 하루는 무에투켄이 오르도에 갔다가 그 무리들 가운데 얼굴이 예쁜 여인을 보고, 그녀를 구석으로 데리고 가서 통정했다. 그는 내심 그녀가 회임을 했을지도 모른다는 생각이 들어, 그녀를 남편에게서 떼어놓고 관찰하라고 지시했다. 과연 그녀가 임신했고 얼마 후 부리가 태어났다. 그는 그녀를 다시 남편에게 돌려주었다. 부리는 매우 용맹하고 성격이 격했다. 술을 마시면 거친 말을 해댔는데, 뭉케 카안의 시대에는 심지어 술을 마시다가 평소 적개심을 품고 있던 바투에 대해서 욕을 퍼붓기까지 했다. 나중에 뭉케는 그를 바투에게 보내 처리를 명했고, 바투는 자기 앞에 불려온 그를 처형시켰다.

v.3, p.213, 21 ~p.215, 5

부리에게는 다섯 명의 아들이 있었다. 그 가운데 아지키는 쿠빌라이 카안을 모셨고 지금은 테무르 카안의 어전에 있다. 이제 그는 나이가 무척 많지만 그곳에 온 모든 왕자들 가운데 가장 중요한 인물로서 모두에게 존경받으며 확고한 지위를 갖고 있다. 또 다른 아들 아비시카는 쿠빌라이가 아릭 부케와 대립할 때 쿠빌라이를 지지했다. 그러자 쿠빌라이는 그를 카라 훌레구를 대신할 차가다이 울루스의 통치자로 지명하고, 오르가나 카툰과 혼인하도록 하였다. 그러나 울루스로 가는 도중에 아릭 부케의 군대에게 붙잡혔고 아수타이 왕자가 그를 처형했다.

v.3, p.215, 6 ~p.216, 7 무에투켄의 셋째 아들이 이순 토아였다. 이순 토아의 아들 가운데 하나인 바락은 쿠빌라이 카안을 잘 모셨기 때문에, 카안은 그와 무바락 샤에게 차가다이 울루스를 함께 관할하라고 지시했다. 그들은 처음에는 우의 있게 지냈지만, 얼마 후 무바락 샤의 한 장군이 일부 병사들과 함께 바락의 편이 되어 무바락 샤를 폐위시켰다. 이로써 바락이 울루스의 전권을 장악한 통치자가 되었다.

v.3, p.216, 8 ~17 차가다이 울루스의 변경은 카이두의 영역과 인접해 있었기 때문에, 그 일부가 카이두의 수중에 들어갔다. 바락은 카이두와 여러 차례 전투를 벌였는데, 처음에는 카이두가 우세했다. 이렇게 전쟁이 벌어지다가 우구데이의 일족 가운데 카단 오굴의 손자인 킵착이 그들 사이에서 화평과 맹약을 중재했고, 그 결과 그들은 '안다', 즉 의형제가 되었다. 지금도 그들의 후손들은 서로를 안다라고 부른다. 그 뒤 바락은 카안에게 반기를 들고 아바카에게도 적대적인 행동을 취했다. 카안과 아바카에게 속한 사람들을 구금하고 재산을 빼앗았으며, 강압과 학정의 손길을 뻗어 그 지방을 황폐하게 만들었다. 바락이 카이두와 손을 잡고 어떻게 후라산을 침공했는지, 또 어쩌다 카이두의 계략에 빠져 원정에 실패하고 결국 죽음을 맞이하게 되었는지에 대해서는 뒤에 자세히 서술할 것이다.

v.3, p.218, 12 ~21 바락의 뒤를 이어 그의 사촌인 카다카이의 아들 부카 테무르

가 잠깐 차가다이 울루스의 군주가 되었지만, 곧 다시 바락의 아들 두아가 그 자리를 계승했다. 두아는 카이두 및 그의 아들들과 연합했다. 한편 1290년경 두아가 서서히 차가다이 울루스의 병사들을 결집하고 있을 때, 훌레구 울루스의 장군 노루즈가 반란을 일으켜 카이두와 두아에게 갔다. 그는 후라산의 도로와 내부 사정을 잘 알고 있었기 때문에, 이 두 사람을 부추겨서 후라산을 침공하고 이스파라인을 약탈했다. 노루즈로 인해 이곳에 혼란이 생겼고 무고한 무슬림들이 죽임을 당했다.

쿠틀룩 부카의 아들 위구르타이는 이곳에서 도망쳐 두아에게 갔다. 그는 마잔다란의 도로들을 잘 알고 있었다. 바이두가 게이하투를 상대로 반란을 일으키고 게이하투의 대신들이 그를 배신하여 포위하고 죽였을 때, 가잔이 즉시 와서 바이두를 붙잡아 죽이고 칸의 보좌에 올랐다. 두아는 가잔이 군대를 이끌고 후라산에서 서쪽으로 이동한 것을 기회로 삼았다. 즉시 위구르타이의 길 안내를 받아 마잔다란을 침략하여, 가잔 칸 군대의 유수영을 공격하고 돌아갔다.

v.3, p.218, 22 ~p.219, 7

두아는 몇 차례 카이두와 연합하여 테무르 카안의 군대와 전쟁을 벌였으나 패배하였다. 1301년 마지막 전투에서 두 사람 모두 부상을 입었는데, 그로 인해 카이두는 사망했고 두아는 불구가 되었다. 두아는 그의 아들 쿠틀룩 호자에게 오래전부터 가즈닌 지방과 그곳에 주둔하고 있던 카라우나 군대를 맡겼다. 쿠틀룩 호자와 그의 군대는 여름에는 구르와 가르지스탄 부근에 머물고, 겨울에는 가즈닌 방면에서 보내고 있다. 그들은 항상 인도

v.3, p.219, 9 ~17

델리의 술탄들과 전투를 벌였는데, 델리의 군대가 여러 차례 그들을 격파했다. 그들은 도적질과 강도짓을 일삼고 이란 땅의 변경을 침범하여 말썽을 일으켰다.

v.3, p.219, 20 ~p.220, 19 무에투켄의 넷째 아들이 카라 훌레구였고, 그가 바로 무에투켄의 후계자가 되었다. 그의 부인은 오르가나 카툰이었는데, 무바라 샤가 그녀에게서 출생했다. 카라 훌레구가 사망하자 바이다르의 아들인 알구가 아릭 부케의 명령에 따라 차가다이 울루스의 군주가 되었다. 알구는 오르가나 카툰을 취했으나 얼마 후 사망했고, 무바락 샤가 부친의 자리에 앉았다. 바락이 쿠빌라이 카안의 명령을 받아 차가다이 울루스로 왔는데, 무바락 샤가 군주라는 사실을 알고는 아무 말도 하지 않은 채 흩어진 군대를 서서히 자기 주위에 모았다. 그러더니 울루스의 군주 자리를 자기 손 안에 거머쥐었다. 무바락 샤에게 죄를 뒤집어씌워서 그를 호랑이 사육사들의 책임자로 격하했다. 바락이 아바카 칸과 전쟁하러 후라산에 왔을 때 무바락 샤도 함께 왔다가 도망쳐서 아바카에게 갔다.

v.3, p.221, 1 ~5 이상이 차가다이의 첫째 아들인 무에투켄의 아들들과 관련된 일화다. 차가다이의 둘째 아들은 모치 예베였다. 그의 모친은 이술룬 카툰의 오르도에 있던 여종이었다. 어느 날 밤 그녀가 이불을 펼 때 마침 카툰이 밖에 나가 있었는데, 차가다이가 그녀를 품에 안아 임신시켰다. 그런 연유로 차가다이는 모치 예베를 그다지 중요하게 여기지 않았고, 군대와 영토도 적게 주었다.

v.3, p.223, 6 ~p.224, 12 차가다이의 셋째 아들은 벨기시였고, 넷째는 사르만이었다.

다섯째 아들은 이수 뭉케였는데, 대단한 호주가였다. 술을 얼마나 많이 마시는지 온전히 깨어 있을 때가 없었다고 한다. 그에게는 나이시라는 카툰이 한 명 있었다. 매우 현명했으며, 남편이 항상 취해 있었기 때문에 모든 일을 그녀가 처리했다. 그는 구육과 연합했다. 차가다이의 후계자로 카라 훌레구가 있었음에도 불구하고 구육은 그를 차가다이 울루스의 군주로 만들었다. 그 뒤 뭉케가 카안이 되자 카라 훌레구로 하여금 차가다이 울루스를 관할토록 하고 이수 뭉케를 죽이라고 명령했다. 그러나 카라 훌레구는 차가다이 울루스로 가던 도중에 사망했고, 그의 부인 오르가나 카툰이 이수 뭉케를 죽였다. 그녀는 10년 동안 스스로 통치를 했고, 그 뒤 아릭 부케가 그 울루스를 바이다르의 아들인 알구에게 주었다. 알구는 아릭 부케에게 반기를 들었고 오르가나 카툰은 그의 부인이 되었는데, 이에 관해서는 앞에서 설명했다. 이수 뭉케에게는 아들이 없었다.

차가다이의 여섯째 아들이 바이다르였다. 그가 알구를 낳았고, 알구가 다시 세 아들을 가졌으니, 이름은 카반, 추베이, 툭 테무르였다. v.3, p.224, 14~19

이제 다시 본론으로 돌아가 우구데이 카안 시대의 정복 전쟁에 대해서 이야기를 계속하도록 하자. 편역자

키타이 원정의 시작

우구데이는 카안으로 즉위한 직후 "이전에 칭기스 칸이 지시했 v.3, p.52, 17~p.53, 13

던 모든 명령들은 유효하며 고치거나 바꾸지 말라. 내가 즉위하기 전에 지은 죄와 잘못은 그게 누구든 모두 용서하겠다. 그러나 오늘 이후 제멋대로 신구의 명령과 법령에 부합하지 않는 행동을 한다면, 어느 누구라도 그 죄에 적합한 징계를 받을 것이다"라는 칙령을 가장 먼저 선포했다. 또한 칭기스 칸의 조카였던 일치다이 노얀과 자신의 큰아들 구육을 퉁칸 지방으로 출정시켰다. 그들은 그곳을 약탈하고 정복했고, 탕쿠트 출신의 바하두르 장군을 '탐마', 즉 진수군으로 임명하여 그 지방의 수비를 맡겼다. 그 뒤 모든 변경과 왕국 각지로 여러 군대를 파견하여 요충지를 수비하도록 했다.

v.3, p.53, 14 ~p.54, 4 이란 방면에서는 아직도 혼란이 가라앉지 않았고, 술탄 잘랄 앗 딘은 여전히 반란을 도모하며 분주히 돌아다녔다. 카안은 그를 제어하기 위해 초르마군 장군에게 3만 명의 기병을 주어 출정시켰다. 쿠케데이와 수베테이에게도 같은 수의 군대를 주어 킵착, 삭신, 불가르 방면으로 보냈다. 키타이, 티베트, 솔랑가, 주르첸 방면으로는 톨루이 휘하의 장군들과 군대를 선봉으로 먼저 출정시켰다.

v.3, p.54, 6 ~p.55, 1 1230년 카안은 톨루이와 함께 선봉대의 뒤를 따라 키타이로 향했다. '수세'라는 이름을 가진 키타이의 군주 알탄 칸이 도읍인 중두를 버리고 남깅으로 갔기 때문이다. 그는 거기서 많은 군대를 규합하여 여전히 통치하고 있었다. 카안은 그를 몰아내고 그 지방을 모두 정복하고자 했다. 이를 위해 자신의 형제들 가운데 톨루이와 쿨겐을, 또한 조카들을 동반하여 엄청나게 많은 군

사를 데리고 갔다. 톨루이에게는 2만의 군사를 주어 티베트 길로 가라고 하고, 자신은 오른쪽 길로 남하했다. 그곳에는 훌란 데겔텐, 즉 붉은 겉옷을 입는 사람들이 살고 있었다.

카안이 택한 여정이 멀었기 때문에 톨루이 칸은 천천히 행군 v.3, p.55, 1 ~9
하며 카안이 합류하기를 기다렸다. 1231년이 되자 군대에 필요한 보급과 양식이 떨어져 극도의 빈핍과 허기에 시달리게 되었고, 모든 동물과 건초는 물론 인육까지 먹을 지경에 이르렀다. 그들은 몰이사냥 대형을 취하며 산지와 평원을 거쳐서, 드디어 카라무렌 강가에 위치한 호잔푸(河中府)라는 도시에 도착했다. 그곳을 포위했다. 포위한 지 거의 40일이 지난 뒤 주민들은 평화를 희망하며 도시를 내놓았다. 1만여 명의 병사들은 배를 타고 도시를 탈출했다.

❀ 톨루이의 군사적 탁월함과 기이한 죽음 ❀

1232년 1월 톨루이는 퉁칸 카할카에 가까이 다가갔다. 그곳이 산 v.3, p.55, 12 ~p.56, 8
중에 있는 험로이고 견고한 협곡이기 때문에 필시 적군이 수비하고 있을 것이라고 생각했는데 과연 그러했다. 그가 도착해보니 알탄 칸의 기병 10만 명이 몽골군 건너편의 평원과 산기슭에 목책을 세우고 진영을 갖추고 있었다. 지휘관은 카다이 렝구와 카마르 테구데르였다. 그들은 자기 군대의 숫자가 많고 몽골이 적은 것을 알고는 매우 자만하며 의기양양했다.

톨루이는 시기 쿠투쿠를 불러서 은밀히 말했다. "적이 이런 곳 v.3, p.56, 8 ~18

을 장악하고 전열을 갖추고 있으니 전투는 매우 힘들 것이다. 네가 300명의 기병을 데리고 접근하여 그들을 자극해서 과연 그곳에서 움직이는지 떠보면 어떻겠는가?" 쿠투쿠는 명령에 따라 앞으로 달려갔지만 적은 미동도 하지 않은 채 전열을 유지했다. 오히려 그들은 몽골군을 약 올리며 큰소리를 질러댔다.

v.3, p.57, 4 ~18 톨루이는 말했다. "그들이 움직이지 않는 한 이 상태로 전투는 불가능하다. 그렇다고 내가 뒤로 물러선다면 우리 군의 사기는 떨어지고 저들은 더욱 대담해질 것이다. 그러니 방책은 이러하다. 남쪽으로 더 내려가서 알탄 칸이 지배하는 지방으로 가자. 그곳에서 우구데이 카안이 지휘하는 대군과 합류하자!" 그는 토콜쿠 체르비에게 기병 1000명을 주어 척후에 임명하고, 자신의 본대는 우익 방향으로 이동시켰다. 그러자 키타이인들도 하는 수 없이 그 자리에서 일어나 몽골군을 따라왔다. 몽골군은 사흘 동안 행군했고 그들도 계속해서 따라왔다. 키타이 군대는 매우 많았기 때문에 몽골군은 겁먹고 걱정하면서 행군했다.

v.3, p.57, 19 ~p.58, 9 갑자기 키타이인들이 토콜쿠 체르비의 척후 부대를 공격했다. 40명의 몽골군이 앞에 있던 강줄기와 소택지에 빠져 죽었다. 토콜쿠 체르비가 본군에 와서 상황을 보고하자, 톨루이는 '자다'를 행하라고 명령했다. 그것은 일종의 마술인데, 몇 가지 돌을 물에 담가서 씻으면 한여름에도 바람과 추위, 폭우와 눈보라가 몰아친다. 주술을 잘 부리는 캉클리 사람 한 명이 본진에 있었다. 그가 자다를 시작했다. 톨루이는 전군에 우의(雨衣)를 뒤집어쓰라고 명령했다. 병사들은 사흘 밤낮을 말에서 내리지 않고 달렸다. 그

런 다음에 농민들이 재산과 가축들을 버리고 도망친 마을에 도착해서 배불리 먹고 옷을 입었다.

한편 몽골군 뒤쪽에는 비가 쏟아졌고, 마지막 날에는 눈보라 v.3, p.58, 10 ~18
로 바뀌고 매서운 바람까지 더해졌다. 키타이 병사들은 여름에 한겨울에도 볼 수 없었던 추위를 목격하고는 경악했다. 톨루이는 각 천호의 병사들에게 마을로 가서 말들을 집 안에 들여놓고 엄폐하라고 지시했다. 극도의 추위와 바람으로 인해 행군이 불가능해졌기 때문이다. 키타이 병사들은 벌판 한가운데에 갇힌 채 눈보라를 맞았다. 그들은 사흘 동안 꼼짝도 할 수 없었다.

나흘째 되는 날에도 여전히 눈보라가 몰아쳤지만, 톨루이는 v.3, p.58, 18 ~p.59, 8
그의 군대는 배불리 먹고 잘 쉬었으니 추위를 이겨낼 것이라고 판단했다. 반면 키타이 병사들은 혹독한 추위에 떨면서 마치 양떼처럼 머리를 옆 사람의 꼬리에 처박고 있었다. 그들의 옷은 뻣뻣해지고 무기는 얼어붙었다. 톨루이는 쇠북을 울리고 병사들에게 모포로 된 우의를 걸치고 말에 올라타라고 명령했다. 그리고 “이제 전투의 시간이다. 명예와 수치가 결정되는 순간이다. 담대하게 싸워라!”라고 격려했다. 몽골군은 사슴 떼를 덮치는 사자들처럼 키타이 병사들을 향해 달려갔다. 그 군대의 대부분은 전장에서 전사했고 일부는 흩어져 산속에서 죽임을 당했다. 앞서 언급한 두 장수는 병사 5000명과 함께 도망쳐 강물로 뛰어들었는데, 그중에서 소수만 살아남았다.

톨루이는 카안에게 승리 소식을 알리는 사신을 먼저 보내고 v.3, p.59, 12 ~p.60, 14
자신도 곧장 그에게 갔다. 그가 카라무렌 강에 이르렀는데, 마침 그해에는 홍수가 발생해서 돌과 자갈들이 강의 한 지점에 쌓여 있었다. 그로 인해 강물이 여러 갈래로 갈라져 넓고 평평하게 흐르고 있었고, 몽골군은 안전하게 강을 건널 수 있었다. 카안은 톨루이가 어려운 승리를 거두고 오고 있다는 소식을 듣고 매우 기뻐했고, 그가 도착하자 극진히 대접하며 찬사를 아끼지 않았다. 카안은 토콜쿠 체르비와 몇 명의 다른 장군들을 그곳에 배치하여 알탄 칸 문제를 처리하라고 지시한 뒤 자신은 몽골리아로 개선하였다.

v.3, p.60, 15 ~p.61, 7 그런데 톨루이가 갑자기 사망하고 말았다. 그의 죽음에 관해서는 다음과 같은 일화가 전해진다. 얼마 전 카안이 큰 병에 걸려 생명이 위태로웠을 때 톨루이가 그의 침소로 찾아왔다. 무당들은 늘 그러하듯이 주문을 외우고 물을 담은 나무 잔에 그의 병명을 쓴 종이를 넣고 씻었다. 그때 톨루이가 형에 대한 극진한 애정을 느끼며 그 잔을 움켜잡고 이렇게 말했다고 한다. "오, 영원한 신이시여! 만약 죄를 지었다면 제가 더 많이 지었습니다. 여러 지방을 정복하면서 수많은 사람들을 죽이고, 그들의 처자식을 포로로 잡아와 통곡케 했습니다. 만약 용모의 준수함과 뛰어난 재주 때문에 우구데이 카안을 데려가시는 것이라면, 제가 더 준수하고 재주도 더 많습니다. 그를 용서하시고 그 대신 저를 데려가소서!" 이렇게 말하고는 잔에 담긴 그 물을 다 마셨다. 우구데이는 곧 회복되었다. 1232년 10월 톨루이는 카안의 허락을 받고 출발했으나 며칠 뒤 병이 들어 사망하고 말았다.

v.3, p.61, 7 ~13 이것은 상당히 널리 퍼진 이야기다. 톨루이의 부인인 소르칵

타니 베키는 항상 이렇게 말했다고 한다. "나의 벗이자 소망이던 그 사람은 우구데이 카안의 목숨을 구하려 스스로를 그의 희생물로 바쳤다." 카안은 키타이 지방에 있는 알탄 케레에서 여름을 보내고, 그 뒤 이동하여 톨루이가 사망한 바로 그 즈음에 자신의 도읍에 도착했다.

❧ 키타이 정복과 금나라의 멸망 ❧

v.3, p.62, 1 ~18

얼마 후 키타이 군대가 집결하여 토콜쿠 체르비와 전투를 벌였는데, 몽골군이 패배하여 많이 후퇴했다. 카안은 토콜쿠 체르비의 요청에 따라 지원군을 파견했다. 동시에 그는 낭기야스 혹은 마친이라고 불리는 남송 왕국에 칙서를 보내, 몽골과 마친이 북과 남에서 군대를 보내 알탄 칸의 근거지인 남깅을 포위하자고 제안했다. 낭기야스는 카안의 제안에 응했고, 이쪽에서는 토콜쿠 체르비가 몽골군을 이끌고 진군했다. 두 군대는 도시를 양측에서 에워싸고 전투에 돌입했다. 키타이인들은 패배했고 남깅 시내로 피신했다.

v.3, p.62, 19 ~p.63, 12

그 도시의 둘레는 200킬로미터(!)가 넘었고, 삼면이 성벽으로 둘러싸여 있는데 그중 두 면은 카라무렌 강에 접해 있었다. 도시를 포위한 몽골과 낭기야스 군대는 투척기와 수많은 운제(雲梯)를 성벽에 설치하고, 굴착 장비를 갖춘 공병을 성벽 아래에 배치하여 전투에 돌입했다. 그러나 키타이의 군주는 늘 그러했듯이 후비들과 연회에 빠져 있었다. 도시가 곧 함락될 것이라는 소식을 들은 후비들은 울기 시작했고, 알탄 칸은 이를 믿지 않고 성벽에 올라가 자신의 두 눈으로 상황을 직접 확인했다. 그는 한 무리의 귀족 및 후비들과 함께 배에 올라타, 그 도시 안을 통과하는 카라무렌 강의 지류를 따라 다른 도시로 도망쳤다.

v.3, p.63, 13 ~22 몽골군은 알탄 칸이 도망간 도시를 포위했다. 그는 다시 배를 타고 도망쳤지만 몽골군은 또 쫓아가 포위했다. 이번에는 그의 도주로를 차단하고 도시에 불을 질렀다. 더 이상 도망칠 수 없음을 알게 된 알탄 칸은 부하 한 사람에게 자기 옷을 입히고 머리에 왕관을 씌운 뒤 자기 대신 보좌에 앉혔다. 키타이인들이 남긴 역사서들 가운데에는 그가 걸식승으로 변장하여 누더기 옷을 입고 숨었다는 기록이 있는가 하면, 도시가 불에 탈 때 함께 타 죽었다는 기록도 있다. 그러나 둘 다 사실이 아니다. 그는 성 밖으로 나와 스스로 목을 매었고, 사람들이 그의 시신을 거두어 매장했다.

v.3, p.64, 1 ~14 그로부터 이틀 뒤 도시가 점령되고 군주 자리에 앉아 있던 사람은 죽임을 당했다. 몽골인들은 붙잡아 죽인 사람이 알탄 칸이 아니라는 사실을 알고 그를 내놓으라고 요구했다. 사람들은 그가 불에 타서 죽었다고 말했지만 몽골군은 그 말을 믿지 않고 알탄 칸의 머리를 요구했다. 이러한 상황을 알게 된 낭기야스 군대는 비록 알탄 칸이 적이긴 했지만, 그의 시신을 무덤에서 꺼내 그 머리를 넘겨주지 않으려고 하였다. 오히려 키타이인들과 한편이 되어 알탄 칸을 태워버렸다는 식의 변명을 늘어놓았다. 몽골인들은 진상을 확인하기 위해 계속해서 그의 머리를 요구했다. 그들은 만약 다른 사람의 머리를 넘겨주었다가는 사실이 곧 탄로

날 것을 알고 있었다. 그럼에도 다른 사람의 팔을 몽골인들에게 건네주었고, 이 때문에 몽골은 낭기야스인들에 대해 분노했다. 그러나 아직은 낭기야스와 다툴 처지가 아니었다.

이렇게 해서 토콜쿠 체르비와 몽골군은 키타이 왕국 전부를 정복했다. 이 승리는 1234년의 일이다. 같은 해에 솔랑카(고려)에서 투르칵(호위)과 케식(시위)에 들어갈 수많은 사람들을 선발하여 카안의 어전으로 보냈다. 그들의 수령은 이름이 옹수(王綧)였다. v.3, p.65, 1 ~6

⚜ 세계 정복전의 시작 ⚜

카안은 키타이 왕국을 정복하고 1234년에 귀환하여, 달란 다바스에서 쿠릴타이를 개최했다. 1235년 그는 자식과 친척과 장군들을 다시 소집하여 많은 은사를 베풀었다. 한 달 동안 계속해서 친척들과 어울리며 아침부터 밤까지 잔치를 열고, 늘 그러했듯이 그동안 모은 재물을 참석자들에게 나누어주었다. v.3, p.84, 15 ~p.85, 6

잔치가 끝나자 왕국과 군대의 중요한 사안들을 처리했다. 제국 안의 여러 곳이 아직 정복되지 않거나 곳곳에서 반도들이 준동하고 있었기 때문에, 그는 그 문제들을 처리하는 데 몰두하였다. 카안은 일족들을 여러 방면에 파견하고, 자신은 직접 군대를 이끌고 킵착 초원 방면으로 가려고 했다. 그러나 뭉케가 카안의 계획을 만류했다. 결국 카안은 나쿠, 바투, 구육, 뭉케, 카단 등 여러 왕자들에게 킵착, 우루스, 불라르, 마자르, 바쉬기르드, 아스, 수닥 지방을 정복하라고 했다. 아울러 자신의 아들 쿠추와 주 v.3, p.85, 7 ~p.87, 2

치 카사르의 아들 쿠투쿠에게 마친, 즉 낭기야스 정복을 명했다. 그들은 상양푸(襄陽府)와 켄림푸(江陵府)라는 도시들을 빼앗았고, 도중에 티베트 지방을 약탈했다. 또한 후쿠투르를 카시미르와 힌두스탄 방면으로 파견하였다.

v.3, p.87, 3 ~p.88, 9 같은 해에 가축들에 대한 '쿱추르' 세금을 정하여 100마리에 한 마리씩 바치도록 정했고, 또한 곡식 10타가르마다 1타가르(83.4킬로그램)를 받아서 가난한 사람들에게 나누어주라고 명령했다. 또한 왕국의 통치를 위해 왕자들과 카안의 사신 왕래가 불가피했기 때문에, 왕국들의 전역에 '얌', 즉 역참을 설치하고 그것을 '타얀 얌'이라고 불렀다. 그 같은 역참의 설치를 위해 칭기스 칸의 네 아들 가문을 대리할 책임자들을 임명하였다. 이들은 각자의 왕국 안에 강역의 길이와 폭에 맞는 타얀 얌을 세웠다.

킵착 초원과 러시아 원정

v.3, p.88, 15 ~p.89, 9 카안은 킵착 초원과 그 변경 지방을 정복하기 위해 왕자들을 파견하였다. 톨루이의 자식들 중에서 큰 아들 뭉케와 그의 동생 부첵, 우구데이 카안의 일족 중에서 큰 아들 구육과 동생 카단, 차가다이의 자식들 중에서 부리와 바이다르, 주치의 자식들 중에서 바투와 오르다와 시반과 탕구트 등을 보냈다. 여기에 칭기스 칸의 아들이자 카안의 형제인 쿨겐과 수베테이를 위시한 장군들이 합류했다. 이들은 모두 1236년 봄에 출정하였다. 여름에는 이동을 했고, 가을에는 불가르 지방에서 바투, 오르다, 시반, 탕구

트 등이 이끄는 부대가 이미 그곳에 있었던 주치의 일족과 합류하였다.

v.3, p.89, 10 ~p.90, 8

바투는 시반 및 보랄다이와 함께 불라르와 바쉬기르드, 즉 헝가리 지방으로 출정했다. 그들은 단기간에 별다른 피해 없이 그곳을 정복했는데 그 정황은 다음과 같다. 불라르는 프랑크와 인접한 대규모의 기독교 집단이었다. 몽골군이 온다는 소식을 듣고 40개 투만(만호)의 병사들을 모아 응전했다. 1만 명의 병사를 데리고 전위에 있던 시반은 적의 숫자가 몽골군 전체 병력의 두 배나 되며 모두 다 용맹하다는 소식을 들었다. 양측의 군대가 서로 마주하며 전열을 정비했을 때, 바투는 칭기스 칸이 그랬던 것처럼 언덕 위로 올라가 하루 밤낮을 신에게 간구하면서 울었다. 그리고 무슬림들에게는 함께 모여 기도를 올리라고 명령했다.

v.3, p.90, 8 ~p.91, 2

두 군대 사이에 큰 강이 있었는데, 바투와 보랄다이가 밤중에 그 강을 건너 적을 급습했다. 바투의 형제인 시반도 직접 전투에 참가했다. 보랄다이는 전군을 이끌고 공격을 개시하여 '켈레르'라는 칭호로 불리던 적국 군주의 천막을 향해서 돌진했다. 천막이 무너지는 모습을 본 적의 군대는 낙심해서 패주하였다. 몽골인들은 마치 사냥감을 덮치는 용맹한 사자처럼 그들을 추격하여, 마침내 군대 대부분을 절멸시키고 그 지방을 정복했다. 이 승리는 몽골군이 이번 원정에서 거둔 대첩 가운데 하나였다. 불라르와 바쉬기르드는 거대한 왕국이고 험난한 지점이 많았지만 이때 몽골에 정복되었다. 그러나 그들은 다시 반기를 들었고 아직까지 완전히 정복되지는 않고 있다.

v.3, p.91, 3 ~9 그해 겨울에 왕자들과 장군들은 자반 강가에 모여서, 수베테이를 아스와 불가르인들이 사는 지방으로 파견하기로 했다. 그는 군대를 이끌고 쿠익을 비롯한 여러 도시를 공격하여 적의 군대를 격파했다. 그곳의 수령인 바얀과 치쿠가 와서 왕자들을 배알하고 돌아갔지만, 다시 반란을 일으켜서 수베테이가 그들을 잡으러 갔다.

v.3, p.91, 10 ~p.92, 10 왕자들은 각자 자기 군대를 이끌고 몰이사냥의 포위 대형으로 진군하면서 도중에 위치한 지방들을 정복하기로 했다. 뭉케는 좌익을 이루면서 강을 따라 진군하였는데, 그곳에서 킵착족의 한 지파인 울비를릭 부족의 수령 바치만과 아스족의 수령 카치르 우게 두 사람을 포획했다. 그동안 바치만은 몽골군의 칼날을 피해 이곳저곳을 공격하고 약탈했다. 그는 일정한 거처가 없었기 때문에 몽골군은 그를 잡을 수 없었다. 마침 그가 이틸, 곧 볼가 강가의 숲속에 있었다. 뭉케는 200척의 배를 건조해서 배마다 몽골인을 100명씩 완전 무장시켜 태우라고 지시했다. 그러고는 자신의 형제인 부첵과 함께 강의 양안에서 포위 대형을 취하며 진군했다.

v.3, p.92, 10 ~p.93, 5 이틸 강가의 어떤 숲에서 금방 떠난 것으로 보이는 군영의 흔적과 병든 노파 한 사람을 발견했다. 그녀를 통해서 바치만이 강 가운데 있는 한 섬으로 이동했다는 사실을 알아냈다. 때마침 부대 안에 배가 한 척도 없었기 때문에 강을 건널 수 없었는데, 갑자기 강한 바람이 불어 수면이 낮아지고 땅이 드러났다. 뭉케는 군대를 진격시켜 바치만을 생포했다. 그의 부하들은 칼로 베거

나 물에 빠트려 죽이고 그곳에 있던 많은 재물을 밖으로 꺼내 왔다. 바치만은 뭉케에게 직접 자신을 끝내달라고 요청했으나, 뭉케는 동생 부첵에게 바치만을 칼로 쳐서 두 동강 내라고 지시했다. 또한 아스족의 카치르 우게도 죽였다. 이후 그해 여름은 그곳에 머물렀다.

1237년에 주치의 아들들인 바투와 오르다, 베르케, 우구데이 v.3, p.93, 6 ~p.94, 2
카안의 아들인 카단, 차가다이의 손자인 부리, 칭기스 칸의 아들인 쿨겐 등은 보크시와 부르타스와 에리잔(리아잔)으로 출정하여 짧은 시간 내에 이 도시들을 정복했다. 그해 가을 그곳에 있던 왕자들은 모두 모여서 쿠릴타이를 열었고, 연합하여 러시아로 진격했다. 바투, 오르다, 구육, 뭉케, 쿨겐, 카단, 부리 등은 함께 에리잔을 포위하여 사흘 만에 함락시켰다. 그 뒤 이케라는 도시도 함락시켰다. 쿨겐은 그곳에서 부상을 입어 사망했다.

러시아의 수령들 가운데 오르만이 군대와 함께 앞으로 나왔으 v.3, p.94, 2 ~11
나 몽골군에게 패배했다. 마카르(모스크바?)도 닷새 만에 함락하고, 그 도시의 지배자인 울라이 테무르(블라디미르)를 죽였다. 그리고 대공 유르기(유리)의 도시를 포위하여 매우 격렬한 전투를 벌인 끝에 8일 만에 공략했다. 뭉케는 몸소 용맹함을 발휘하여 그들을 격파했다. 또한 대공 유르기의 아버지인 브지블라드(브세볼로드)의 본거지 키르칼라를 닷새 만에 취하였다. 그 지방의 수령인 유르기는 숲으로 도주했으나 몽골군에게 붙잡혀 죽임을 당했다.

왕자들은 거기서 돌아와 협의를 했는데, 몽골군을 투만 단위 v.3, p.94, 11 ~p.95, 5

로 나누어 몰이사냥 대형으로 진군하면서 만나는 모든 도시와 지방과 성채를 파괴하기로 했다. 바투는 진군 도중에 코셀 이스케(코젤스크)에 도착하여 두 달 동안 포위했지만 함락시킬 수 없었다. 그때 카단과 부리가 도착해서 사흘 만에 도시를 함락시켰다. 그러고 나서 각자 천막으로 돌아가 휴식을 취했다.

v.3, p.95, 13 ~p.96, 1 1239년에 구육, 뭉케, 카단, 부리 등은 캅카스 지방의 메게스로 출정했고, 겨울에 한 달 반 동안 포위를 한 뒤에 함락시켰다. 이처럼 원정을 수행하던 중에 쥐해 1240년이 도래했다. 그해 봄에는 얼마간의 군대를 부카다이에게 주어서, 캅카스 방면의 테무르 카할카, 즉 데르벤드 협곡과 아비자 지방을 공략하도록 했다. 구육과 뭉케는 그 쥐해 가을에 카안의 명령에 따라 귀환하여, 소해인 1241년 자신의 오르도에 하영(下營)하였다.

수도 카라코룸의 건설

v.3, p.96, 3 ~15 1235년 초 왕자들을 킵착 초원 방면으로 파견했을 때부터 구육과 뭉케가 귀환한 1241년까지 7년 동안 카안은 항상 연회를 즐겼다. 그는 하영지에서 동영지로, 또 동영지에서 하영지로 즐겁게 이동했으며, 어여쁜 카툰을 비롯한 매혹적인 미녀들과 즐거움을 만끽했다. 그러나 동시에 그의 마음은 정의와 은혜의 충만, 폭정과 불의의 제거, 각 지방의 풍요, 각종 건물들의 건설에 쏠려 있었다. 세계 통치를 위한 규범을 세우거나 풍요의 기초를 강화하는 일과 관련된 것이라면 한 점도 소홀히 하는 일이 없었다.

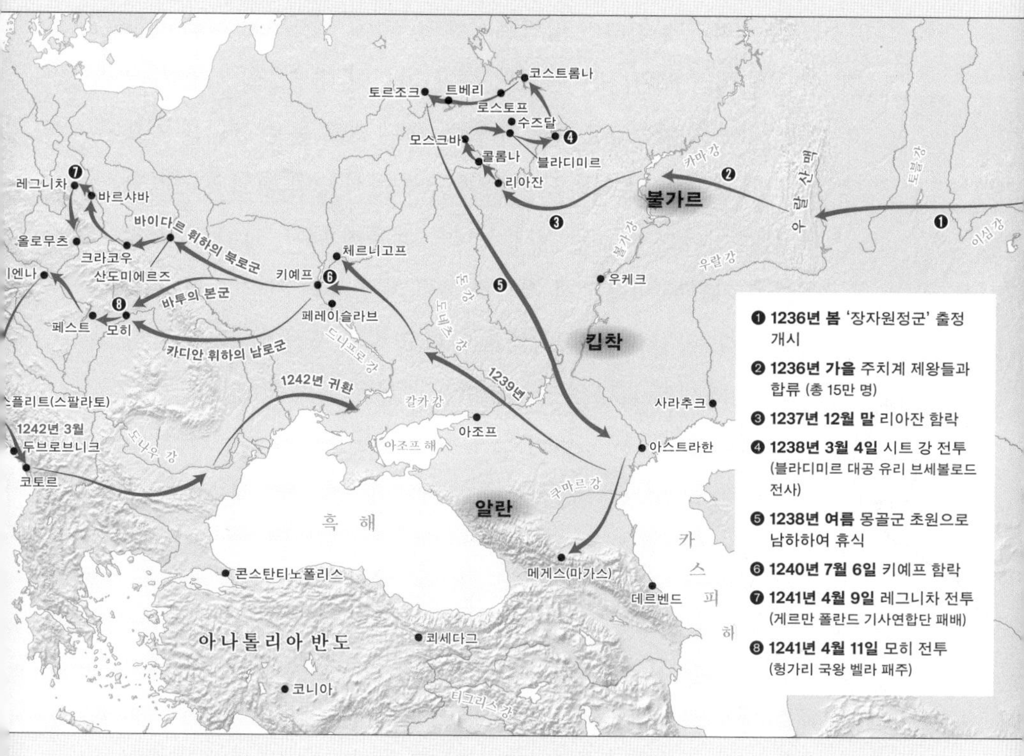

코스트롬나
토르조크
트베리
로스토프
수즈달
모스크바
콜롬나
블라디미르
리아잔
카마 강
불가르
우랄 산맥
토볼강
이심강
우랄강
볼가 강
우케크
킵착
사라추크
아스트라한
레그니차
바르샤바
올로무츠
크라코우
산도미에르즈
바이다르 휘하의 북로군
체르니고프
키예프
페레이슬라브
바투의 본군
페스트
모히
카디안 휘하의 남로군
돈 강
도네츠 강
드니프로 강
1239년
1242년 귀환
칼카 강
아조프
아조프 해
스플리트(스팔라토)
1242년 3월
두브로브니크
코토르
도나우 강
쿠마르 강
알란
흑해
카스피 해
메게스(마가스)
데르벤드
콘스탄티노폴리스
쾨세다그
아나톨리아 반도
코니아
티그리스 강
❶ 1236년 봄 '장자원정군' 출정 개시
❷ 1236년 가을 주치계 제왕들과 합류 (총 15만 명)
❸ 1237년 12월 말 리아잔 함락
❹ 1238년 3월 4일 시트 강 전투 (블라디미르 대공 유리 브세볼로드 전사)
❺ 1238년 여름 몽골군 초원으로 남하하여 휴식
❻ 1240년 7월 6일 키예프 함락
❼ 1241년 4월 9일 레그니차 전투 (게르만 폴란드 기사연합단 패배)
❽ 1241년 4월 11일 모히 전투 (헝가리 국왕 벨라 패주)

지도 4. 몽골의 서방 원정

v.3, p.96, 16 ~p.97, 4 그는 과거에 키타이 방면에서 각종 기예와 직능에 능통한 장인들을 데리고 왔다. 이제 그들에게 자신이 대부분의 시간을 머물면서 보내는 카라코룸 목지 안에 매우 크고 높은 궁전을 지으라고 명령했다. 한 면의 길이는 활을 쏘아서 닿을 정도의 거리로 하고, 중앙에는 드높은 전각 하나를 세우게 했다. 그리고 그 건물들을 가능한 아름답게 장식하고 여러 종류의 그림을 그려 넣도록 했다. 궁전의 이름은 '카르시'라고 짓고 자신의 도읍으로 삼았다. 또한 그는 자신을 모시고 있는 모든 형제와 자식들 및 다른 왕자들에게도 궁전 주변에 높은 가옥을 지으라고 명령했다. 모두 그의 명령에 복종했고, 수많은 건물이 완성되어 서로 맞닿게 되자 정말로 촘촘한 도시가 완성되었다.

v.3, p.97, 5 ~10 그는 또한 뛰어난 금 세공인들에게 주옥(酒屋)에 쓸 코끼리나 사자, 말이나 다른 동물의 형상을 만들라고 지시했다. 그것들을 술통 대신 비치하고 포도주와 쿠미즈로 가득 채웠다. 그 앞에 은으로 만든 주반(酒盤)을 하나씩 놓았는데, 동물들의 입에서 흘러나온 포도주와 쿠미즈가 주반에 담기도록 했다.

v.3, p.97, 11 ~p.98, 7 그가 "지상에서 어느 도시가 가장 아름다운가?"라고 물었을 때, 사람들은 "바그다드"라고 대답하곤 했다. 그러자 그는 오르콘 강가에 거대한 도시를 건설하라고 명령했고, 사람들은 그것을 '카라코룸'이라고 이름 지었다. 키타이 지방에서부터 그 도시까지 타얀 얌 이외에 나린 얌이라는 역참로를 새로 설치했다. 28킬로미터 정도마다 하나씩, 모두 37개의 역참을 세우고, 역참을 보호하기 위해 각 유숙지마다 천호를 배치했다. 또한 그는 매

일 여러 지방들로부터 500량의 수레에 식량과 음료를 가득 실어 와서 창고에 비축해두라는 명령을 내렸다. 곡주와 포도주를 옮기기 위해서 여덟 마리의 소가 끄는 거대한 수레들을 준비했다.

그는 무슬림 장인들을 시켜서 카라코룸에서 하루 거리 떨어진 케헨 차간 호수 근처에 전각 하나를 지었다. 그리고 봄이면 매를 날리기 위해 그곳에 머물곤 했다. 여름에는 우르메게투라는 초원에 1000명이 들어갈 수 있는 커다란 천막을 하나 치고 그곳에서 지냈다. 말뚝은 금으로 만들었고 천막의 내부는 나시즈라는 금실로 짠 직물로 덮었는데, 그곳을 시라 오르도라고 불렀다. '황색의 장전'이라는 뜻이다. 가을에는 카라코룸에서 나흘 거리인 구세 나우르 호수에 40일간 머물렀다. 그의 동영지는 옹키였고, 그 지방의 툴룽구와 잘링구 같은 산속에서 사냥하며 겨울을 보냈다. v.3, p.98, 8 ~p.99, 7

간단히 말해서 우구데이 카안의 춘영지는 카라코룸 주변이고, 하영지는 우르메게투 초원, 추영지는 구세 나우르에서 시작해서 카라코룸에서 하루 거리 정도 떨어진 우순 볼까지이며, 동영지는 옹키였다. 카라코룸에서 약 11킬로미터 떨어진 곳에 높은 전각을 하나 세우고 투즈구 발릭이라고 불렀다. 그곳에서 카라코룸에서 주민들이 가져온 음식, 즉 '투즈구'를 먹으면서 하루 동안 즐겼다. 다음 날 카안은 관습에 따라 '지순'이라고 불리는 한 가지 색으로 통일한 옷을 입고 참석하는 연회를 열었다. 그런 다음에 카르시 궁전으로 가면, 놀이패 젊은이들이 기다리고 있었다. 한 달 동안 카르시에서 즐기는 데에 몰두했고, 창고를 열어 귀족 v.3, p.99, 8 ~p.100, 5

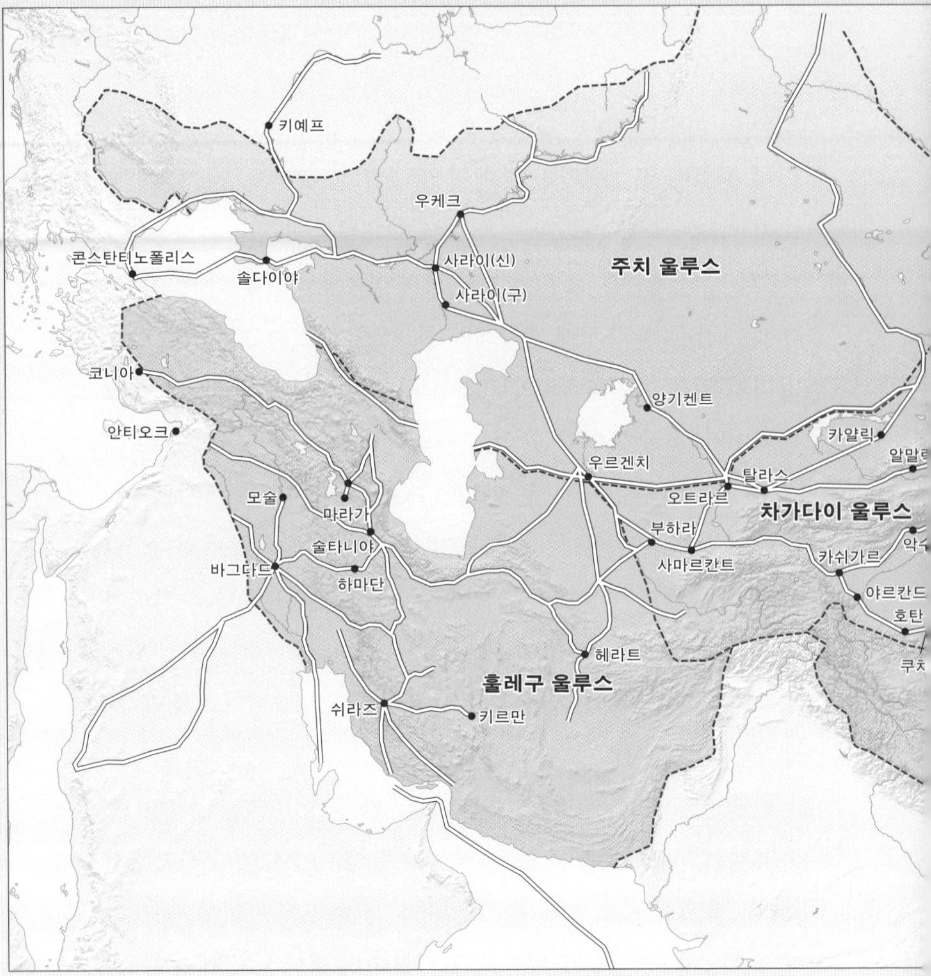

키예프
우케크
콘스탄티노폴리스
솔다이야
사라이(신)
사라이(구)
주치 울루스
코니아
안티오크
양기켄트
카얄릭
우르겐치
알말릭
탈라스
오트라르
차가다이 울루스
모술
마라가
부하라
술타니야
사마르칸트
카쉬가르
바그다드
하마단
야르칸드
호탄
헤라트
훌레구 울루스
쉬라즈
키르만

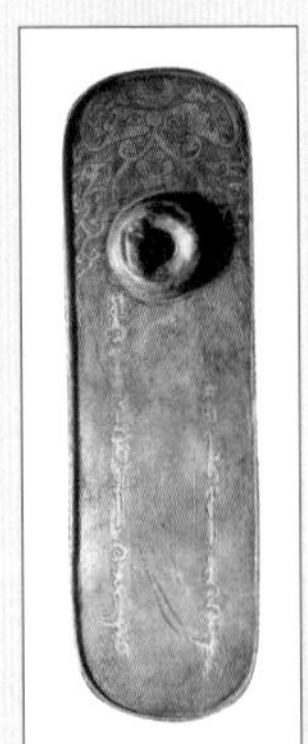

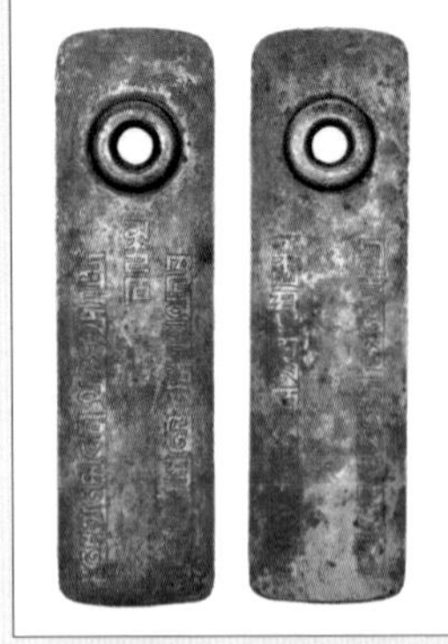

위구르문 패자(좌)

주치 울루스의 압둘라 칸 치세(1361~70년)에 제작된 위구르문 패자. 러시아 드니프로 강 부근의 니코폴에서 발견되었다. 패자 전면에는 "영원한 하늘의 힘에 기대어, 위대한 영령의 가호를 받아", 배면에는 "압둘라의 칙령. 준행하지 않는 사람은 누구라도 처형받아 죽을 것이다"라고 새겨져 있다.

파스파문 패자(우)

내몽골자치구 후흐호트시 청수하현에서 출토된 파스파문 패자. 정면(좌)의 중앙에 "영원한"이라는 글자가, 그리고 그 좌우로 "하늘의 힘에 기대어, 황제의 이름은 신"이라는 글자가 새겨져 있고, 배면(우)에 "성하다. 이를 준행하지 않는 사람은 누구라도 처형받아 죽을 것이다"라는 글귀가 새겨져 있다.

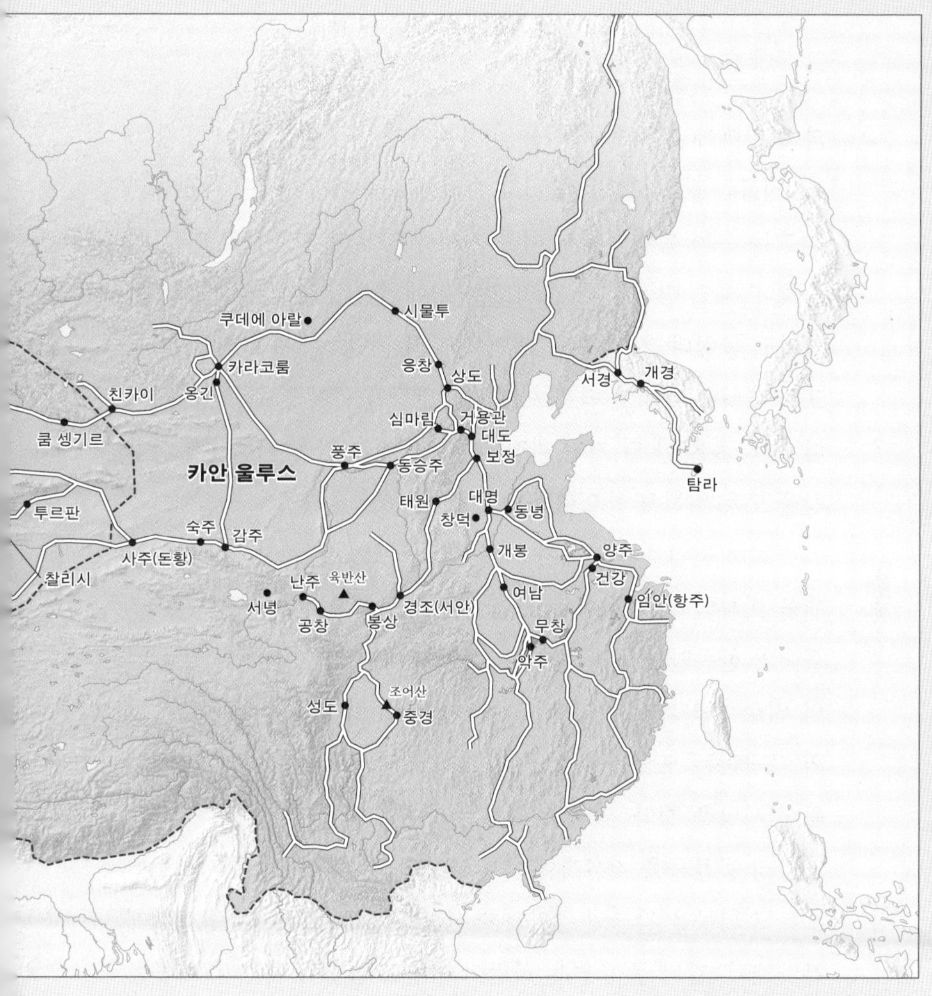

지도 5. 몽골제국의 역참 네트워크

과 평민에게 은사의 혜택을 내려주었다. 매일 밤 궁수, 노수(弩手), 씨름꾼들을 시합을 붙이고 승리한 사람에게 선물을 주었다.

v.3, p.100, 6~12 그는 옹키 동영지에서 이틀 거리에 나무와 진흙으로 만든 벽을 쌓으라고 명령했다. 그리고 거기에 출입구들을 만들고 지히크라고 불렀다. 사냥을 할 때면 사방의 군인들에게 소식을 보내, 포위 대형을 펼치고 벽 쪽으로 사냥감들을 몰아넣으라고 지시했다. 병사들은 한 달 거리 지점부터 조금씩 연락을 취하면서 사냥감을 모두 지히크 안으로 몰아넣었다.

v.3, p.100, 12~p.101, 6 마침내 군인들은 어깨가 서로 맞닿을 정도로 근접해서 거대한 원을 이루었다. 처음에는 카안이 근신들과 함께 지히크 안으로 들어가 한동안 사냥을 즐겼다. 싫증이 나면 그 가운데에 있는 언덕 위로 올라가서 자리 잡고 왕자들과 수령들이 순서대로 들어와 사냥하는 모습을 구경했다. 그러고 나서야 비로소 일반 군인들이 사냥을 했다. 말을 포획하는 장대로 사냥감들을 잡기 위해 약간의 동물들을 자유롭게 풀어놓았다. 부케울이라는 시종들이 모든 포획물을 각급의 왕자와 대신과 군인들 모두에게 공평하게 분배해서, 자기 몫이 없는 사람이 아무도 없도록 하였다. 그들은 모두 카안에게 고두의 예의를 올렸고, 아흐레 동안의 '토이', 즉 연회가 끝난 뒤에는 각자의 목지와 천막으로 돌아갔다.

우구데이의 사망

v.3, p.101, 8~19 우구데이 카안은 술을 대단히 좋아해서, 지나칠 정도로 계속 마

셨다. 그로 인해 그는 날이 갈수록 병약해졌다. 측근을 비롯해서 그가 잘되기를 바라는 사람들이 술을 끊게 해보려고 노력했으나 소용이 없었다. 오히려 그는 더 많이 마셨다. 차가다이는 그를 보호하기 위해 한 신하를 '감관'에 임명하여 카안이 정해진 양 이상은 마실 수 없게 했다. 형의 명령을 거부할 수 없었던 카안은 술잔을 큰 것으로 바꾸어 마셨다. 또한 그를 보호해야 할 감관도 카안의 총애를 얻고자 술벗이 되어 오히려 그에게 큰 술잔을 주었다. 그러니 감관의 시중은 카안에게 아무런 도움이 되지 못했다.

소르칵타니 베키의 자매였던 이바카 베키의 아들이 카안의 바우르치(조리사)였다. 이바카 베키는 언니의 권고에 따라 그녀의 목지가 있던 키타이 지방에서 매년 어전으로 와서 카안을 위하여 연회를 열었다. 카안이 즉위한 지 13년째 되던 해에도 그녀는 관례에 따라 왔고, 카안의 바우르치였던 아들과 함께 카안에게 술잔을 바쳤다. 어느날 심하게 과음한 카안이 밤중에 잠을 자다가 사망하고 말았다. 아침이 되자 사람들은 이바카와 그의 아들이 카안을 독살한 것이라고 비난했다. 카안의 젖친구이자 잘라이르 출신의 고위 대신이었던 일치다이 노얀은 "이 무슨 황당한 소리냐? 이바카 베키의 아들은 바우르치로서, 이제까지 줄곧 잔을 받들어왔다. 카안은 항상 술을 지나치게 많이 마시지 않았는가. 무엇 때문에 그에게 그런 혐의를 씌워 명성에 먹칠을 하는가?"라고 말했다. 그는 지혜로운 사람이었고 카안의 죽음이 과도한 음주 때문이었다는 사실을 알았던 것이다. v.3, p.101, 20 ~p.102, 16

몽골인들에 따르면 카안은 소해인 1229년에 보좌에 올라, 치 v.3, p.102, 17 ~p.103, 7

세 13년째 되던 해인 그다음 소해 1241년에 사망했다고 한다. 재상을 역임한 아타 말릭 주베이니는 자신의 역사서에 카안이 회력 639년 여섯 번째 달의 닷새째 날, 즉 1241년 12월 11일에 사망했다고 보다 정확한 날짜를 기록하였다. 우구데이 카안의 유골이 묻힌 금구(禁區)는 볼닥 카시르라는 아주 높은 산 속에 있다. 그 산은 항상 눈에 덮여 있으며, 지금은 높은 봉우리라는 뜻의 '예케 운두르'라고 부른다. 그 산에서 이순무렌, 투르켄, 우순과 같은 강이 나와서 이르티쉬 강으로 흘러가는데, 그 산에서 이르티쉬까지는 이틀 거리다. 그 강들 부근에 차파르의 동영지가 있다.

❧ 킵착 초원의 사정 ❧

v.3, p.106, 11 ~p.107, 3 왕자들 가운데 일부는 1240년 가을에 킵착 초원에서 귀환했다. 그러나 바투와 그의 형제들, 차가다이 가문에 속하는 카단, 부리, 부첵 등의 왕자들은 러시아 지방과 '검은 모자를 쓴 사람들'이라 불리던 카라칼팍크를 치기 위해 출정했다. 그들은 러시아의 큰 도시인 멘케르멘(키예프)을 9일 만에 정복했다. 그 뒤 러시아의 대공 울라디무르(블라디미르)가 지배하는 지역으로 향했다. 투만 단위로 전열을 취하고 포위 대형으로 진군하며 도중에 있는 성채와 지방을 함락했다. 그리고 세 형제가 지배하는 울라디무르를 포위하여 사흘 만에 장악했다.

v.3, p.107, 3 ~p.108, 5 소해, 즉 카안이 사망한 1241년 봄 중간 달에 몽골군은 불라르와 바쉬기르드 방면으로 원정하여 마락탄 산을 넘었다. 오르다

와 바이다르는 우익에서 진군하여 일라우트 지방을 통과했다. 바르즈라는 사람이 군대를 데리고 와 맞섰으나 몽골군에게 격파됐다. 바투는 아스타릴라우(오스트리아?) 방면으로 가서 바쉬기르드의 군주를 격파했다. 카단과 부리는 사산(색슨) 종족이 있던 방면으로 출정하여, 세 차례의 전투 끝에 그들을 격파했다. 부첵은 카라 울락(몰다비아)과 그 지역의 산지(루마니아)를 넘어서 울락 종족을 격파한 뒤, 거기서 바약 툭(카르파티아)의 삼림과 산을 지나 미실라우 지방으로 갔다. 그곳에서 그들을 기다리고 있던 반도들을 공격하였다.

v.3, p.108, 6 ~p.109, 1

왕자들은 이처럼 상술한 다섯 갈래 길로 출정하여 바쉬기르드와 마자르와 사산 지방을 모두 정복하고, 그들의 군주인 켈레르를 도망치게 만들었다. 그들은 여름을 티사와 티나(다뉴브) 강가에서 보냈다. 카단은 군대를 이끌고 타쿠트, 아르바락, 세라프 등의 지방을 정복하고, 그 왕국들의 군주인 켈레르를 아드리아 해변까지 추격했다. 그는 그 해변에 있는 탈란긴 시에서 배를 타고 바다로 갔다. 카단은 귀환하였는데, 도중에 울라쿠트인들의 도시인 키르킨과 킬라를 공격해서 격전 끝에 정복했다.

v.3, p.109, 2 ~13

그때까지 카안의 사망 소식은 그들에게 도달하지 않았다. 그 뒤 1242년에 많은 수의 킵착인들이 쿠텐과 주치의 아들 싱코르에게 도전했다. 양측은 전투를 벌였고 킵착인들이 패배했다. 가을에 왕자들은 다시 한번 테무르 카할카 지방을 거쳐 그곳의 산지를 넘었다. 그들은 테무르 카할카 남쪽으로 도주한 킵착인을 붙잡기 위해 일라우두르를 보냈다. 또한 우룽쿠트와 바다지 지방을 복속시키고 그들의 사신들을 오게 했다. 그러면서 그 지방에서 그해를 모두 보냈다. 1243년 초에 킵착 정복을 완수하고 귀환했다. 도중에 여름과 겨울을 보내고 1245년에는 자신들의 울루스에 도착하여 각자의 오르도에서 하영했다.

서아시아의 상황

v.3, p.80, 14 ~p.81, 2 우구데이 카안은 호라즘의 왕자 잘랄 앗 딘의 반란을 완전히 진압하기 위해 초르마군에게 3만 명의 군대를 주어 이란 땅으로 파견했는데, 그때 각 지방의 지도자와 감관들에게 직접 초르마군의 군영을 찾아가 그를 지원하라고 명령했다. 당시 카라 키타이 출신의 친 테무르는 주치의 명령을 받아 호라즘과 마잔다란 지방에 감관으로 주둔하고 있었는데, 카안의 명령에 따라 그도 초르마군의 군영을 방문했다. 초르마군은 원정을 수행할 때 여러 왕자들의 대리인을 지명했는데, 카안의 대리인으로는 쿨 볼라트, 바투의 대리인으로는 노살, 차가다이의 대리인으로는 키질 부카, 톨루이의 미망인 소르칵타니 베키와 그녀의 아들들의 대리인으로는 엥케라는 사람을 정해주었다.

v.3, p.81, 3 ~p.82, 5 후라산 각지에서 잘랄 앗 딘 휘하의 군대가 소란을 일으키자, 초르마군은 이를 진압하기 위해 친 테무르와 쿨 볼라트를 니샤푸르와 투스로 파견했다. 한편 후라산에서의 혼란에 관한 소식을 들은 우구데이 카안은 바드기스 지방에 주둔하고 있던 다이르 바하두르에게 군대를 이끌고 가서 반도들을 평정하라고 명령

했다. 그는 시스탄으로 피신한 반군을 2년간 포위한 끝에 진압했다. 동시에 그는 친 테무르에게 사람을 보내 카안이 자신에게 후라산과 마잔다란에 대한 전권을 부여했다고 통보했다. 초르마군도 친 테무르에게 사신을 보내 다이르 바하두르에게 그 지방의 통치권을 넘기라고 명령했다.

이에 불만을 품은 친 테무르는 카안의 대리인으로 지명된 쿨 v.3, p.82, 5 ~p.83, 16
볼라트와 함께 카안의 어전을 찾아 자신의 처지를 탄원했다. 이에 카안은 후라산과 마잔다란은 친 테무르의 통치를 받으라고 확인해주고, 초르마군과 다른 장군들이 간섭하지 못하게 했다. 그는 귀환한 뒤 바투의 대리인이었던 샤라프 앗 딘 호라즈미를 '재상'으로, 바하 앗 딘 주베이니를 '사힙 디반'으로 임명했다. 또한 여러 왕자들도 '비틱치' 한 명을 각각 지정하여 친 테무르에게 보냈다. 이렇게 해서 후라산 등지를 경영하는 디반 재무청의 사무는 친 테무르의 주도 아래 순조롭게 자리를 잡게 되었다.

친 테무르는 1235~36년에 사망했다. 카안은 한때 바투의 대리 v.3, p.109, 16 ~p.110, 6
인이었던 노살을 그의 후임으로 임명하고 후라산과 이라크를 통치하라는 칙명을 내렸다. 그때 그의 나이는 이미 100세를 넘겼다. 칙명을 따라 디반 재무청에 속하는 수령과 서기들은 친 테무르의 집에서 그의 집으로 거처를 옮겼고, 거기서 디반의 사무를 처리했다. 샤라프 앗 딘 호라즈미는 바투에게 가서 자신의 처지를 호소했다.

바하 앗 딘 주베이니가 카안을 찾아가 후라산 지방의 심각한 v.3, p.110, 8 ~15
분란을 보고했다. 카안은 상대방의 말을 듣지 않고 판결을 내릴 수 없다면서 모두 출두해서 심문을 받으라는 칙명을 내렸다. 바하 앗 딘과 쿠르구즈가 돌아와 칙명을 전달하니 노살과 쿨 볼라트는 쿠르구즈의 행동을 못마땅하게 여겼다. 그러나 쿠르구즈는 다시 카안의 어전으로 가서 탄원을 올렸고, 이번에는 총독 직을 획득하고 돌아왔다. 노살은 군대를 지휘하는 장군의 직책에 만족할 수밖에 없었고 얼마 후(1239~40년경)에 사망했다.

v.3, p.110, 16 ~p.111, 6 쿠르구즈는 서기와 세리들을 불러서 정무에 전념했고, 후라산과 마잔다란의 사무를 장악했다. 호구 조사를 실시하고 세금을 확정했으며 공방(工房)들을 건설하였다. 그 결과 정의와 공평이 최대한으로 실현되었다. 샤라프 앗 딘은 바투의 어전에서 돌아왔다. 그와 쿠르구즈로 인해 권력을 잃은 다른 이들은 친 테무르의 큰 아들 에드구 테무르에게 가서 부친의 직위를 물려받으라고 설득했다. 그래서 그는 카안의 어전으로 통쿠즈라는 사신을 보내어 후라산에 혼란이 일고 있다고 보고했다. 카안의 재상인 친카이를 견제하던 사람들은 에드구 테무르가 청원한 것을 좋은 기회라고 생각하여 카안에게 그 내용을 상주했다. 카안은 아르군 아카, 쿠르 부카, 샴스 앗 딘 카마르카르 등에게 사태를 조사하라는 칙명을 내렸다.

v.3, p.111, 7 ~13 쿠르구즈는 이 소식을 듣고 곧바로 카안의 어전으로 향했다. 도중에 파나카트에서 후라산으로 돌아오던 그들과 만났다. 그들은 쿠르구즈에게 되돌아가라고 말했지만 그는 듣지 않았다. 통쿠즈는 그와 싸움을 벌여 그의 이빨들을 부러뜨렸다. 쿠르구즈는 사신을 통해 피로 물든 자신의 옷을 카안의 어전으로 보내고

자신은 하는 수 없이 돌아갔다. 쿠르구즈가 후라산에 돌아오자, 쿨 볼라트와 에드구 테무르는 무리를 모아 서기들을 몽둥이로 위협했고 쿠르구즈는 끌고 가서 심문하였다.

사건에 대한 조사가 시작되고 45일이 지난 뒤, 쿠르구즈가 카 v.3, p.111, 14 ~p.112, 1
안에게 보낸 사신이 돌아와서 모든 당사자들은 어전으로 출두하고 그곳에서는 어떤 심문도 하지 말라는 칙명을 전했다. 쿠르구즈의 피 묻은 옷을 받고 분노한 카안이 그곳의 고관들에게 즉시 출두하라는 칙명을 보냈던 것이다. 쿠르구즈는 즉시 출발하였고, 쿨 볼라트와 에드구 테무르 역시 고발인들과 함께 길을 나섰다. 부하라에서 사인 말릭 샤가 그들을 위해 연회를 베풀었는데, 쿨 볼라트가 방뇨하러 밖으로 나갔을 때 뒤따르던 암살자들이 그를 살해했다.

나머지 일행은 우구데이 카안의 어전에 도착했다. 에드구 테 v.3, p.112, 2 ~11
무르는 과거 자신의 부친 친 테무르가 만들어서 보유하고 있던 천막을 쳤고 카안은 그곳에서 연회를 즐겼다. 카안이 방뇨하러 밖으로 나왔을 때, 갑자기 바람이 불어 그 천막이 넘어지는 바람에 후궁 한 사람이 다쳤다. 이에 분노한 카안은 사람들에게 그 천막을 조각내어 약탈하라고 명령했다. 그로 인해 에드구 테무르의 처지는 몰락하고 말았다. 일주일 뒤에 쿠르구즈는 자신이 갖고 온 천막을 쳤고, 카안은 그곳에서 잔치를 즐겼다. 선물들 가운데 야라칸이라는 보석으로 장식한 혁대가 하나 있었다. 카안이 그것을 신기하게 여겨 허리에 찼는데, 즉시 과식으로 인하여 더부룩하던 게 해소되었다. 카안은 좋은 징조라고 여겼고, 덕분에 쿠르구즈의 처지도 나아졌다.

v.3, p.112, 12 ~19 칙명에 따라 석 달 동안 각자의 주장에 대해서 심문했지만 최종 판결은 내려지지 않았다. 마침내 카안이 직접 심문했고, 에드구 테무르와 그의 속료들에게 유죄를 판결했다. 카안은 "너는 바투에게 속하기 때문에 너의 주장을 바투에게 전달하겠노라. 너를 어떻게 할지는 바투가 알아서 처리할 것이다"라고 말했다. 그러자 재상 친카이가 말하기를 "바투의 주군은 카안이십니다. 이 개(犬)가 무엇이기에 그에 관한 문제를 왕자들과 상의할 필요가 있습니까? 카안께서 결정하십시오"라고 했다.

v.3, p.112, 19 ~p.113, 5 그 말을 듣고 카안은 그를 용서하고 그들을 화해시켰다. 그러고는 그들을 모두 쿠르구즈와 함께 돌아가도록 하면서, "그들에게 말하라! 거짓을 고발하는 사람을 처형하는 것이 칭기스 칸의 대야사이니, 너희들을 모두 처형해야 마땅하다. 그러나 너희는 먼 길을 왔고 처자식들이 기다리고 있을 테니 목숨은 살려주겠노라. 이후로는 이러한 일을 벌이지 않도록 하라!"라고 말하였다. 그리고 쿠르구즈에게도 "만약 네가 지난 일에 앙심을 품고 산다면 너 역시 처벌받게 될 것이다"라고 전하였다.

v.3, p.113, 6 ~18 쿠르구즈에게 초르마군의 군대가 아무다리야 너머에서 복속시킨 지방들을 모두 관할하라는 칙명이 내려왔다. 쿠르구즈는 그 소식을 알리는 전령을 먼저 후라산으로 보내고, 자신은 바투의 형제인 탕구트에게로 갔다. 거기서 호라즘을 경유하여 후라산으로 향했고, 1240년 초에 자기 거처로 돌아왔다. 그는 수령과 대인들을 불러서 칙령을 읽게 하였다. 또한 자기 아들은 이라

크와 아제르바이잔으로 보냈다. 초르마군과 언쟁을 벌였지만 마침내 그 지방을 칙명에 따라 장악하고 정액의 세금을 확정했다. 쿠르구즈는 투스를 자신의 거처로 선택하고 그곳에 건물을 짓기 시작했다. 샤라프 앗 딘 호라즈미를 붙잡아 구금하고 아실 앗 딘 루가디를 재상으로 삼았다. 샤라프 앗 딘의 상황을 보고하기 위하여 사신을 어전으로 보냈고 뒤이어 자신도 출발했다.

쿠르구즈가 카안을 뵙고 돌아올 때 마와라안나흐르 지방의 어 v.3, p.113, 19 ~p.114, 4
느 다리에서 차가다이의 수령들 가운데 한 명인 키체우와 언쟁이 벌어졌다. 키체우가 "내가 너를 고발하지 못할 것 같은가?"라고 말하자, 쿠르구즈는 "네가 나를 누구에게 고발하겠느냐?"라고 응수했다. 차가다이는 불과 얼마 전에 사망했기 때문에, 그는 차가다이의 카툰에게 가서 울면서 쿠르구즈가 한 말을 고했다. 카툰은 카안에게 사람을 보내 "차가다이가 죽었다고 어떻게 쿠르구즈 같은 평민이 큰소리를 칠 수 있습니까?"라고 아뢰었다.

이 사건의 전말은 그의 미망인 투르게네 카툰에게 보고되었 v.3, p.114, 5 ~10
다. 카안의 사망 소식을 들은 쿠르구즈는 후라산으로 돌아왔지만, 투레게네는 쿨 볼라트의 아들에게 쿠르구즈를 체포하여 차가다이의 카툰에게 넘기라는 명령을 내렸다. 쿠르구즈는 도망쳐 투스 성채로 갔지만, 사흘간의 전투 끝에 밖으로 끌려나왔다. 그를 사슬에 묶어 그들에게 넘겼고, 그들은 그를 끌고 가서 입에 흙을 채워넣어 죽였다.

제2장

단명한 구육의 치세

칭기스 칸 가문의 카안 계승 순서

( ): 재위 연도

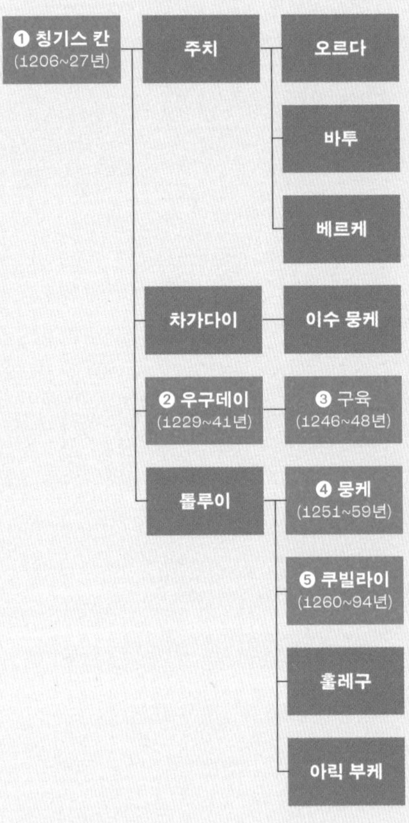

v.3, p.279, 1~16

구육은 우구데이 카안의 큰아들로 대카툰인 투레게네 카툰에게서 출생했다. 그는 많은 카툰과 후비를 두었으며, 가장 큰 카툰은 오굴카이미시였다. 그에게는 세 아들이 있었다. 첫째는 호자 오굴이고 둘째는 나쿠이며, 이 둘은 오굴카이미시에게서 출생했다. 호자 오굴에게는 확인된 자식이 없다. 나쿠에게 아들이 하나 있었는데 그의 이름은 차바트이다. 구육의 셋째 아들 호쿠는 후비의 소생이며, 투그메라는 아들이 있었다. 투그메도 아들을 낳았으니, 그 또한 이름이 투그메였다. 현재 그는 카이두의 아들 차파르와 왕국의 지배권을 두고 분쟁하고 있다.

⌘ 즉위 전의 사정 ⌘

v.3, p.280, 1~9

우구데이 카안이 타계했을 때 그의 큰아들 구육은 킵착 원정에서 아직 돌아오지 않은 상태였다. 무게 카툰도 그의 뒤를 이어 곧 사망했다. 구육의 모친인 투레게네 카툰은 교묘한 술책을 써서 자기 마음대로 권력을 장악하고, 온갖 선심과 선물로 친족과 대신들의 마음을 빼앗았다. 사방에 있는 사람들이 그녀의 명령을 따르게 되었다. 친카이와 다른 대신들은 여전히 직위를 유지했고, 여러 지방들의 총독들도 예전과 변함이 없었다.

v.3, p.280, 9 ~p.281, 1 권력을 장악한 투레게네 카툰은 원한을 품었던 사람들에게 복수하기 시작했다. 그녀에게는 파티마라는 영리한 여종이 있었다. 파티마는 후라산이 정복될 때 마쉬하드와 투스 지방에서 포로로 끌려왔다. 그녀는 카툰의 신뢰를 받았기 때문에, 각 지방의 대인들은 그녀를 통해 중요한 일들을 해결하곤 했다. 투레게네 카툰은 이 여종과 상의한 뒤 카안의 치세에 중요한 직무들을 담당한 대신들을 파직하고 무식한 무리를 그 자리에 임명하기도 했다. 그녀는 카안의 대재상이었던 친카이를 체포하려고 하였는데, 그는 이를 눈치 채고 도망쳐서 우구데이의 둘째 아들인 쿠텐에게 보호를 청했다.

v.3, p.281, 2 ~17 파티마는 우구데이 카안의 재상이었던 마흐무드 얄라바치에게도 원한을 품고 있었다. 그녀는 기회를 엿보다가 압둘 라흐만이라는 사람을 그의 자리에 앉히고, 사람을 보내 얄라바치를 붙잡아 오게 했다. 사신들이 도착하자 얄라바치는 유쾌하게 나와서 후하게 대접하는 관례를 갖추었다. 그는 이틀 동안 이렇게 대접한 뒤 "오늘은 우리 대취하고 칙명은 내일 듣도록 합시다"라고 말했다. 그러고는 은밀히 도망칠 준비를 하였다. 사신들이 술에 취해 곯아떨어지자 그는 기병 몇 명과 함께 쿠텐에게 도망쳤다.

v.3, p.281, 18 ~p.282, 7 친카이와 얄라바치는 쿠텐의 궁전에 숨어서 그의 비호를 받았다. 다음 날 사신들이 쿠텐에게 가서 그의 어머니 투레게네의 명령을 전했지만, 그는 이렇게 답했다. "나의 어머니에게 가서 이렇게 말하라! 참새는 매의 발톱을 피하여 가시덤불에 숨어 안전

을 얻습니다. 그들이 내게 와서 은신처를 구했는데 어떻게 돌려 보내겠습니까. 얼마 후면 쿠릴타이가 열릴 것입니다. 그때 내가 그들을 데리고 가서, 친족과 대신들이 참석한 자리에서 심문을 받고 상응하는 처벌을 받게 하겠습니다." 투레게네 카툰은 몇 차례 사신을 더 보냈지만 쿠텐은 같은 말을 되풀이했다.

투르키스탄 총독이자 마흐무드 얄라바치의 아들인 마수드 벡 v.3, p.282, 8 ~p.283, 1
은 이러한 정황을 목격하고 서둘러 바투에게로 갔다. 또한 앞에서 언급했듯이 차가다이의 손자인 카라 훌레구의 부인 오르가나 카툰은 후라산으로 아미르 아르군을 보내 쿠르구즈를 잡아오도록 하였다. 쿠르구즈가 붙잡혀 오자 그를 처형하고 그의 후임자로 아르군을 보냈다. 이처럼 혼란한 상황이 되자 귀족들은 각자 사신을 사방으로 보내고, 지불 명령서를 남발했다. 사람들은 자신을 보호해줄 사람을 찾는 일에 매달렸다. 그러나 소르칵타니 베키와 그녀의 아들들만은 예외였으니, 그들은 야삭의 정도를 굳건히 지키고 칭기스 칸이 정한 규범을 추호도 어기지 않았다.

투레게네 카툰은 동방과 서방 각지에 사신을 보내 왕자들과 v.3, p.283, 2 ~p.284, 1
좌우익의 장군들, 각 지역의 수령과 귀족들을 쿠릴타이에 소집했다. 그 당시 구육이 킵착 원정에서 돌아오지 않은 상태에서 칭기스 칸의 동생인 옷치긴 노얀이 무력과 위세로 보좌를 차지하려고 했다. 옷치킨 노얀은 대군을 이끌고 카안의 오르도로 향했다. 이로 인하여 모든 군대와 울루스가 동요했다. 투레게네 카툰은 사신을 보내 "이렇게 군대와 무기와 장비를 갖고 오는 것은 무슨 의도입니까? 모든 울루스와 군대가 혼란에 빠졌습니다"라고 말했다. 옷치긴은 자신의 의도를 후회하고, 장례식에 참석하려는 것일 뿐이라고 둘러댔다. 그러는 사이에 구육이 자신의 오르도가 있는 에밀 강변에 도착했다는 소식이 전해졌다. 옷치긴은 더욱 후회하며 자기 목지로 돌아갔다.

v.3, p.284, 2 ~p.284, 1 이후로도 거의 3년 동안 카안의 보좌는 비어 있었고, 투레게네 카툰이 국사를 명령했다. 그녀의 명령은 전국에 통용되었고 모든 대인들은 밀려났는데, 이는 왕자들이 모이지 않아 쿠릴타이가 열리지 못했기 때문이다. 구육 칸은 모친 가까이 왔음에도 불구하고 정치에 개입하지 않았고, 투레게네 카툰이 여전히 섭정으로서 국정을 담당했다. 그러나 투레게네 카툰은 구육이 즉위한 뒤 두세 달 만에 사망하고 말았다.

⁂ 구육의 즉위 ⁂

v.3, p.285, 19 ~p.286, 8 우구데이 카안은 생전에 투레게네 카툰에게서 출생한 셋째 아들 쿠추를 후계자로 선택했는데, 그는 카안보다 먼저 사망하고 말았다. 카안은 여러 아들 가운데 그를 가장 사랑했기 때문에 쿠추의 큰 아들인 시레문을 오르도로 데려와서 직접 키웠고, 이 손자를 후계자로 삼겠다고 명령했다. 그는 세상을 떠나던 바로 그해에 사신들을 유럽으로 보내 원정 중이던 구육을 소환하였다. 구육은 명령에 따라 귀환했지만, 그가 도착하기도 전에 카안이 타계했기 때문에 부자는 만나지 못했다. 부친의 사망 소식을 들은 구육은 서둘러 이밀로 갔고, 거기서 다시 아버지의 오르도로 향

했다.

그의 도착으로 말미암아 옷치긴과 같이 권력을 노리던 자들의 기도는 좌절되고 말았다. 사신들을 방방곡곡으로 보내 왕자·수령·태수·서기들을 소집하였고, 명령을 받은 이들은 각자의 거처에서 출발했다. 1245년 봄이 되자 왕자들과 좌우익의 장군들이 각자 속료와 시종들을 데리고 도착했다. 그들은 쿠케 나우르라는 호수에 모였다. 바투만은 예외였다. 그는 어떤 이유론가 불만을 가졌고, 몸이 아프고 통풍이 심하다는 이유를 들어 참석하지 않았다. v.3, p.286, 9 ~17

누구보다도 먼저 톨루이의 부인 소르칵타니 베키와 그녀의 자식들이 도착했다. 동방에서는 옷치긴이 아들 80명과 함께 왔고, 알치다이를 비롯하여 다른 친족들도 속속 도착했다. 차가다이의 오르도에서는 카라 훌레구, 이수 뭉케, 부리, 바이다르, 이순 토아 등이 왔다. 바투의 오르도에서는 그의 형제들인 오르다, 시반, 베르케, 베르케체르, 탕쿠트, 토카 테무르가 왔다. 각 방면의 중요한 지휘관과 수령들도 함께 왔다. 키타이 방면에서는 장군과 관리들이 왔고, 투르키스탄과 마와라안나흐르에서는 마수드 벡 및 그 지방의 대인들이, 후라산·이라크·루르·시르반·아제르바이잔 등지에서는 아르군 아카를 위시한 대인들이, 룸 지방에서는 술탄 루큰 앗 딘이, 조지아에서는 다우드라는 같은 이름을 가진 형제가, 알레포에서는 그곳의 통치자 형제가, 모술에서는 술탄 바드르 앗 딘 룰루의 사신이, 칼리프의 궁정인 바그다드에서는 대법관 파흐르 앗 딘이, 그리고 프랑크와 파르스와 키르만에 v.3, p.286, 18 ~p.287, 15

서는 사신들이, 시아파 '암살자단'의 요새인 알라무트에서는 알라 앗 딘이 보낸 쿠히스탄의 권력자 시합 앗 딘과 샴스 앗 딘 등이 왔다. 이 무리들은 각자 예우에 맞는 선물들을 지참했다. 그들을 위하여 거의 2000개의 천막을 준비했으나, 사람들이 어찌나 많았는지 오르도 주변에는 머물 곳이 남아 있지 않았고, 식료품과 음료수의 가격은 치솟았다.

v.3, p.287, 16 ~p.288, 11 왕자와 대신들은 카안의 후계자 문제에 대해서 이렇게 말했다. "칭기스 칸이 우구데이 카안을 이을 계승자로 지명했던 쿠텐은 이미 타계했고, 카안이 유언으로 지명한 시레문은 아직 성년이 되지 못했으니, 카안의 큰아들인 구육을 지명하는 것이 좋겠다." 구육은 위세와 권위를 지닌 사람으로 유명했다. 투레게네 카툰은 그에게 기울었고, 대부분의 대신도 그녀와 같은 견해였다. 그들은 논의를 한 끝에 그를 추대하기로 합의했다. 그는 관례가 그러했듯이 자신이 몸이 약하고 병이 있다는 이유를 들며 추대를 거절했다. 대신들의 권유가 계속되자 그는 마침내 "내가 죽은 뒤에도 나의 일족에게 카안의 자리가 계속 이어질 것을 전제 조건으로 요청을 받아들이겠다"라고 말했다. 그러자 모두가 한 목소리로 "비계와 풀에 말아 넣은 고깃덩어리를 개나 소도 먹지 않을 정도로 당신의 후손들 가운데 그렇게 무능한 사람이 나오지 않는 한, 우리는 다른 사람에게 카안의 자리를 주지 않겠습니다"라고 말하며 서약서를 썼다. 이어서 무당이 의식을 행했다. 모든 왕자들이 모자를 벗고 혁대를 풀었다. 그리고 그를 군주의 보좌에 앉혔으니, 이는 1246년 8월의 일이다.

모두 관례에 따라 잔을 들고 일주일간 잔치를 벌였다. 그런 뒤 v.3, p.288, 12 ~p.289, 5 많은 재화를 카툰과 왕자들과 만호·천호·백호·십호의 지휘관들에게 나누어주었다. 그 뒤 나라의 중요한 사무들을 정비하기 시작했다. 먼저 파티마를 심판하는 야르구 법정을 열고, 그다음에는 옷치긴 사건을 조사했다. 그 문제는 매우 민감한 것이어서 아무에게나 그 일을 맡길 수 없었기 때문에, 뭉케와 오르다가 심문관이 되었다. 야르구를 모두 마친 뒤 옷치긴을 처형했다. 카라 오굴(카라 훌레구)은 차가다이의 손자로서 후계자였다. 그는 차가다이의 친아들이자 자신의 숙부인 이수 뭉케를 국사에서 배제했다. 그러나 구육은 이수 뭉케와 친했기 때문에 "아들이 있는데 어떻게 손자가 후계자가 될 수 있는가?"라고 말하며, 차가다이의 자리를 이수 뭉케가 물려받도록 지정해주었다.

카안이 사망한 뒤 왕자들은 각자 멋대로 행동하여, 백성들의 v.3, p.289, 6 ~14 재산을 강탈하는 지불 명령서와 패자를 아무에게나 마구 주었다. 구육은 그걸 전부 회수하라고 지시했다. 다만 부친 우구데이가 내린 명령만 그대로 인정하고, 카안의 인장이 찍힌 칙령은 그대로 통용하라고 지시했다. 각자가 자의적으로 발행한 패자와 칙령들이 그걸 발행한 사람 앞에 놓였고, 구육은 그들을 질책하였다. 그러나 소르칵타니 베키와 그녀의 자식들은 추호도 그런 일을 하지 않았기 때문에 떳떳하고 당당했다.

1247년 그는 각지로 군대를 보냈다. 수베테이와 차간 노얀에 v.3, p.289, 19 ~p.290, 5 게 대군을 주어 키타이 지방과 만지의 변경으로 파견했다. 일치기테이를 서쪽 방면으로 보냈는데, 이란에 있는 군대에서 타직인 열 명에 두 명씩 징발하여 암살자단을 위시한 반도들의 지방을 복속시키라고 명령했다. 그리고 자신도 그들의 뒤를 따라나설 계획을 세웠다. 그 방면의 군대와 복속민 전부를 일치기테이에게 위임했다. 특히 룸·조지아·모술·알레포의 사무를 전적으로 위임했고 그곳의 총독들은 징세에 관한 문제까지 그의 지시를 받도록 하였다.

v.3, p.290, 6 ~p.290, 5 구육 칸은 투레게네 카툰이 키타이 총독으로 파견한 압둘 라흐만을 야사에 처하고, 얄라바치를 새 총독으로 임명했다. 투르키스탄과 마와라안나흐르는 마수드 벡에게 위임했고, 후라산·이라크·아제르바이잔·시르반·루르·키르만·조지아 및 인도 방면은 아르군 아카에게 맡겼다. 그들에게 소속된 지휘관과 태수들에게도 칙령과 패자를 주고 중요한 사무를 위임했다. 룸의 술탄국은 루큰 앗 딘에게 주고, 그의 형제는 폐위시켰다. 크즈 말릭의 아들인 다우드를 다우드라는 같은 이름을 가진 그의 형제 밑에 두었다. 또한 사신을 통해 바그다드의 칼리프에게 경고와 협박의 메시지를 보냈다. 암살자단의 요새인 알라무트에서 사신들이 갖고 온 문서에 대해 극도로 거친 말로 답장을 써서 보냈다. 구육은 친카이를 총애하여 다시 재상에 임명했다.

❧ 구육의 서방 원정과 의문의 죽음 ❧

v.3, p.291, 1 ~10 기독교를 믿던 카닥은 구육 칸이 어렸을 때부터 그의 왕부(王傅)로 지내면서 구육의 성품에 커다란 영향을 미쳤다. 그 뒤에 친

카이가 구육을 보좌했다. 그런 까닭에 구육은 항상 사제들과 기독교도를 보호하려 했다. 그 같은 소문이 퍼지자 시리아·룸·아스·러시아 등지에서 사제들이 그의 어전으로 찾아왔다. 반면에 그는 이슬람 종교를 거부했다. 그런 까닭에 그의 치세에 기독교는 번영을 구가했으며, 어떠한 무슬림도 기독교도에게 감히 목소리를 높여서 말할 수 없었다.

구육 칸은 자신의 명성이 부친의 관대함보다 더 널리 알려지 v.3, p.291, 11 ~21
기를 바랐기 때문에 늘 지나칠 정도로 많은 재물을 사여했다. 그는 사방에서 상인들이 갖고 오는 물품에 우구데이 카안 치세 때와 동일한 방식으로 가격을 매겨서 지불하라고 지시했다. 그렇게 해서 발행한 지불 명령서의 액수가 7만 발리시에 이른 적도 있다. 당시 2킬로그램짜리 은괴를 '발리시'라고 불렀다. 각지에서 온 물품이 산처럼 쌓여서 옮기기도 힘들 정도였다. 어전의 대신들이 그러한 상황을 보고하니, 그는 "재물을 지키는 것도 힘든 일이니, 군대와 이곳에 있는 사람들에게 나누어주라!"라고 명령했다. 며칠 동안 병사들과 모든 속민들에게 주었지만, 그래도 여전히 많이 남았다. 그는 사람들에게 내키는 대로 가져가라고 지시했다.

그해 겨울은 그곳에서 보냈다. 1248년 새해가 도래하자 그는 v.3, p.292, 1 ~15
"날씨가 따뜻해지기 시작했는데, 이밀의 기후가 내 몸에 잘 맞고 또 그곳의 물이 나의 병에 좋다"라고 말하고 서쪽 지방으로 향했다. 어디를 가든 그는 만나는 사람들에게 빈곤에서 벗어날 수 있을 정도의 발리시와 옷을 주곤 했다. 그러나 현명한 소르칵타니 베키는 그가 그렇게 서둘러 가는 데에는 어떤 의도가 있음을 눈치 챘다. 그녀는 은밀히 바투에게 전령을 보내 "준비하시오! 구육 칸이 대군을 이끌고 그쪽 지방으로 가고 있는데, 모종의 위계가 숨어 있는 것 같습니다"라고 하였다. 바투는 감사히 생각하며 전투 채비를 갖추었다. 구육 칸이 베쉬발릭에서 일주일 거리 떨어진 사마르칸트 부근에 도착했을 때 정해진 운명의 시간이 찾아왔다. 구육은 거기서 사망하고 말았으며, 그의 통치 기간은 대략 1년이었다.*

v.3, p.292, 16 ~p.293, 5 구육 칸이 사망한 뒤 그의 유해는 부인 오굴카이미시의 명령에 따라 그의 오르도가 있던 이밀 방면으로 옮겨졌다. 소르칵타니 베키는 관례에 따라 그녀에게 위로의 말을 전하면서 의복과 보그탁 모자를 보냈다. 바투 역시 조문을 보내 "오굴카이미시는 친카이 및 대신들과 상의하여 나라의 중요한 사무를 처리하는 데 소홀함이 없도록 하시오. 나는 병들고 연로하며 통풍이 있어서 움직일 수가 없소. 너희 아우들은 모두 그곳에 있으니 필요한 사무를 처리하도록 하라"라고 말했다.

v.3, p.296, 6 ~17 오굴카이미시는 무당들과 망상에 몰두했다. 또한 호자와 나쿠는 어머니에게 맞서서 각자 권부를 개설했다. 그 결과 세 명의 통치자가 동시에 들어서게 되었다. 각지에서 왕자들이 자기 마음

* 구육이 사망한 곳은 사마르칸트 부근이 아니라 베쉬발릭 부근에 있는 쿰 셍기르라는 곳이며, 현재 중국의 신장 서북부 지점이다. 그의 통치 기간은 1246년 8월부터 1248년 4월까지, 1년 반 정도였다.

대로 문서를 발행하고 명령문을 발부했다. 이로 인해 나라의 사무는 다시 혼란에 빠졌다. 뭉케가 카안이 되고 국사가 제대로 정리될 때까지 그러한 혼란은 계속되었다.

지도 6. 톨루이 가문의 쿠데타

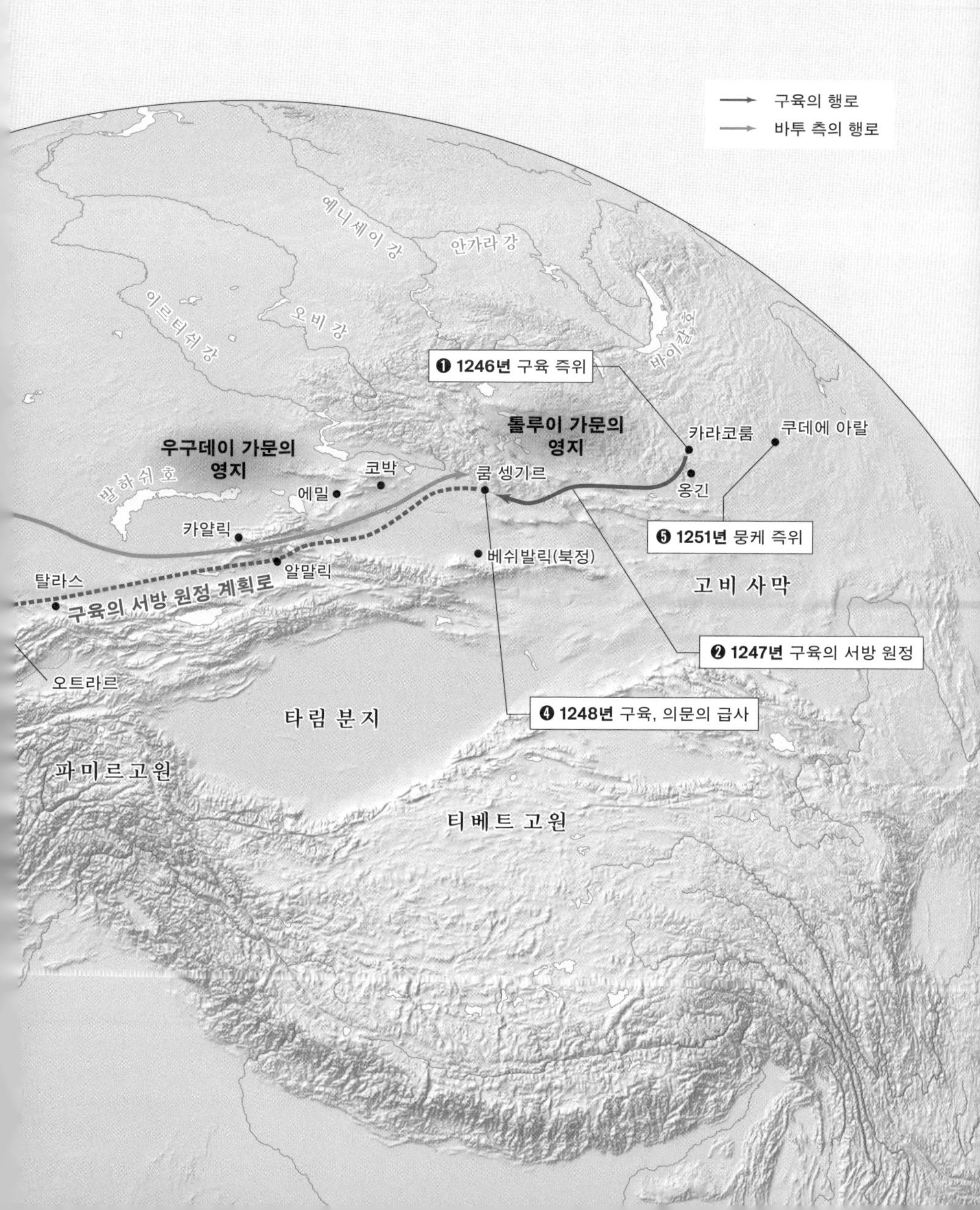

구육의 행로
바투 측의 행로
예니세이 강
안가라 강
이르티시 강
오비 강
바이칼 호
❶ 1246년 구육 즉위
톨루이 가문의
영지
우구데이 가문의
영지
카라코룸
쿠데에 아랄
발하시 호
코박
쿰 셍기르
에밀
옹긴
카얄릭
❺ 1251년 뭉케 즉위
베쉬발릭(북정)
알말릭
탈라스
구육의 서방 원정 계획로
고비 사막
❷ 1247년 구육의 서방 원정
오트라르
❹ 1248년 구육, 의문의 급사
타림 분지
파미르고원
티베트 고원

제3장

뭉케의 혁명과 집권

차가다이 울루스 칸 계보도

=: 혼인 관계, ( ): 재위 연도

❶ 차가다이 (1241년 사망)
무에투켄
모치 예베
사르만
❷ 이수 뭉케 (1242~45년)
바이다르
바이주
부리
이순 토아
❸ 카라 훌레구 (1246~51년)
오르가나(섭정)
테구데르
❼ 네구베이 (1271~72년)
❺ 알구 (1261~65년)
카다카이 세첸
아비시카
❻ 바락 (1266~71년)
❹ 무바락 샤 (1252~61, 1266년)
카반
추베이
탈리쿠
부카 테무르
❽ 두아 (1282~1307년)
놈 쿨리
❾ 쿤첵 (1308년)
⓫ 에센 부카 (1310~18년)
❿⓬ 케벡 (1309년, 1318~27년)
에부겐
⓭ 엘지기데이 (1328~30년)
⓮ 두라 테무르 (1326~31년)
⓯ 타르마시
(1331~34년
⓲ 카잔 (1343~47년)
⓱ 창시 (1335~38년)
⓰ 부잔 (1335년)

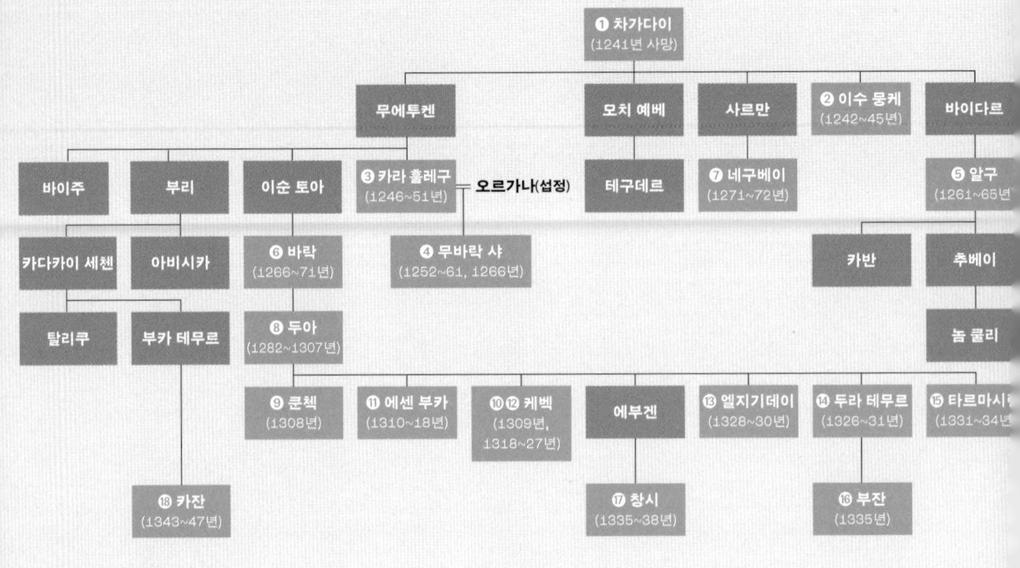

주치 울루스 칸 계보도

( ): 재위 연도

주치
오르다 울루스(좌익)
바투 울루스(우익)
❶ 오르다 (1226~55년?)
우두르
토카 테무르
셍굼
사르탁타이
쿨리 (1226~55년?)
❷ 쿠룸시 (?)
❸ 쿵키란 (?)
❹ 코니치 (1277~98년)
❺ 바얀 (1299~1311년)
❻ 사시 부카 (1312~21년)
❶ 바투 (1255년 사망)
베르케
시반
보알
❷ 사르탁 (1256~57년)
토칸
투타르
밍카다르
타르부
❸ 뭉케 테무르 (1267~80년)
❹ 투데 뭉케 (1280~87년)
노카이
투카르
❺ 톡타이 (1287~88년, 1291~1312년)
토그릴 차
❻ 우즈벡 (1313~41년)
❼ 티니벡 (1341~42년)
❽ 자니벡 (1342~57년)
❽ 베르디벡 (1357~59년)
노루즈

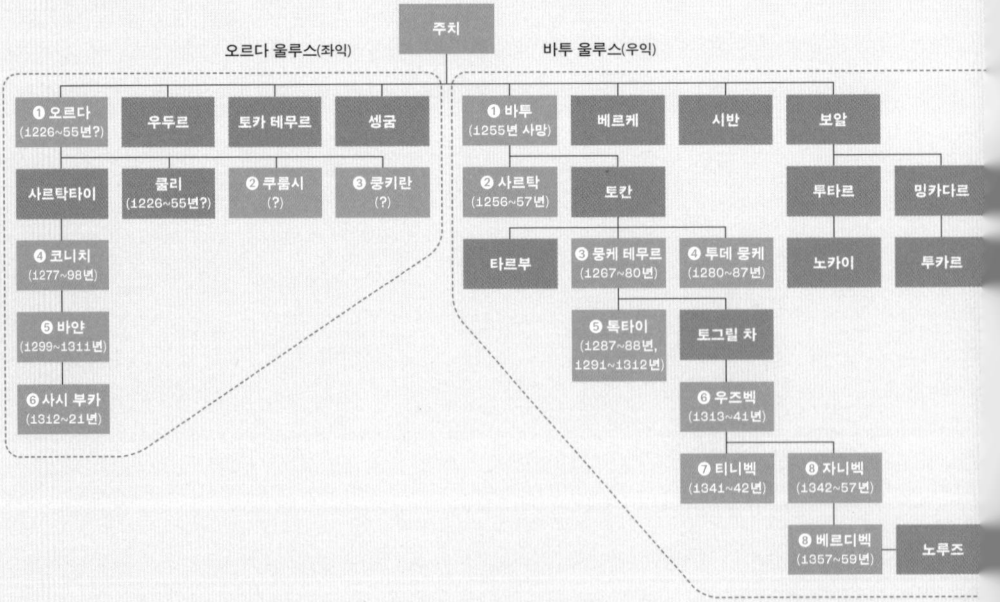

꧁ 즉위 이전의 상황 ꧂

뭉케 카안은 톨루이의 큰아들로서 그의 큰 부인인 소르칵타니 베키에게서 출생했다. 그녀는 케레이트의 군주인 옹 칸의 형제 자아 감보의 딸이었다. 뭉케는 여러 명의 카툰과 후비들을 두었다. 가장 큰 부인인 쿠툭타이 카툰은 이키레스족 출신인 보투 쿠레겐의 아들 울다이의 딸이었다. 그녀에게서 발투와 우룽타시라는 두 아들이 태어났다. 우룽타시는 다시 큰아들 사르반과 이름이 알려지지 않은 작은아들을 낳았다. 그중 사르반은 시리기와 연합하여 반란을 일으키고, 쿠빌라이의 아들 노무칸을 붙잡았다. 그는 후일 카안에게 끌려가 처형됐고, 시리기는 더운 해안 지방으로 귀양을 가서 거기서 죽었다. v.3, p.305, 1~12

뭉케 카안은 또 다른 대카툰을 두었는데, 그녀는 오이라트 출신이고 이름은 오굴투트미시였다. 톨루이의 뜻에 따라 뭉케에게 시집왔으며, 남편의 형제들인 쿠빌라이와 훌레구를 '자식'이라고 불렀다. 이 카툰에게서는 아들이 없었고 딸만 둘 있었다. 뭉케는 또 다른 두 명의 중요한 후비를 두었다. 그중 한 명이 바야우트족 출신의 바야우진이었다. 그녀에게서 시리기가 태어났다. 시리기의 두 아들이 투라 테무르와 토칸 테무르이다. 그리고 토칸 테무 v.3, p.306, 4~p.307, 14

르의 아들인 울루스 부카가 쿠빌라이 카안의 어전에 있었다. 또 다른 후비가 있었는데 이름은 쿠이테니였고, 일치긴족 출신이었다. 그녀에게서 아들이 하나 태어났으니, 이름은 아수타이였다. 그는 아릭 부케와 한편이 되어 쿠빌라이와 적대했다. 아수타이에게 울제이, 훌라추, 한툼, 울제이 부카 등 네 아들이 있었는데 모두 쿠빌라이 카안을 모셨다.

v.3, p.309, 14 ~p.310, 8 구육 칸이 급작스럽게 타계하자 국정은 또다시 혼란에 빠졌고, 그의 부인 오굴카이미시가 대신들과 함께 국사를 처리했다. 다만 톨루이의 카툰인 소르칵타니 베키는 자식들을 감독하고 관리하며 확고하게 군대와 울루스의 사무를 처리했다. 과거에 우구데이 카안이 키타이 지방으로 원정을 갔을 때 톨루이가 사망했다. 이후 카안은 술에 취하면 울면서, "동생을 잃어 너무 마음이 아파서 술을 마시는 것이다"라고 말하곤 했다. 카안은 그의 자식들의 처지를 크게 걱정하여 톨루이의 울루스에 관한 사무와 군대는 그의 큰 부인인 소르칵타니 베키에게 일임했다. 카안은 심지어 제국의 사무를 처리할 때에도 그녀와 상의를 하고 권고를 경청했다. 톨루이가 사망한 뒤에도 그녀는 항상 사방의 일족 친지들에게 선물을 보내며 그들을 보살폈다.

v.3, p.310, 8 ~p.311, 4 구육 칸이 사망하자 대부분의 사람들은 소르칵타니의 큰아들인 뭉케에게 제위를 위임하는 것에 동의했다. 그녀는 기독교를 믿고 있음에도, 이슬람 종교 지도자들에게도 보시와 헌물을 하였다. 그녀는 부하라에 신학교를 짓기 위해 은 1000발리시를 하사하고, 장로들의 대표인 세이프 앗 딘 바하르지를 그곳의 감독

그림 5. 톨루이와 소르칵타니 베키

으로 임명하였다. 또한 촌락들을 구매하여 그 신학교의 운영기금을 위한 기진지(寄進地)로 삼고, 거기서 나오는 수입으로 교사와 학생들을 두라고 지시했다. 소르칵타니는 이처럼 존경받는 길을 걸으며 살다가 1252년에 타계하였다.

v.3, p.311, 6 ~19 구육 칸이 사망했을 때 바투는 통풍으로 고생하고 있었다. 그는 일족의 '아카', 즉 어른 자격으로 쿠릴타이를 소집하기 위하여 온 사방으로 사신들을 파견하였다. "모든 왕자들은 내가 있는 이곳으로 와서 쿠릴타이에 참석하라. 가장 적절한 사람을 뽑아 보좌에 앉히도록 하자." 하지만 우구데이와 차가다이 집안의 사람들은 "칭기스 칸의 원래 목지와 도읍은 오논과 케룰렌이다. 우리가 바투가 있는 킵착 초원으로 가야 할 이유가 없다"라며 거부했다. 그 대신에 호자와 나쿠는 대리인들을 파견하여, 왕자들이 모여 합의한다면 그것에 동의하는 문서를 써주라고 하였다.

v.3, p.311, 20 ~p.313, 14 소르칵타니 베키는 뭉케에게 "왕자들이 바투 아카의 말을 거역하고 그에게 가지 않았다. 네가 형제들과 함께 가서 그를 문병하도록 해라"라고 말했다. 뭉케는 어머니의 지시를 따라 바투에게 갔다. 바투는 사람들에게 뭉케가 킵착과 러시아 원정에서 많은 공을 세운 사실을 상기시켰다. "지금 군주가 될 사람은 뭉케다. 칭기스 칸의 명령과 몽골의 관습에 따르면 제위는 그의 막내아들인 톨루이의 아들 뭉케에게 속한다. 원래 아버지의 목지와 가옥은 막내아들의 몫이기 때문이다. 그는 매우 현명하고 능력이 탁월하니 군주로 적합하다. 그를 두고 어찌 다른 사람을 카안으로 추대하겠는가? 우구데이 카안의 자식들은 아버지의 말을

거역하고 시레문에게 보위를 내어주지 않았다. 또한 법령과 오랜 규범을 어겼고 형제들과 상의하지 않고 아무런 죄도 없는 칭기스 칸의 막내딸 차우르 세첸을 죽였다. 이러한 이유들 때문에 카안의 자리가 우구데이 일족에게 가서는 안 된다." 그리고 사신들을 좌우익에 속하는 일족과 카툰과 장군들에게 보내서 자신의 의지를 알렸다. 그의 형제들인 오르다, 시반, 베르케 등 주치의 일족과, 우익의 왕자들 가운데 차가다이의 후손인 카라 훌레구에게 쿠릴타이를 열라고 지시했다. 그들은 며칠 동안 잔치를 열었고 그 뒤 뭉케를 즉위시키기로 합의했다.

그러나 뭉케 카안은 이를 극력 사양하며, 그러한 중책과 대임을 맡지 않으려고 했다. 그의 형제인 무게가 분연히 일어나 "이 쿠릴타이에서 모두 다 약속을 했고 또 '사인 칸' 바투의 명을 어기지 않기로 하면서 문서까지 주지 않았는가. 어째서 뭉케는 이를 거부하는가?"라고 말했다. 뭉케는 어쩔 수 없게 되었다. 바투는 몽골인들의 관습에 따라 일어서서 다른 모든 왕자와 장군들과 함께 혁대를 풀고 모자를 벗고 무릎을 꿇었다. 바투가 술잔을 바쳤고, 참석한 모든 사람들이 서약을 했다. 즉위를 위한 쿠릴타이는 다음 해에 열기로 결정하고, 모두 자기 목지로 돌아갔다. 그 뒤 바투는 자기 동생 베르케와 토카 테무르, 또 자신의 아들이자 후계자인 사르탁에게 3만의 대군을 이끌고 뭉케와 동행하여 칭기스 칸의 도읍이 있는 케룰렌으로 가도록 했다. 거기서 배반을 꾀하고 있던 우구데이의 자식들의 술수에 대처하게 하고, 모든 왕자들이 참석한 가운데 쿠릴타이를 열고 그를 보좌에 앉히라고

v.3, p.313, 14 ~p.314, 6

명령했다.

v.3, p.314, 12 ~p.315, 9 소르칵타니 베키는 친지와 동족을 모두 쿠릴타이에 초대했다. 그러나 우구데이와 차가다이의 일족은 이를 회피하면서 참석을 지체하였다. 그들은 카안의 자리에 우구데이의 후손들이 앉아야 한다면서 여러 차례 바투에게 사신을 보냈다. "우리는 그러한 약속에 동의할 수 없다. 군주의 자리는 우리 집안에 전해진 것인데 어떻게 다른 사람에게 줄 수 있겠나?"라고 하였다. 바투 역시 사신을 보내 그들을 설득하려고 했다. 이같이 설왕설래하면서 약속된 그해가 다 지나고 다음 해 중반에 이르렀다. 제국의 사무는 갈수록 혼란에 빠졌다.

v.3, p.193, 19 ~p.194, 4 소르칵타니 베키는 친지와 동족을 모두 쿠릴타이에 초대했다. 간단히 말해서 카안의 지위를 톨루이 가문이 차지하게 된 것은 소르칵타니 베키의 능력과 지혜, 그리고 톨루이가와 우호 관계를 맺고 있던 바투의 도움 덕분이었다. 그 후로도 바투가 사망할 때까지, 또 그가 사망한 뒤에는 그를 계승하여 울루스의 지배자가 된 사르탁과 울락치와 베르케의 시대 대부분의 기간 동안, 톨루이와 바투 두 가문은 단합과 우호의 관계를 유지했다.

뭉케 카안의 즉위

v.3, p.315, 17 ~p.316, 5 드디어 칭기스 칸의 일족이 케룰렌에 모였다. 실레문 비틱치를 오굴카이미시 및 그녀의 아들 호자와 나쿠에게 파견하고, 알람다르 비틱치를 이수 뭉케에게 보내 "칭기스 칸의 일족 대부분이

모였다. 너희들이 지체한 탓에 쿠릴타이가 늦어졌다. 변명이나 연기는 더 이상 안 된다. 빨리 쿠릴타이에 참석해서 함께 나라를 위한 방책을 세워야 한다"라고 전했다. 우구데이 가문의 나쿠와 호자, 차가다이 가문의 이순 토아와 시레문은 더 이상 거부할 명분이 없어서 출발하긴 했지만, 여전히 "우리가 없이는 쿠릴타이가 성사되지 못할 것이다"라는 생각으로 서서히 이동하였다.

베르케는 바투에게 전갈을 보내 "뭉케를 보좌에 앉히려고 한 v.3, p.316, 6 ~p.318, 3
것이 벌써 2년이나 되었지만, 우구데이와 차가다이의 일족이 오지 않고 있습니다"라고 보고하였다. 바투는 "당장 그를 보좌에 앉히라! 누구든지 야사를 거역하는 자는 목을 베어라!"라고 명령하였다. 이렇게 해서 좌익과 우익의 왕자와 장군들이 모두 모였다. 점성사들이 길일을 택했다. 며칠 동안 그곳에 짙은 구름이 덮이고 비도 계속 내렸는데, 예정된 시간이 되자 홀연히 빛나는 태양이 나타났고 하늘이 맑게 개었다. 참석한 사람들은 모두 모자를 벗고 혁대를 어깨에 걸쳤다. 마침내 1251년 7월 뭉케는 칭기스 칸의 도읍이 있던 카라코룸 부근에서 군주의 보좌에 앉았다. 아미르들과 병사들은 오르도 바깥에서 왕자들과 함께 무릎을 아홉 번 꿇었다.

뭉케 카안은 칙령을 내려 즉위식 날에는 어느 누구도 분쟁과 v.3, p.318, 6 ~16
혼란의 길을 열지 말고 오락과 연회를 만끽하라고 하였다. 심지어 가축들에 올라타거나 짐을 싣거나 사슬을 채우거나 밧줄을 매지도 말라고 했다. 땅과 물에 사는 날짐승과 들짐승 사냥을 금지하여, 동물들이 평안의 정원에서 마음대로 날개를 펼 수 있도록 하였다. 또한 대지도 말뚝과 말발굽에 고통받지 않도록 하고, 흐르는 물을 더럽고 불결한 것들로 오염시키지 못하게 하였다.

v.3, p.318, 23 ~p.319, 11 그날 밤을 이렇게 즐기고, 다음 날도 얄라바치가 준비한 나시즈(고급 직물)와 금실로 짠 화려한 천막 안에서 연회를 열었다. 세계의 군주는 보좌에 앉았고, 왕자들은 마치 별자리처럼 그의 오른쪽에 모였으며, 그의 고귀한 일곱 형제들은 그를 보좌하며 예절을 갖추어 기립하였다. 그의 왼쪽으로는 마치 요정과 같이 아름다운 카툰들이 좌정했다. 시종들은 항아리에서 퍼낸 포도주와 쿠미즈를 담은 잔을 연신 날랐다. 대신과 장군들 중에서 선임자인 멩게세르는 코르치(활통잡이) 사이에 마치 노예처럼 서 있었고 서기 비틱치들과 재상, 시종과 대신들, 그리고 그들의 선임자인 불가이는 제자리에 도열했다. 나머지 다른 아미르들과 수행원들은 천막 밖에 예의 바른 자세로 서 있었다.

v.3, p.319, 12 ~17 일주일 동안 매일 2000량의 수레에 포도주와 쿠미즈가 실려 왔고, 주방에서는 매일 말과 소 300두 및 양 3000두를 잡았다. 베르케가 참석하고 있었기 때문에 모든 가축을 이슬람 율법의 방식에 따라 도살했다. 연회가 벌어지는 도중에 차가다이 가문에 속하는 카단과 그의 조카 말릭, 그리고 카라 훌레구가 도착하여 인사를 올리고 함께 잔치를 즐겼다.

반란과 대숙청

v.3, p.320, 1 ~11 그들이 다른 왕자들을 기다리면서 지나칠 정도로 쾌락을 즐기는

사이에 경계가 소홀해졌다. 그때 우구데이 카안의 손자인 시레문과 나쿠, 카라차르의 아들 토탁 등이 음모와 반역을 꾀하는 마음을 품고 수레 가득 무기를 싣고 왔다. 그런데 갑자기 우연한 일이 발생하여 그들의 음모가 발각되고 말았다.

캉클리족 출신으로 뭉케의 쿠슈치(매잡이) 무리에 속하는 케세크라는 사람이 잃어버린 낙타를 찾으려고 돌아다니다가 우연히 시레문과 나쿠의 군대와 마주치게 되었다. 그는 수많은 군인들과 연회에 가져갈 식량과 음료를 실은 수레들을 목격했다. 그러다가 부서진 수레 앞에 앉아 있던 한 아이를 만났다. 아이는 케세크를 자기편 병사로 착각하고 수레 고치는 일을 도와달라고 했다. 수레 안에는 무기와 전투 장비가 가득했다. 그가 그 아이에게 "이 짐들은 무엇이냐?"라고 묻자, 그 아이는 "다른 수레들에 있는 것과 같은 무기죠"라고 대답했다. 케세크는 음모와 반역이 벌어지고 있다는 사실을 알아차렸지만 짐짓 모른 척했다. 다음 날 그는 낙타 찾기를 포기하고, 사흘 거리를 하루에 달려서 뭉케의 궁전으로 와서 사실을 알려주었다. v.3, p.320, 12 ~p.321, 12

이에 장군들의 선임자였던 멩게세르가 그곳으로 가서 상황을 조사하기로 했다. 그는 2000~3000명의 기병을 이끌고 출발하여 새벽에 사리 케헤르에 도착했다. 그들은 시레문, 나쿠, 토탁 무리를 포위하고, 사신을 보내 이곳에 온 진의가 무엇이냐고 물었다. 저들은 속으로는 무척 당황했지만, 뭉케 카안의 즉위식과 연회에 참석하기 위해 가는 것이라고 둘러댔다. 멩게세르는 시레문과 다른 왕자들을 데리고 어전으로 갔다. 왕자들이 데려온 v.3, p.322, 5 ~p.323, 15

부하들은 갖고 있던 무기를 빼앗기고 억류당했다. 왕자들은 사흘 동안 그곳에 머물며 연회를 즐겼고 아무런 심문도 받지 않았다. 나흘째 되던 날 왕자들과 함께 온 부하와 병사들에게는 소속 천호와 백호로 돌아가라는 명령이 떨어졌다. 왕자들만 남았고 그들을 감시하기 위해 병사들이 배치되었다.

v.3, p.323, 17 ~p.325, 3 다음 날 뭉케 카안은 칭기스 칸의 오르도로 갔다. 그는 의자에 앉아서 시레문과 다른 왕자들을 직접 심문했다. 그는 자신이 들은 소문, 즉 그들이 음모를 획책했다는 보고가 사실인지 물었고, 그들은 전혀 모르는 사실이라고 부인했다. 그러자 뭉케 카안은 시레문의 왕부인 카타 쿠린을 불러서 곤장을 치면서 추궁했다. 그는 "왕자들은 모르는 일이고 우리 장군들이 상의한 것입니다"라고 말한 뒤 자기 칼로 목숨을 끊었다. 그다음 날 카안은 위세가 하늘을 찌르던 대신과 장군들을 체포하라고 명령했다. 멩게세르를 야르구치(판관)로 임명하고 심문을 시작하라고 명했다. 그는 며칠 동안 야르구 법정을 열고 극히 세세한 것까지 심문했다. 마침내 그들의 말에 모순이 드러나고 그들이 반란을 일으켰다는 사실이 분명하게 드러났다. 모두 입을 모아 자백하고 반역과 음모의 죄를 인정했다.

v.3, p.325, 12 ~23 뭉케 카안은 전부 포박하여 감금하라고 지시하고 그들을 어떻게 처리할지 고민했다. 하루는 대신들에게 죄인 처리에 도움이 될 만한 일화를 하나씩 이야기해보라고 했다. 각자 자신의 지혜와 지식이 허락하는 범위 안에서 이야기했지만 카안의 마음에 닿지는 않았다. 뭉케 카안은 회중 맨 끝에 서 있던 마흐무드 얄라

바치를 발견하고 "저 노인은 왜 아무 말도 하지 않는 것이냐?"라고 질책했다. 그러자 사람들은 얄라바치에게 "앞으로 나와서 말해보시오!"라고 하였다. 그는 "군주의 어전에서는 입보다는 귀가 더 낫습니다만, 저도 아는 이야기가 하나 있으니 만약 명령하신다면 말씀드리겠습니다"라고 하였다. 그러자 뭉케 카안은 "말하라!"라고 허락했다.

그는 다음과 같이 이야기를 시작했다. "알렉산더는 지상의 왕국 대부분을 정복한 뒤 인도로 가려고 했습니다. 그의 장군과 대신들은 그에게 더 이상 복종하지 않고 각자 독립하기를 원했습니다. 알렉산더는 당황하여 아리스토텔레스에게 사신을 보내 상황을 설명하고 방책을 물었다. 아리스토텔레스는 사신을 정원으로 데려가서, 뿌리가 깊은 큰 나무를 뽑고 그 자리에 작고 연약한 묘목들을 심으라고 했습니다. 그러더니 정작 알렉산더의 질문에는 아무런 대답도 하지 않았습니다. 사신은 낙심하여 알렉산더에게로 돌아가서 그가 아무 대답도 주지 않았다고 말했습니다. 알렉산더가 그에게 '그렇다면 네가 본 것은 무엇이냐?'라고 묻자, 그는 아리스토텔레스가 큰 나무를 뽑고 작은 묘목들을 심으라고 한 일을 말했습니다. 그 이야기를 들은 알렉산더는 '그는 대답을 한 것이다. 다만 네가 이해를 하지 못했을 뿐이다'라고 말하고는, 강력한 장군들을 처형시키고 그들의 자식들을 같은 자리에 임명했습니다." v.3, p.326, 1~16

뭉케 카안은 이 이야기를 듣고 매우 기뻐했다. 왜냐하면 그가 반역의 무리를 제거하고 다른 사람들로 대체해야 한다는 사실을 v.3, p.326, 17~24

깨달았기 때문이다. 먼저 그는 왕자들을 반역으로 유도한 장군과 대신들을 처형했는데 그 숫자는 모두 77명에 이르렀다. 일치다이의 두 아들은 입 안에 돌을 채워 죽였고, 그들의 아버지는 바드기스에서 붙잡힌 뒤 바투에게 끌려가 죽임을 당했다.

v.3, p.327, 11 ~24 얼마 후 이순 토아와 그의 부인 토카샤이 카툰, 그리고 부리가 30명의 기병만 데리고 어전에 도착했다. 뭉케는 부리를 바투에게 보냈고, 바투는 그의 죄를 확인한 뒤 처형했다. 토카샤이 카툰의 심문은 카라 훌레구가 담당했다. 그는 이순 토아의 면전에서 그녀를 발로 차서 죽임으로써 오랜 원한을 풀었다. 카닥 역시 궁정에서 파견된 사람들에 의해 처형되었다.

❧ 오굴카이미시의 처형 ❧

v.3, p.328, 1 ~11 뭉케 카안은 부릴기테이에게 용맹한 튀르크 병사 10개 투만을 주어서 울룩 탁과 퉁카이, 그리고 베쉬발릭과 카라코룸 사이에 있는 투릴렝 등지로 파견했다. 그리고 그에게 카얄릭 변경에서부터 오트라르 강변까지 사냥 대형을 펼치고 있던 쿵키란 왕자와 서로 포위망을 연결하도록 했다. 무게 노얀에게는 두 개 투만을 주어 키르기스와 켐 켐치우트 변경으로 파견하였다.

v.3, p.328, 12 ~p.330, 8 카안은 오굴카이미시와 호자에게 실레문 비틱치를 보내 신속하게 어전으로 오라고 종용했다. 호자는 사신을 죽이려고 하였으나, 그의 부인이 이를 만류했다. 결국 호자는 사신과 함께 카안의 어전으로 향했다. 한편 호자의 모친이자 구육의 카툰인 오굴

카이미시는 사신이 돌아갈 때 이렇게 말했다. "너희 왕자들은 군주의 자리가 항상 우구데이의 일족에게 머무르게 할 것이며, 그의 자손들과 적대하지 않겠다는 약조를 하고 서약서까지 써주었는데, 어째서 그 말을 지키지 않는가." 이 말을 들은 뭉케 카안은 극도로 분노하여 그녀의 두 손을 생가죽으로 꿰매어 끌고 오라고 명령했다. 그녀가 도착하자 시레문 왕자의 모친인 카다카치 카툰과 함께 소르칵타니 베키의 오르도로 보냈다. 멩게세르는 그녀를 알몸으로 심문장에 끌고 왔다. 그녀는 "군주를 제외하고는 어느 누구도 보지 못했던 내 몸을 어찌 다른 사람이 보느냐?" 라고 항의했지만, 멩게세르는 그녀의 죄를 추궁한 뒤 펠트에 말아서 물에 던져버렸다. 친카이도 도착했는데, 그의 처리는 다니시만드 하집에게 맡겼다. 1252년 11~12월에 일어난 일이다.

베쉬발릭에서는 불교도들의 지도자인 이디쿠트가 한 무리의 사람들과 음모를 꾸몄다. 무슬림들이 금요일에 모이는 모스크를 급습하여 그 안에 있는 사람을 모두 죽이기로 한 것이다. 그곳에 있던 노예 한 명이 이슬람으로 개종한 뒤 그들을 고발하였다. 이디쿠트는 오르도로 소환되었다. 그는 재판에서 자신의 죄를 인정하였다. 카안은 그를 베쉬발릭으로 끌고 가서 금요일 기도가 끝난 뒤 사람들이 보는 앞에서 처형하라고 명령했다. v.3, p.330, 9 ~16

반란 음모에 가담했던 사람들은 여기저기에 흩어져 있었다. 뭉케 카안은 발라 야르구치를 속료들과 함께 이수 뭉케의 군대가 있는 곳으로 보내어 음모에 가담한 사람을 모두 야사에 처하도록 하였다. 또한 다른 사람을 키타이 지방으로 보내 같은 방식 v.3, p.330, 18 ~p.331, 7

으로 일을 처리하게 하였다. 시레문 왕자는 쿠빌라이 카안, 나쿠, 차간 노얀 등과 키타이 방면의 원정에 참전하라고 명령했다. 호자에 대해서는 그의 부인의 사려 깊은 행동을 고려하여 원정에 참가하는 것을 면제하고, 그의 목지를 카라코룸에서 가까운 셀렝게 부근으로 지정했다.

v.3, p.332, 1 ~18 이렇게 제국의 상황이 안정을 되찾고 왕자들과 장군들은 각자 자기 목지로 귀환하였다. 바투가 보낸 베르케와 토카 테무르는 오래전에 그곳에 왔고 또 돌아갈 길도 멀기 때문에 가장 먼저 귀환을 허락받았다. 카안은 그들에게 수많은 선물을 하사했고, 바투에게도 그의 지위에 걸맞은 선물을 보내주었다. 쿠텐의 자식들과 카단과 말릭에게는 카안의 오르도 하나를 거기에 속한 카툰들과 함께 은사해주었다. 카라 훌레구도 후하게 대접하여 돌려보냈는데, 특히 그의 삼촌인 이수 뭉케가 빼앗았던 차가다이 울루스의 군주의 자리를 그에게 돌려주었다. 그러나 카라 훌레구는 울루스로 돌아가는 도중 알타이에서 타계하고 말았다.

ꕥ 국사의 정비 ꕥ

v.3, p.333, 8 ~p.334, 5 뭉케 카안은 동방과 서방의 먼 곳들로, 또 이란인과 아랍인들의 지방으로 군대를 파견했다. 동방의 왕국들의 통치는 그가 즉위하기 전부터 충심으로 봉사했던 마흐무드 얄라바치에게 맡겼다. 또한 그의 아들인 마수드 벡에게는 투르키스탄과 마와라안나흐르, 위구르와 페르가나와 호라즘 지방을 맡겼다. 길이 너무 멀어

서 쿠릴타이가 끝나고 모두가 해산한 뒤에야 도착한 아르군 아카에게는 후라산·마잔다란·이라크·파르스·키르만·루르·아란·아제르바이잔·조지아·아르메니아·룸·디야르바크르·모술·알레포 등 서아시아의 왕국들을 맡겼다. 아르군 아카는 1252년 11월 귀환길에 올랐다. 또한 카안은 그 지방에 대하여 새로운 호구 조사를 실시하여 정액세를 확정하라는 명령을 내렸다.

구육 사망 이후에 카툰과 왕자들은 칙령과 패자를 마음대로 v.3, p.334, 9 ~17
발급하여 사신들을 각지로 파견하고, 또 자기가 비호하는 상인들에 대해서는 귀천을 막론하고 '오르탁(동업자)'이라는 명분을 내세워 감싸주었다. 카안은 그런 식으로 발부된 칙령과 패자는 모두 회수하라는 명령을 내리고, 이후로 왕자들은 폐하의 어전에 있는 대신들의 의견을 묻지 않고 마음대로 명령문을 발부하지 못하도록 하였다.

또한 사신들은 임무 중에 14필 이상의 역마를 타지 못하도록 v.3, p.334, 17 ~p.335, 2
했고, 역참에서 다음 역참으로 이동하는 도중에 다른 사람의 가축을 마음대로 징발하거나 빼앗지 못하게 하였다. 우구데이 카안 시대에는 상인들이 역마를 이용하여 몽골리아로 오는 관례가 있었는데, 뭉케 카안은 이를 금지시키고 자기의 가축을 이용하도록 하였다. 또한 사신들은 어떠한 도시에 들어가서도 안 되며, 특별한 사무가 없다면 촌락에도 들어가면 안 되고, 정해진 식량 이상의 것을 함부로 취해서도 안 된다고 명령했다.

카안이 즉위하기 전에는 폭정과 억압이 만연했고, 특히 농민 v.3, p.335, 3 ~p.336, 5
들은 과도한 징발과 액외(額外) 징세로 인해, 수확이 징세액의 절반에도 미치지 못할 정도였다. 그는 먼저 1년에 납부해야 할 액수를 정했다. 키타이 지방에서 부자는 10디나르를 내고 빈자들은 재산의 정도에 따라서 1디나르를 내도록 하며, 마와라안나흐르에서도 똑같이 시행하였다. 후라산과 이라크에서는 부자가 7디나르, 빈자가 1디나르를 냈다. 유목민에게서는 쿱추르라 불리는 가축세를 징수했는데, 가축 100두에 1두를 내게 하고, 100두가 안 되면 납부를 면제했다. 또한 칭기스 칸과 우구데이 카안의 칙명이 규정했듯이 종교 지도자들, 즉 이슬람교의 셰이흐·사이드·이맘, 기독교의 에르케운·사제·성자·학자, 불교와 도교의 지도자에게 면세의 혜택을 주었다.

v.3, p.338, 4~24 그는 일반 백성에게 벌어진 사건을 심리할 때마다 멩게세르와 유능한 대신들에게 그 처리를 맡기며 정의의 기초를 견고히 하라고 했다. 또한 불가이를 비틱치들의 지휘관으로 임명하여 카안의 명령과 칙령들을 문서로 옮겨 적고 복사하도록 했다. 무슬림 서기들 중에서 이마드 알 물크와 파흐르 알 물크 등에게 명하여, 상인들에게는 패자를 발급하지 못하게 했다. 이 밖에 인장의 발행, 패자의 발급, 무기고의 관리, 나아가 날짐승·들짐승의 사냥을 준비하는 업무, 각종 종교 집단의 중요한 사무를 처리하는 일 등을 위하여 기민하고 능통한 사람들을 임명했다. 페르시아·위구르·키타이·티베트·탕쿠트 등 여러 집단 출신의 서기들이 그를 위해 봉사하였고, 어느 장소에서 칙명을 내리든 그 종족의 언어와 문자로 기록되었다.

※ 동서 원정군의 파견 ※

v.3, p.339, 4 ~p.340, 5

즉위 직후 발생한 반란 음모 사건을 말끔히 처리한 뭉케 카안은 카라코룸 부근에 있는 옹키에서 동영을 마치고, 동서의 먼 지방들을 정복하려는 결심을 다졌다. 그 무렵 암살자단이 준동하는 지역에서 사신들이 와서 그들의 횡포를 해결해달라고 요청했다. 카안은 이 문제를 처리하기 위해 동생 훌레구를 1253년에 타직 지방으로 보냈다. 그리고 또 다른 동생인 쿠빌라이를 1254년에 동방의 여러 지방 정복에 파견하면서 잘라이르 부족 출신의 무칼리 구양을 동행시켰다. 훌레구와 쿠빌라이는 후일 모두 군주가 되었기 때문에, 그 이야기는 뒤에 자세히 나올 것이다. 쿠빌라이는 출정을 가던 도중에 사신을 보내어 "중간에 식량을 구할 수 없고 행군도 대단히 힘듭니다. 만약 허락하신다면 카라장, 즉 운남 지방으로 가겠습니다"라고 청원했다. 그래서 쿠빌라이는 그 지방을 공격한 뒤 카안의 어전으로 돌아왔다.

v.3, p.340, 6 ~22

뭉케 카안은 몽골리아 중앙부에 있는 코르코녹 주부르에서 쿠릴타이를 개최했다. 그 장소는 옛날에 쿠툴라 칸이 승리를 거둔 뒤 춤을 춘 곳이다. 한 나무 아래서 부하들과 함께 어찌나 격렬하게 춤을 추었던지 땅에 도랑이 파였을 정도다. 쿠릴타이가 끝나고 사람들이 해산하려고 할 때, 이키레스 부족 출신으로 칭기스 칸의 사위였던 데레게이 쿠레겐이 "낭기야스 왕국은 이렇게 가깝고 우리에게 적대하고 있는데, 어떻게 그곳을 정복하는 문제를 소홀히 할 수 있단 말입니까?"라고 말했다. 뭉케 카안은 그의 말을 흡족하게 여기며 "나의 조상들은 각자 한 가지 업적을 이루고 한 군데 지방을 정복함으로써 자신의 이름을 드높였다. 나도 직접 군대를 이끌고 출정하여 낭기야스를 정복하겠노라"라고 말했다. 왕자들은 모두 친정을 반대했지만 그는 의지를 굽히지 않았다.

v.3, p.341, 1 ~p.342, 7 뭉케 카안은 즉위하고 여섯 해가 지난 토끼해 1255년에 키타이의 군주인 자우간(趙官)을 정벌하기로 결정했다. 막냇동생 아릭 부케에게 몽골리아에 있는 오르도들과 몽골군의 지휘를 맡기고 자기 아들인 우룽타시도 그곳에 남겨두었다. 그가 낭기야스 정복전에 데려간 왕자와 부마와 장군들은 다음과 같다. 먼저 우익의 왕자로는 우구데이 집안에서 카단과 토탁, 차가다이 집안에서는 쿠시카이, 톨루이의 자식들 중에서는 무게와 아수타이, 사촌들 중에서는 자우투 등이 있었다. 우익의 장군들로는 코르치의 일족인 발칙이 있었다. 좌익의 왕자로는 옷치긴의 아들 타가차르, 주치 카사르의 아들 이숭게, 알치다이의 아들 차쿨라가 있었다. 좌익의 장군으로는 무칼리의 아들 쿠룸시, 쿵크라트 출신의 알치 노얀, 우루우트 출신의 케흐티와 부지르, 망쿠트 출신의 뭉케 칼자와 차간 노얀 등이 있었다.

v.3, p.342, 9 ~14 우익에 속하는 군대는 키타이 지방에서 징발된 자우쿠트 군대와 함께 뭉케 카안을 동행하여 출정했는데, 이 두 군대는 모두 합해서 60개 투만을 이루었다. 자우쿠트군은 키타이와 탕쿠트와 주르체와 솔랑카 지방에서 징발된 병사들로 구성되어 있는데, 몽골인들은 그 지방을 자우쿠트라고 불렀었다. 좌익에 속하는 군대는 앞에서 말한 옷치긴의 아들 타가차르가 지휘하여 다

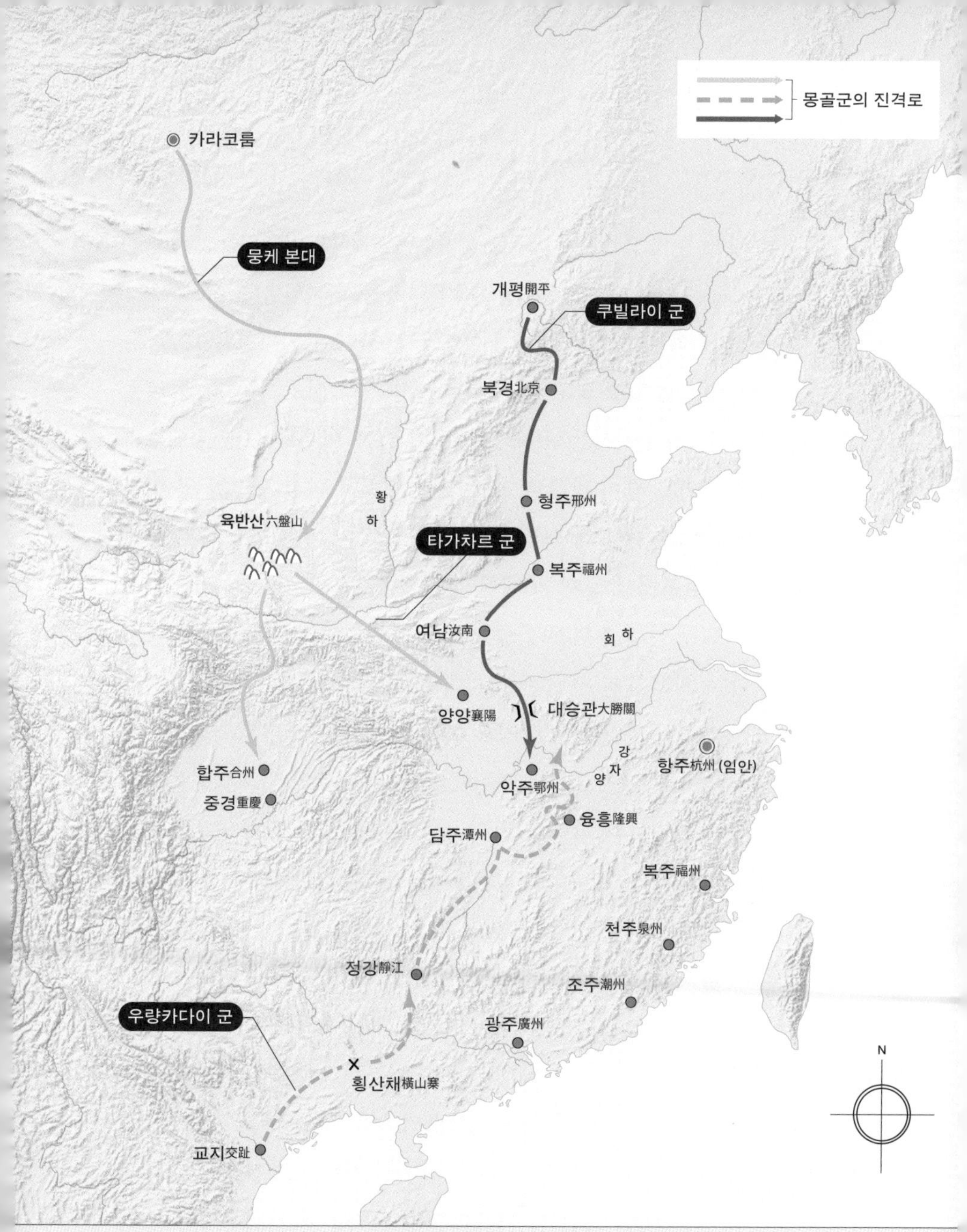

지도 7. 뭉케 카안의 남송 원정

른 길을 통해 출정했는데, 그 숫자는 30개 투만이었다.

v.3, p.342, 20 ~p.343, 8 이들은 용해인 1256년에 출정했다. 뭉케 카안은 휘하의 우익군 60개 투만과 수베테이의 아들 우량카다이가 이끄는 10개 투만의 병사들을 이끌고, 탕쿠트 지방과 낭기야스의 변경에 있는 류판샨(六盤山)이라는 곳에 도착하여 그해 여름을 보냈다. 그 지점은 칭기스 칸이 탕쿠트 원정 도중에 병이 나서 사망한 곳이다. 뭉케 카안은 가을에 낭기야스 변경에 있는 이순 카할카로 향했고, 그 부근에서 성채 20개를 공략했다. 돌리샹(釣魚山)이라 불리는 거대한 성채 주위에 진영을 치고 포위하였다.

v.3, p.343, 9 ~p.344, 1 한편 좌익군의 사령관 타가차르 노얀은 10개 투만의 기병과 함께 거대한 카안켕(漢江) 강을 따라 진군하여 상양푸(襄陽府)와 팡칭(樊城)이라는 큰 도시를 포위했다. 그는 일주일간 포위했음에도 공략에 실패하자 그대로 자기 집으로 돌아가버렸다. 뭉케 카안은 "쿠빌라이는 많은 도시와 성채들을 장악했는데, 너는 어찌해서 찢어진 가죽 주머니를 갖고 먹고 마시는 데에만 시간을 보내다가 돌아왔느냐"라고 하면서 그를 강하게 질책했다.

훌레구의 서방 원정

v.2, p.460, 22 ~p.461, 8 ; v.4, p.38, 1 ~5 과거 우구데이 카안의 시대에 서방에 '탐마'라고 불리는 진수군을 파견한 적이 있었다. 처음에는 초르마군이 지휘하다가 바이주가 물려받은 아제르바이잔 지역에 주둔하던 군대, 그리고 다이르 바하두르의 지휘하에 카시미르와 인도 지방으로 파견된 군

대가 바로 그들이다. 뭉케 카안은 즉위 쿠릴타이가 끝난 뒤 훌레구를 이란 땅으로 보낼 때, 서방의 탐마군을 모두 훌레구에게 귀속시키라는 명령을 내렸다.

v.2, p.461, 8 ~21 ; v.4, p.38, 13 ~p.39, 5

나아가 카안은 칭기스 칸이 형제·자식·조카들에게 분배해준 병사들 열 명 가운데 병적부에 들어 있지 않는 두 명씩을 차출하여 훌레구에게 '인주'로 주어서 이곳에 와서 그를 받들도록 하였다. 인주란 누군가의 사유물을 가리키는 말이다. 그런 연유로 칭기스 칸에게 속했던 여러 장군과 병사들이 이곳에 왔으며, 지금까지 각자 훌레구와 그 후계자들에게 소속되어 세습적인 지위와 직무를 갖고 있다.

v.4, p.39, 6 ~p.41, 3

그 뒤 카안은 키타이 지방으로 사신들을 파견하여 투석병, 화공병, 노병(弩兵) 1000호를 징발하라고 명령했다. 그리고 훌레구가 갈 방향으로 미리 선발대를 보내서, 카라코룸에서부터 아무다리야에 이르는 행군로의 모든 초원과 목초지를 금단 구역으로 정하고, 하천 위에는 견고한 다리들을 세우라고 하였다. 장군 바이주에게는 초르마군과 함께 온 군대의 일부를 이끌고 룸 지방으로 가라는 명령을 내렸다. 지명된 왕자와 장군들은 천호·백호와 함께 출발하였고, 선봉으로는 나이만 출신의 장군 키트 부카를 세워 1만 2000명을 파견했다. 후라산에 도착한 그는 훌레구의 군대가 오기를 기다리며 쿠히스탄 정복에 전념했다.

v.4, p.41, 8 ~p.43, 4

원정 준비가 끝나자 뭉케 카안은 연회를 베풀고 훌레구에게 이렇게 말했다. "쿠히스탄과 후라산에서 시작하여 그 방면의 성채와 성곽들을 파괴하라. 그 뒤 이라크로 가라. 거기서 도적질을 일삼는 루르인과 쿠르드인들을 없애라. 만약 바그다드의 칼리프가 찾아와 복속한다면 그를 더 이상 괴롭히지는 말라." 뭉케는 마음속으로는 훌레구가 원정군과 함께 계속해서 이란 땅에 머물며 그곳의 군주가 될 것이며 그 왕국은 그의 후손들의 통치 영역이 되리라는 것을 예상하고 있었지만, 겉으로는 "이 임무를 다 마치고 난 뒤 몽골리아에 있는 원래의 영지로 돌아와라!"라고 지시했다.

v.4, p.43, 9 ~16 훌레구는 1253년 말에 자신의 오르도로 돌아와 원정을 준비하고 1254년 가을에는 유수영을 그곳에 남겨둔 뒤, 형의 칙명에 따라 군대를 이끌고 이란 땅으로 향하였다. 군대가 가는 길마다 주변의 수령들이 음식을 가지고 왔으며, 행군로를 따라서 돌조각과 부스러기들을 깨끗이 치우고, 강을 건너는 곳에는 배들을 준비했다.

v.4, p.44, 3 ~p.46, 7 원정군은 알말릭을 경유하여 1255년 9월 사마르칸트 성문 앞 초원에 둔영을 쳤다. 마수드 벡은 겹겹이 황금실로 짠 나시즈로 만든 장막을 세웠고, 그들은 거의 40일 동안 머물며 주연을 즐겼다. 그런 다음 케시의 경계에 도착했고, 아르군 아카가 후라산의 여러 대인들과 함께 찾아와서 배알했다. 그들은 그곳에 한 달간 머물며 이란 땅의 군주들에게 칙령을 보냈는데 그 내용은 다음과 같다. "우리는 카안의 명령에 따라 이단자들의 성채를 부수고 그 무리를 뿌리 뽑기 위해서 왔다. 만약 너희들이 스스로 찾아와 병력과 장비와 양식을 내놓는다면 너희 고장과 군대와 가족은 안전을 보장받을 것이다. 그렇게 하지 않으면 우리가 이단자들을 처

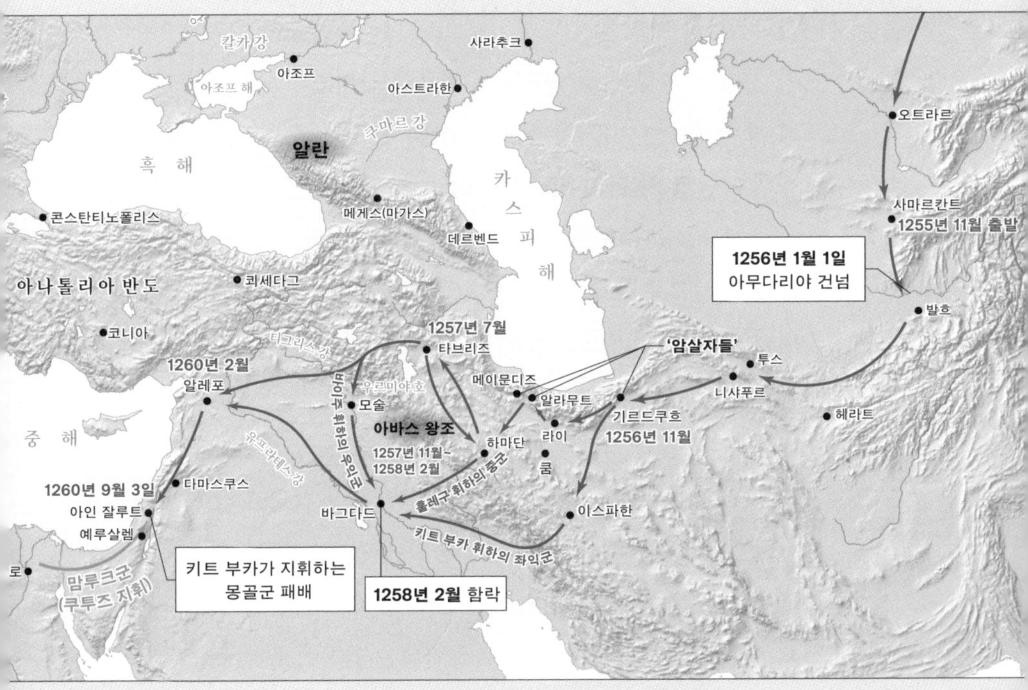

지도 8. 훌레구의 서방 원정

리하고 난 뒤 너희들이 있는 곳으로 가서 응징할 것이다." 이에 여러 지방의 술탄과 말릭들이 훌레구를 찾아왔다. 룸 지방의 셀주크 왕국에서는 이즈 앗 딘과 루큰 앗 딘이, 파르스 지방에서는 아타벡 사아드 앗 딘이 합당한 선물을 갖고 왔다.

v.4, p.46, 8 ~p.47, 12 1256년 1월 1일 승리의 군대는 아무다리야를 건넜다. 거기서 이동하여 샤부르간 초원에 숙영했다. 그곳에 오래 머물 계획은 아니었는데, 1월 10일에 갑자기 눈보라가 몰아치기 시작하여 일곱 밤낮 동안 계속되는 바람에 수많은 가축들이 폐사했다. 훌레구 칸은 그 겨울을 그곳에 머물며 연회를 즐겼다.

v.4, p.47, 13 ~p.48, 8 봄이 되자 아르군 아카는 1000개의 말뚝이 박히고 금사 직물로 만든 장전(帳殿) 하나와 제왕의 궁전에 걸맞은 모든 것을 갖춘 높은 천막을 하나 준비했다. 그것은 이동하고 운반할 때에는 완전히 접을 수 있으며, 아름다운 집회실은 금은으로 만든 그릇과 고귀한 보석들로 가득하였다. 상서로운 날을 골라 천막을 펼쳐 세우고 집회실을 각종 장식으로 꾸몄다. 훌레구는 흡족하게 여겼고, 카툰·왕자·장군들이 참석하고 사방의 군주와 대인들이 모여서 연회를 즐겼다.

❧ 암살자단의 종말 ❧

v.4, p.49, 1 ~14 이보다 앞선 1252년 8월 뭉케 카안의 어전에서 키트 부카 장군이 이단자들의 고장을 정벌할 서방 원정군의 선봉을 이끌고 출정하였다. 부대는 1253년 3월에 아무다리야 강을 건너서 쿠히스탄 지

방을 약탈하고 그 일부를 점령하였다. 5000명의 기병과 보병을 데리고 5월에는 이단자들의 근거지인 기르드쿠흐 성채의 발치에 도착하였다. 장군은 성채 주변에 해자를 파고 그 둘레에 견고한 성벽을 쌓으라고 지시했다. 병사들은 그 성벽의 뒤에 사냥대형의 포위망을 만들었다. 병사들의 둘레로는 또 다른 해자와 성벽을 깊고 높게 만들어서, 병사들이 그 사이에 안전하게 머물며 양측 사이에 교전은 벌어지지 않도록 했다.

그는 장군 부리를 그곳에 남겨두고 자신은 미흐린 성채로 가 v.4, p.49, 15 ~p.50, 10
서 그곳을 포위하고 투석기를 배치하였다. 그해 8월 5일에는 샤흐디즈로 가서 모두 죽이고 돌아왔다. 메르키테이 장군은 병사들과 함께 타룸과 루드바르 지방을 초토화시키고, 만수리야와 알루니신 근방으로 가서 18일간 살육을 행하였다. 그런데 기르드쿠흐의 적이 갑자기 야습을 감행해서 사냥 대형을 무너뜨리고 몽골인들을 죽였다. 지휘관 부리도 이때 사망했다. 키트 부카 노얀은 다시 돌아가서 쿠히스탄을 공략하고 툰·투르시즈·지르쿠흐 등지에서 모든 사람들을 붙잡아 죽이고 약탈했다. 9월 중순에는 미흐린 성채를 취하고, 11월에는 카말리 성채를 빼앗았다.

이단자들의 근거지인 기르드쿠흐의 수비가 강화되었다. 그런 v.4, p.50, 11 ~20
데 1255년 12월 31일 그곳의 군주인 알라 앗 딘의 시종관 하산 마잔다라니는 알라 앗 딘의 아들 루큰 앗 딘 후르샤와 모의하여 시르쿠흐라는 곳에서 술에 취해 잠든 자신의 군주를 도끼로 살해했다. 그러고는 후르샤를 아버지 대신 보좌에 앉혔다. 후르샤는 비록 그와 공모하긴 했으나 그를 신뢰할 수는 없었다. 그래서 몰래 심복을 시켜서 그를 살해했다.

v.4, p.53, 8 ~p.55, 11 훌레구는 1256년 5월 툰이라는 도시를 함락하고, 이어 후라산 지방의 거점인 투스에 도착하여 아르군 아카가 만수리야 정원에 나시즈 직물로 만들어놓은 천막에 머물렀다. 9월이 되자 비스탐으로 이동했다. 그는 이단자들의 수령인 후르샤에게 사신을 보내 항복하라고 요구했다. 당시 학식이 높은 나시르 앗 딘 투시를 위시하여, 라이스 앗 다울라와 무와팍크 앗 다울라와 같은 탁월한 의사들 및 그의 가족이 자기 의지와는 무관하게 이단자들의 근거지에 체류하고 있었다.

v.4, p.55, 11 ~p.56, 17 그들은 후르샤의 성격이 포악해지고 행동에도 광적인 면들이 나타나자, 차라리 훌레구를 위해 일해야겠다는 생각을 하게 되었다. 그들은 후르샤에게 몽골군과 평화를 맺으라고 적극적으로 권유했다. 그 결과 후르샤는 "나의 부친은 대항을 했지만 나는 복속을 하겠습니다"라고 하며, 몽골 측의 요구를 받아들여 메이문디즈·알라무트·람사르의 성채를 파괴하고 보루와 성문을 무너뜨렸다. 다만 성채를 완전히 파괴하고 밖으로 나올 때까지 1년의 말미를 달라고 청하였다.

v.4, p.56, 18 ~p.57, 6 훌레구 칸은 이런 방식으로는 적을 정복하기 어렵다는 것을 깨닫고, 1256년 9월 초 비스탐에서 출정하여 그들의 성채로 향하였다. 부카 테무르와 쿠케 일게이가 지휘하는 우익군은 마잔다란 루트로 향하고, 테구데르 오굴과 키트 부카가 지휘하는 좌익군은 하르와 심난을 거쳐서 진격했다. 훌레구는 몽골인들이 '콜'이라고 부르는 중군 1만 명을 이끌고 나아갔다.

v.4, p.57, 12 ~p.58, 2

훌레구는 공격에 앞서서 다시 한번 사신들을 보내 항복을 종용했다. 원정군의 깃발이 피루즈쿠흐를 지날 때 앞서 보낸 사신들이 후르샤의 재상 카이 코바드와 함께 돌아왔다. 그는 성채를 파괴하라는 요구를 수용하고, 출성할 때까지 1년의 말미를 달라고 한 번 더 요청했다. 또한 알라무트와 람사르는 오래된 터전이기 때문에, 만약 파괴를 면제해주면 나머지 다른 성채들은 복속할 것이며 어떠한 명령에도 복종할 것이라고 하였다. 기르드쿠흐와 쿠히스탄에 있는 수령들에게도 훌레구를 찾아가 복속하도록 종용하겠다고 하였다. 적들은 이런 방식으로 자신에게 임박한 운명을 피할 수 있으리라고 생각했다.

v.4, p.58, 10 ~p.59, 4

훌레구는 라이 지방의 압바스아바드라는 곳에서 진격을 멈추고 기다리기로 하였다. 10월 8일 후르샤는 후궁의 소생인 일고여덟 살 된 아들을 사신과 한 무리의 귀족들과 함께 보냈지만, 훌레구는 그들이 너무 어리다는 이유를 들어 돌려보냈다. 그러자 후르샤는 또 다른 동생 시란샤와 아실 앗 딘 주자니 및 300명의 사람을 몽골 측에 보냈다.

v.4, p.59, 10 ~20

훌레구는 몰이사냥의 대형으로 출정하라고 지시하였다. 몽골군은 여러 방향에서 적을 덮쳤고, 부카 테무르와 쿠케 일게이는 이스피다르 방면에서 접근해 들어갔다. 후르샤는 "우리가 이미 복속했고 성채를 허물어뜨리고 있는데 이렇게 공격하는 까닭은 무엇인가?"라고 물었다. 몽골군은 "양측이 화합의 길을 선택했기 때문에 목초지를 찾아서 온 것이다"라고 둘러댔다. 훌레구는 피시킬레에서 탈리칸 길을 통해 진군을 계속했다. 만약 그날 밤

많은 비가 내리지 않았다면 후르샤는 그 성 아래에서 포로가 되었을 것이다.

v.4, p.59, 20 ~p.60, 11

11월 초순 메이문디즈 성채를 마주한 북쪽의 한 지점에서 하늘을 찌를 듯한 훌레구의 산개(傘蓋)가 펼쳐졌다. 그는 다음 날 성채를 돌면서 전투 장소를 관찰하고, 그 출구와 입구를 살펴보았다. 곧이어 사방에서 말로 표현할 수 없을 정도로 많은 병사들이 도착했다. 몽골군은 36킬로미터에 달하는 성채의 둘레를 포위하였다. 그러나 성채가 워낙 견고하여 함락시키기 어려웠다. 훌레구는 포위를 계속할지, 돌아갈지, 아니면 내년까지 머물면서 두고 볼지 등의 선택을 놓고 장군들과 상의했다. 일부는 겨울이 오고 가축들도 여위었으니 돌아가는 것이 낫다고 주장한 반면, 부카테무르와 세이프 앗 딘 비틱치, 키트 부카는 포위를 계속하자고 주장했다.

v.4, p.60, 12 ~p.61, 20

훌레구는 후르샤에게 다시 사신을 보내 "만약 5일 이내에 내게 오지 않는다면, 최후의 결전을 각오하라"라고 하였다. 후르샤는 더 이상 저항할 힘이 없다는 것을 깨닫고, 11월 20일에 나시르 앗 딘 투시, 아실 앗 딘 주자니, 재상 무아야드 앗 딘과 그의 자식인 라이스 앗 다울라와 무와팍크 앗 다울라를 이끌고 성채에서 내려왔다. 훌레구는 후르샤가 세상을 경험하지 못하고 주관이나 판단이 없는 어린아이임을 알고, 좋은 말로 그를 위로해주었다. 그리고 사드르 앗 딘을 파견해서 쿠히스탄과 루드바르와 쿠미시 지방에서 오랜 세월에 걸쳐 자리 잡고 있던 모든 성채와 성곽들을 접수하였다. 그 성채들의 숫자는 100개를 헤아렸다.

세계 정복자 훌레구의 깃발은 메이문디즈를 떠나 마침내 알라 v.4, p.62, 9 ~10
무트 성채의 발치에 도달했다. 그는 후르샤를 성채 가까이로 보내 적들이 자기 발로 내려오도록 하였다. 볼가이가 성채를 포위한 상태로 이삼일간 치고 빠지는 전투를 하였다. 12월 15일 그곳을 수비하던 군인들은 하산하고 성채를 넘겨주었다. 몽골인들은 그 위로 올라가 투석기를 부수고 성문을 허물어버렸다. 주민들은 물건들을 옮기기 위해 사흘의 말미를 원했고, 나흘째 되던 날 병사들이 당도하여 약탈을 시작했다.

1257년 1월 말 훌레구는 후르샤에게 칙령과 패자를 주어 우대 v.4, p.63, 10 ~19
하고 몽골 여자도 내려주었다. 그는 시종들과 함께 카즈빈에 정착하였다. 이어서 두세 사람의 사신과 함께 시리아의 성채들로 가서 몽골군의 깃발이 도착하기 전에 투항하도록 권유하였다. 시리아 지방에 있는 많은 성채들이 후르샤에게 복속해 있었기 때문에, 그의 말을 듣고 항복하기를 희망했기 때문이다. 그렇지 않을 경우 정복하는 데에만 몇 년이 걸릴지 몰랐다.

그 뒤 훌레구는 후르샤를 뭉케 카안의 어전으로 보냈다. 이후 v.4, p.63, 20 ~p.64, 10
그에게 어떤 일이 벌어졌는지에 관해서는 이야기가 엇갈린다. 그런데 사실인즉 다음과 같다. 후르샤가 도착한다는 소식을 들은 카안은 왜 쓸데없이 역마를 피곤하게 하느냐고 말하고, 그를 도중에 죽이라고 명령했다. 그리고 훌레구는 이란에 남아 있던 그의 가족과 속료들을 남자건 여자건, 심지어 요람에 있는 어린 아이까지 모두 몰살하여 흔적조차 남기지 않았다. 이렇게 해서 1084년에 창건된 이스마일리파 교단의 왕국은 1256년 11월 20일에 종말을 고하고 말았다.

⚜ 바그다드의 함락과 칼리프의 사망 ⚜

v.4, p.69, 16 ~p.70, 13 훌레구는 1257년 9월 하순 바그다드를 공략하기 위해 타브리즈를 경유하여 하마단에 도착했다. 거기서 그는 칼리프에게 항복을 요구하며 다음과 같은 전갈을 보냈다. "이단자들의 성채를 함락했을 때 우리는 너에게 군대의 지원을 요청했지만, 너는 변명만 늘어놓고 군대를 보내지 않았다. 칭기스 칸 때부터 지금까지 몽골의 군대가 어떻게 세상을 정복했는지, 호라즘과 셀죽 같은 왕조들이 얼마나 비참해졌는지 너도 보았을 것이다. 그러니 적대 행위를 즉시 중단하라. 주먹으로 못을 치지 말고 진흙으로 태양을 더럽히지 말거라. 성벽을 허물고 해자를 메우고 나라를 자식에게 맡기고 내게 오라. 만약 직접 오지 않으려거든 재상과 술레이만 샤와 다와트다르 세 사람을 보내라. 네가 나의 명령을 이행한다면 나도 분노할 필요가 없고, 너는 나라와 군대와 백성을 보존할 수 있을 것이다. 그러나 만약 충고를 듣지 않는다면 반목과 충돌이 일어날 것이니, 군대를 정비하고 전쟁터를 정하도록 하라."

v.4, p.72, 1 ~p.73, 2 그러자 칼리프는 언변이 뛰어난 대신들을 훌레구에게 보내 이렇게 큰소리쳤다. "오, 이제 갓 어른이 된 젊은이여, 얼마 되지도 않는 행운으로 성공을 거둔 뒤 마치 온 세상을 정복한 듯 여기는 자여. 자신의 명령을 천명이라고 알고 있는 자여. 정말로 왕자는

모르는가. 동쪽에서 서쪽까지, 군왕에서 거지까지, 노인에서 젊은이에 이르기까지, 모든 사람이 나의 종이며 병사라는 것을. 내가 지시하면 흩어져 있던 자들이 구름처럼 모여들리라. 그러나 나는 사람들에게 분노를 하거나 고통을 주지는 않을 것이다. 나는 군대의 이동으로 인하여 백성들의 입이 찬미와 저주를 말하기를 원치 않노라. 만일 그대가 나처럼 우정의 씨를 뿌린다면 얼마나 좋겠는가. 우애의 길을 선택하고, 지금 후라산으로 돌아가라."

홀레구는 바그다드 정복을 결심하였다. 그는 룸에 둔영을 치 v.4, p.85, 8 ~p.86, 13
고 있던 초르마군과 바이주의 군대를 우익으로 지정하고, 그들에게 아르빌 방면에서 모술로 와서 바그다드의 서쪽에 주둔하라고 지시했다. 그리고 주치 울루스에서 파견한 투타르와 쿨리도 우익에 임명하여 바그다드로 오도록 했다. 키트 부카와 쿠두순과 일게이 같은 장군들은 루리스탄과 후지스탄 지방에서 오만의 해안에 이르기까지 전열을 펼치며 좌익으로 삼았다. 1257년 11월 훌레구는 중군을 이끌고 키르만샤한과 훌완으로 향하는 길을 따라서 행군하여 아사드아바드에 도착했다.

훌레구는 12월 초에 키르만샤에서 숙영하고 난 뒤 그 부근을 v.4, p.87, 3 ~p.90, 18
약탈했다. 그리고 바그다드를 본격적으로 공략하기 위해 티그리스 강을 건넜다. 키트 부카가 이끄는 좌익군은 루리스탄 지방의 상당 부분을 장악했고, 바이주 등이 이끄는 우익군은 1258년 1월 중순 티그리스 강을 건너 나흐리 이사 부근에 도착했다. 몽골군은 바그다드 근처를 흐르는 큰 강의 둑을 터뜨려 벌판 전부를 물에 잠기게 하고, 다와트다르와 이븐 쿠르드가 이끄는 칼리프의

그림 6. 바그다드 공략전

군대를 패퇴시켰다. 1월 22일 부카 테무르와 바이주, 순착 등의 부대가 바그다드의 서쪽 방면을 장악하였고, 이어서 동쪽에서 키트 부카의 군대도 도착하였다. 훌레구도 같은 날 바그다드 동쪽에 진영을 쳤다.

몽골군은 마치 개미와 메뚜기처럼 온 사방에서 모여 바그다드 v.4, p.90, 18 ~p.91, 18
성벽을 에워쌌다. 1월 29일 화요일에 전투가 시작되었다. 칼리프는 재상과 기독교의 총주교를 내보내 훌레구에게 화해를 요청했지만, 훌레구는 "그것은 내가 하마단에 있을 때나 유효한 이야기이다"라고 하면서 공격을 늦추지 않았다. 훌레구는 "판관과 학자, 이슬람의 장로들과 알리의 후손과 기독교 사제들, 그리고 우리와 전투를 하지 않은 사람들의 목숨은 우리가 보장할 것이다"라는 내용의 칙령을 여섯 통 쓰게 한 뒤 화살에 묶어서 도시의 여섯 방향으로 쏘아 보냈다.

바그다드 주변에는 돌이 없었기 때문에 잘룰라와 자발 함린이 v.4, p.91, 19 ~p.92, 13
라는 곳에서 돌을 가져왔다. 돌 대신 야자나무를 잘라서 투석기로 쏘기도 했다. 2월 첫날에는 아자미 망루를 부수었고, 몽골군은 서로 경쟁하듯 성벽 위로 올라갔다. 밤이 되자 동쪽 방향의 성벽을 장악했다. 훌레구는 바그다드 북쪽과 남쪽에 부교를 설치하고 투석기를 배치하라고 했다. 전세가 기울자, 다와트다르는 배를 타고 남쪽으로 도망치려고 하였다. 그러자 부카 테무르의 군대가 돌덩이와 화살과 나프타가 든 유리병을 투척하여 배 세 척을 격침했다. 다와트다르는 견디지 못하고 성으로 돌아갔다.

절망적인 상황이 되자 드디어 칼리프는 복속하겠다며 사신들 v.4, p.92, 14 ~p.95, 8

에게 약간의 선물을 들려 궁성 밖으로 보냈다. 그러나 훌레구는 아무런 관심도 보이지 않았다. 2월 6일 칼리프의 큰 아들과 재상이 나와 중재를 하려고 했지만 이 역시 아무런 소용이 없었다. 그 다음 날 술레이만 샤와 다와트다르가 밖으로 나왔다가 돌아갔는데, 이는 그들에게 속한 사람들을 구출하기 위함이었다. 바그다드의 군사들도 그들과 함께 밖으로 나오기 시작했는데, 그렇게 하면 목숨을 구할 수 있으리라고 기대했다. 그러나 몽골군은 그들을 병사들에게 분배하여 모조리 죽여버렸다.

v.4, p.95, 9 ~p.97, 2 시내에 남아 있던 사람들은 굴과 욕탕의 화덕 안으로 도망쳤다. 도시의 귀족들 한 무리가 밖으로 나와 보호를 청하였다. 훌레구는 바그다드 함락을 서두르라고 지시하는 한편, 나시르 앗 딘 투시에게 살고 싶은 사람은 할라바 성문으로 가라고 알리라고 하였다. 2월 8일에는 다와트다르와 그 부하들을 처형시켰고, 술레이만 샤도 죽였다. 칼리프 무스타심은 재상과 이 상황을 어떻게 모면할지 상의했으나 아무런 대책도 찾을 수 없었다. 칼리프는 2월 10일 세 명의 아들과 함께 밖으로 나왔고, 종교 지도자 및 귀족 3000명이 그를 뒤따랐다. 훌레구는 그를 상냥하게 맞아주면서, "시내의 사람들에게 얘기해서 무기를 버리고 밖으로 나오게 하시오"라고 말했다. 칼리프의 말을 듣고 시민들이 밖으로 나왔을 때, 몽골인들은 그들을 전부 살해했다.

v.4, p.97, 13 ~p.98, 7 2월 13일 대대적인 약탈과 살육이 시작되었다. 군인들은 일제히 시내로 들어갔고, 일부 기독교 사제와 이방인들의 가옥을 제외하고는 모든 것을 다 불태워버렸다. 칼리프는 창고를 열어 수

많은 의복과 현금과 보석을 훌레구에게 바쳤다. 하지만 그는 그것을 거들떠보지도 않고 장군들과 거기 있던 사람들에게 나누어 주었다. 그리고 칼리프에게 땅 밑에 묻어놓은 것도 꺼내라고 했다. 칼리프는 궁전 한가운데에 금으로 가득 찬 연못이 있다고 고백했고, 그곳을 팠더니 과연 무게가 420그램인 금괴들로 가득했다. 칼리프의 후궁들의 수를 세라고 명령하여 700명의 부인과 첩, 그리고 1000명의 하인을 확인했다.

훌레구는 밤중에 오르도에 돌아왔다. 새벽에 순착에게 칼리프 v.4, p.98, 12 ~p.100, 20
의 재산을 모두 가져오라고 명령했다. 600년 동안 축적한 것들을 모두 쌓으니 산더미를 이루었다. 많은 성스러운 장소들, 즉 칼리프의 모스크와 성묘들이 불에 탔다. 훌레구는 불타는 도시가 내뿜은 연기를 피해서 2월 20일에 교외로 이동하였다. 거기서 그는 칼리프의 처형을 지시했다. 칼리프와 장성한 그의 세 아들, 그리고 그를 모시던 다섯 명의 하인은 와카프라는 마을에서 최후를 맞았다. 이렇게 해서 아바스 가문 칼리프들의 통치는 끊어지게 되었으니, 그들이 통치한 525년간 칼리프는 모두 37명이었다.

아인 잘루트의 전투

1259년 9월 훌레구는 시리아 지방을 정복하기 위해 출정했다. v.4, p.109, 22 ~p.111, 1
먼저 키트 부카를 선봉으로 보내고, 식투르와 바이주를 우익으로, 순착과 다른 장군들을 좌익으로 삼고, 자신은 중군을 맡았다. 그는 알라탁을 거쳐 디야르바크르에 도착했다. 아들 요시무트에게는 장군 수니테이와 함께 마야파르킨 성채를 포위하라고 지시하고, 말릭 살리흐를 군대와 함께 아미드로 보냈다. 자신은 루하로 가서 그곳을 정복하고, 두나이시르, 니시빈, 하란으로 가서 전투를 벌이고 점령했다.

v.4, p.111, 2 ~p.111, 1 훌레구는 유프라테스 강을 건너 돌연 알레포를 포위하였는데, 그곳의 주민들은 성채의 견고함을 믿고 복속을 거부한 채 몽골군에 저항했다. 그와 키트 부카와 순착이 성문을 하나씩 맡았다. 몽골군은 도시 주변에 방어벽을 세우고 투석기를 설치하였다. 양측은 모두 전력을 다해서 일주일 동안 전투를 벌였고, 마침내 11월 중순경에 성문 하나를 여는 데 성공했다. 이곳에서 몽골군은 총 40일 동안 성채 안으로 돌과 화살을 쏟아부었다.

v.4, p.112, 8 ~16 다마스쿠스의 주민들은 시리아 지역과 그 주변이 모두 몽골군의 수중에 들어갔다는 소식을 듣고 근심하였다. 그곳의 대인과 귀족들은 다양한 선물과 성문의 열쇠를 갖고 훌레구를 찾아와 복속 의사를 표시하였다. 훌레구는 그들을 시험해보기 위하여 먼저 키트 부카를 다마스쿠스로 보냈는데, 시민들은 그를 환영하였고 생명의 안전을 희망하였다. 얼마 후 몽골군은 포위나 전투 없이 성안으로 들어갔다.

v.4, p.112, 20 ~p.113, 8 훌레구는 매우 짧은 시간 안에 바그다드와 디야르바크르와 디야르라비아와 시리아를 완전히 정복하고, 룸의 왕국들도 손에 넣었다. 이런 일들이 벌어지고 있는 사이에 동방에서 식투르 노얀을 우두머리로 하는 사신들이 도착하여, 뭉케 카안의 사망 소식을 전해주었다. 훌레구 칸은 매우 비통한 마음이었지만 겉으

로 드러내지는 않았다. 시리아 지방의 방어를 위해 키트 부카를 그곳에 남겨두고 자신은 알레포에서 말머리를 돌렸다. 1260년 6월 초순에 아흘라트에 도착했다.

훌레구는 시리아에서 회군할 때 이집트로 사신을 파견하여 항 v.4, p.113, 21 ~p.114, 15
복을 요구하였다. 그 당시 살라흐 앗 딘의 후손, 즉 카밀 가문에서는 군주를 하기에 적절한 인물이 없었다. 무함마드라는 젖먹이 아이가 술탄의 자리에 앉았는데, 그가 갑자기 사망하자 그의 아타벡(왕부)인 쿠투즈가 군주가 되었다. 그는 정의와 관용으로 사람들의 마음을 휘어잡았다. 이집트와 시리아에 있던 군인들의 상당수는 술탄 잘랄 앗 딘 휘하의 병사들로서, 아흘라트에서 패배하여 시리아로 도망친 패잔병들이었다. 훌레구가 시리아로 향하자 그들은 여러 곳으로 숨었다가, 그가 돌아가자 쿠투즈 휘하로 모였다.

몽골의 항복 요구를 받은 쿠투즈는 여러 대신·장군들과 대책 v.4, p.115, 16 ~p.118, 13
을 논의했고, 특히 장군 분두다르에게 의견을 물었다. 분두다르는 "사신들을 죽이고 모두 함께 키트 부카를 치러 갑시다"라고 하였다. 쿠투즈도 그 말을 흡족하게 여겨 밤중에 사신들을 십자가에 처형시키고 출정하였다. 몽골 정찰대는 이집트 군대가 이동하기 시작했다는 소식을 키트 부카에게 전하였다. 쿠투즈는 키트 부카가 도착하기 전에 먼저 몽골의 선봉대를 공격하여 아시 강변까지 쫓아냈다. 그는 여러 곳에 군대를 매복시켜놓고 자신은 앞으로 나아가 적의 도착을 기다렸다.

마침내 아인 잘루트에서 양측 군대가 맞부딪쳤다. 몽골군이 v.4, p.118, 13 ~p.119, 20

화살을 비처럼 퍼부으며 공격하자 쿠투즈는 뒤돌아 도망치기 시작했다. 몽골군은 담대해져서 그의 뒤를 추격했고 많은 수의 이집트인을 살해하였다. 얼마 후 세 방향에서 매복이 열리며 몽골군을 공격하기 시작했다. 새벽부터 정오까지 필사의 전투가 벌어졌지만, 몽골군은 대항할 수 없게 되었고 마침내 패배하고 말았다. 키트 부카는 도주하라는 권유를 거부하고 맹렬하게 싸웠으나, 그의 말이 넘어지는 바람에 적에게 붙잡혔다.

v.4, p.119, 22 ~p.120, 17 그는 두 손이 묶여서 쿠투즈 앞으로 끌려갔다. 쿠투즈는 "너는 무고한 피를 흘리게 하였지만, 이제 너 자신이 올무에 걸리고 말았구나!"라고 말했다. 그러자 기독교도였던 키트 부카는 이렇게 외쳤다. "내가 만약 이 자리에서 죽임을 당한다면, 나는 네가 아니라 하나님이 그렇게 한 것으로 알겠노라. 오늘의 승리에 대해서 한순간이라도 자만심에 도취하지 말라. 왜냐하면 나의 사망 소식이 훌레구에게 도달하면 분노의 바다가 끓어올라 아제르바이잔에서부터 이집트에 이르기까지 모든 땅이 몽골의 말발굽에 짓밟힐 것이다. 훌레구에게는 나처럼 용맹한 기병이 30만 명이나 있다. 너는 이제 그 가운데 하나에 불과한 나를 없애라!"

v.4, p.121, 4 ~12 쿠투즈는 그의 목을 베라고 명령했다. 그리고 시리아에서 유프라테스 강변에 이르기까지 모든 지역을 공격하여 눈에 띄는 사람은 모두 없애버렸다. 키트 부카의 유수영을 약탈하고 그의 부인과 자식 및 소속된 사람들을 포로로 잡았으며, 그 지방의 세리와 감관들을 죽였다. 훌레구는 키트 부카의 사망 소식과 그가 죽기 전에 어떤 말을 했는지 듣고는 그의 죽음을 슬퍼하며 불같

이 화를 냈다.

훌레구는 일게이 노얀에게 대군을 주어 시리아로 보냈다. 그 v.4, p.122, 5~13 곳에 도착하자 병사들은 약탈하기에 바빴다. 이집트의 군주가 된 분둑다르는 그 소식을 듣고 방어를 위해 밖으로 나왔다. 일게이 노얀이 그의 도착 소식을 듣고 시리아 지역에 머물던 몽골인들을 데리고 룸 방면으로 빠져나갔다. 훌레구는 키트 부카의 원수를 갚기 위해 다른 군대를 이집트와 시리아로 보내려고 했지만, 뭉케 카안의 사망 후 그의 일족 안에서 분란이 발생하면서 복수를 미룰 수밖에 없었다.

그해에 원정에 참여했던 주치의 손자인 불가 왕자가 연회 도 v.4, p.122, 14~24 중에 급사하는 일이 발생했다. 그 뒤에는 투타르 왕자가 주술을 부리며 변심을 했다는 혐의를 받게 되었다. 훌레구는 순착으로 하여금 그를 베르케에게 보내고 죄를 알리라고 하였다. 베르케는 칭기스 칸의 야사 칙명에 따라 그를 다시 훌레구에게로 보냈고, 1260년 2월 초에 그를 야사에 처했다. 그 뒤에 쿨리 역시 사망했다. 주치 가문의 왕자들이 연달아 사망하자 그 휘하에 있던 사람들은 도망쳐서 데르벤드와 길란 해안길을 거쳐 킵착 지방으로 돌아갔다.

뭉케 카안의 죽음

훌레구가 서방 원정에 몰두하고 있을 때, 뭉케 카안은 낭기야스 v.3, p.345, 7~16 정복에 힘을 쏟고 있었다. 그러나 여름이 찾아와 혹심한 더위가 닥치면서 그곳의 물과 공기로 인하여 몽골군 안에서 이질이 돌고 역병이 발생했다. 카안은 역병을 막기 위해 포도주를 계속 마셨다. 갑자기 병마가 그를 덮쳤고 병세가 위독해지더니 1259년 8월 바로 그 불길한 성채 아래에서 세상을 뜨고 말았다. 그가 즉위한 지 8년째 되던 해였다.

v.3, p.345, 16 ~p.346, 7 그가 사망하자 뭉케의 아들 아수타이는 쿤두카이 장군에게 군대를 맡기고 부친의 영구를 모시고 몽골리아로 돌아왔다. 네 개의 오르도에서 차례로 장례를 치렀는데, 첫날은 쿠툭타이 카툰의 오르도, 둘째 날은 쿠타이 카툰의 오르도, 셋째 날은 원정에 동행했던 차분 카툰의 오르도, 넷째 날은 키사 카툰의 오르도 순서였다. 오르도마다 그의 영구를 보좌 위에 올려놓고 소리 내어 곡을 하였다. 그 뒤 그를 부르칸 칼둔으로 모셔가서 칭기스 칸과 톨루이 옆에 묻었다. 그곳은 사람들의 출입을 금했기 때문에 '예케 코룩', 즉 '대금구'라고도 부른다.

v.3, p.346, 10 ~p.347, 15 뭉케 카안이 사망할 때 마침 쿠빌라이 카안은 후이후르(淮河)라고 불리는 낭기야스 지방의 큰 강에 도달했다. 그는 불길한 사망 소식을 듣자 무칼리의 손자인 바하두르 노얀과 상의하며 "이 같은 헛소문에 귀를 기울이지 말자!"라고 말했다. 그는 바를루스 출신 불루간 칼자의 아들 에르케 노얀을 선봉으로 보내고, 자신은 그 뒤를 따라 낭기야스를 향해 남진했다. 그들은 폭이 10킬로미터에 이르는 켕 강(長江)을 배로 건너 아우주 시에 도착해서 그곳을 포위하고 함락했다. 마침 그때 차분 카툰이 보낸 사신들이 도착하여 카안의 사망 소식을 전해주었다. 상황을 확실히 알게

된 쿠빌라이 카안은 작전을 중단하고 추모제를 거행했다. 그는 낭기야스 지방에 있고 훌레구는 제국의 수도에서 서쪽으로 멀리 떨어진 타직 지방에 있었다. 아릭 부케는 형의 죽음을 접하자 군주의 자리를 차지할 야심을 품기 시작했다. 그의 휘하에 있던 장군과 근신들도 쿠빌라이와 맞서야 된다고 부추겼다. 이들의 충돌과 그 결말에 관한 이야기는 뒤에 쿠빌라이 카안에 관한 부분에서 서술할 것이다.

제3편

쿠빌라이 카안의 시대

1260년경 쿠빌라이의 집권을 둘러싸고 벌어진 일련의 사건들은 몽골제국의 지배 체제에 큰 변화를 가져왔다. 이에 대해 이제까지는 하나의 통일제국이 네 개의 지역 정권, 즉 '칸국(汗國, Khanate)'으로 분열되었다고 생각해왔다. 그러나 이러한 이해 방식은 당시의 역사적 상황을 올바로 반영하는 것이 아니다. 몽골제국, 즉 '대몽골 울루스'라는 거대한 정치체는 칭기스 칸 일족들이 보유하는 다수의 울루스들로 구성되어 있었다. 몽골제국을 울루스들의 연합체로 구성하는 원리인 '울루스 체제'는 14세기 중후반 제국이 붕괴될 때까지 변하지 않았다. 다만 시간의 흐름에 따라 이들 울루스 상호 간의 관계가 변화하면서 몇몇 대형 울루스들이 사실상 제국을 분할하는 상황에 이르게 되었다. 그렇지만 이들 대형 울루스의 지배자들이나 거기에 속한 몽골인들은 여전히 자기가 몽골제국이라는 더 큰 정치체의 일부를 이루고 있다는 인식을 갖고 있었다. 따라서 몽골제국이 네 개의 독립적인 국가로 분열되었다고 보는 것은 역사적 사실을 왜곡할 위험성이 있다.

울루스 체제의 변화를 초래한 요인으로는 정복전의 성공에 따른 영토의 확장과 울루스들 상호 간의 대립과 병합을 꼽을 수 있다. 예를 들어 1250~60년대 훌레구의 원정으로 서아시아에 새로운 울루스가 생겨났지만, 1280년대에는 나얀의 반란을 계기로 좌익의 울루스들이 약체화되었다. 카이두의 대두와 함께 중앙아시아에서는 차가다이계 울루스와 우구데이계 울루스들이 연맹을 했지만, 거기서 소외된 차가다이계 제왕들 일부가 하서회랑으로 이주하여 카안 울루스 내부에 자리 잡았다. 그러다가 카이두가 죽은 뒤 1310년 차파르가 테무르 카안에게 투항하고 그 휘하의 부민들이 대거 몽골 초원으로 이주해옴으로써, 우구데이계 울루스들은 카안 울루스에 흡수되었다. 이렇게 해서 1310년경이 되면 서방의 3대 울루스인 주치 울루스, 차가다이 울루스, 훌레구 울루스와 동방의 카안 울루스라는 네 개의 대형 울루스로 정리되었다. 그러나 각각의 대형 울루스 내부에는 다수의 소형 울루스들이 여전히 존재했다. 그런 점에서 울루스 연합체라는 몽골제국의 기본 성격이 바뀐 것은 아니며, 네 개의 대형 울루스를 분열되어 독립한 '국가'로 간주해서도 안 된다.

그러나 『집사』 편찬의 문화적 배경이 된 훌레구 울루스는 엄밀하게 말하면 '울루스'가 아니었다. 왜냐하면 울루스란 원래 칭기스 일족이 분봉으로 받은 몽골인들로 구성된 것인데, 훌레구와 그의 후계자들이 속했던 몽골인들은 뭉케의 명령에 따라 여러 울루스에서 차출된 원정군에서 기원했기 때문이다. 원정은 주치·톨루이 두 가문이 주도했지만 훌레구는 원정군에 속한 주치 세력을 축출하고 몽골 병사들을 자기 소유로 만들어버렸다. 이후 훌레구와 그의 후계자들은 서아시아를 지배했지만 주치 울루스나 차가다이 울루스에서는 이들의 합법성을 인정하지 않았다.

따라서 같은 톨루이 가문에 속한 카안의 후원과 인정은 중대한 의미를 지닐 수밖에 없었고, 훌레구의 후계자들은 카안의 추인과 임명장을 받은 뒤에야 공식적인 즉위식을 올렸다. 양측은 육로나 해로를 통해 사신을 빈번히 교환했고 다양한 방면에서 정보를 공유했다. 쿠빌라이가 파견한 볼라드 칭상 같은 인물은 정치 고문 역할을 했을 뿐만 아니라, 라시드 앗 딘의 저술 활동을 도와 '문화 중개자'로도 활약했다.

제1장

즉위와 내전

톨루이-쿠빌라이 카안의 가계도

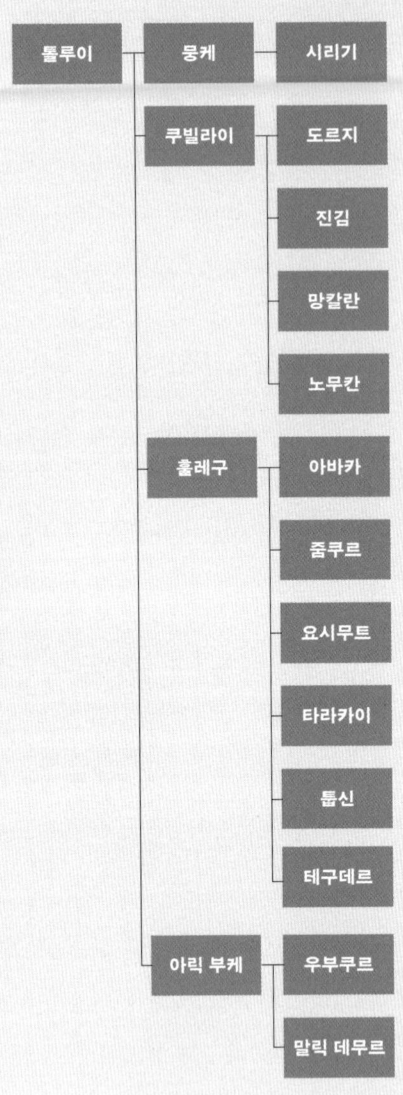

※ 즉위 이전의 사정 ※

쿠빌리아 카안은 톨루이의 넷째 아들이며 소르칵타니 베키에게서 출생했다. 그의 유모는 나이만족 출신의 사룩으로, 그녀는 톨루이의 후비였으며 무게의 모친이기도 했다. 무게가 출생하기 두 달 전에 쿠빌라이가 태어났다. 칭기스 칸은 그를 가만히 보더니 "나의 자식들은 모두 불그레한 피부색을 가졌는데 이 녀석은 검은색이니 모계를 닮았구나!"라고 말했다 그러고 나서 소르칵타니에게 "그를 좋은 유모에게 주어서 키우게"라고 했다. 그래서 갓난 쿠빌라이를 무게의 모친인 사룩에게 맡겼고, 그로부터 두 달 후에 무게가 태어난 것이다. 사룩은 자기 아들 무게를 탕구트족 출신의 유모에게 맡기고, 자신은 쿠빌라이가 장성할 때까지 온갖 정성을 다했다. v.3, p.359, 1~11

쿠빌라이 카안에게는 많은 카툰과 후비들이 있었다. 가장 큰 부인은 차분 카툰이었는데, 쿵크라트족의 수령인 알치 노얀의 딸이었다. 매우 순결하고 아름다워 그의 사랑을 받다가 쿠빌라이에 앞서 1284년에 사망했다. 쿠빌라이 카안은 모두 열두 명의 아들을 두었는데, 마치 칭기스 칸이 그의 큰 부인인 부르테 푸진에게서 얻은 네 아들이 누구보다 더 존경받았던 것처럼, 이 열두 v.3, p.359, 15~p.366, 7

명 가운데 차분 카툰을 어머니로 하는 네 명이 가장 중요했다. 그들의 이름은 도르지, 진김, 망칼란, 노무칸이었다. 다른 부인들에게서도 쿠리다이, 후게치, 우그룩치, 아야치, 쿠게추, 쿠틀룩 테무르, 토간 등을 낳았다.

v.3, p.369, 1 ~p.370, 9

1251년 뭉케 카안이 즉위하여 나라의 사무를 정비한 뒤, 큰 동생인 쿠빌라이를 동방과 키타이 왕국으로 보내고, 작은 동생 훌레구를 서방과 타직 지방으로 파견했다는 사실은 이미 앞에서 서술했다. 카안은 쿠빌라이로 하여금 몽골과 자우쿠트로 구성된 80개 만호의 군대를 이끌고 가서 낭기야스 지방을 정복하라고 명령했다. 쿠빌라이는 진군하는 도중에 사신을 카안의 어전으로 파견하여 상황의 어려움을 보고하고, 먼저 카라장과 차간장 지방을 정복해 식량을 확보한 다음에 낭기야스 방면으로 갈 수 있게 허락해달라고 청했다. 그 두 지방을 키타이어로 다이류(大理)라고 부르는데, '커다란 왕국'이라는 뜻이다. 티베트와 탕구트, 인도의 일부, 키타이 및 자르단단 지방(金齒國)과 연접해 있다. 쿠빌라이는 1256년에 그 지방을 정복하고 그 군주를 붙잡았다.

v.3, p.370, 10 ~p.371, 3

그 뒤 뭉케 카안이 낭기야스를 정복하려고 했을 때, "쿠빌라이는 통풍이 있고, 이전에도 출정하여 반란을 일으킨 지방들을 복속시켰으니, 이번에는 집에서 쉬게 하라!"라고 명령했다. 그의 지시를 따라 쿠빌라이는 카라운 지둔이라는 곳에 있는 자신의 오르도에서 휴식을 취하였다. 1년이 지난 뒤 낭기야스 방면으로 간 원정군을 지휘했던 타가차르와 좌익의 왕자들이 아무런 성과도 거두지 못한 채 돌아오자, 뭉케 카안은 그들을 질책하는 칙령을 보냈다. 이에 쿠빌라이는 “제 다리는 좋아졌습니다. 카안께서 원정을 떠났는데 제가 어찌 집에 앉아 있을 수 있겠습니까?”라는 전갈을 보냈고, 카안은 그에게 타가차르가 지휘하던 군대를 이끌고 낭기야스 지방으로 오라고 칙명했다. 이에 그는 휘하 한 개 만호의 직속군과 타가차르와 함께 있던 몇 개의 자우쿠트 만호를 데리고 출발했다. 그는 낭기야스 변경에 도착하여 수많은 도시를 정복했다.

v.3, p.371, 4 ~14

1259년 뭉케 카안은 사천 지방의 돌리샹 성채를 포위하다가 역병에 걸려 급사했다. 그의 사망 소식이 쿠이카무렌(淮河) 강가에 있던 쿠빌라이에게 전해졌다. 그는 잘라이르 출신으로 무칼리의 손자인 바하두르 노얀과 상의를 했다. 그러자 그는 “우리는 개미와 메뚜기처럼 많은 군대를 데리고 이곳에 왔는데, 어찌 한낱 헛소문 때문에 임무를 완수하지도 못하고 돌아가겠습니까?”라고 말했다. 그래서 이들은 다시 낭기야스 방면을 향해 출발하였다. 강폭이 바다처럼 넓어서 5킬로미터가 넘을 정도인 켕 강(長江)을 건너 아우주라는 큰 도시를 포위하였다.

v.3, p.371, 15 ~p.372, 4

이에 앞서 뭉케 카안은 낭기야스 원정 도중에 남쪽으로 수베테이의 아들인 우량카다이와 그 휘하의 세 개 만호의 군대를 파견했다. 차가다이의 손자들 가운데 아비시카라는 인물과 좌익의 왕자 50명도 함께 파견했다. 길이 험난하고 거점과 성채들이 견고하여 계속 전투를 벌이며 진군했지만 진퇴양난에 빠졌다. 열악한 기후로 인하여 병사들 다수가 죽어서 전부 합해서 5000명도 채 남지 않게 되었다. 그들은 쿠빌라이가 아우주에 도착했다는 소식을 듣고 그쪽으로 향했다. 20일 뒤 마침내 그들은 쿠빌라이 부대에 합류했다. 궁지에 몰린 아우주의 주민들은 사신을 보내 복속하기로 했다. 그런데 그때 갑자기 뭉케 카안과 싸우러 사천 지방으로 갔던 그 도시의 군인들이 뭉케가 죽었다는 소식을 가지고 돌아왔다. 이로 인해 도시의 주민들은 크게 고무되었다.

v.3, p.372, 5 ~ p.373, 8

그러는 사이에 차분 카툰은 그녀의 오르도에 속하는 신하들을 쿠빌라이에게 보내 "아릭 부케의 대신인 도르지와 알람다르가 이곳에 와서 몽골과 자우쿠트의 병사들을 징발하고 있는데, 왜 그러는지 알 수가 없습니다. 그 병사들을 내어줄까요, 말까요?"라고 물었다. 또 "이제 큰 고기의 머리와 작은 고기의 머리는 잘렸습니다. 당신과 아릭 부케를 제외하고 누가 남아 있습니까? 귀환하시는 것이 가능한가요, 아닌가요?"라고 수수께끼 같은 말을 전해왔다. 쿠빌라이는 바하두르, 우량카다이와 은밀히 협의한 뒤, "아릭 부케의 생각을 알 수 없으니 너희 두 사람은 약간의 군대를 데리고 이곳에 남아 있으라! 내가 카라무렌 강이 있는 곳으로 돌아가서 사태의 진상을 확인하고 너희에게 소식을 전해주겠다"라고 말했다. 그는 귀환길에 올랐고, 타가차르·카단·이숭게 등 좌익의 왕자들도 각자 군대를 이끌고 그와 함께 길을 나섰다.

두 군데의 쿠릴타이

v.3, p.373, 10 ~ p.374, 15

쿠빌라이는 카라무렌 강가에 있는 남깅(南京, 즉 개봉)에 도착했을 때, 도르지와 알람다르가 군대를 징발하러 와서 몽골과 자우쿠트에게 많은 억압을 가했다는 사실을 분명히 알게 되었다. 당시 알람다르는 이미 그곳을 떠났고 도르지는 중두, 즉 후일 칸발릭으로 불릴 도시에 남아 있었다. 도르지는 은밀히 아릭 부케에게 사람을 보내 "쿠빌라이가 당신의 의도를 알아챈 것 같습니다. 현재로서 최상의 방책은 투만 장군을 사신과 함께 파견해서, 쿠빌라이에게 송골매와 맹금을 바치고 그를 안심시키는 것입니다"라고 말했다. 아릭 부케는 이 말에 동의하여 투만을 파견했다. 쿠빌라이에게 온 사신들은 "군대의 징발을 모두 취소했습니다"라고 말했고, 쿠빌라이는 "너희들이 이같이 괴상한 소문에 대해 해명을 해주니 마음이 놓인다"라고 말하고 그들을 돌려보냈다.

그러고 나서 그는 즉시 바하두르와 우량카다이에게 사람을 보 v.3, p.374, 16 ~p.375, 4
내 "지금 당장 아우주 포위를 중지하고 돌아오라. 상황이 급박하게 바뀌었다"라고 말했다. 사신들이 그곳에 도착했을 때 타가차르와 이숭게와 나린 카단은 이미 귀환하고 없었다. 바하두르와 우량카다이만 즉시 군대를 이끌고 쿠빌라이의 어전으로 왔다. 도르지와 투만은 아릭 부케에게 이러한 상황을 알려주었다. 아릭 부케는 "쿠빌라이가 우리의 계략을 이미 눈치 챘으니 우리의 방책은 다음과 같다. 즉 각자 자기 목지와 집에 머물고 있는 왕자와 장군들을 불러 모아, 카안 계승 문제를 확실하게 매듭 짓는 것이다"라고 말했다.

아릭 부케는 사신들을 각 방면으로 파견했다. 하지만 대부분 v.3, p.375, 4 ~19
의 왕자가 구실을 대면서 지체하고 오지 않았다. 그러자 그는 쿠빌라이에게 사신을 보내 거짓말로 유인하려 했다. 도르지가 뭉케 카안의 장례를 치러야 하니 쿠빌라이와 모든 왕자들이 꼭 와야 한다는 전갈을 들고 어전으로 갔다. 왕자들이 도착하면 모두 구금할 생각이었다. 사신들이 쿠빌라이 어전에 도착했을 때 타가차르와 이숭게, 나린 카단, 그리고 다른 만호장들이 동방에서 중두로 와서 쿠빌라이를 알현하고 있었다. 아릭 부케의 사신들이 전갈을 전하자 모두 다 한입으로 말하기를 "이 말이 옳다. 장례식에 가는 것이 마땅하다. 그러나 아직 원정에서 완전히 철군하지 않았기 때문에 먼저 각자의 집으로 갔다가 다시 집합하여 함께 가도록 하자"라고 하였다.

v.3, p.376, 3 ~p.377, 3 도르지의 부하들이 이 소식을 아릭 부케에게 전했다. 그러자 거기 있던 왕자들은 모두 "우리가 언제까지 그들을 기다릴 수 있겠는가?"라고 하면서, 카라코룸 부근에 있는 알타이 하영지에서 아릭 부케를 카안의 보좌에 앉혔다. 즉위식에 참석한 대인들은 다음과 같다. 카라 훌레구의 카툰인 오르가나 베리, 뭉케 카안의 아들인 아수타이와 우룽타시, 차가다이의 손자인 알구, 타가차르의 아들인 나이마다이, 칭 테무르의 동생인 이수, 카단의 아들인 쿠룸시와 나친, 오르다의 아들인 카라차르, 벨구테이 노얀의 아들 등이었다. 알람다르에게는 감군의 직위를 주었다. 그 뒤 사신을 몽골·탕구트·자우쿠트 지방 속민들에게 보내 칙령을 전달하고, "훌레구와 베르케와 왕자들이 일치해서 나를 카안으로 추대했다. 너희도 쿠빌라이, 타가차르, 이숭게, 예케 카단, 나린 카단의 말에 귀를 기울이지 말고 그들의 명령을 듣지 말라!"라고 선전했다.

칭 테무르와 키타이 지방에 있던 장군들이 아릭 부케의 사신 v.3, p.377, 4~9
에게서 편지를 빼앗아 쿠빌라이에게 보냈다. 이제 아릭 부케가 반란을 일으켰다는 사실이 확실해졌다. 쿠빌라이의 어전에는 다음과 같은 사람들이 있었다. 먼저 좌익의 왕자로는 타가차르, 이숭게, 자우투, 쿠룸시가 있었고, 좌익의 대신으로는 나친 쿠레겐, 데레게이 쿠레겐, 수둔 노얀의 아들인 보르차, 보르치 노얀의 아들인 이질, 두 명의 타르칸들이 있었다. 우익의 왕자로는 예케 카단, 나린 카단, 칭 테무르가 그에게 왔다.

이들이 모두 모여서 다음과 같이 말했다. "훌레구는 타직 지방 v.3, p.377, 9~p.378, 2
으로 갔고, 차가다이 일족은 멀리 있으며, 주치의 일족 역시 매우 멀리 있다. 아릭 부케와 함께 있는 무리는 멋모르고 행동하고 있다. 훌레구와 베르케가 오기도 전에 차가다이 울루스에서 오르가나 베리가 대신들의 말을 듣고 아릭 부케 쪽으로 갔다. 우리도 누군가를 카안으로 지명하지 않고 어떻게 가만히 있을 수 있겠는가?" 결국 그들은 1260년 여름 중순에 카이민푸(開平府)에서 쿠빌라이를 카안의 자리에 앉혔다. 그때 그의 나이는 마흔여섯 살이었다. 관례에 따라서 상술한 모든 왕자와 장군들이 서약을 했고, 무릎을 꿇으며 그를 카안으로 추대했다.

내전의 발발

그 뒤 100명의 사신을 아릭 부케에게 보내 "우리 왕자와 대신들 v.3, p.378, 5~18
이 함께 논의하여 쿠빌라이를 카안의 자리에 앉혔다"라는 전갈을 전달했다. 그리고 그날은 연회를 즐겼다. 아릭 부케를 위해 일하던 도르지가 밤중에 몰래 도망치다가 역참지기들에게 붙잡혔다. 그는 반란과 음모에 관해서 처음부터 끝까지 모두 자백했다. 그를 감금한 뒤 무에투켄의 아들인 부리의 아들 아비시카를 차가다이 울루스의 수령으로 임명하여 그의 동생 나린 카단과 함께 그곳으로 보냈다. 그런데 탕구트 변경에 이르렀을 때 아릭 부케 측 사람들이 그들을 붙잡아 감금하고 감시했다.

v.3, p.378, 20 ~p.379, 5 그해 즉 1260년 여름 내내 많은 사신이 양쪽을 오고 갔지만 합의를 이루지는 못했다. 아릭 부케 쪽에서는 "훌레구와 베르케와 다른 왕자들이 도착했는데, 그들의 지지를 받아 아릭 부케가 카안이 되었다"라는 소문을 퍼뜨렸다. 이러한 헛소문이 퍼지며 가을이 도래했다. 카라코룸에 근거를 둔 아릭 부케는 훌레구의 큰아들인 줌쿠르와 오르다의 아들 카라차르, 그리고 몇 명의 다른 왕자들에게 군대를 주어 쿠빌라이 측과 전투를 시작했다. 카안 군대의 선봉은 이숭게와 예케 카단이 맡았다. 그들은 바스키라는 곳에서 마주쳤는데 아릭 부케의 군대가 패배했고, 줌쿠르와 카라차르는 소수의 사람들과 함께 도망쳤다. 이 소식에 겁을 먹은 아릭 부케와 그의 군대는 그들이 감금했던 왕자들, 즉 아비시키와 나린 카단, 그리고 사신 100명을 죽인 뒤 키르기스 지방으로 피신했다.

v.3, p.379, 6 ~18 원래 카라코룸의 식량과 음료는 키타이에서 수레로 운반해 오는 것이 관례였다. 그런데 내전이 발발하고 쿠빌라이가 이를 중지시키자, 도시의 물자가 극도로 부족해졌다. 아릭 부케는 당황

하여 이렇게 말했다. "차가다이의 아들인 바이다르의 아들 알구에게 차가다이 울루스를 위임하고, 그로 하여금 우리에게 양식과 무기를 지원하게 하자. 그리고 그로 하여금 아무다리야 변경을 방어하게 하여 강 저쪽에서 훌레구와 베르케의 군대가 쿠빌라이를 도우러 가지 못하도록 하자." 그는 이런 생각을 갖고 알구를 차가다이 울루스로 돌려보냈다. 그러나 카라코룸을 떠난 알구는 마치 시위를 떠난 화살처럼 튕겨 나가 독립의 길을 걸었다. 카쉬가르 변경에 도착하자 15만 명에 가까운 용맹한 기병이 그의 주위에 모여들었고, 그는 곧 아릭 부케에게 반기를 들었다.

v.3, p.379, 19 ~p.380, 18

바스키 전투가 끝난 뒤 쿠빌라이는 출정하여 캉키 다반이라는 지점에 도착했다. 그때 아릭 부케가 아비시카 및 그와 함께 있던 다른 왕자들과 100명의 사신을 죽였다는 소식을 들었다. 그는 분노에 휩싸여 붙잡고 있던 도르지를 처형했다. 출정하기에 앞서 예케 카단, 주치 카사르의 아들 카비추 등의 왕자, 그리고 투리 같은 장군에게 대군을 주어서 탕구트 지방으로 파견했다. 왜냐하면 그 지방에는 일찍이 뭉케 카안과 함께 낭기야스 방면으로 원정을 온 군대가 잔류하고 있었는데, 아릭 부케가 알람다르와 쿤두카이를 그곳으로 보내 그들을 장악했다는 소식을 들었기 때문이다. 예케 카단과 카비추가 그곳에 도착하니 곧 전투가 벌어졌다. 알람다르는 그 전투에서 사망했고 군대의 일부는 죽거나 흩어졌으며, 나머지는 키르기스 지방으로 도망쳐 아릭 부케와 합류했다. 쿠빌라이 카안은 카라코룸 부근에 도착하여, 아릭 부케의 네 오르도와 쿨겐의 오르도들을 손에 넣었다. 그는 옹키무렌 강가에서 동영했다.

v.3, p.380, 19 ~p.381, 7 아릭 부케는 혼비백산하여 가난하고 배고픈 군대와 함께 켐켐치우트 변경의 유스라 강가로 후퇴했다. 그는 카안에게 사신을 보내어 사죄하며, "우리 아우들이 아무것도 몰라서 죄를 지었습니다. 잘못했습니다. 나의 아카여! 앞으로는 아카의 명령을 어기지 않겠습니다. 가축들을 살찌우고 배부르게 한 뒤 어전으로 가겠습니다. 또한 베르케와 훌레구와 알구도 오고 있으니 그들의 도착을 기다리겠습니다"라고 하였다. 사신들이 쿠빌라이에게 이 전갈을 전했다.

v.3, p.381, 7 ~19 쿠빌라이는 "왕자들이 길을 잃었다가 이제야 정신을 차렸구나. 이성과 분별을 되찾고 자신의 죄를 인정하였다"라고 말했다. 그리고 "훌레구와 베르케와 알구가 그곳에 도착하면 반드시 사신들을 보내게 하라. 그때 우리가 어디에서 모여야 할지 결정하자"라고 대답한 뒤 사신들을 돌려보냈다. 그 자신은 카라코룸에서 카라운 지둔에 있는 자신의 오르도로 돌아갔다. 군대 해산을 허락하여 각자의 목지로 돌아갈 수 있도록 하였다. 포획한 아릭 부케와 쿨겐의 오르도들도 그곳의 목지에 풀어놓고 거기 머무르라고 명령하였다. 사촌인 이숭게에게는 10만 호의 군대를 주어 울루스 변경에 배치하고 "아릭 부케가 오는 것을 대비하라"라고 명령했다.

v.3, p.381, 20 ~p.382, 10 그 당시 이란의 훌레구와 중앙아시아의 알구는 쿠빌라이 카안 쪽으로 기울고 있었다. 훌레구는 아릭 부케에게 사신들을 보내 질책했고 카안의 어전으로도 사신들을 파견했다. 알구도 마찬가

지로 사신을 보냈으며, 카이두와 쿠투쿠가 아릭 부케와 한편이라는 사실을 알고는 그들을 여러 차례 공격하여 쫓아냈다. 그때 카안이 훌레구와 알구에게 전갈을 보내 이렇게 말했다. “지방들이 반란을 일으켰다. 우리 조상들이 쟁취한 아무다리야 강변에서부터 이집트의 문에 이르는 지역의 몽골군과 타직 지방은 너 훌레구가 관할하고 잘 지키라! 알타이 저쪽에서부터 아무다리야까지의 속민과 울루스는 알구가 관할하고 보살피라! 알타이 이쪽에서 큰 바다의 해변까지는 내가 보살피겠다.” 그런가 하면 베르케는 양쪽에 사신을 보내서 화해시키려고 하였다.

1261년 가을 아릭 부케는 말들이 살찌게 되자 자신이 했던 약 v.3, p.382, 20 ~p.383, 8
속을 지키지 않고 다시 한번 카안과 전투를 하기 위해 출정했다. 그는 변경에 주둔하고 있던 이숭게 진영 가까이 가서 복속하겠다고 하며 안심시킨 뒤 기습하여 쿠빌라이의 군대를 모두 물리쳤다. 그리고 차가다이와 쿨겐과 자신의 오르도들을 모두 되찾았다. 그는 사막을 건너서 카안이 있는 쪽으로 향했다. 적들이 온다는 보고를 접한 카안은 타가차르, 일치다이의 아들 홀라쿠르, 나린 카단의 군대를 이끌고 진군했다. 홀라쿠르, 나친 쿠레겐, 이키레스 출신의 부마 데레게이, 우루다이, 카단 등이 선봉에 서서 전투를 시작했다. 마침내 그해 11월 말 카안은 사막의 경계에서 아릭 부케와 대면하게 되었고, 아브지에 쿠테구르라는 지점에 있는 쿠차 볼닥 언덕 앞 시물투라는 호숫가에서 전투를 벌였다. 그는 아릭 부케의 군대를 격파하고 그와 함께 온 많은 수의 오이라트 사람들을 죽였다. 아릭 부케는 패배했고 군대는 도주하기 시작했는데, 카안은 "멋모르는 아이들이니 추격하지 말라! 저들은 자기가 한 짓을 뉘우쳐야 한다"라고 말했다.

v.3, p.383, 9 ~p.384, 2 며칠 뒤 뭉케의 아들인 아수타이가 아릭 부케의 후위에 있다가 카안과 타가차르의 군대가 돌아갔다는 소식을 들었다. 아릭 부케와 상의한 뒤 둘이 함께 군대를 이끌고 왔다. 엘레트라고 불리는 모래벌판 가장자리에 있는 시르겐 타군이라는 지점과 실루겔릭 언덕에서 오후에 전투가 벌어졌다. 쿠빌라이는 군대를 되돌려 아릭 부케의 우익군을 격파했다. 그러나 그의 중군과 좌익은 저녁때까지 겨우 버티다가 밤이 되자 다시 뒤로 밀려났다. 결국 승패를 가리지 못하고 양쪽 모두 군대를 철수하여 자기들의 오르도로 돌아갔다. 많은 수의 군인들이 먼 길을 도보로 행군하는 바람에 지쳐서 사망했다. 겨울에는 양측 모두 자신의 목지로 돌아갔고, 1262년 봄과 여름도 거기서 보냈다.

⚜ 알구의 배신 ⚜

v.3, p.384, 2 ~14 그동안 아릭 부케는 여러 차례 알구에게 무기와 양식을 지원해 달라고 요청했으나 그는 응답하지 않았다. 그러자 아릭 부케는 군대를 정비하여 알구를 공격하러 나섰다. 차가다이의 아들인 바이다르의 아들 알구는 아릭 부케가 차가다이 울루스의 수령으로 보낸 인물이었는데, 그가 투르키스탄 지방에 도착했을 때 거의 15만 명에 가까운 기병이 그의 주위로 모였다. 차가다이 울루스의 여자 통치자였던 오르가나 카툰은 이런 상황을 알리고 탄

원하기 위해 아릭 부케에게 갔다.

알구는 네구베이 왕자에게 5000명의 기병을 주고, 그의 장군 v.3, p.384, 14 ~p.385, 5
들 중에서 우차차르, 서기들 중에서는 하바시 아미드의 아들 술레이만 벡과 야르구치를, 판관들 중에서는 아비시카 등을 대동케 하여 사마르칸트와 부하라 및 마와라안나흐르 지방으로 파견했다. 목표는 그 지방을 장악하고 자신의 명령을 집행하게 하는 것이었다. 그들은 그곳에 주재하고 있던 주치 울루스의 군주 베르케의 속료들과 부하들을 모두 처형했다. 심지어 이슬람의 고위 장로인 세이프 앗 딘 바하르지의 아들 바하 앗 딘도 순교시켰다. 그들이 갖고 있던 모든 재산을 빼앗고 보화의 일부는 네구베이 왕자에게 보냈다. 우차차르는 호라즘으로 갔다.

그러는 사이에 아릭 부케의 사신들이 도착했다. 재화와 마필 v.3, p.385, 6 ~18
과 무기를 징발하라는 명령을 받고 온 그들은 짧은 기간에 많은 양의 재물을 징발하였다. 알구는 그 재화가 탐이 났고, 여러 구실들을 대면서 사신들을 잡아두었다. 하루는 그들이 알구에게 "우리는 아릭 부케의 칙명에 따라 이 물자들을 징발한 것인데 알구가 왜 간섭하려 하는가?"라고 항의했다. 머리끝까지 분노가 치민 그는 사신들을 체포하고 물자는 빼앗으라고 명령했다. 그의 신하들은 "이러한 행동은 아릭 부케와의 절연을 의미합니다. 지금 오르가나 카툰이 불만을 호소하러 갔으니 우리의 처지는 더욱 어려워질 것입니다. 그러니 이제 쿠빌라이 카안과 한편이 되는 것이 최상의 방책입니다"라고 권유했다.

카라코룸에 머물고 있던 아릭 부케는 이 소식을 듣고 분노하 v.3, p.385, 20 ~p.386, 11

여, 알구를 제거하기로 작정하고 출정했다. 그가 떠난 뒤 카안은 대군을 이끌고 카라코룸에 도착하여 도시 주위를 사냥 대형으로 에워쌌다. 그곳에 남아 있던 종교 지도자들이 밖으로 나와 카안을 맞이했다. 카안은 그들을 위무하고 칭기스 칸과 뭉케 카안의 칙명에 따라서 과거와 마찬가지로 타르칸으로 임명하여 면세의 특권을 부여했다. 그리고 아릭 부케의 뒤를 추격하려는데 마침 사신들이 도착하여 키타이 지방에서 반란이 발생했다고 보고했다. 결국 그는 군대를 돌려 키타이 왕국으로 향했다.

v.3, p.386, 13 ~p.387, 11 아릭 부케의 선봉대였던 카라 부카는 불라드 부근에서 알구에게 패하고 전사했다. 알구는 승리에 도취하여 경계심을 풀고 힐라(일리) 강을 따라서 돌아가 자신의 오르도들이 있는 곳에 하영하고 군대를 해산시켰다. 그때 아릭 부케의 후위를 맡은 아수타이가 테무르 카할카 언덕들을 넘어와 힐라 강 유역과 알말릭을 공격하여 알구의 부민들을 빼앗았다. 알구는 군대를 해산한 상태였기 때문에 카툰들과 우익군만을 데리고 호탄과 카쉬가르 방면으로 도주했다. 아릭 부케가 그의 뒤를 추격했다.

v.3, p.387, 11 ~p.388, 7 아릭 부케는 1262년 겨울 힐라 강과 알말릭에서 동영하며 줄곧 연회를 즐겼다. 그는 그곳에 주둔하던 카안의 군대와 부민들을 죽이고 약탈했다. 한 달 뒤 패주한 군대가 알구와 합류했고, 그는 유수진과 함께 사마르칸트 방면으로 이동했다. 아릭 부케가 카안의 군대와 부민들을 마음대로 죽이고 해를 가하자, 그의 장군들은 혐오감을 느끼고 각자 구실을 대며 그를 떠나갔다. 그들은 한결같이 "칭기스 칸이 모은 몽골 군인들을 이렇게 멋대로

죽이니 우리가 어찌 반란을 일으키지 않고 그에게서 떠나가지 않을 수 있겠는가?"라고 아릭 부케를 원망했다. 그해 겨울 대부분이 진영을 떠났다. 1263년 봄이 오자 알말릭에는 물자가 부족해졌다. 말들은 먹지 못해 모두 폐사하였고, 많은 주민이 기근으로 사망했다.

v.3, p.388, 9 ~14

하루는 아릭 부케가 잔치와 향락에 빠져 있을 때 갑자기 세찬 바람이 불면서 1000개의 말뚝이 있는 접견용 천막이 찢어지고 그 기둥이 부서졌다. 그로 인해 많은 사람들이 다쳤다. 휘하에 남아 있던 장군과 대신들도 그것이 몰락을 알리는 조짐이라고 생각하고 그에게서 떠났다. 훌레구의 아들 줌쿠르는 사마르칸트로 가서 병을 치료하고 싶다고 청하여, 쥐해 1264년 1월에 아릭 부케를 떠났다. 아릭 부케와 아수타이를 비롯하여 오직 소수의 군대만 그곳에 남았다.

v.3, p.388, 23 ~p.389, 6

그때 뭉케 카안의 아들 우룽타시는 알타이 사막 지대의 남쪽에 자브칸무렌이라는 강가에 있었다. 그곳에 도착한 천호장들이 그에게 전갈을 보내 "우리는 군대와 함께 쿠빌라이 카안의 어전으로 가려고 하는데 당신 생각은 어떠한가요?"라고 물었다. 우룽타시는 기뻐하며 그들과 연합하기로 마음먹고, 아릭 부케에게 사신을 보내서 그가 보관하고 있는 카안의 옥새를 달라고 했다. 아릭 부케가 그것을 보내주자 그는 천호장들 및 군대와 함께 쿠빌라이에게 갔다.

v.3, p.389, 6 ~17

알구는 아릭 부케가 곤궁에 처했다는 사실을 알고 그를 공격하려고 했다. 아릭 부케는 그의 분노를 가라앉히기 위해 오르가

나 카툰을 마수드 벡과 동행시켜 알구에게 돌려보냈다. 알구는 그녀와 혼인하였다. 그리고 그녀의 마음을 달래기 위하여 마수드 벡을 후대하여 재무장관으로 임명한 뒤, 사마르칸트와 부하라로 파견했다. 마수드 벡은 그곳 백성들로부터 재물을 거두어 알구에게 보냈다. 그런 연유로 알구는 흩어진 군대를 모을 수 있었다. 그는 한 차례 베르케의 군대와 전투를 벌여 승리하고 오트라르를 약탈했다. 1년 뒤 알구가 사망하자, 오르가나 카툰은 장군 및 대신들과 연합하여 자기 아들 무바락 샤를 알구의 자리에 앉혔다.

아릭 부케의 투항

v.3, p.389, 20 ~p.390, 13 아릭 부케는 모두가 그에게서 떠나가자 당황하며 궁지에 몰려 카안에게 향했다. 1264년 그가 어전에 도착하자 그에게 고두를 하라는 명령이 내려졌다. 관례에 따르면 고두를 할 때에는 모포로 된 천막문을 죄인의 어깨에 씌우는데, 아릭 부케도 그런 식으로 뒤집어쓰고 고두를 행했다. 그리고 한참 뒤 천막 안으로 들어오라는 허락이 내려졌다. 그는 서기가 서 있는 곳에 자리를 잡았다. 카안은 잠시 그를 바라보았다. 격렬한 감정과 형제에 대한 사랑이 그를 흔들었다. 아릭 부케는 울었고 카안의 눈에서도 눈물이 흘렀다. 그는 눈물을 닦으면서 "오, 사랑하는 형제여! 이 반란과 분란에서 우리가 옳았는가, 아니면 자네들이 옳았는가?"라고 물었다. 아릭 부케는 "그때는 우리였지만 오늘은 당신들입니다"

라고 대답했다.

그때 훌레구가 보낸 사신이 그곳에 있다가 돌아가서 상황을 알렸다. 훌레구는 카안에게 전갈을 보내어 "야사의 처리 방식을 생각한다면 어떻게 우리 일족에게 고두시켜서 형과 아우들에게 모욕을 줄 수 있단 말입니까?"라고 따져 물었다. 쿠빌라이는 그 말에 수긍하며 "훌레구가 옳다. 내가 모르고 그런 행동을 했다" 라고 말했다. 그리고 그는 아릭 부케를 1년 동안 자기 앞으로 부르지 않았다. v.3, p.390, 13 ~19

뭉케의 아들 아수타이의 손에 죽임을 당한 아비시카의 형제 아지키가 아수타이에게 물었다. "내 동생을 네가 죽였느냐?" 그러자 그는 "당시의 군주인 아릭 부케의 명령에 따라서 내가 죽였다. 나는 우리 일족이 평민의 손에 죽임을 당하는 것을 원치 않았기 때문에 그렇게 한 것이다. 지금은 쿠빌라이가 지상의 군주이다. 만약 그가 명령한다면 나는 너도 죽일 것이다"라고 대답했다. 카안은 아지키에게 "지금은 이런 말을 할 때가 아니다"라고 말하며 그를 달랬다. 이러한 논쟁 중에서 타가차르 노얀이 일어나 "오늘은 지나간 일을 추궁하지 말고 연회를 즐기자!"라고 했고, 카안도 이를 흡족하게 생각했다. 그들이 한창 술을 마시는 중에 타가차르가 "아릭 부케가 아직 서 있습니다. 카안께서 그의 자리를 지정해 앉게 해주시지요?"라고 말했다. 쿠빌라이는 그에게 왕자들과 같은 자리에 함께 앉으라고 명령했다. 그렇게 해서 그날의 연회는 끝났다. v.3, p.390, 20 ~p.391, 7

다음 날 새벽, 옷치긴의 아들 타가차르, 주치 카사르의 아들 v.3, p.391, 8 ~16

이숭게, 훌라쿠르, 예케 카단, 카단의 아들 칭 테무르, 싱코르의 아들인 시레문의 아들 자우투, 아지키 등의 왕자들과 대신들이 궁정에 모였다. 카안은 아릭 부케의 신하들을 잡아서 포박하라고 명령하였다. 또한 왕자들 중에서는 시리기, 타가이, 차라쿠, 바이 테무르 등에게, 대신들 중에서는 한툰 노얀, 두르베이, 볼라드 아카 등에게 지시하여, 법정에서 아릭 부케의 대신들을 심문하여 보고하라고 명령했다.

v.3, p.391, 16 ~p.392, 7 아릭 부케는 "이제까지 벌어진 일의 근원은 나였으니, 그들에게는 아무런 죄가 없습니다"라고 말했다. 카안은 그의 말을 듣지 않고 죄를 지은 대신들에게 다음과 같이 말했다. "뭉케 카안의 시대에 조금이라도 그에게 반감을 품을 경우 얼마나 강력한 처벌이 가해졌는지 세상 사람들은 다 알고 있다. 그런데 이렇게 큰 분란을 일으키고 많은 사람들에게 혼란과 고통을 가져왔으며, 수많은 왕자와 장군과 군인들을 죽게 만든 너희들을 어떻게 하면 좋겠는가?" 이 말에 모두 다 침묵을 지켰다. 카안은 아릭 부케를 부추기고 반란에 가담한 대신과 장군들을 처형하라고 명령했다.

v.3, p.394, 15 ~p.395, 23 그 뒤 아릭 부케를 심문하기 위해 훌레구와 베르케와 알구가 도착하기를 기다렸다. 그러나 그들이 오기까지는 오랜 시간이 걸렸기 때문에, 그곳에 이미 와 있던 왕자들, 즉 타가차르, 이숭게, 예케 카단, 나린 카단, 훌라쿠르, 칭 테무르, 자우투 등과 몽골·키타이의 대신들이 모여서 아릭 부케와 아수타이를 심문하기 시작했다. 사신들을 훌레구와 베르케와 알구에게 보내 이렇게 설명했다. "길이 너무 멀기 때문에 당신들이 아직 참석하지 못하

지도 9. 쿠빌라이와 아릭 부케의 대결

고 있습니다. 국가 중대사의 처리가 너무 지체되지 않도록 우리가 먼저 그들의 신하들을 처형하고, 두 왕자를 심문했습니다. 그 결과 우리는 일단 아릭 부케의 목숨을 살려주기로 하였는데, 당신들은 어떻게 생각합니까?" 먼저 알구에게 전갈을 전달하니, 그는 "나도 쿠빌라이 카안 및 훌레구 아카와 사전에 아무런 협의 없이 차가다이 울루스의 군주 자리에 앉았다. 모든 형제들이 나의 잘못을 용서해준 후에야, 나도 아릭 부케의 잘잘못을 이야기하겠다"라고 대답했다. 그 뒤 훌레구의 어전에 도착하여 상황을 보고하니, 그는 "우리 일족이 논의하여 내리는 결론을 따르겠다. 베르케가 쿠릴타이에 참석하기 위해서 출발할 때 나도 신속하게 떠나겠다"라고 말했다. 그는 쿠빌라이의 어전에서 쿠릴타이를 열 약속을 정하기 위해서 카안의 사신단에 자신의 사신을 합류시켜 베르케에게 파견했다. 그들이 베르케에게 도착해서 보고하자, 그는 "카안과 훌레구와 모든 형, 아우들이 협의한 것을 모두 그대로 따르겠다. 우리도 소해(1265년)에 출발하여 범해(1266년)에 이동을 하고 닭해(1267년)에 훌레구와 합류하여 쿠릴타이 일정에 맞춰 그곳에 도착하겠다"라고 말했다.

v.3, p.396, 1 ~9 사신들이 쿠빌라이 카안의 어전에 도착하여 상황을 보고하자, 그는 아릭 부케와 아수타이 두 왕자에게 알현을 허락하고 오르도로 불러들였다. 그러나 아릭 부케는 그해 1266년 가을에 병으로 사망하고 말았다. 뿐만 아니라 뒤에서 서술하겠지만 그때 훌레구와 베르케 사이에 반목이 생겨 전쟁이 벌어졌고, 두 사람 모두 얼마 지나지 않아 타계했다. 쿠빌라이는 그들의 사망 소식을

듣고 훌레구의 큰 아들 아바카에게 이란 땅의 몽골인과 타직인들을 통치하라고 명하고, 베르케의 울루스는 뭉케 테무르가 통치하게 했다.

알구 역시 숙환으로 인해 쿠릴타이에 참석하지 못하다가 사망하고 말았다. 그러자 오르가나 카툰은 자기 아들인 무바락 샤를 알구의 자리에 앉혔다. 이에 바락은 쿠빌라이를 찾아가 "무바락 샤가 나의 숙부인 알구의 자리에 어찌 앉을 수 있겠습니까? 만약 숙부의 자리를 제게 관할하라고 명령을 내리신다면 복속의 허리띠를 매겠습니다"라고 탄원했다. 카안은 바락에게 칙령을 주어 무바락 샤가 장성할 때까지 그가 대신 울루스를 관할하라고 하였다. 바락이 차가다이 울루스로 와서 그의 자리를 빼앗아버리자, 알구의 아들인 추베이와 카반은 바락에게서 떨어져 나와 휘하 군대를 이끌고 쿠빌라이에게로 가버렸다. v.3, p.396, 9~19

❧ 베르케와 훌레구의 전쟁 ❧

바투는 1255년경 이틸 강변에서 사망했다. 향년 48세였다. 뭉케 카안은 그의 아들 사르탁이 도착하자 후하게 영접했고, 그에게 권좌와 왕국을 맡겼다. 그러고 나서 그의 출발을 허락해주었는데, 그는 돌아가는 도중에 사망하고 말았다. 카안은 사신을 파견하여 그의 카툰과 일족을 위로한 뒤, 바투의 또 다른 아들 울락치에게 왕국과 권좌를 위임해주었다. 그러나 얼마 지나지 않아 울락치도 사망하였다. v.3, p.194, 15~p.195, 4 v.3, p.195, 6 ~18 그러자 같은 해인 1255년에 바투의 동생 베르케가 그의 자리에 앉았다. 그의 명령은 울루스 안에서 위력을 갖고 통용되었고, 톨루이의 일족과도 우애와 단합의 관계를 유지했다. 1256~57년에 이곳 이란 땅에 있던 발라칸이 훌레구에 대해서 반역과 음모를 꾀하고 주술을 부렸다. 누군가 그것을 고발하여 그 상황을 심문했더니, 그 역시 자신의 잘못을 고백했다. 훌레구는 오해가 생기지 않도록 아미르 순착을 시켜 발라칸을 베르케에게 보냈다. 베르케는 그의 죄상을 확인한 뒤 다시 훌레구에게 돌려보내 "그는 죄인이니 당신이 알아서 처리하시오!"라고 하였다. 훌레구는 발라칸을 사형에 처하였다.

v.3, p.195, 19 ~p.196, 6 그 후 얼마 되지 않아서 주치 울루스에서 파견된 두 장군 투타르와 쿨리도 사망했다. 1260년 2월의 일이다. 그들과 함께 이 나라에 왔던 병사들은 대부분 도주하여, 일부는 후라산을 거쳐 밖으로 나갔다. 그들은 가즈나와 비니 가브 산지에서부터 인도의 변경인 물탄과 라호르에 이르는 지역을 장악했다. 그들의 지도자는 네구데르였다. 그런데 투타르와 쿨리가 실은 훌레구에 의해 독살된 것이 아닌가 하는 의심이 일어났다. 이를 계기로 베르케와 훌레구 사이에 불화가 생겨났고 서로 적이 되었다.

v.4, p.134, 6 ~15 훌레구는 이렇게 말했다. "그가 비록 형이긴 하지만 겸손하거나 친절하지 않고, 늘 강압적인 말로 나를 위협하곤 한다. 나도 더 이상 그에게 예의를 갖추어 대하지 않겠다." 그러자 베르케도 "그는 무슬림의 도시를 모두 파괴하였고 이슬람 군주들의 가문을 절멸시켰다. 적과 친구를 가리지 않았고, 일족과 상의하지 않

고 칼리프를 죽였다. 만약 신께서 내게 도움을 주신다면 나는 무고한 사람들의 피를 그에게서 돌려받을 것이다"라고 말했다. 그는 복수를 위하여 투타르의 친족인 노카이를 선봉장으로 삼아 3만 명의 군대를 주어 파견하였다. 노카이는 데르벤드 협곡을 지나 시르반 북쪽에 주둔하였다.

이 소식을 들은 훌레구는 이란의 모든 왕국에서 군대를 징발하여 1262년 8월 20일 알라탁에서 출정하였다. 시레문을 전위로 보내고, 사마가르와 아바타이를 동행시켰다. 10월 중순 시르반의 중심 도시인 샤마히에 도착했다. 베르케의 군대는 시레문을 공격하여 엄청나게 많은 사람들을 죽였고 술탄축을 물에 빠뜨려 죽였다. 11월 15일 아바타이가 도착하여 샤바란에서 5킬로미터 떨어진 곳에서 베르케의 군대를 공격하여 많은 사람들을 죽였다. 노카이는 도망쳤다. 훌레구는 적의 패주를 확인한 뒤 샤마히 부근에서 적을 공격하러 출정하였다. 12월 7일 해가 뜰 무렵에 데르벤드에 도착하였다. 얼마 후 그는 적들의 손에서 성벽을 빼앗고 데르벤드 협곡을 여는 데 성공했다. 협곡의 북쪽에서 벌어진 전투에서 노카이는 그의 군대를 모두 데리고 도주하기 시작했고, 훌레구의 군대는 승리를 거두었다. v.4, p.134, 16 ~p.136, 9

훌레구는 일게이 노얀, 투다운 바하두르 등에게 적을 추격하라는 명령을 내렸다. 명령에 따라서 그들은 테렉 강을 건넜다. 그 강 주변 초원에는 베르케 휘하의 장군, 귀족, 병사들의 수많은 천막이 마치 별처럼 흩어져 있었다. 킵착 초원은 그들의 천막으로 뒤덮였고 말과 나귀와 낙타와 소와 양들로 가득 차 있었다. 그러 v.4, p.136, 14 ~p.137, 1

나 병사는 한 사람도 없었다. 남자들은 모두 도망치고 가족과 아이들만 남아 있었다.

v.4, p.137, 1 ~p.137, 11 훌레구의 군대는 천막에 들어가 사흘 동안 편안하게 쉬었다. 그들은 머리결이 삼단 같고 얼굴은 달처럼 아름다운 처녀들을 취했다. 베르케와 병사들은 자기네 천막과 가족과 하인과 가축들에게 어떠한 일이 벌어졌는지 알게 되었다. 그들은 개미와 메뚜기 떼처럼 엄청나게 많은 사람을 모아서 그 넓은 초원에서 밀고 내려와 훌레구의 군대를 덮쳤다. 1263년 1월 13일 테렉 강가에서 새벽부터 저녁까지 큰 전투가 벌어졌는데, 적의 지원군이 계속해서 도착했기 때문에 훌레구의 군대는 도망쳐야 했다. 얼어붙은 테렉 강을 건너는데 갑자기 얼음이 깨지는 바람에 수많은 병사들이 물에 빠져 죽었다. 베르케는 군대와 함께 데르벤드를 지나서 돌아갔다.

v.4, p.137, 12 ~p.138, 14 훌레구는 4월 22일에 타브리즈로 돌아왔다. 그는 이 패배를 괴로워하며 어떻게 복수할지 대책을 강구했다. 그는 모든 왕국에 전쟁을 준비하라고 지시했다. 다음 해에 노카이가 데르벤드를 월경하려 한다는 소식을 듣고 훌레구는 그들을 상대하기 위한 준비에 들어갔다. 그런데 그즈음 키타이 방면에서 사신들이 도착하였다. 쿠빌라이가 카안의 보좌에 앉았고, 아릭 부케는 그의 명령에 복종하게 되었으며 알구는 사망했다는 소식이 전해졌다. 그리고 쿠빌라이가 훌레구에게 칙명을 내려 아무다리야에서 시작해서 시리아와 이집트의 경계까지를 통치하라고 했고, 아울러 그를 돕기 위해 3만 명의 몽골 기병을 파견했다는 소식도 알려졌다.

그럼에도 베르케와 훌레구 사이에 벌어진 그 분란은 베르케가 v.3, p.196, 9 ~14
죽을 때까지 계속되었다. 훌레구는 1265년 2월 48세의 나이로 마라가 부근의 차가투 동영지에서 사망했다. 그의 아들인 아바카가 그의 뒤를 계승한 뒤에도 양측의 반목은 계속되었다.

ꕥ 아바카의 즉위 ꕥ

훌레구의 장례를 치른 뒤 모든 카툰, 왕자, 부마, 대신들이 모여 v.4, p.153, 1 ~p.154, 2
서 후계 논의를 시작하였다. 그중에서 일 칸 훌레구의 유지를 위촉받은 식투르 노얀과 순착 아카는 아바카에게 계승 자격이 있음을 입증하는 증거를 내놓았다. 아바카는 제의를 받아들이지 않고 양보했지만, 그의 형제들이 모두 무릎을 꿇고 그에게 복속의 의사를 표시했다. 아바카는 "쿠빌라이 카안은 나의 아카(형)이다. 그의 명령도 없이 어찌 내가 즉위할 수 있겠는가"라면서 다시 사양했다. 그러자 왕자들과 대신들은 "당신은 모든 자식들 가운데 형이고 오래된 관례와 관습과 야사와 일화들을 잘 알고 있습니다. 더구나 훌레구 칸이 생전에 당신을 후계자로 지명했으니, 어떻게 다른 사람이 즉위할 수 있겠습니까?"라고 말했다. 모두의 의견이 일치했다. 1265년 6월 19일 파라한 부근의 차간 나우르에서 즉위식이 거행되었고 아바카는 칸의 자리에 올랐다.

주치 울루스의 노카이가 데르벤드 방면에서 투타르의 원수를 v.4, p.157, 3 ~15
갚기 위해 또다시 대군을 이끌고 남하하였다. 요시무트 왕자는 7월 19일 아바카의 명령을 받고 노카이를 막기 위해 출정하였다.

쿠르 강을 건너서 악수라는 곳에서 양측의 군대가 전투를 벌였다. 여기서 노카이는 눈에 화살을 맞았고 그의 군대는 패배하여 시르반까지 물러갔다.

v.4, p.157, 16 ~p.158, 2 뒤이어 도착한 아바카 칸이 쿠르 강을 건넜는데, 저쪽에서는 베르케가 3만 명의 기병을 이끌고 도착했다. 양측은 강의 양쪽에서 서로를 향해서 활을 쏘아댔다. 베르케는 40일간 강가에 주둔하다가, 도강할 지점을 찾아 티플리스로 가려고 하였다. 그러나 그곳으로 가는 도중에 그는 병들어 사망하고 말았다. 그의 관은 주치 울루스의 도읍이 있는 바투 사라이로 이송되었고, 그의 군대는 흩어져버렸다.

v.4, p.203, 1 ~13 아바카는 1265년 훌레구 울루스의 칸으로 즉위하긴 했지만 아직 쿠빌라이 카안으로부터 정식 승인을 받은 것은 아니었다. 그가 1270년 후라산을 침공한 바락의 군대를 물리치고 마라가로 돌아와, 11월 초순에 차가투에 있는 카툰들의 오르도와 합류한 바로 그때 사신들이 도착했다. 그들은 쿠빌라이 카안이 아바카 칸에게 보낸 칙령과 왕관과 예물을 갖고 왔다. 카안은 그로 하여금 훌레구를 대신해서 이란 땅의 칸이 되어, 조상 대대로 지켜온 방식과 관습에 따라 통치하도록 하였다.

v.4, p.203, 14 ~19 11월 26일에는 차가투에서 카안의 칙령을 받들어 두 번째 즉위식이 열렸다. 관례에 따라 축하와 기쁨의 의식을 치렀다. 또한 바로 그 기간 동안에 뭉케 테무르가 보낸 사신들도 도착하여, 바락에 대한 승리를 축하하고 갖가지 선물과 여러 종류의 매를 바쳤다.

제2장

계속되는 도전

칭기스 칸 가문의 카안 계승 순서

( ): 재위 연도

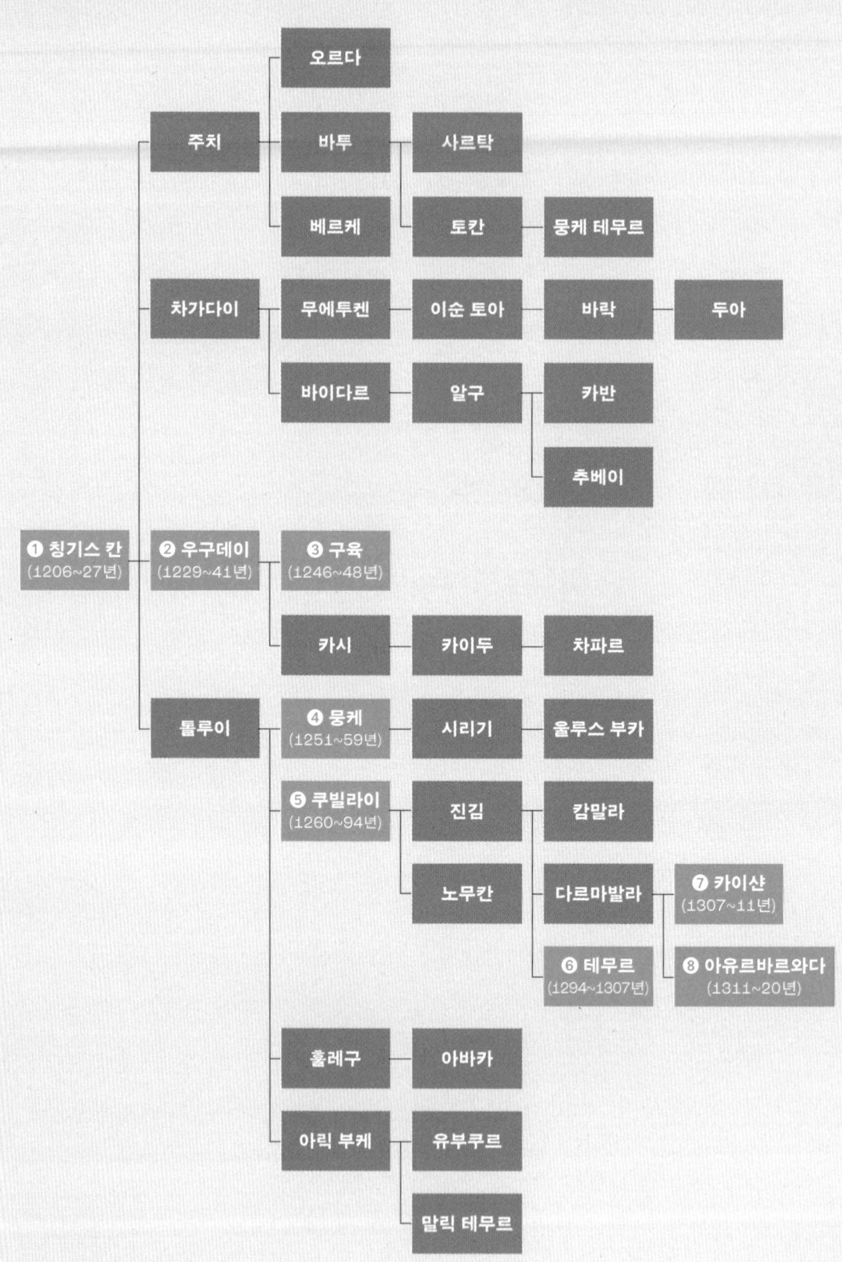

❧ 시리기의 반란 ❧

v.3, p.396, 21 ~p.397, 8

아릭 부케가 일으킨 반란의 불길이 가라앉자 모든 왕자들이 쿠빌라이 카안에게 복종했다. 하지만 우구데이의 아들인 카시의 아들 카이두와 차가다이의 후손 일부는 그렇지 않았다. 카안은 그들을 회유하면서 "다른 왕자들은 모두 여기에 왔다. 너희는 무슨 이유로 지체하는가? 나의 희망은 너희들을 만나 눈을 밝게 하고, 모든 문제에 관해 논의를 한 뒤 은사를 가득 안겨 돌려보내는 것이다"라고 말했다. 그러나 카이두는 순종하지 않은 채, "저의 가축들은 쇠약하니 살찌게 되면 칙명에 따르겠습니다"라고 둘러댔다.

v.3, p.397, 8 ~16

카이두는 이런 식으로 3년을 끌다가, 마침내 카안에게 반기를 들고 인근 지역에서 살육과 약탈을 자행했다. 카안은 자기 아들인 노무칸을 카이두와 접경하는 지역인 알말릭으로 파견했는데, 이때 우익과 좌익의 왕자들도 함께 보냈다. 타계한 뭉케 카안의 아들 시리기, 아릭 부케의 자식들인 유부쿠르와 말릭 테무르, 조카들 가운데 수유게테이의 아들인 툭 테무르와 오르쿠닥, 사촌들 가운데 차라쿠와 오킨이 그들이었다. 또한 한툰 노얀을 선임자로 하는 장군들과 무수히 많은 군대도 보냈다.

v.3, p.397, 17 ~p.398, 10 그들은 알말릭에 주둔하면서 강가에서 여름을 보냈다. 함께 모여 며칠간 사냥을 하다가 헤어졌다. 그런데 툭 테무르는 사냥터에서 시리기를 만나 "권좌는 마땅히 당신에게 가야 하는데, 카안은 부당하게 우리의 권리를 빼앗았다"라고 말했다. 그러고는 노무칸을 붙잡아서 카이두 측에게 넘기자고 유혹했다. 그들은 밤중에 노무칸과 그의 동생 쿠케추를 붙잡아 주치 울루스의 군주 뭉케 테무르에게 보내고, 한툰 노얀은 붙잡아서 카이두에게 보냈다. 그러면서 다 같이 카안에 대적하자고 제안했다. 뭉케 테무르와 카이두는 "우리가 바라던 바입니다. 그 부근에는 물과 목초가 좋으니 그곳에 머무르시오"라는 답신을 전했다.

v.3, p.398, 11 ~21 툭 테무르는 군대를 이끌고 우구데이와 차가다이의 오르도들을 관할하는 왕자들에게 갔다. 그는 사르반과 밍카 테무르 형제를 포섭하고, "바투의 아들들과 카이두와 다른 왕자들도 곧 합류한다"라는 소문을 퍼뜨렸다. 사르반 형제가 툭 테무르와 함께 출발했다. 그때 갑자기 벡클레미시가 지휘하는 카안의 군대가 도착하였고, 바투의 아들들과 카이두는 오지 않을 것이라는 사실이 알려졌다. 툭 테무르와 사르반은 시리기와 합류하여 카안의 군대와 전투를 벌였다. 그러나 전세가 금방 기울어서 이르티쉬 강가의 바아린족이 있는 곳으로 가기로 했다.

v.3, p.398, 21 ~p.399, 14 툭 테무르가 키르기스 지방을 습격하러 갔을 때 카안의 군대가 그의 유수진을 약탈했다. 이 소식을 들은 그는 유수진을 되찾기 위해 돌아오면서 시리기에게 도움을 청했다. 그러나 응낙을 받지 못해 분노했다. 돌아오는 도중에 사르반을 만난 그는, 사르

반에게 군주의 자리를 약속하면서 유혹했다. 이 소식을 들은 시리기와 말릭 테무르는 군대를 모아서 춘겔레 벌판에 포진했다. 그리고 툭 테무르에게 사신을 보내 "무엇 때문에 분란을 초래하느냐?"라고 질책했다. 툭 테무르는 "시리기에게는 강인함과 담대함이 없다. 나는 그런 자질을 갖춘 사르반이 군주가 되기를 원한다"라고 대답했다. 그러자 시리기는 사르반에게 "만약 네가 군주가 되기를 바란다면 내게 말하지 않고 왜 툭 테무르에게 말했는가?"라고 질문했다. 툭 테무르는 "내가 군주의 자리에 오르는데 무엇 때문에 너에게 청하러 가겠는가? 네가 우리에게 오라!"라고 말했다.

시리기는 전투가 벌어질 경우 자신이 불리하리라는 것을 알고 그들에게로 갔다. 그들은 사르반을 군주에 추대하기로 합의하고, 시리기에게는 "지금 즉시 사신을 바투의 아들들과 카이두에게 보내서, 사르반을 우리의 선임자로 선택하였다고 알리라!"라고 지시했다. 그는 즉시 사신들을 파견했다. 그 뒤 그들은 시리기에게 말했다. "너는 네 오르도로 돌아가라. 말릭 테무르는 유부쿠르가 올 때까지 이곳에 머무르도록 하라." 시리기가 유부쿠르에게 이 같은 사실을 알렸으나, 유부쿠르는 사르반에게 복속하기를 거부했다. v.3, p.399, 15 ~p.400, 4

툭 테무르는 유부쿠르를 치기 위해 출정했다. 그가 가까이에 와서 사신을 보내 말하기를 "우리가 합의한 것에 네가 동의한다면 좋지만, 그렇지 않다면 전쟁할 준비를 하라"라고 경고했다. 유부쿠르는 "나는 전쟁을 원치 않는다. 복속할 준비를 마칠 때까 v.3, p.400, 5 ~20

지 닷새의 말미를 달라"라고 회답을 보냈다. 그런 다음에 군사들을 정비하고 전투 준비에 몰두했다. 닷새째 되는 날 그는 군대를 이끌고 밖으로 나와 전열을 정비했다. 툭 테무르가 공격을 시작했으나, 그의 군대는 한꺼번에 유부쿠르 쪽으로 넘어가버렸다. 그는 겨우 열두 명의 부하를 데리고 도망쳤지만 결국 붙잡혀 시리기에게로 끌려갔다.

v.3, p.400, 20 ~p.401, 3 시리기가 그의 목숨은 살려주자고 청했지만, 유부쿠르는 "만약 네가 그를 보호하려고 한다면, 너는 나의 큰 적이 될 것이다"라고 말했다. 시리기는 "그가 나쁜 일을 한 가지 했다면 좋은 일은 열 가지를 했다. 그런데도 아무 소용이 없구나"라고 탄식하면서 툭 테무르를 처형했다. 사르반은 "나는 툭 테무르에 의해 군주로 추대된 것일 뿐"이라고 변명했다. 시리기는 그에게서 군대를 빼앗았다. 결국 그는 두세 명의 부하와 떠돌아다니는 신세가 되었다.

v.3, p.401, 4 ~p.401, 18 얼마 후 사람들은 여러 무리를 이루어 도망쳐서 쿠빌라이 카안에게로 갔다. 시리기는 도망자들의 뒤를 추격하려 했지만, 사르반이 반란을 일으킬까 우려했다. 그래서 사르반을 주치의 손자인 코니치에게로 보냈는데, 사르반과 감시인들은 마침 잔드와 우즈켄트 부근에 있는 사르반에게 직속한 유목민들이 사는 곳을 지나가게 되었다. 유목민들이 달려들어 감시인을 포박하고 사르반을 풀어주었다. 사르반은 다시 군대를 모아 시리기의 유수진을 빼앗은 뒤, 카안에게 복속하러 가자고 명령했다. 그는 먼저 자신의 상황을 알리기 위해서 쿠빌라이 카안에게 전령 한 사람을 보

냈다. 시리기가 이를 알아차리고 와서 사르반과 전투를 벌였는데, 그의 군대가 한꺼번에 사르반에게로 넘어가버렸다. 사르반은 시리기를 붙잡고 500명의 기병으로 하여금 감시하도록 했다. 유부쿠르가 이 소식을 듣고 군대를 이끌고 와서 사르반과 전투를 했는데, 그의 군대 역시 사르반에게로 넘어갔다. 그도 붙잡혀 500명의 기병에게 맡겨졌다. 그들은 카안이 있는 쪽으로 향했다.

유부쿠르는 병을 칭하면서 이삼일의 말미를 요청했다. 그는 v.3, p.401, 18 ~p.402, 1
그 부근에 목지를 갖고 있던 칭기스 칸의 조카 오킨에게 금은보화를 은밀히 보내 자신을 그 끔찍한 궁지에서 구해달라고 요청했다. 오킨 왕자는 그의 요청을 받아들여 사르반을 급습했다. 사르반은 말을 타고 자기 카툰과 함께 도망쳤는데, 오킨에게 속한 병사 한 명이 카툰이 도망치는 것을 보고 그녀를 잡으려고 하였다. 그녀가 소리를 지르자 사르반은 되돌아와서 화살 한 개로 그를 쓰러뜨리고, 카툰과 함께 카안의 어전으로 달려갔다.

사르반이 도착하기 전에 시리기가 먼저 그곳에 도착했다. 카 v.3, p.402, 2 ~12
안은 시리기에게 기후가 매우 나쁜 한 섬으로 가서 살다가 생을 마치라고 명령했다. 결국 그는 거기서 죽었다. 쿠빌라이는 사르반에게 은사를 내리고 지방과 군대를 주라고 지시했다. 그러나 그 역시 얼마 후에 죽었다. 유부쿠르는 시리기와 사르반의 오르도들을 차지하고 오르다 울루스의 군주인 코니치에게로 넘어갔다. 말릭 테무르와 쿠르트카는 연합하여 카이두에게 갔고, 시리기의 아들 울루스 부카는 코니치에게 가서 한동안 그곳에 머물렀다. 얼마 후 유부쿠르는 카이두와 틀어져서 카안의 어전으로 도망쳤다. 울루스 부카도 그의 어머니와 오르도들을 이끌고 카안에게 갔다.

v.3, p.402, 12 ~17 주치의 손자인 뭉케 테무르가 사망하자 투데 뭉케를 바투 울루스의 군주로 앉혔다. 노카이와 코니치는 투데 뭉케와 협의를 하여, 노무칸을 카안에게 보내고 "우리 모두 카안께 복속하게 되었으니 쿠릴타이에 참석하겠습니다"라는 전갈을 보냈다. 카이두도 마찬가지로 한툰 노얀을 돌려보냈으나 쿠릴타이에는 가지 않았다. 노카이와 코니치 역시 원래의 계획을 취소하여 쿠릴타이는 무산되고 말았다. 노무칸은 1년 뒤에 사망했다.

탈라스 회맹

v.4, p.162, 14 ~p.163, 4 한편 알구 사후에 차가다이 울루스를 확고하게 장악한 바락은 이번에는 카이두와 뭉케 테무르를 치려고 하였다. 마수드 벡이 바락의 침략 의도를 그들에게 알려주었다. 양측의 군대는 시르 다리야 강변에서 만났다. 바락은 매복을 설치하여 카이두와 킵착의 군대를 제압했다. 엄청난 약탈물을 차지하게 되었고, 그에 따라 대담해지고 자만심도 커졌다. 카이두와 킵착의 패배 소식을 들은 뭉케 테무르는 분노하며 자기 숙부인 베르케체르에게 5만 명의 기병을 주어 카이두를 지원하도록 했다. 카이두도 흩어진 병사들을 다시 모아서 바락과 전투를 벌였다. 이번에는 바락이 패배하여 군대와 함께 도주했고 병사들 대부분은 죽거나 지쳐버렸다.

결국 바락과 카이두와 베르케체르는 화평이 모두에게 최상의 길이라는 사실을 받아들이게 되었다. 그들은 1269년 봄 탈라스와 켄젝의 초원에 모여서 일주일간 연회를 즐긴 뒤 여덟 번째 되는 날에 쿠릴타이를 열고 국사를 논의했다. 카이두가 먼저 입을 열었다. "우리의 좋으신 조상 칭기스 칸께서 탁견과 전략, 칼과 활의 힘으로 세상을 정복하고 그것을 일족에게 유산으로 남겨주셨다. 우리 모두는 친족인데 왜 서로 반목과 대립을 하는가?" 그러자 바락이 말했다. "현재 쿠빌라이는 동방과 키타이 왕국과 호탄을 장악하였는데, 그의 영역의 길이와 폭은 헤아리기도 힘들 정도다. 서방에는 아무다리야 강변에서부터 시리아와 이집트의 경계까지 아바카와 그의 형제들이 장악하고 있다. 이 두 울루스 사이에 투르키스탄과 킵착 초원이 있는데, 그것은 너희들의 수중에 들어가 있다. 그럼에도 불구하고 너희들은 나를 치겠다고 군대를 일으킨 것이다." v.4, p.165, 4 ~p.166, 10

그러자 카이두와 베르케체르는 이렇게 대답했다. "네 말이 맞다. 그러니 다음과 같이 정하도록 하자. 하영지와 동영지의 목지를 우리 서로 분배하자. 이 지방들이 심하게 파괴되어 농사가 이루어지지 않고 있으니, 우리는 산지와 초원에만 머무르도록 하자." 그러면서 그들은 마와라안나흐르에서 3분의 2는 바락의 것으로 하고, 3분의 1은 카이두와 뭉케 테무르가 갖기로 했다. 이 내용을 뭉케 테무르에게 알려 승낙을 얻고 협상을 완료했다. v.4, p.166, 12 ~p.167, 1

한편 아릭 부케와 연합했던 카이두는 줄곧 쿠빌라이의 어전에 가는 것을 거부했기 때문에, 카안이 바락을 보내 카이두를 상대 v.3, p.241, 21 ~p.242, 13

하게 했다. 바락은 차가다이 울루스의 권력을 장악한 뒤, 처음에는 카이두와 한두 차례 군사적 충돌을 벌였지만, 우구데이의 손가인 킵착 오글이 중재로 카이두와 화평을 맺고 서로 '안다'가 되었다. 앞에서 설명한 것처럼 탈라스에서 쿠릴타이가 열렸을 때 바락은 카이두에게 이렇게 말했다. "우리 군대의 숫자가 많아져서 이 지방에서 거두는 것만으로는 부양하기 어렵다. 나는 강을 건너서 아바카가 지배하고 있는 후라산 지방을 공략했으면 한다. '의형제' 카이두가 나를 도와주면 어떻겠는가"라고 말했다. 카이두는 바락이 중앙아시아에서 없어지기를 바랐고 또 그 자신도 아바카를 적대했기 때문에 제안을 받아들였다. 그는 킵착과 차바트에게 군대를 이끌고 가서 바락을 도우라고 하였다.

❧ 바락의 최후 ❧

v.3, p.242, 14 ~21 바락이 군대를 이끌고 강을 건너 메르브의 변경에 진영을 설치했다. 그는 아바카의 형제인 툽신과 전투를 벌였다. 아바카의 군대에는 세첵투라는 천호장이 있었는데, 바락과 함께 킵착이 왔다는 말을 듣고 그들이 있는 쪽으로 도망쳐 왔다. 그는 "나는 원래 킵착에게 속한 사람이기 때문에 나의 군주를 찾아온 것입니다"라고 하면서, 현물로 바칠 좋은 말들을 끌고 왔다. 그 뒤 킵착은 그에게 "바락에게도 좋은 말을 몇 마리 갖고 가서 바치라"라고 지시했다. 세첵투는 그 말을 따랐다.

v.3, p.242, 21 ~p.243, 14 다음 날 바락의 오르도 안에서 잘라이르타이가 킵착에게 "바

락은 당신을 위해 칼을 휘두르려고 이렇게 많은 군대를 데리고 온 것이다"라고 말하였다. 킵착이 "이게 무슨 소리냐?"라고 말하자, 잘라이르타이는 "무슨 소리냐고? 세첵투는 원래 당신에게 속한 사람인데도 오랫동안 오지 않다가 돌아왔다. 그것이 바락의 위세와 축복 때문 아닌가. 그런데도 당신은 바락에게 주어야 마땅한 좋은 말들을 자기가 취하지 않았는가"라고 말했다. 킵착은 그에게 "우리 형과 아우들 사이를 갈라놓는 너는 도대체 어떤 놈이냐?"라고 말하자, 잘라이르타이는 "나는 바락의 종이지 당신의 종은 아니다"라고 대답했다. 킵착이 "어찌 너 같은 평민이, 아니 너 같은 개가 칭기스 칸 일족에게 감히 말대꾸를 하느냐?"라고 하자, 그는 "만일 내가 개라면 바락의 개이지 당신의 개는 아니다"라고 대답했다.

킵착은 분노가 치밀어 "네가 나에게 또 대꾸를 하느냐. 너를 v.3, p.243, 14 ~22
두 동강 내겠다. 바락 아카도 너를 감싸는 말을 하지 못할 것이다"라고 말했다. 그러자 잘라이르타이는 칼에 손을 올리고 "만약 나를 해치려고 한다면 내가 너의 배를 가르겠다"라고 응수하였다. 사태가 이렇게 험악해졌는데도 옆에 있던 바락은 아무 말도 하지 않았다. 킵착은 그가 잘라이르타이를 지지하고 있다는 사실을 깨닫고 화가 머리끝까지 치밀어 오르도 밖으로 나왔다. 그는 자신의 군대와 함께 강을 건너 북쪽으로 돌아갔다.

바락은 자기 형제인 네구베이를 보내 킵착을 추격했다. 잘라 v.3, p.243, 23 ~p.244, 2 ; v.3, p.217, 8 ~14
이르타이에게도 3000~4000명의 기병을 이끌고 가게 했다. 그들은 킵착이 있는 곳에 도착하여 그를 설득하려고 했지만 그는 말을 듣지 않았다. 그들은 킵착에게 술을 주면서 유인했지만 킵착은 속지 않았다. 오히려 "너희들은 이런 목적을 갖고 있으니, 만약 좋게 돌아가면 살려 보내겠지만 그렇지 않으면 너희들을 붙잡아 끌고 가겠다"라고 말했다. 이에 그들은 겁을 먹고 돌아갔다. 잘라이르타이에게는 "킵착은 이미 멀리 가서 따라잡을 수 없다"라고 말했다. 그래서 그 역시 그들과 함께 귀환했다.

v.3, p.217, 15 ~p.218, 1 바락이 패배하여 아무다리야 강을 건넜을 때 대부분의 측근과 병사들은 그를 버렸다. 바락의 군영에 있던 차바트 역시 자기 군대와 함께 카이두에게 돌아갔다. 결국 바락은 패배했고 그의 군대 대부분은 아바카 칸의 군인들 손에 죽임을 당했다. 바락은 자신을 돕지 않은 차가다이의 손자 아흐마드를 치러 갔다. 또한 바사르를 카이두에게 보내 "당신이 파견한 형과 아우들은 신의가 없어서 각자 핑계를 대고 돌아갔다. 킵착이 그렇게 행동했고 그로 인해 군대가 패배한 것이다"라고 항의했다. 카이두가 이 말을 듣고 바사르에게 물었다. "바락이 너를 무민과 네구베이와 함께 킵착을 추격하러 보냈을 때, 너희들의 뒤를 따라 다른 군대를 보낸 적이 있지 않은가?" 이에 바사르는 "없습니다"라고 대답했다. 카이두는 이미 상황을 알고 있던 터라 "그 당시 잘라이르타이가 킵착을 붙잡으려고 너희들의 뒤를 따라 오지 않았느냐?"라고 다그쳤다. 바사르는 크게 두려워했고 카이두는 그를 붙잡아 가두어버렸다. 패배한 바락은 부하라로 갔지만 절망과 비탄으로 인해 병에 걸렸다.

v.3, p.218, 2 ~11 ; v.4, p.202, 4 ~15 한편 카이두는 신하들과 상의한 끝에 바락을 돕는다는 명목으

로 출정해서 어떤 방도로든 그를 제어하기로 하였다. 그가 가까이 갔을 때, 바락이 모치 예베와 아흐마드와 네구베이를 추격하기 위하여 보냈던 사람들이 그들을 살해했다는 소문이 들려왔다. 바락은 사신을 보내 "'의형제' 카이두여! 도움을 줄 필요도 없는데 어찌하여 고생스럽게 여기까지 왔는가?"라고 말했다. 카이두는 이 말을 무시하고 즉시 달려와서 밤중에 바락의 오르도를 포위하고 진을 쳤다. 그런데 바로 그날 밤 바락은 사망하고 말았다. 카이두는 그의 오르도 안으로 들어가 장례를 치르고, 그를 어떤 산에 매장토록 했다. 그의 오르도에 있던 장군과 왕자들은 카이두에게로 와서 머리를 조아리며, "지금까지 우리의 통치자는 바락이었습니다. 이제 카이두 아카가 군주입니다. 명령을 내리시면 힘을 다 바치겠습니다"라고 말했고, 카이두는 그들을 위무했다. 그는 바락의 재화를 자기 군대에게 나눠준 뒤 목지로 돌아갔다.

그 후 바락의 큰아들인 벡 테무르, 알구의 아들들인 추베이와 카반이 카이두에게 반기를 들고 쿠빌라이 카안에게로 갔다. 우구데이의 조카인 차바트 역시 한 무리의 장군들과 함께 카안에게 갔다. 무바락 샤의 아들들과 카라 훌레구의 아들은 훌레구 울루스의 아바카 칸에게 가서 환대와 위무를 받고, 가즈나 지방에 주둔하던 네구데르 군대의 사령관으로 임명되었다. 아바카 칸이 카라우나 군대를 막아내기 위해 헤라트로 갔던 그해에 무바락 샤의 아들들이 모든 오르도를 이끌고 아바카에게 왔다. 바락의 형제인 바사르도 복속하겠다며 찾아왔다. v.3, p.244, 25 ~p.245, 8

바락이 사망한 뒤 그의 사촌이자 사르만의 아들인 네구베이에 v.3, p.245, 8 ~18

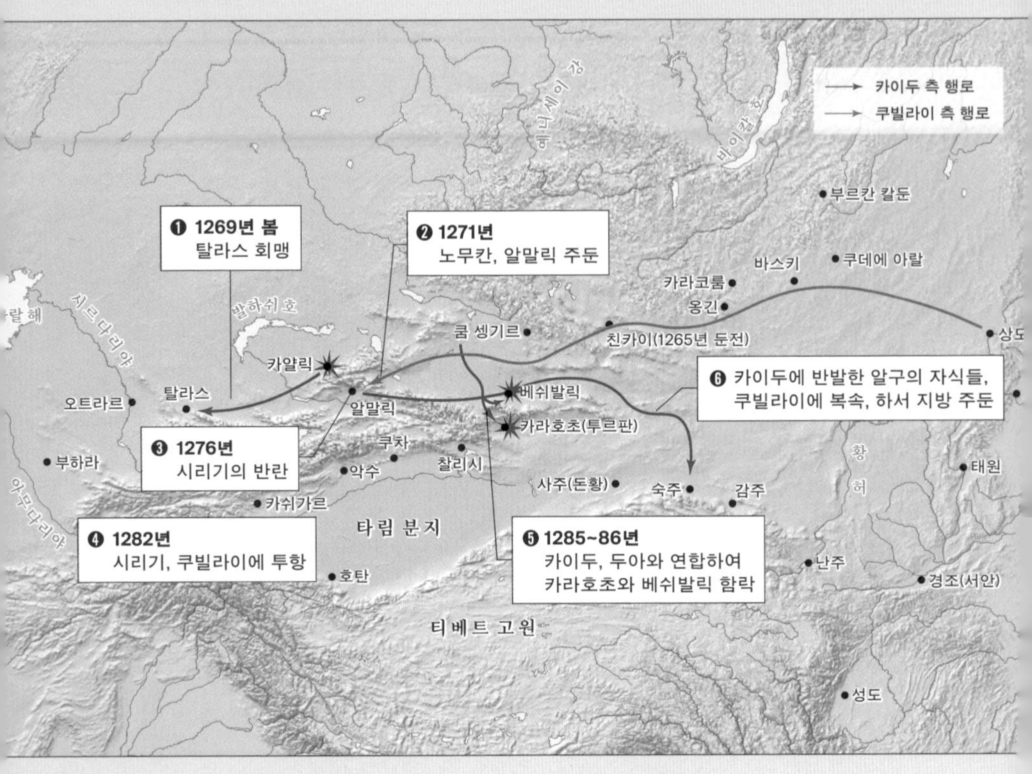

지도 10. 쿠빌라이와 카이두의 대결

게 차가다이 울루스의 군주 자리가 주어졌다. 그는 3년간 재위했고, 그 뒤 차가다이의 일곱째 아들인 카다카이의 아들 부카 테무르가 뒤를 이었다. 그는 얼마 지나지 않아 탈모증에 걸려 머리털과 수염이 모두 빠졌고 그 병으로 인해 죽고 말았다. 그 뒤 카이두는 그 울루스의 군주 자리를 바락의 아들인 두아에게 주었다. 그러나 그는 병들고 약해졌다. 1301년에 그는 카이두와 함께 카안의 군대와 전투를 하다가 부상을 입었다. 카이두는 그 전투에서 입은 부상으로 인해 죽었고, 두아는 부상을 입고도 살아남았지만 완전히 치료하기 어려운 처지가 되었다.

❈ 아르군 칸 ❈

훌레구 울루스에서는 아바카 칸이 1282년 4월 모술에서 사망하자, 대신들은 그의 유해를 모시고 와 장례를 지내고 우르미야 호수 가운데에 있는 샤후 탈라 산에 매장하였다. 칸의 지위는 훌레구의 일곱째 아들이자 아바칸의 동생인 아흐마드가 계승했다. 그러나 아바카의 아들인 아르군과 칸위를 두고 분쟁이 벌어졌고, 결국 1284년 아흐마드가 죽임을 당함으로써 아르군의 승리로 끝났다. 그는 8월 11일에 새로운 칸으로 즉위했다. 연회와 잔치가 끝난 뒤 아르군 칸은 무엇보다도 먼저 백성들을 위무하고 국정을 안정시키라는 칙명을 전국 각지로 보냈다. 그 뒤 왕자들에게 많은 은사와 좋은 약속으로 그들을 위무하였다. 8월 14일에는 킹슈 왕자가 도착했다. 비록 전에는 그와 주시켑 왕자가 아르

v.4, p.279, 1 ~p.280, 4

군을 인정하지 않고 역심을 품었지만, 그날은 모든 사람들과 함께 서약을 하였다.

v.4, p.280, 7 ~16 그 뒤 아르군 칸은 아흐마드의 속민들에게 어떠한 해악이나 고통도 가하지 말라는 지엄한 칙령을 내렸다. 그리고 각자 조상의 관례를 잘 지키고 서로에게 폭력이나 강제를 가하지 말며, 백성들은 편안한 마음으로 건설과 농사에 전념하라고 선포하였다. 왕자들 가운데에는 주시켑과 바이두, 대신들 가운데에는 아룩 등을 바그다드와 디야르바크르의 군왕과 총독으로 임명하여 보냈다. 훌라추와 게이하투 두 왕자를 룸 왕국으로 보내고, 조지아는 자신의 숙부인 아자이에게 주었다. 후라산과 마잔다란과 쿠미스와 라이는 자기 아들 가잔에게 맡기고, 킹슈 왕자에게는 그를 도우라고 하였다. 장군 노루즈를 후라산의 총독직에 임명하였다.

v.4, p.286, 10 ~p.287, 5 아르군 칸이 알란 지방의 사라이 만수리야에 있을 때 쿠빌라이 카안의 어전에서 볼라드 칭상과 이사 켈레메치가 이끄는 사신단이 도착했다. 1285년 봄에는 하영지로 향했고 사라우와 아르다빌 사이에 있는 사인 초원에서 큰 쿠릴타이를 열었다. 아르군은 가을에 타브리즈로 갔다가 겨울이 가까워 오자 알란의 동영지로 향했다. 그다음 해 2월 하순에 쿠빌라이가 보낸 오르도키야가 도착해서, 아르군을 정식으로 아바카의 후계자로 인정하고, 부카를 '칭상'으로 임명하는 카안의 칙령을 전달했다. 그래서 4월 7일 아르군 칸은 다시 한번 정식으로 즉위식을 거행했다.

v.4, p.292, 11 ~19 『세계 정복자사』의 작자인 아타 말릭 주베이니의 동생 샴스

앗 딘은 훌레구 이래 4대째 고관을 지내며 사힙 디반(재무청 장관)이라는 중책을 맡고 있었지만, 아바카 칸을 독살했다는 모함을 받아 1284년 10월에 처형되었다. 이후 부카 칭상의 위세가 날로 강화되면서 그는 많은 재화를 모으게 되었다. 그는 자기 지위와 재산에 대해 극도의 자만심을 갖고 분수를 넘는 행동을 하기 시작했다. 타가차르나 쿤축발과 같은 아르군의 근신들을 깔보기 시작했다. 그에게 모욕을 당하여 분노한 사람들은 기회가 있을 때마다 아르군에게 그에 대한 험담을 늘어놓았다.

결국 아르군은 부카에게 염증을 느끼기 시작했다. 칸은 그가 관할하던 왕실 직할령을 타가차르에게 맡기고, 중군은 쿤축발 장군에게 넘겼다. 화가 난 부카는 몸이 아프다는 핑계를 대며 칸의 오르도에 발길을 끊었다. 그가 거짓으로 칭병하고 있다는 보고를 받은 아르군은 그의 집에서 이루어지던 재무청 사무를 중지시키고 장부들을 회수했다. 그의 부관과 속료들을 재무청 직무에서 해임하라는 칙령도 내렸다. 이로 인해 부카의 위세가 크게 깎이고 몰락이 시작되었다. v.4, p.294, 3 ~22

부카는 한 무리의 대신들에게 셀 수 없을 정도로 많은 재산을 주어 자기편으로 끌어들인 뒤 아르군 칸을 제거하기로 마음먹었다. 그는 왕자 한 사람을 잘 이용하면 아르군 칸을 제거할 수 있다고 생각하여, 당시 유프라테스 강가에 주둔하고 있던 주시켑 왕자에게 다음과 같은 전갈을 보냈다. "아르군 칸은 타가차르, 술탄 이데치, 토간 등 나의 적들의 말을 듣고 나의 은덕을 망각하였습니다. 이제 만약 당신이 내 말을 받아들여 이 중대한 일에 나 v.4, p.295, 5 ~p.297, 6

선다면 나는 복속의 혁대를 두르고 당신에게 보좌와 왕관을 바치겠습니다. 많은 장군과 군인들이 이미 나와 한마음입니다." 이를 보고 경악한 주시켑은 곧바로 아르군에게 달려가 이 사실을 보고했다.

v.4, p.297, 11 ~16 아르군은 "나는 부카를 모든 대신들 위에 세워주고, 왕국들을 그의 손에 위임했으며, 백성과 군대를 그의 손에 주었다. 그런데 나를 기만하고 배신을 도모하다니!"라고 분노하며 치를 떨었다. 그리고 바로 그날 밤 군대를 보내 쿠르 강가에 있던 그의 천막들을 사냥 대형으로 포위하였다. 그는 곧 아르군 앞으로 끌려왔다. 아르군은 즉시 처형을 명령했다. 사람들이 그를 밖으로 질질 끌어냈고, 처형장에 이르자 주시켑이 단칼에 그의 목을 쳤다. 이어서 그의 등가죽을 벗기고 머리에는 지푸라기를 채워서 다리 아래에 본보기로 걸어놓았다. 1289년 1월 16일에 일어난 일이다.

v.4, p.305, 1 ~p.306, 2 아르군 칸은 그해 가을 마라가에 머물며 천문대를 구경하고 알란의 동영지로 향했다. 그런데 1290년 3월 말 데르벤드 방면에서 적이 침략했다는 보고가 들어왔다. 그는 투켈, 식투르, 쿤축발 등에게 출정을 명했고, 곧이어 타가차르와 다른 장군들도 그 뒤를 따라가도록 했다. 그 자신 역시 출정하여 4월 말경 샤바란에 도착했다. 데르벤드 너머에 있는 카라수 강가에서 1만 명에 달하는 주치 울루스 군대의 선봉대와 마주쳤다. 토그릴 차와 타이추는 강을 건너기 위해서 돌진했고 적군은 그 용맹함에 놀라 도망쳤다. 거의 3000명에 가까운 적의 기병이 죽임을 당했다.

v.4, p.308, 6 ~12 아르군은 거대한 규모의 건축을 좋아했다. 그는 샴미 타브리

즈라는 곳에 거대한 도시를 건설하고 그 안에 높은 집들의 기초를 놓았다. 그리고 "누구든 그곳에 집을 짓고자 한다면 저 모양을 따라서 지어라"라고 명령했다. 그는 운하도 만들었다. 그리고 그렇게 조영한 도시를 자기 이름을 따서 '아르구니야'라고 명명하였다. 그 전에 샤루야즈 안에도 또 하나의 커다란 도시를 건설했는데, 많은 재화를 지출했지만 완공에 이르지는 못했다.

칸은 박시, 즉 불교의 승려들과 그들이 행하는 수행 방법을 대 v.4, p.308, 16 ~p.309, 7
단히 신임하여 항상 그들을 후원했다. 인도 방면에서 한 박시가 와서 그의 장수를 위해 기도를 올리곤 하였다. 칸은 그에게 "그곳 박시들은 어떤 수련 방법을 통해 생명을 연장합니까?"라고 물었다. 그가 대답하기를 "특별한 약이 있습니다"라고 했다. 칸이 "여기서도 그 약을 구할 수 있소?"라고 묻자, 그는 그렇다고 대답했다. 박시는 유황과 수은을 섞어서 약을 조제하였다. 칸은 거의 8개월 동안 그것을 복용했다. 그는 타브리즈의 한 성채에 은신하였고 그동안 몇 사람의 근신을 제외하고는 어느 누구도 가까이 갈 수 없었다. 박시들은 예외여서 밤낮으로 그를 모시며 대화를 나누었다.

그가 은신처에서 나와서 알란의 동영지로 가려고 했을 때 그 v.4, p.309, 8 ~15
의 신체에 이상이 나타났다. 그의 주변에 있던 의원들이 치료를 위해 진력을 다했고, 얼마 후 치유의 결과가 나타났다. 그런데 하루는 한 박시가 나타나서 아르군에게 세 잔의 시럽을 주었다. 그것을 마신 그는 졸도했고 의원들도 더 이상 병을 치료할 방도가 없었다.

v.4, p.309, 16 ~22 칸은 두 달 동안 병상에 있었는데, 대신들이 병의 원인을 탐문했다. 어떤 사람들은 '사악한 눈' 때문이라고 하며 헌물을 바쳐야 한다고 했고, 또 어떤 사람은 무당들이 점을 쳐보니 주술 때문에 병에 걸린 것이라고 했다. 토가착 카툰이 그 주술의 장본인으로 지목되자, 그녀를 야르구 법정에서 심문했다. 곤장을 치고 고문을 가한 뒤 강물에 빠트려 죽였다.

v.4, p.311, 14 ~p.312, 1 아르군 칸은 1290년 10월 초부터 1291년 3월 초까지 그 병으로 고통을 받았다. 그래서 국사는 혼란에 빠졌고 많은 사람들이 어려움을 겪게 되었다. 마침내 3월 10일 알란의 바그체에서 세상을 떠났다. 그의 유해는 수자스로 운구되었다.

❧ 뭉케 테무르와 투데 뭉케 ❧

v.3, p.196, 18 ~p.197, 14 주치 울루스에서는 베르케가 죽고 뭉케 테무르가 그의 자리에 앉았다. 그 역시 아바카 칸과 반목했고 몇 차례 전투를 벌였지만 열세를 면치 못했다. 결국 다른 방도가 없자 화평을 맺었다. 그러다가 다시 아르군 칸의 치세인 1288년 9~10월에 대군을 이끌고 쳐들어왔다. 군대의 지휘관은 톡타이와 부카였다. 그때 아르군 칸은 동영지인 알란과 무간에서 하영지로 향하고 있었는데, 적군이 도착했다는 소식을 듣고 돌아가서 타가차르와 쿤착발이 지휘하는 선봉대를 보냈다. 이들은 전투를 벌여서 적장 볼로르타이를 비롯하여 많은 병사들을 죽였다. 그때 이후 지금까지 더 이상 충돌하지 않았다. 갈등 대신 화합을 선택한 것이다. 적어도 외

면상으로는 우애와 단합을 내세우면서 사신과 선물을 가잔 칸의 어전으로 보내고 있다.

뭉케 테무르가 16년간 통치를 한 뒤 1282~83년에 사망하자, 토칸의 셋째 아들인 투데 뭉케가 권좌에 앉게 되었다. 그 뒤 뭉케 테무르의 아들인 알구와 토그릴, 토칸의 큰 아들인 타르부의 아들 툴라 부카와 쿤첵 등은 투데 뭉케가 미쳤다는 이유로 그를 군주의 자리에서 끌어내리고 자신들이 5년간 통치했다. 그들은 뭉케 테무르의 아들 톡타이가 용맹하다는 것을 알고 연합하여 그를 죽이려고 하였다. 톡타이는 이를 눈치 채고 베르케체르의 아들인 빌릭치에게로 가서 몸을 숨겼다. 그러고 나서는 바투와 베르케의 군 지휘관이었던 노카이에게 전갈을 보내 "사촌들이 나를 죽이려 하고 있습니다. 당신은 아카이니 청컨대 저를 도와주십시오. 내 목숨이 붙어 있는 한 아카의 명령을 받들겠습니다"라고 하였다. v.3, p.197, 20 ~p.198, 12

노카이는 그의 청원을 수락하고, 자신의 근거지였던 러시아와 폴란드 지방에서 병에 걸렸다고 거짓말을 하고는 은밀하게 출정하여 우지 강(드니프로)을 건넜다. 그는 도중에 만나는 모든 천호와 장군들을 위무하고, "나도 이제 늙었으니 반목과 분쟁을 더 이상 하지 않으려 한다. 다만 사인 칸 바투가 내게 칙령을 내린 적이 있는데, 울루스 안에서 누가 무도한 행동을 해서 혼란을 일으킨다면 그 사정을 조사해서 서로 화합케 하라는 것이었다"라고 말했다. 여러 천호와 병사들은 그의 자상한 설명을 듣고 모두 그에게 복종하게 되었다. 그는 앞에서 언급된 왕자들의 오르도 가 v.3, p.198, 13 ~p.199, 10

까이에 도착하자, 자신이 병든 것처럼 꾸미기 위해 신선한 피를 머금고 있다가 토하듯이 뱉었다. 그는 우호적인 행동을 취하는 척하는 동시에, 톡타이에게는 은밀히 "준비하고 있다가, 내가 연락을 하면 즉시 군대를 데리고 오라!"라는 내용의 전갈을 보냈다.

v.3, p.199, 11 ~p.200, 2 툴라 부카의 어머니는 성실하고 욕심이 적은 노카이가 각혈을 했다면서, 아들들을 꾸중했다. "이제 곧 저승으로 여행을 떠나려고 하는 병든 노인을 가능한 한 빨리 만나러 가거라! 만약 그를 홀대하는 것이 적절하다고 생각한다면, 너희가 어려서 먹은 어머니들의 젖은 몹쓸 것이 되리라!" 아들들은 어머니의 말을 듣고 병문안을 하기 위해 노카이에게 갔다. 그는 그들에게 충고하기를, "오! 자식들이여! 나는 그동안 자네 부친들을 모셔왔기 때문에 예나 지금이나 응분의 권리를 갖고 있네. 그러니 자네들은 나의 사심 없는 말을 들어야 하네. 자네들이 취해야 할 방책은 평화라네. 그러니 쿠릴타이를 소집하도록 하게!"라고 하였다. 그는 숨을 내쉴 때마다 목에서 핏덩어리를 쏟아냈다. 그러면서 톡타이에게 은밀히 소식을 알리는 한편, 다른 왕자들에게는 부드러운 말을 하여 경계심을 늦추었다. 마침내 톡타이가 병사들과 함께 도착하여 그 왕자들을 붙잡고 즉시 처형했다. 노카이는 그 길로 이틸 강(볼가)을 건너서 고향에 있는 목지로 돌아갔다.

❧ 게이하투 칸과 지폐 '차우' ❧

v.4, p.324, 1 ~12 ; v.4, p.326, 10 ~p.327, 4 ; v.4, p.328, 20 ~p.330, 12 훌레구 울루스에서는 아르군이 사망한 뒤 그의 동생 게이하투가

군주 자리를 계승했다. 룸에 있던 그는 이란으로 향했고, 1291년 7월 23일 알라탁 근처 아흘라트에서 카툰과 왕자와 대신들이 모두 모인 가운데 즉위식을 가졌다. 그는 식투르 노얀에게 자신을 대리하는 왕국의 통치권을 부여했고, 안바르치 왕자는 1만호의 군대와 후라산 방면으로 파견하였다. 왕국의 재정을 총괄하는 사힙 디반 직책은 사드르 앗 딘 잔자니에게 맡겼다.

사드르 앗 딘은 다른 대신들과 키타이 지방에서 실시되던 '차 v.4, p.332, 11 ~p.333, 1
우(鈔)'와 같은 지폐를 이란 땅에서 통용시키는 방책을 논의하여 게이하투 칸에게 보고했다. 칸은 볼라드 칭상의 의견을 구하였다. 그는 "차우는 군주의 인장이 찍혀 있는 종이입니다. 키타이 전역에서 주조된 화폐 대신에 통용되고 있습니다"라고 말했다. 게이하투는 매우 관대한 군주였고 그의 은사는 지나칠 정도여서 왕국은 그의 지출을 감당하기 힘든 상황이었다.

사드르 앗 딘은 차우의 발행을 위해 노력했으나 대신들 가운 v.4, p.333, 3 ~9
데 식투르 노얀 같은 사람은 "차우는 왕국을 피폐하게 만들 것이며, 백성과 군대를 혼란에 빠뜨릴 것이다"라고 반대했다. 그러나 사드르 앗 딘은 "식투르 노얀은 황금을 좋아하기 때문에 지폐 발행에 반대한다"라고 비난했다. 결국 칸은 "신속하게 차우를 발행하라"라는 칙령을 내렸다.

1294년 여름 대신들은 차우의 실시를 위하여 타브리즈로 갔 v.4, p.333, 10 ~20
다. 그곳에 도착하여 칙령을 공포하고 많은 양의 차우를 준비하여 시내에 유통시켰다. 누구라도 그것을 받지 않으면 야사에 처할 것이라는 명령이 내려졌다. 처음 일주일 동안 사람들은 처형의 두려움 때문에 그것을 받았다. 그러나 지폐를 다른 사람에게 다시 주기는 어려웠다. 많은 시민이 아예 화폐를 쓰지 않는 도시로 이주해버렸고, 시장에서는 옷감과 식료품이 모두 사라졌다. 살 수 있는 것이 아무것도 없었고, 사람들은 과일을 먹기 위해서 과수원까지 가야 했다.

v.4, p.333, 21 ~p.334, 1 사람들로 북적대던 도시가 순식간에 텅 비었다. 카라반 행렬도 끊어졌다. 깡패와 부랑배들은 골목에서 누구라도 붙잡으려고 혈안이 되었다. 그들은 밤에 과수원으로 가는 골목 끝에 매복하고 있다가, 어떤 불쌍한 사람이 나름대로 꾀를 써서 집에 가서 먹으려고 나귀에 곡식을 싣고 오거나 광주리에 과일을 담아오는 것을 강제로 빼앗곤 하였다.

v.4, p.334, 6 ~p.335, 1 하루는 게이하투가 우연히 시장을 지나다가 텅빈 상점들을 목격했다. 그 이유를 물으니 사드르 앗 딘은 "이곳의 지도자가 사망했습니다. 타브리즈 사람들은 대인이 사망하면 철시를 하는 것을 관례로 하고 있습니다"라고 거짓말을 둘러댔다. 거래는 완전히 중단되었다. 결국 사드르 앗 딘은 황금으로 식료품을 거래할 수 있게 했다. 그러자 숨어 있던 사람들이 모습을 드러냈고 도시가 다시 북적이기 시작했다. 마침내 차우는 폐지되고 말았으며, 사람들은 그 폐해에서 해방되었다.

v.4, p.335, 4 ~p.338, 1 한편 아르군 칸의 사촌인 바이두 왕자는 전부터 게이하투에게 왕좌를 빼앗긴 것에 대해 불만을 품고 있었다. 그는 여러 대신들과 연락을 취하며 반란을 준비했다. 이 소식을 들은 게이하투는 바이 부카에게 바이두를 체포해 오라고 명령했는데, 오히려 그

가 바이두 측 사람들에게 붙잡혔다. 그러자 이번에는 군대를 보냈는데, 그 지휘관인 타가차르가 휘하의 군대를 이끌고 바이두에게 투항했다. 마침내 바이두 휘하의 장군들에게 붙잡혀 포로가 된 게이하투는 1295년 3월에 죽음을 맞고 말았다.

ꕥ 나얀의 반란 ꕥ

전하는 바에 따르면 돼지해인 1289년에 칭기스 칸의 막냇동생 v.3, p.443, 6~18
인 옷치긴의 손자 타가차르의 일족 나얀이 이숭게의 자식들 및 다른 왕자들과 연합하여 카안을 배신하고 카이두와 두아 쪽으로 넘어가려 했다고 한다. 카안의 군대가 추격하여 전투를 벌였는데, 오히려 그들이 카안의 군대를 압도했다. 이 소식이 카안에게 전해졌다. 그는 관절염을 앓았고 또 늙고 병들긴 했지만 코끼리 등에 얹은 가마를 타고 출정했다. 카안의 군대가 거의 패배하기에 이르렀을 때, 쇠북을 두드려 코끼리를 언덕으로 달리게 했다. 나얀과 왕자들은 군대를 이끌고 도망쳤고 카안의 군대가 그 뒤를 추격하여 붙잡아서 카안의 어전으로 끌고 왔다. 카안은 모두 야사에 처하고 군대는 분배하여 흩어버렸다.

카안은 노무칸이 카이두군에게 끌려가기 전에는 여러 해 동안 v.3, p.443, 21~p.444, 10
후계자 문제를 고민하며 그를 염두에 두기도 했다. 그 뒤 진김이 매우 총명하고 유능하다는 것을 알게 되면서 생각이 바뀌었다. 노무칸이 석방되어 돌아왔을 때 카안은 진김을 자신의 후임자로 임명했다. 노무칸은 이에 불만을 품고 “만약 그가 카안이 된다면, 사람들이 당신을 무엇이라고 하겠습니까?"라고 말했다. 카안은 화가 나서 그를 나무라고 "다시는 내 앞에 오지 말라!"라고 명령했다. 노무칸은 그 뒤 며칠 만에 죽었다. 카안은 진김을 군주의 자리에 앉혔고, 진김은 3년 동안 군주로 있었다. 그러나 그 역시 사망했고 그의 보좌는 봉인되고 말았다. 그의 카툰인 쿠케친은 매우 현명해서 카안은 그녀를 아꼈으며, 그녀가 하는 말은 다 들어주었다.

v.3, p.444, 11~17 카안의 치세 말기에 만지의 사얀푸 지방 남쪽 해변가 루킨이라는 곳에서 반란이 일어났다. 카안은 몽골 장군 중에서는 이그미시 타르칸, 한인 장군들 가운데에서는 수징(左丞), 타직 장군들 가운데에서는 굴람 삼징(參政)과 사이드 아잘의 형제인 우마르 유징(右丞)을 군대와 함께 파견했다. 그들은 그곳을 공격하고 약탈하였다.

v.3, p.445, 1~7 카이두와 두아 방면에서는 항상 초병들이 서로 마주보고 있었지만 전쟁은 없었다. 한번은 카안의 치세 마지막에 두아가 그 변경 지역의 중요한 요충지를 공격했는데, 추베이가 1만여 명의 병사들과 함께 그 변경을 수비하고 있었다. 두아는 급습을 계획했지만, 이를 미리 알아챈 추베이가 밤중에 두아의 선봉대를 공격하여 3000~4000명을 죽였다. 두아는 그 소식을 듣고 밤중에 전군을 이끌고 출정했다. 아침이 되자 양측은 서로 부딪쳐 무수한 사망자가 발생했다.

v.3, p.445, 7~16 추베이는 아지키와 아난다에게 알리지도 않고 서둘러 출정했기 때문에, 적의 공격을 견디지 못하고 도주할 수밖에 없었다. 아

지키가 이 소식을 듣고 아난다에게 전갈을 보냈다. 그러나 그들이 합세해서 출정하기 전에 두아는 물러갔고 카안의 군대는 그를 따라잡지 못하였다. 이 일을 계기로 두아는 카안의 군대를 대수롭지 않게 여기며 득의만만해졌다. 이 소식을 들은 카안은 아지키에게 죄를 묻고 곤장 아홉 대를 쳤다. 그러나 다시 그에게 은사를 내리고 전처럼 군대의 지휘관으로 파견했다. 그는 지금까지 그 변경 지방을 관할하고 있다. 추베이의 형인 카반은 이 전투가 있기 얼마 전에 사망했다.

제3장

카안 울루스의 완성과 통치

카안 울루스 카안 계보도

=: 혼인 관계, ( ): 묘호와 재위 연도

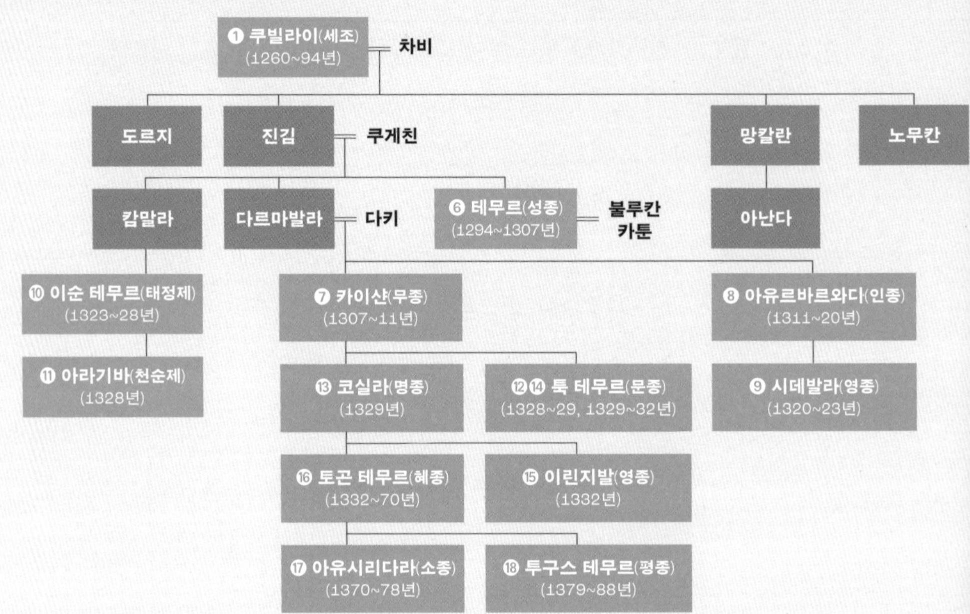

낭기야스의 정복

키타이 왕국을 완전히 정복한 쿠빌라이 카안은 이제는 낭기야스 v.3, p.403, 8 ~p.404, 6
를 손에 넣어야겠다고 생각했다. 그는 사르탁과 압둘 라흐만을 이란에 사신으로 파견해서, 아바카를 모시고 있던 바아린족 출신 쿠케추의 아들 바얀을 보내달라고 요청했다. 아바카 칸은 바얀을 카안에게 보냈다. 카안은 30투만의 몽골군과 80투만의 키타이군을 편성하였다. 삼가 바하두르(史天澤)에게는 키타이군을 통솔하도록 하고, 바얀과 수베테이의 손자인 아주를 몽골군의 사령관으로 임명했다. 총 지휘관은 삼가 바하두르에게 맡겼는데, 이는 그가 엄정하고 능력이 있기 때문이었다.

쿠빌라이는 그들을 낭기야스로 파견했다. 그러나 삼가가 병 v.3, p.404, 6 ~p.405, 1
에 걸려 도중에 되돌아오는 바람에 바얀과 아주가 몽골과 키타이 두 군대를 지휘했다. 낭기야스 왕국의 면적은 대단히 넓었고 군대는 헤아릴 수도 없이 많았기 때문에, 그곳을 정복하는 데에는 오랜 시간이 걸렸다. 거의 4년 동안 전력을 다했는데도 일부만 정복할 수 있었다. 그들은 카안에게 사신을 보내어 군대가 충분하지 않다고 보고했다. 병력 충원이 신속하게 이루어지지 않자 카안은 키타이 왕국의 모든 죄수들을 불러들이라고 했는데,

그 수가 거의 2만 명에 가까웠다. 그들을 대군과 합류하도록 보냈고, 그 가운데 유능한 자들을 지휘관으로 임명했다.

v.3, p.405, 5 ~15 낭기야스에 대한 원정을 시작한 지 7년째 되던 해에 켕 강가에서 큰 전투가 벌어졌다. 낭기야스의 군대 80만호를 격파하고 그 왕국을 정복했다. 그곳의 군주를 죽이고 다른 지방들도 정복했다. 뭉케 시대에 복속했다가 반란을 일으킨 솔랑카(고려)는 쿠빌라이가 즉위하자 다시 어전으로 와서 복속했다. 자바 지방에도 군대를 파견했고, 인도의 많은 왕국들에 복속을 권유하는 사신을 보냈다. 그들은 그것을 받아들여 지금도 복속의 표시로 사신들을 보내고 있다.

v.3, p.405, 16 ~p.406, 6 카안은 낭기야스 왕국들을 왕자들에게 분봉해주고 그곳에 속한 여러 왕국에 정비된 군대를 배치했다. 그 지방의 사정을 잘 알고 있는 볼라드 칭상에 따르면, 집단의 수령이나 속민들의 주인과 같이 중요 인물의 수만 헤아리는 것이 낭기야스의 관례인데, 그런 식으로 헤아려도 인구가 99만 호였다고 한다. 그곳보다 더 넓은 왕국은 없으며, 그곳에는 건물들이 끝없이 서로 맞닿아 있다고 한다.

v.3, p.406, 6 ~12 그때 원정에 나섰던 그 몽골과 자우쿠트 군대는 지금도 그곳에 탐마로 주둔하고 있다. 왕국마다 만호장과 군대가 배정되어 있고, 그곳의 총독직은 그에게 위임되어 있으며, 디반(중서성)에서 파견된 네 명의 비틱치가 그들을 보좌한다. 각 지방에서 세금을 징수할 때에는 그 지휘관에게 칙명을 보냈고, 그는 명령에 따라 거기에 속한 모든 도시에서 세금을 걷었다.

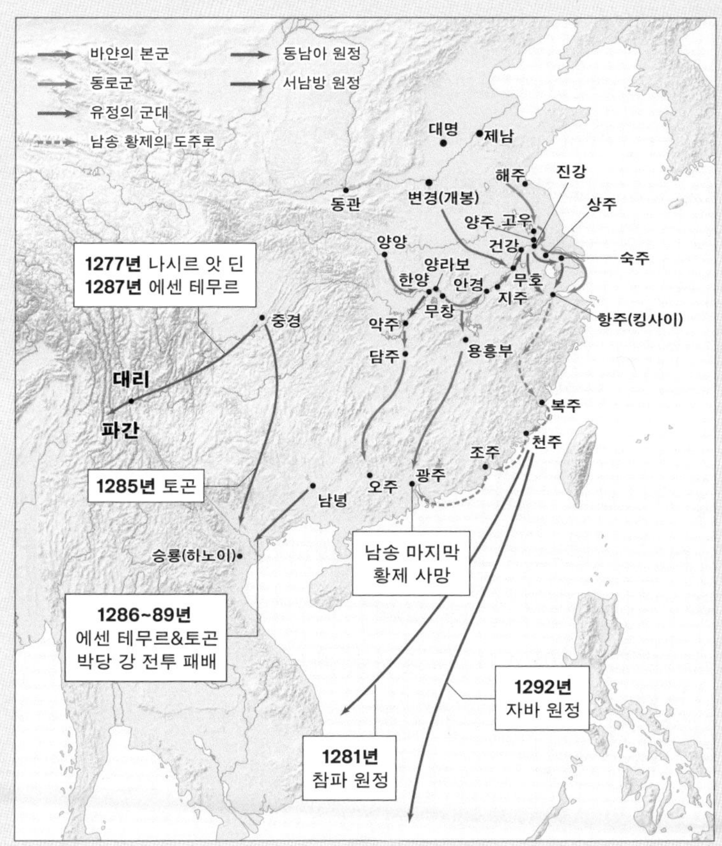

지도 11. 몽골의 남방 원정

v.3, p.406, 15 ~19 쿠빌라이 카안의 출생에서부터 보좌에 오를 때까지의 이야기, 그리고 키타이와 마친의 왕국들을 모두 정복할 때까지의 상황에 대해서 설명했다. 그러니 이제 그 밖의 다른 이야기들, 즉 그의 왕국들과 관련된 사정이나 그가 정한 법령, 각각의 왕국과 변경에 임명된 군대에 관한 이야기들을 해보자.

키타이 지방의 도시와 성곽들

v.3, p.407, 3 ~13 키타이 지방은 대단히 크고 넓으며 수많은 사람이 살고 있다. 믿을 만한 사람이 전하는 바에 따르면 지상에서 그곳처럼 많은 사람이 사는 곳은 없다고 한다. 커다란 바다로부터 그리 크지 않은 만(발해만) 하나가 만지와 카울리 사이에 있는 해안을 따라 동남쪽에서부터 뻗어 있다. 그 만은 키타이 지방 안으로 칸발릭에서 22킬로미터 떨어진 곳까지 들어가 있어서 선박이 거기까지 왔다. 그곳은 바다와 가깝기 때문에 비가 많이 내리며, 더운 곳도 있고 추운 곳도 있다. 칭기스 칸의 치세에 그 지방의 일부가, 우구데이의 치세에는 그곳 전부가 정복되었다.

v.3, p.407, 14 ~p.408, 2 칭기스 칸과 그의 자식들은 키타이 지방에 도읍을 두지 않았다. 그러나 뭉케 카안이 그곳을 쿠빌라이에게 주었고, 그는 그 지방의 물산이 매우 풍부하고 주변에 중요한 왕국과 지방이 수없이 많은 것을 보았기 때문에 그곳을 자신의 도읍으로 선택했다. 그는 칸발릭을 자신의 동영지로 정했는데, 키타이 말로는 '중두(中都)'다. 칭기스 칸이 파괴한 이 도시를 쿠빌라이 카안은 다시

건설하고자 했다. 그는 자신의 명성을 위해서 폐허가 된 칸발릭에 맞닿게 새 도읍을 짓고 '다이두(大都)'라고 이름하였다.

도시의 성벽에는 17개의 망루를 세웠는데, 한 망루에서 다음 v.3, p.408, 3~14 망루까지의 거리는 5.6킬로미터다. 얼마나 주민이 많은지 성벽의 바깥에도 건물이 끝없이 이어졌다. 여러 지방에서 각종 유실수들을 옮겨 와 과수원과 정원에 심었는데 대부분 잘 자라고 있다. 도시의 중앙에는 자신의 오르도를 세워 크고 장려한 궁전으로 삼았으니 그것을 '카르시'라고 부른다. 기둥과 보도를 모두 석고와 대리석으로 만들어서 매우 아름답고 깨끗하다. 그 둘레에 네 겹의 성벽을 세웠는데, 벽에서 벽까지의 거리는 화살이 도달할 정도였다. 가장 바깥의 벽은 키리에스, 즉 말을 묶어놓는 곳이고, 그다음은 매일 새벽 모이는 대신들이 앉는 곳이며, 세 번째 벽은 친위병들을 위해, 네 번째 벽은 귀족들을 위해서 사용된다. 카안은 그 궁전에서 겨울을 지낸다.

칸발릭과 다이두에는 북쪽의 참치말(거용관) 부근에서부터 흘 v.3, p.408, 15~p.409, 10 러오는 커다란 강이 있는데, 이는 북쪽의 하영지로 가는 길이기도 하다. 그 밖에 다른 강들도 있다. 도시 외곽에는 마치 조그만 바다처럼 아주 큰 호수를 만들었다. 그 안에 배를 띄우고 유람할 수 있도록 둑을 하나 쌓았다. 과거에 그 강물은 다른 곳으로 흘러서 앞서 언급한 만으로 유입되었는데, 만과 이어진 강줄기가 협소하여 배들이 올 수 없었기 때문에 사람들은 해안에서 짐을 가축에 싣고 칸발릭으로 운반했다. 키타이의 기술자와 학자들은 지형을 면밀히 조사한 뒤 "만지 왕국의 도읍인 킹사이(항주)와 자이툰(천주) 둥지에서 출발한 선박이 키타이 지방의 칸발릭까지 직접 오게 할 수 있다"라고 설명했다.

v.3, p.409, 10~19 카안은 거대한 운하를 굴착해서 앞서 말한 강의 물길과, 카라무렌 및 다른 강에서 나와 여러 도시와 지방 사이를 흐르는 다른 몇몇 강들의 물길을 그 운하로 유입시키라고 지시했다. 인도에서 오는 선박은 대부분 킹사이와 자이툰에 정박하는데, 거기서 칸발릭까지는 배로 40일이 걸린다. 운하에 충분한 물을 대기 위해 해안에서 칸발릭으로 연결되는 강에 수많은 제방을 쌓았다. 배가 그 제방에 도달하면 권양기(捲揚機)를 이용하여 갑문을 닫고 물을 채워, 아무리 크고 무거운 배라도 적재 화물과 함께 부양시킨 뒤, 제방 건너편으로 이동시켰다. 운하의 폭은 30미터가 넘는다.

v.3, p.410, 1~9 카안은 그 운하의 방벽을 돌로 막아서 흙이 그 안으로 허물어지지 않도록 하라고 지시했다. 키타이 지방에서 남쪽으로 연결되는 운하가 있는데, 그것을 따라 커다란 도로를 만들었다. 이 도로를 이용하여 마친까지 가는 데 40일이 걸린다. 큰 비가 와도 가축들이 진창에 빠지지 않도록 도로는 돌로 포장했다. 대로 양쪽에는 버드나무와 다른 나무들을 심어서 길이 처음부터 끝까지 그늘에 가려지게 했다. 군인이건 어느 누구건 나뭇가지 하나를 꺾거나 잎사귀 하나를 따지 못하게 관리했다. 길 양편으로 얼마나 많은 마을과 절과 상점들이 들어섰는지 40일 여정 내내 사람들이 사는 곳이 이어진다.

v.3, p.410, 10~16 다이두의 성벽은 흙으로 축조했다. 그 지방에서 건축하는 관습에 따르면 우선 판자 두 개를 세우고 사이에 축축한 흙을 붓는

다. 그런 다음 흙이 단단해질 때까지 커다란 나무로 두드린 후에 판자를 떼고 벽을 만든다. 카안은 치세 말년에 돌을 옮겨와 벽의 외부에 붙이라고 지시했지만, 실행되기 전에 사망하고 말았다.

카안은 다이두에서 270킬로미터 떨어진 곳에 있는 하영지 카 v.3, p.411, 1 ~p.412, 4
이민푸에도 궁전을 지으라고 명령했다. 동영지 다이두에서 그곳까지는 세 갈래의 길이 있다. 하나는 카안의 사냥을 위해서 금렵구로 설정된 곳으로 긴급한 사신을 제외하고는 어느 누구도 그곳으로 다닐 수 없다. 또 하나의 길은 푸주(撫州) 방향으로 가는 것인데, 상긴(桑干) 강을 따라서 포도와 과일이 주렁주렁 열려 있다. 푸주 근처에는 시말리(蕁麻林)라는 곳이 있는데, 그곳 주민들 대부분은 사마르칸트에서 온 사람들로서 정원을 자기 고향의 방식으로 꾸몄다. 세 번째 길은 식링이라는 낮은 언덕을 넘어간다. 언덕을 지나면 카이민푸에 이를 때까지 초원과 목장과 하영지가 이어진다.

카안은 처음에 푸주 부근에 하영지를 세웠지만, 그 뒤 카이민 v.3, p.412, 4 ~p.413, 3
푸에 하영지를 정하라고 명령했다. 그는 카이민푸 동쪽에 또 하나의 궁전을 세우라고 했는데, 그것을 랑텐(凉亭)이라고 부른다. 어느 날 밤 그는 꿈을 꾼 뒤 그곳을 버리기로 했고 또 다른 궁전을 어디에 지을지 학자 및 기술자들과 상의했다. 모두 카이민푸 근처 초원에 있는 호수가 최적의 장소라고 생각했다. 그래서 그 호수의 물을 없애려고 그 지방에서 나무 대신 땔감으로 사용하는 돌(석탄)을 다량 수집하여 채워넣었고 숯도 많이 사용했다. 또한 사기그릇과 석고를 잘게 부수어 호수와 그 발원지를 메꾼 뒤,

거기에 주석과 납을 녹여서 부었다. 이렇게 사람의 키만큼 땅을 쌓아 올린 뒤 그 위에 기단을 세웠다. 그러자 지하수가 주변의 다른 초원으로 흐르다 솟아 나와 여러 개의 샘물을 이루었다.

v.3, p.413, 3 ~12 기단 위에 키타이식으로 궁전을 짓고 초원 주변을 성벽으로 둘러쳤다. 성벽과 궁전 사이에는 목책을 세워서 어느 누구도 초원 가운데로 다닐 수 없게 했다. 또한 각종 사냥감을 초원에 풀어놓았는데, 곧 숫자가 매우 많아졌다. 그 도시 안에는 상술한 것보다 더 작은 궁전을 하나 건설하고, 그 궁전 외부에서 내부로 이어지는 작은 길을 만들었다. 말을 매어두는 곳을 설치하기 위해서 궁전 둘레에서 화살이 닿을 정도의 거리를 두고 벽을 세웠다. 카안은 대부분의 시간을 카이민푸 바깥에 있는 그 궁전에서 보낸다.

키타이 지방의 통치 제도

v.3, p.414, 19 ~p.415, 18 재상의 직책을 수행하는 대신을 칭상(丞相)이라고 부른다. 군대의 지휘관을 타이푸(大夫)라 부르고, 만호장을 왕샤이(元帥)라 하며, 타직·키타이·위구르인들이 담당하는 디반(省)의 수령은 핀잔(平章)이라고 부른다. 관례에 따르면 최고의 디반(中書省)에는 칭상 네 명 있고, 타직·위구르·키타이·에르케운(기독교도) 등 여러 집단 출신의 대신들 가운데 임명된 네 명의 핀잔이 있다. 대신들의 직책은 등급에 따라 서열이 지어졌는데, 그 등급은 다음과 같다.

1급 칭상(丞相)

2급 타이푸(大夫)

3급 핀잔(平章)

4급 유칭(右丞)

5급 조칭(左丞)

6급 삼징(參政)

7급 사미(參議)

8급 란준(郎中)

9급 …

v.3, p.415, 20 ~p.418, 8

쿠빌라이 카안 시대에 칭상을 역임했던 대신으로는 한툰 노얀, 우차차르, 울제이 타르칸, 다시만이 있었다. 현재 한툰은 타계했지만 다른 사람들은 테무르 카안의 칭상으로 여전히 일을 하고 있다. 핀잔의 직책은 과거에 키타이인들에게만 주어졌지만, 지금은 몽골·타직·위구르인들에게도 주어진다. 그 선임자를 수핀잔(首平章)이라고 부른다. 테무르 카안의 치세인 오늘날 모든 핀잔들의 지도자는 바얀 핀잔이다. 그는 사이드 나시르 앗 딘의 아들이며, 사이드 아잘의 손자인데, 그 역시 '사이드 아잘'이라는 별명으로 불린다. 두 번째 지도자는 우마르 핀잔이며 몽골인이다. 세 번째는 테케 핀잔이며 위구르인인데, 그는 아미르 순착의 조카인 라친 핀잔의 뒤를 이었다. 네 번째는 테무르 핀잔의 뒤를 이은 이그미시 핀잔인데 역시 위구르인이다.

v.3, p.419, 1 ~p.420, 2

카안은 대부분의 시간을 다이두에서 보내기 때문에, 그곳에 싱(省)이라고 불리는 대관청을 설치하고 그 직무를 수행하기 위한 건물을 세웠다. 또한 관례에 따르면 성문을 관할하는 수령이 한 명 있는데, 사람들은 유실물을 습득하면 그에게 가져간다. 유실물을 조사하는 관청의 명칭은 '라이스'다. 조사를 마치면 그 내용을 기록하여 그보다 상위 기관인 루사로 보낸다. 거기서 할리완(翰林院)이라는 세 번째 관청으로 보내고, 그 후 다시 툰진완(通政院)이라는 네 번째 관청으로 보낸다. 역참과 전령에 관한 사무가 그 관청에 속해 있으며, 그에 앞서 설명한 세 관청을 지휘하는 것도 바로 그곳이다. 그 후 주시타이(御史臺)라고 불리는 다섯 번째 관청으로 송치되는데, 그곳은 군대 업무를 관장한다. 그러고 나서 여섯 번째 관청인 센비샤(泉府司)로 가져가는데, 그곳에서 사신·상인·여행자들 및 칙령과 패자에 관한 사무를 담당한다. 오늘날 그 직무는 다시만이라는 대신이 책임지고 있다. 이 여섯 단계의 관청을 거치고 난 뒤 최고 관청 싱으로 송치한다.

v.3, p.420, 2 ~10 그들은 조사를 할 때 진술을 하는 사람들의 지문을 채록한다. 그 까닭은 모든 사람의 지문이 다 다르다는 것을 경험을 통해 확인했기 때문이다. 누군가에게서 증서를 받을 때마다 그 문건을 손가락 사이에 놓고 문건 뒷면에 그 사람의 지문을 찍어서 무늬가 나타나도록 한다. 만약 그가 자신이 증언한 내용을 부인하게 될 경우, 지문을 대조하여 사실을 확인한다. 이런 방식으로 모든 관청들이 사무를 세심하게 처리한 뒤 카안에게 상주하고 칙령에 따라 사안을 처리한다.

v.3, p.420, 11 ~21 관례에 따르면 전술한 대신들은 매일 싱으로 출근하여 사람들을 심문하고 나라의 중요한 사무를 처리한다. 네 명의 칭상들이

착석하면 상술한 다른 관리와 비틱치들도 관직 순서대로 좌정한다. 각자의 앞에는 마치 책상처럼 생긴 탁자를 놓고 그 위에는 먹통을 두었다. 대신들은 각자 특정한 인장과 서명을 갖고 있고, 각자에게 몇 명의 비틱치들이 배정되어 있다. 비틱치의 임무는 관청에 매일 출근하는 사람들의 이름을 기록하는 것이다. 만약 관리가 며칠간 출근하지 않으면 그만큼 봉급이 깎인다. 누군가가 합당한 이유 없이 관청에 나오지 않으면 그를 해고한다. 카안의 어전에 상주를 올리는 것은 이 네 칭상들이다.

칸발릭 싱은 대단히 크고 그곳에는 수천 년에 걸친 관청의 문서들이 잘 보관되어 있다. 이곳에 고용된 관리의 숫자는 2000명에 가깝다. 모든 도시에 싱을 설치하지 않고, 시라즈나 바그다드 혹은 룸 지방의 코니아처럼 여러 지방과 도시를 거느린 도읍에만 두었다. 카안의 나라에는 12개의 싱이 있으며, 오직 칸발릭 싱에만 칭상이 있다. 각각의 싱에는 민정과 군정의 직무를 수행하는 대신이 한 명씩 있고, 네 명의 핀잔과 다른 예하 관청 및 관리들이 일하고 있다. 12개의 싱이 위치한 지점과 등급은 다음과 같다. v.3, p.420, 22 ~p.424, 4

첫째_칸발릭과 다이두의 싱.

둘째_주르체와 솔랑카 지방의 싱. 솔랑카의 도시들 가운데에서 가장 큰 준주(淨州?)에 그 관청을 두었다. 알말릭 출신의 후삼 앗 딘 삼징의 아들인 알 라 앗 딘 핀잔과 하산 조칭이 이곳에 있다.

셋째_독자적인 왕국인 카울리(高麗)와 …의 싱. 그곳의 군주를

'왕'이라고 부른다. 쿠빌라이 카안은 자기 딸을 그에게 주었다. 그의 아들이 카안의 측근인데 그곳의 왕은 아니다.

넷째_남깅(南京)의 싱. 키타이 왕국에 속한 큰 도시이며 카라무렌 강가에 있다. 키타이의 오랜 도읍들 가운데 하나다.

다섯째_양주(揚州)의 싱. 이 도시는 키타이 변경에 위치하며 토칸이 이곳에 있다.

여섯째_만지의 수도였던 킹사이(行在)의 싱. 사이프 앗 딘 타가차르 노얀의 아들인 알라 앗 딘 핀잔이 키타이 수징이라는 이름의 신하 한 명, 그리고 우마르 핀잔 만지타이, 벡 호자 투시 핀잔 등과 함께 이곳에 있다.

일곱째_만지의 도시인 푸주(福州)의 싱. 과거에 이 싱을 자이툰으로 옮겼다가 현재 다시 그곳에 두었다. 장관은 한때 아미르 다시만의 형제였는데, 지금은 바얀 핀잔의 형제인 아미르 우마르다. 선박들이 머무는 항구는 자이툰이며, 그곳의 총독은 바하 앗 딘 쿤두지다.

여덟째_루킨푸(龍興府)의 싱. 만지 지방에 속한 도시로서, 그 지방의 한쪽은 탕구트와 접해 있다. 바얀 핀잔의 형제인 하산 핀잔, 라친 핀잔의 형제로 역시 하산이라는 이름을 가진 사람이 그곳의 총독이다.

아홉째_ 쿠일리키(廣西)의 싱. 타직인들은 이곳을 친칼란(廣州)이라고도 부르며, 자이툰 남쪽 해안에 위치한 대단히 큰 도시다. 커다란 항구이며 노카이라는 사람과 루큰 앗 딘 앗 투스타리 핀잔이 그곳의 총독이다.

열째_ 카라장(雲南)의 싱. 독자적인 왕국이다. 그곳에는 야치라는 이름의 매우 큰 도시가 있다. 싱은 그 도시 안에 위치해 있으며 주민들은 모두 무슬림이다. 그곳의 총독은 토간 테긴과 얄라바치의 후손인 야쿱이다.

열한째_킨잔푸(京兆府)의 싱. 탕구트 지방의 도시이며, 노무칸의 아들인 아난다가 이 지방에 있다. 장관은 다시만의 형제다. 아난다의 목지는 차간 나우르라 불리는 곳에 있으며 거기에 궁전을 지었다.

열두째_탕구트 지방 캄주(甘州)의 싱. 매우 큰 지방이며 헤아릴 수 없이 많은 속주를 두었다. 아지키가 그곳에 주둔하고 있으며, 아미르 호자라는 사람이 감관이자 총독의 자격으로 있다.

v.3, p.424, 6~18

각 지방은 서로 멀리 떨어져 있기 때문에 왕자와 중요한 장군들이 군대와 함께 주둔하며 주민들을 통치하고 사무를 처리하는 일을 관장한다. 각 지방의 싱은 그 지방에서 가장 큰 도시에 둔다. 각각의 싱은 하나의 촌락과 비슷한 규모를 이루게 되는데, 그 까닭은 필요한 시설을 갖춘 수많은 가옥과 방을 만들고 많은 수의 노비와 일꾼들이 그곳에서 일하기 때문이다. 관청의 체제와 배치는 세밀한 부분까지 매우 정교하고 훌륭하다. 대신들이 중죄를 범할 경우, 일부는 처형하고 다른 일부는 가족과 재산을 몰수한 뒤 수레를 끌거나 진흙을 파거나 돌을 운반하는 등의 요역을 시킨다. 이렇게 하는 까닭은 사람들이 대신이나 고관들이 처벌받는 모습을 보고 교훈을 얻게 하려 함이다.

지도 12. 카안 울루스의 행정구역, 1310년경

화림(영북)행성
요양행성
카라코룸
카안 울루스
상도
요양
대도
개경
고 려
일 본
중서성
섭서행성
키 타 이 (한 지)
개봉
경조(서안)
양주
하남강북행성
임안(항주)
성도
사천행성
무한
남창
강절행성
만 지 (강 남)
사천행성
호광행성
강주
정강
곤명
조주

❀ 카안의 왕국들의 변경 ❀

v.3, p.424, 23 ~p.425, 8 카안에게는 동남쪽 방면으로 어떠한 적국도 없다. 대해에 이르기까지 모든 땅이 그의 왕국으로 편입되어 있기 때문이다. 다만 주르첸과 카울리 가까운 곳의 대해 가운데에 지밍구(일본)라는 큰 섬이 있을 뿐이다. 섬의 둘레는 거의 2240킬로미터이고 수많은 도시와 촌락들이 있는데, 독립적인 군주를 갖고 있으며 전부터 줄곧 카안에게 복속하지 않고 있다. 그 섬의 사람들은 키가 작고 목이 짧으며 배가 크다. 그곳에는 수많은 광물이 있다. 그 밖에는 동쪽에서부터 시작하여 대해의 해변과 키르기스 지방의 변경에 이르기까지 불복하는 종족은 존재하지 않는다.

v.3, p.425, 9 ~12 만지 지방에서 서남쪽으로 쿠일리키와 자이툰 지방 사이에는 해변을 따라 험하고 광대한 밀림이 있다. 만지 군주의 아들 한 명이 그곳으로 도망쳤는데, 비록 세력도 용기도 없지만 도둑질과 악행으로 세월을 보내고 있다.

v.3, p.425, 9 ~p.426, 3 서쪽 방면으로는 카프제구(交趾國)라고 불리는 지방이 있는데, 지역이 험준하고 삼림이 울창하며 카라장 지방 및 일부 인도 지방과 해안으로 접해 있다. 거기에는 독립적인 군주가 지배하는 로착(雷州)과 하이남(海南)이라는 도시가 있는데, 카안에게 불복하고 있다. 루킨푸라는 도시에 군대와 함께 주둔하고 있는 카안의 아들 토간이 만지 지방을 방어하며 불복자들을 경계하고 있다. 한번은 그가 군대를 이끌고 해안에 있는 도시로 가서 그곳을 점령하고 일주일간 지배한 적이 있다. 그러나 적의 군대가 바다와 삼림과 산지에 매복하고 있다가 갑자기 튀어나와 약탈에 취

해 있던 토간의 군대를 공격했다. 토간은 무사히 빠져나왔고 지금도 여전히 루킨푸 지방에 있다.

서북쪽 방면 티베트와 자르단단 지방의 변경에는 불복하는 사 v.3, p.426, 4~7
람들이 없다. 다만 아프간 지방에서 두아의 아들 쿠틀룩 호자의 군대와 접하고 있다. 중간에 험한 산지가 있어서 불복자들은 침범해올 수 없다. 그럼에도 불구하고 그 방면을 방어하기 위해 약간의 군대를 배치했다.

동북쪽으로는 카이두 및 두아의 방면과 맞닿아 있다. 그들이 v.3, p.426, 8~p.427, 2
있는 곳의 경계와 카안의 왕국 사이에는 40일 거리의 황야가 있다. 양측 군대와 초병들이 변경을 따라 경계하고 있는데, 가끔씩 전투가 벌어지기도 한다. 동쪽 변경은 이곳으로부터 한 달 거리이며, 역시 대부분의 지점에 군대와 초병들이 배치되어 있다. 그곳에 배치된 군대들을 동쪽에서부터 열거하면 다음과 같다. 처음에는 카안의 친형제인 캄발라가 군대와 함께 주둔하고, 그 서쪽으로 카안의 사위인 쿠르구즈 쿠레겐, 그다음에는 카안의 대신들 가운데 한 명이었던 투크탁의 아들 중쿠르, 그다음에는 역시 대신인 바얀 구육치의 아들 낭키아다이, 그다음에는 테무르 카안의 숙부인 쿠케추가 차례로 주둔하고 있다.

그 뒤 탕구트 지방에 망칼란의 아들 아난다 왕자가 군대와 함 v.3, p.427, 2~11
께 도착하여 차간 나우르 부근에 주둔했다. 그다음에는 카라호초 변경의 위구르인 도시다. 그곳에는 좋은 포도주가 있고 카안과 카이두의 경계에 위치해 있어서 양측에 모두 복속했다. 그다음에는 차가다이의 손자인 아지키 왕자와 알구의 아들 추베이가 주둔하고 있다. 그다음에는 티베트의 험한 산지가 있는데 그곳 지방과 도로에는 물이 없기 때문에 여름에는 지나갈 수가 없고, 겨울에는 눈 녹은 물을 마시며 이동해야 한다.

❧ 재상 아흐마드 피살 사건 ❧

v.3, p.430, 18 ~p.431, 11 쿠빌라이 카안 시대에 아흐마드 파나카티가 핀잔이자 재상이었을 당시, 가우 핀잔(高平章)이라는 이름을 가진 키타이 사람도 재상이었다. 아흐마드가 더 고위였기 때문에 수핀잔이라고 불렸다. 많은 추종자를 거느린 가우 핀잔은 아흐마드를 질투했다. 상술한 해 여름에 카안이 북쪽의 여름 수도로 가면서 아흐마드에게 칸발릭과 다이두의 궁성과 관아를 맡겼다. 그때 가우 핀잔은 한 무리의 키타이인들과 함께 그를 죽이려는 계획을 세웠다. 그런데 아흐마드의 노비 한 사람이 이 음모를 알고 주인에게 전하였다. 아흐마드는 보리밭에 매어두었던 카안 직속의 종마들 중에서 40필을 골라서 밤중에 도망쳤다. 키타이인들은 뒤늦게 이를 알아차리고 추격에 나섰다.

v.3, p.431, 11 ~p.432, 5 낮이 되었을 때 그는 28킬로미터 떨어진 곳에 있는 샤자이라는 마을에 도착했다. 키타이인들은 그가 그곳의 다리를 지나지 못하게 막았다. 그러는 사이에 가우 핀잔이 쫓아가 아흐마드의 말고삐를 잡고, "카안께서 나를 이곳에 남기며 관청의 중요한 사무를 처리하라고 하셨는데, 너는 우리와 아무런 상의도 없이 어디를 가는 것이냐?"라고 말했다. 그러자 그는 "카안께서 나를 찾

으셨다"라고 대답했다. 그러는 사이에 사신 네 명이 중요한 용무로 카안의 어전에서 칸발릭으로 오고 있었다. 아미르 아흐마드가 그들을 보자 "카안께 가려고 하는데 나를 가지 못하게 한다!"라고 소리를 질렀다. 사신들은 "카안께서 아미르 아흐마드를 부르기 위해 우리를 보내셨다"라고 하면서 아흐마드를 구출했다. 아흐마드는 하영지에 있던 카안에게로 갔다.

아흐마드는 검은 접시에 진주들을 담고 단도 하나를 놓은 뒤 v.3, p.432, 6~14
붉은 비단으로 그것을 덮어서 카안에게 가져갔다. 카안이 이것이 무엇이냐고 묻자, 그가 대답했다. "과거에 제가 어전에 왔을 때 제 수염은 이 접시처럼 검었지만, 그 뒤 온 힘을 다해 모시느라 진주처럼 희어졌습니다. 그런데 가우 핀잔은 단도로 저를 찔러서 제 수염을 붉은 비단처럼 물들이려 합니다." 그는 얼마 전에 벌어졌던 일을 아뢰었고, 사건을 목격한 사신들도 그의 말을 입증해주었다. 카안은 가우 핀잔은 체포하라고 명령했다.

가우 핀잔은 카라무렌 강가의 만지 변경에 위치한 사얀푸(襄陽 v.3, p.432, 14~p.433, 4
府)로 도망쳤다. 그 도시의 반은 강 이쪽에, 다른 반은 저쪽에 있었는데, 도시의 반쪽에서 나오는 세금은 키타이 군주에게 주고 또 다른 반쪽에서 나오는 것은 만지 군주에게 주었었다. 그 뒤 몽골이 키타이를 정복하자 만지의 군주가 그 도시 전부를 장악하였다. 강력한 성채와 견고한 성벽과 깊은 해자 때문에 몽골군의 정복 시도는 번번이 실패했다. 가우 핀잔이 그곳에 가자 사람들이 그를 반기고 환대하였다. 카안은 장군 바얀에게 그를 추격하라고 명령했다.

v.3, p.433, 4 ~p.434, 1 바알벡과 다마스쿠스에서 키타이 지방에 온 투석기 제작자 탈리브가 사얀푸 정복 임무를 받고 그곳으로 갔다. 그의 자식들인 아부 바크르, 이브라힘, 무함마드 및 부하들이 대형 투석기 일곱 개를 만들어서 그곳으로 보냈다. 가우 핀잔은 몽골 대신들에게 밀정을 보내 "저는 죄를 지은 것이 없습니다. 저와 아흐마드 사이에는 반목이 있어 서로가 서로를 해치려고 했을 뿐입니다. 비록 지금은 겁이 나서 이곳으로 도망쳤지만, 만약 카안께서 제 목숨을 살려주신다면 이 도시를 빼앗아 바치겠습니다. 만지 왕국의 기초는 이 도시 위에 있으니, 만약 이곳을 빼앗으면 왕국 전체가 정복될 것입니다"라고 하였다. 가우 핀잔의 사신을 카안의 어전으로 보내서 상황을 보고했다. 그러자 카안은 그에게 은사를 내리고 신분의 안전을 보장해주는 증서와 칼을 주었다. 이로 인해 그는 마음을 놓았다.

v.3, p.434, 1 ~10 병사들은 투석기를 성채에 배치하고 공격을 하여 망루를 파괴했다. 가우 핀잔은 안에서부터 땅굴을 하나 파서 밖으로 나갔다. 만지 군주는 망루가 파괴되고 가우 핀잔이 배신한 것을 알고는 성채를 버리고 수많은 사람들과 함께 강 건너로 도망쳤다. 바얀이 성채의 저쪽 편을 장악하고 살육과 약탈을 행하자, 그는 건너편에서 군대를 수습한 뒤 다시 도망쳤다. 그는 어디에도 머물 수 없는 처지가 되었고, 만지의 모든 지방들이 몽골에 복속하고 정복되었다. 가우 핀잔은 어전에 도착하여 온갖 은사를 받았다. 그리고 전처럼 핀잔이라는 직책을 받고 아흐마드와 다시 동료가 되었다.

v.3, p.434, 11 ~23

아흐마드는 25년 가까이 위엄을 유지하며 재상직을 수행했다. 그 사건이 있은 뒤 9년 동안 가우 핀잔은 그와 함께 일했는데 여전히 증오와 질투를 품고 있었다. 9년 뒤 그는 다시 한번 아흐마드를 죽이려고 일을 꾸몄는데, 그 이야기는 다음과 같다. 키타이 사람 한 명이 오르도 안에서 신령함으로 유명해졌다. 하루는 그가 병에 걸렸다고 하면서 제자 몇 명을 대신들에게 보내, "나는 죽었다가 40일 뒤에 다시 살아날 것이다"라고 전하였다. 대신들이 진상을 알아보기 위해 사람들을 보냈는데, 과연 그는 죽은 사람처럼 누워 있었고 그의 자식들은 통곡하고 있었다. 그런데 그가 40일 뒤 밖으로 나와서 "나는 살아났다!"라고 말하고 소문을 퍼뜨렸다. 그는 더욱 유명해졌고 주위에 많은 키타이인들이 모여들었다.

v.3, p.434, 24 ~p.435, 5

가우 핀잔과 다이두의 관청에 있던 관리들은 아흐마드를 제거하기 위해 음모를 꾸몄다. 그러나 아흐마드는 매우 조심성이 많고 꼼꼼한 사람이어서, 항상 호위병과 함께 움직였다. 침소도 한 곳에 정해놓지 않았다. 가우 핀잔은 2000명을 참치말 협곡으로 보내 그가 도망칠 길목을 차단하고, 1000명은 아흐마드에게 보냈다. 그리고 카안의 아들인 진김이 왔다는 소문을 퍼뜨려 그를 밖으로 불러낸 뒤 급습하여 죽이려는 계획을 세웠다.

v.3, p.435, 7 ~17

참치말 협곡에서 진김이 곧 도착한다는 소식을 아흐마드에게 전해주었다. 아흐마드는 평소에 진김을 두려워하고 있었기 때문에 잔을 바치러 밖으로 나왔다. 가우 핀잔 무리는 그 틈을 타서 그를 살해했다. 그때 아흐마드의 심복이었던 테르켄이 무엇인가 잘못되었다는 것을 눈치 챘고, 멀리서 부하들과 함께 화살을 뽑아서 가마 안에 타고 있던 가우 핀잔을 향해 쏘았다. 그는 죽었고 다른 키타이인들은 도망쳤다. 그날 밤 많은 살육과 혼란이 벌어졌고, 키타이인들은 도시 밖으로 나가서 숨었다.

v.3, p.435, 18 ~p.436, 9 이 사건을 보고받은 쿠빌라이 카안은 볼라드 아카와 한툰 노얀에게 분란을 일으킨 키타이 병사들을 모두 처형하라고 명령했다. 또한 최대한 예우를 갖추어 아흐마드의 장례를 지내라고 경비 4000발리시를 내려주었다. 그로부터 40일이 지난 뒤 카안은 왕관을 장식할 커다란 보석을 구해 오라고 했는데, 사람들은 그런 것을 찾지 못했다. 마침 그곳에 있던 상인 두 사람이 "전에 저희가 카안을 위해 커다란 보석을 가져와서 아흐마드에게 준 적이 있습니다"라고 보고했다. 카안은 "그는 내게 그것을 가져오지 않았다"라고 하면서 그의 집을 수색했다. 얼마 후 아흐마드의 부인이 가지고 있던 보석을 찾아서 카안에게 바쳤다. 카안은 극도로 분노하며 상인들에게 물었다. "이런 배신행위를 한 종에게 어떤 벌을 내려야 하겠느냐?" 그들은 "만약 살아 있다면 죽여야 할 것이고, 만약 죽었다면 시신을 무덤에서 꺼내 모욕을 주어서 다른 사람들의 교훈으로 삼아야 합니다"라고 대답했다. 키타이인들도 진김에게 "그는 당신의 적이고, 그래서 우리가 그를 죽인 것입니다"라고 말했다. 진김은 카안에게 가서 아흐마드의 패악을 알려주었다.

v.3, p.436, 9 ~15 카안은 무덤에서 그의 시신을 꺼내어 밧줄로 발을 묶고 시장 네거리로 끌고 가서 그 머리 위로 수레들을 달리게 하라고 명령

했다. 그의 카툰도 같은 방식으로 처형하고 다른 부인 40명과 첩 400명은 사람들에게 나누어주었다. 그의 재화와 물자들은 재고로 몰수하였다. 그의 아들인 하산과 후세인은 산 채로 껍질을 벗겨 죽이고, 어린이와 자식들은 사람들에게 나누어주었다.

위구르인 셍게와 그의 최후

아흐마드가 죽은 뒤 셍게라는 이름의 위구르인이 재상이 되었 v.3, p.436, 16 ~p.437, 9
다. 그는 5~6년 동안 국사를 장악하고 처리했다. 셍게가 재상을 하던 시기에 한 무리의 무슬림 상인들이 코리와 바르쿠와 키르기스 지방에서 카안의 어전으로 와서, 흰 발에 붉은 부리를 지닌 송골매와 흰색 독수리 한 마리를 헌물로 바쳤다. 카안은 그들에게 은사를 내리고 자신의 식탁에 있던 음식을 주었는데 그들은 먹지 않았다. 그가 “왜 먹지 않는가?”라고 물었더니, “이 음식은 오염된 것입니다”라고 말했다. 카안은 분노하여 “이제부터 무슬림과 ‘경전의 백성’은 양을 무슬림 방식으로 목을 따서 도살해서는 안 되며, 몽골 관습대로 가슴을 절개하도록 하라! 누구라도 양의 목을 따는 자가 있다면 그도 똑같은 방식으로 죽일 것이며, 그의 처자식과 재산은 고발자에게 주겠다”라는 칙명을 내렸다.

이사 타르사 켈레메치, 이븐 마알리, 바이닥 등은 이 명령을 v.3, p.437, 10 ~p.438, 2
근거로 “집에서 양을 도살하는 사람은 누구나 야사에 처하라”라는 칙령을 받아냈다. 그들은 칙령을 빌미로 사람들의 재산을 갈취했고, “주인을 고발하면 너희를 자유롭게 풀어주겠다”라고 하면서 무슬림의 노비를 유인했다. 그러자 노예들이 주인들을 비방하고 죄를 뒤집어씌웠다. 이사 켈레메치와 저주받을 그의 부하들 때문에 무슬림들은 4년 동안 자식에게 할례를 해주지 못할 지경에 이르렀다. '이슬람의 장로' 세이프 앗 딘 바하르즈지의 제자였던 부르한 앗 딘 부하리는 칸발릭에서 설교를 했다가 고발을 받아 만지로 유배되어 거기서 사망했다. 대부분의 무슬림들이 키타이 지방을 떠날 정도로 상황이 악화되었다.

v.3, p.438, 2 ~12 그 지방의 무슬림 지도자, 즉 바하 앗 딘 쿤 두지, 샤디 조창, 우마르 키르키지, 나시르 앗 딘 말릭 카쉬가리, 힌두 조창 등은 재상 셍게에게 선물을 바치고 카안에게 다음과 같이 아뢰달라고 부탁했다. "무슬림 상인들이 모두 이곳을 떠났고, 무슬림 지방에서도 상인이 오지 않습니다. 그래서 상세가 감소하고 진귀한 물품들도 들어오지 않습니다. 이는 7년 동안 양을 도살하지 못하게 했기 때문입니다. 이제 다시 도살을 허용하는 명령을 내리신다면 상인들이 와서 장사를 하고 상세도 걷힐 것입니다." 결국 도살을 허락하는 칙령이 내려졌다.

v.3, p.438, 13 ~p.439, 7 카안의 치세에 무슬림에 대해서 적개심을 품고 있던 기독교도들은 그들을 해치려고 또 다른 음모를 꾸민 적도 있었다. "쿠란에는 다신교도들을 모두 죽이라는 구절이 있습니다"라고 카안에게 보고한 것이다. 카안은 화가 나서 "너희는 어디서 그런 말을 들었느냐?"라고 물으니, "그것에 관해 아바카 칸으로부터 편지가 하나 왔습니다"라고 대답했다. 카안은 그 편지를 갖고 오라 하고 무슬림 지도자들을 불렀다. 무슬림 수령 바하 앗 딘 바하이

에게 "이 같은 구절이 정말로 너희들의 쿠란에 있느냐?"라고 물으니, 그는 "그렇습니다. 있습니다"라고 대답했다. 카안이 "다신교도들을 죽이라고 신이 명령했는데 왜 너희는 죽이지 않고 있는 것이냐?"라고 묻자, "아직 때가 오지 않아서 우리에게는 그렇게 할 힘이 없기 때문입니다"라고 대답했다. 분노한 카안은 "내게는 그럴 힘이 있다"라고 말하고 그를 처형하라고 명령했다. 그러나 재상 아흐마드, 재상 카디 바하 앗 딘, 아미르 다시만이 다른 사람에게도 물어보자며 처형을 만류했다.

그들은 이슬람 판관 하미드 앗 딘 사비크 사마르칸디를 불러 v.3, p.439, 7~18
서 똑같은 질문을 던졌다. 그는 "물론 그런 구절이 있는 것이 사실입니다. 그런데 카안께서 허락하신다면 그 다신교도가 누구를 가리키는지 말씀드리겠습니다"라고 하였다. 그가 "말하라!"라고 하자, "카안께서는 칙령의 맨 위에 신의 이름을 쓰기 때문에 다신교도가 아닙니다. 다신교도란 신을 알지 못하고 신과 동급에 있는 다른 사람을 언급하며, 지고한 신의 존재를 부인하는 사람입니다"라고 대답했다. 카안은 기분이 좋아졌고, 그 말이 그의 마음속에 자리 잡았다. 하미드 앗 딘을 정중히 대접하고 잡혀온 사람들을 모두 석방했다.

셍게는 7년간 재상직에 있었다. 어느 날 카안이 문득 그에게 v.3, p.439, 19~p.440, 14
진주를 몇 개 달라고 했는데, 그는 "없습니다"라고 답했다. 그때 카안의 총애를 받던 무바락 샤라는 사람이 셍게를 제거할 기회를 찾고 있었다. 그는 "셍게의 집에는 노새에 실을 정도로 많은 진주와 보석이 있습니다. 카안께서 그에게 바쁘게 일을 시키신다면 제가 그의 집에 가서 그 보물들을 찾아오겠습니다"라고 말했다. 카안은 그렇게 했고 무바락 샤는 그의 집에서 한 쌍의 상자를 가져왔다. 그것을 열어보니 그 안에는 진귀한 진주와 형용하기 어려운 보석들이 가득 들어 있었다. 카안은 "이렇게나 많이 갖고 있으면서, 어째서 겨우 두세 개를 내게 주지 않은 것이냐?"라고 힐책하자, 셍게는 "각 지방의 총독으로 임명된 권세 있는 타직인 대신들이 제게 준 것입니다"라고 말했다. 카안은 "그러면 그들은 왜 내게는 진주와 보석을 갖고 오지 않은 것이냐? 나쁜 옷감으로 된 옷은 내게 주고, 좋은 현금과 목걸이는 네가 취한 것이냐?"라고 하였다. 셍게는 "그들이 준 것일 뿐입니다. 만약 카안께서 칙령을 내리신다면 그들에게 돌려주겠습니다"라고 하였다. 그의 말이 건방지고 오만했기 때문에 카안은 그의 입에 오물을 넣고 체포하라고 명령했다. 그리고 거기 있던 타직인 대신 한두와 함께 야사에 처하게 하고, 만지 지방에 있던 다른 사람들도 모두 체포했다.

v.3, p.440, 15 ~p.441, 9 바하 앗 딘 쿤두지, 나시르 앗 딘 카쉬가리, 우마르 키르키지, 샤디 조창 등이 불려오자, 카안은 그들도 처형하라고 명령했다. 그는 바하 앗 딘 쿤두지에게 고함을 지르고 손으로 그의 얼굴을 때리고 목쇄에 채워서 감옥에 던졌다. 나시르 앗 딘 만큼은 "내가 카쉬가르에서 불러들인 사람이다"라면서 재산을 돌려주고 사면해주었다. 그러나 나중에 카안은 그가 카이두에게 은밀하게 돈을 보내고 있다는 비방을 듣고 처형을 명령했다. 우마르 키르키지와 샤디 조창은 아지키 왕자가 중재에 나서는 바람에 목숨

을 구할 수 있었다. 카안은 나중에 바하 앗 딘 쿤두지도 풀어주었다. 셍게가 차지하고 있던 재상 자리에는 울제이 칭상을 앉혔다.

❧ 사이드 아잘의 일화 ❧

사이드 아잘의 손자는 아부 바크르라는 이름을 가졌다. 카안은 그에게 '바얀 핀잔'이라는 칭호를 주고, 울제이 칭상과 함께 심복으로 삼았다. 그는 쿠빌라이의 시대에 2년간 재상을 역임했다. 그 시기에 누군가가 그가 600만 발리시를 낭비했다고 고발했다. 카안은 그에게 물어내라고 명령했는데 그는 이렇게 대답했다. "저는 이 돈을 백성들에게 맡겨놓은 셈입니다. 왜냐하면 3년 동안의 재해로 인해 백성들은 수확을 거두지 못하고 가난해졌기 때문입니다. 지금 카안께서 명령하신다면 제가 그들의 처자식을 팔아서 돈을 채워놓겠습니다. 그렇지만 그렇게 할 경우 나라는 망가지고 말 것입니다." 카안은 그가 백성들을 불쌍히 여기는 것을 기뻐하며 "모든 근신과 대신이 자신의 이익만 생각하는데, 바얀 핀잔은 나라와 백성을 근심했다"라고 칭찬했다. 그에게 큰 은사를 내리고 보석으로 장식한 의복들을 입혀주었다. 그리고 모든 사무를 그에게 위임했다. v.3, p.445, 22 ~p.446, 11

바로 그날 진김의 미망인이자 테무르의 모친인 쿠케친 카툰이 바얀 핀잔을 불러서 이렇게 말했다. "카안은 당신에게 이러한 은사를 내리고 나라의 사무를 모두 맡겼으니, 그에게 가서 이렇게 물어보시오. '진김의 보좌를 봉인한 지 벌써 9년이 지났습니다. v.3, p.446, 12 ~p.447, 1

장차 이를 어떻게 하시렵니까?'" 그 당시 테무르는 카이두와 두아를 상대하기 위해 원정 중이었다. 바얀 핀잔이 그렇게 상주하였더니 카안은 매우 기뻐하며 병상에서 일어나 대신들을 불러서 이렇게 말했다. "너희들은 이 사르타울, 즉 호라즘 사람을 험담하곤 했다. 그러나 백성들에 관한 이야기에는 그의 측은지심이 담겨 있고, 보좌에 관한 이야기에는 내가 죽은 뒤 나의 자식들 사이에 대립과 반목이 일어나지 않도록 걱정하는 마음이 있다." 그는 다시 한번 바얀 핀잔에게 은사를 내리고, 그의 위대한 조부의 이름을 따서 '사이드 아잘'이라고 불렀다.

v.3, p.447, 1 ~9 이어서 바얀을 비롯해서 거기 있던 그의 일곱 형제에게 예복과 칙령을 주고 이렇게 명령했다. "지금 즉시 출발하라. 나의 손자 테무르가 원정에 나가 카이두가 있는 쪽으로 가고 있다. 그러니 그를 되돌아오도록 하여, 그의 아버지 진김의 보좌, 즉 카안의 자리에 앉혀라. 사흘간 연회를 열어 군주의 자리를 그에게 확정 짓고 나서, 다시 출정하게 하라!" 사이드 아잘은 명령에 따라 출발하여 테무르를 데려왔다. 그는 카이민푸에서 진김의 보좌에 앉았다. 테무르는 사흘 뒤에 다시 출정했고, 사이드 아잘은 카안의 어전으로 왔다.

v.3, p.447, 10 ~23 테무르는 술을 대단히 좋아했다. 쿠빌라이 카안이 그에게 충고를 하고 야단치기도 했지만 소용이 없었다. 쿠빌라이는 지금까지 세 번이나 그를 막대기로 때렸고, 호위를 몇 명 붙여서 술을 마시지 못하게 감시하기도 했다. 부하라 출신으로 라디라는 별칭을 가진 한 무슬림 지도자가 그를 모셨다. 그는 연금술과 마법

과 부적술을 알고 있다고 주장하면서 그의 마음을 빼앗았다. 그는 항상 테무르와 은밀히 술을 마셨고, 그런 까닭에 쿠빌라이 카안은 그에게 분노했다. 아무리 그를 테무르에게서 떼어놓으려 해도 되지 않았다. 감시인과 호위인들이 술 마시는 것을 말리면 라디는 그를 욕탕으로 데려갔다. 욕탕지기에게 물 대신 술을 흘려보내라고 시켜서 욕조에서 술을 마셨다.

시위들이 그 같은 정황을 알아채고 카안에게 보고했다. 카안은 라디를 강제로 테무르에게서 떼어놓고, 다른 구실로 시키라는 도시로 보내되 도중에 몰래 죽이라고 했다. 그 후 테무르는 카안의 자리에 올라 자신의 선택으로 음주 습관을 버렸고, 마셔도 드물게 조금씩만 마셨다. 쿠빌라이 카안이 달래거나 윽박질러도 할 수 없었던 일이었다. 그는 25세로 젊지만 항상 발이 고통을 받고 있어 코끼리 가마를 타고 다니곤 한다. v.3, p.447, 23 ~p.448, 6

카안의 치세 말기에 티베트인 박시가 두 명 있었는데, 한 사람은 탄바이고 다른 한 사람은 칸바였다. 탄바 박시는 앞니 두 개가 매우 길어서 두 입술이 서로 닿지 않을 정도였다. 그들은 카안에게 직속된 불사에 머물러 있다. 두 사람은 서로 친족이었는데, 카안으로부터 매우 큰 신뢰를 받았다. 키타이나 인도나 다른 지방 출신의 박시들도 많지만 카안은 티베트인들을 가장 중요하게 여긴다. 카시미르 출신의 카란타스 박시라는 승려도 역시 중요한 인물이다. 테무르 카안은 그들을 신뢰하고 있다. 두 티베트 박시는 권력과 권세를 누리며, 의술을 아는 자기 심복들로 하여금 카안을 모시게 하면서 카안이 음식이나 음료수 섭취를 관리한 v.3, p.448, 23 ~p.449, 4

다. 만약 그를 만류할 수 없게 될 때에는 나무 막대기 두 개를 묶은 죽비 같은 도구로 자신의 몸에 내리쳐서 그 소리로 카안에게 경계심을 갖게 한다. 그들의 말은 대단히 큰 위세를 지닌다. 탄바 박시의 위세에 관한 한 가지 일화는 뒤에 서술할 것이다.

제4장

후계자 테무르 카안

훌레구 울루스 칸 계보도

( ): 재위 연도

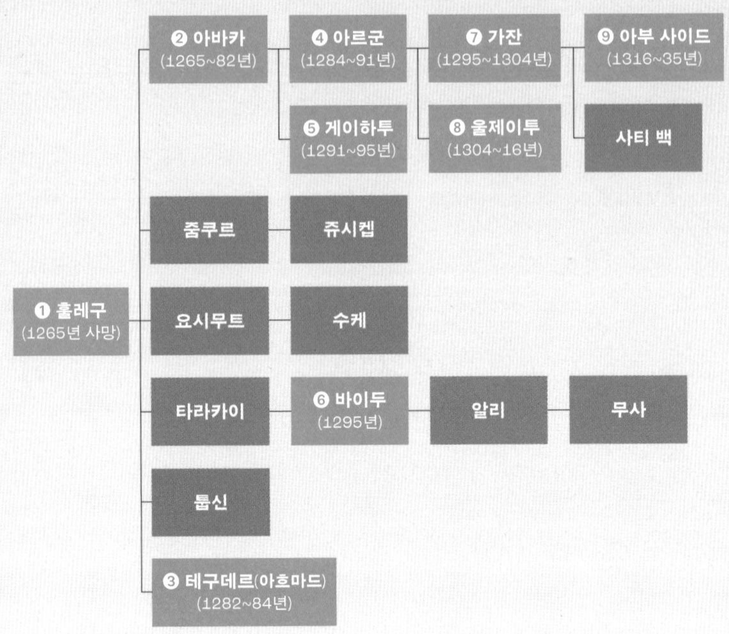

⚜ 테무르의 즉위 ⚜

쿠빌라이 카안은 35년간 통치한 뒤 83세가 된 말해 1294년에 타계하였다. 그의 자리에는 손자인 테무르가 즉위하여 '울제이투 카안'이라고도 불렸다. 테무르 카안은 칭기스 칸의 아들인 톨루이 칸, 그의 아들 쿠빌라이 카안, 그의 아들인 진김의 아들이다. 그는 1265년에 진김의 큰 부인 쿠케친 카툰에게서 출생했다. 그는 많은 카툰과 후비들을 두었는데, 가장 큰 부인은 불루칸 카툰이며 바야우트 부족 출신이다. 그녀에게서 아들이 하나 태어났으니 이름은 타이시 타이시(德壽太子)다. 그밖에도 무카빌란이라는 아들이 한 명 더 있다. v.3, p.467, 1 ~10

진김의 미망인인 쿠케친 카툰은 대신들과 합의하여 변경에서 원정 중이던 테무르에게 바얀을 보내 카안의 사망 소식을 알리고 군주 자리에 앉을 수 있도록 신속히 돌아오게 하였다. 테무르가 돌아올 때까지 1년 동안 쿠케친 카툰이 나라의 중요한 사무를 처리했다. 그가 도착하자 수많은 왕자와 대신들이 참석한 대쿠릴타이가 열렸다. 그의 삼촌들 중에서는 쿠케추와 토간, 형제들 중에서는 캄말라와 이순 테무르, 사촌인 망칼란의 아들 아난다, 오그룩치의 아들인 테무르 부카와 이질 부카 등의 왕자들이 왔 v.3, p.469, 1 ~p.470, 3

다. 대신들 중에서는 바얀 칭상, 우차차르 노얀, 투크탁, 우를룩, 울제이 칭상, 알툰 칭상, 다니시만드 아카, 지르칼란, 날리쿠, 암바이, 바우르카, 쿠투쿠 칭상, 아르카순 칭상이 왔다. 부인들 중에는 남부이 카툰과 그녀의 딸 테게진 카툰, 만지타이, 쿠케친 카툰, 불루칸 카툰 등이 참석했다.

v.3, p.470, 4 ~16 테무르와 그보다 한 살 더 많은 형 캄말라 가운데 누구를 카안으로 추대할 것이냐를 두고 언쟁이 벌어졌다. 그때 쿠케친 카툰이 이렇게 말했다. "우리의 현명한 '세첸 카안', 즉 쿠빌라이 카안께서 일찍이 이렇게 말씀하셨다. '누구라도 칭기스 칸의 성훈을 더 잘 알고 있는 사람을 보좌에 앉혀라!' 이제 너희 두 사람은 각자 기억하고 있는 성훈을 낭독하여라. 그래서 누가 더 잘 알고 있는지 보여주라!" 테무르는 매우 유창한 달변이어서 좋은 성훈들을 정확한 발음으로 말했지만, 캄말라는 말을 약간 더듬거리면서 제대로 낭독하지 못했다. 모두 다 입을 모아 "테무르 카안을 보좌에 앉히는 것이 옳다"라고 하였다. 카이민푸에서 상서로운 시점에 맞추어 그를 카안의 보좌에 앉혔다.

v.3, p.470, 18 ~p.471, 10 잔치와 연회가 모두 끝나고 인사와 알현의 순서가 종료되자, 카안은 군대와 왕국의 사무를 정비하는 문제로 관심을 돌렸다. 왕자와 장군들을 각 방면에 지정하여 파견하고, 각 관청의 재상과 장관을 임명하였다. 형 캄말라에게는 부친 진김이 유산으로 남긴 재산에서 충분한 몫을 주고, 그를 칭기스 칸의 목지와 오르도들이 있는 카라코룸으로 파견했다. 그 지방의 군대들을 그의 지휘 아래 두었다. 또 카라코룸, 치나스, 시바우치, 오논, 케룰렌,

켐 켐치우트, 셀렝게, 바얄릭에서부터 키르기스와 칭기스 칸의 대금구가 있는 부르칸 칼둔에 이르는 전 지역을 그가 관할하도록 하였다. 칭기스 칸의 대오르도를 지금도 그가 보호하고 있다. 네 개의 대오르도와 또 다른 다섯 개의 오르도를 합하여 모두 아홉 개의 오르도가 그곳에 있다. 오르도들의 주인의 초상을 그려놓고 항상 향을 피워놓는다. 캄말라는 그곳에 자신을 위하여 절을 건설했다.

카안은 아난다를 그의 울루스와 군대가 있는 탕구트 지방으로 v.3, p.471, 11 ~p.472, 3
보냈다. 쿠케추와 카안의 사위인 쿠르구즈를 카이두와 두아가 있는 변경 지방으로 파견했다. 토간은 군대와 함께 만지로 보내 그 지방을 방어하게 했다. 아지키는 군대와 함께 카라호자 변경으로 파견했다. 사힙 디반의 직책은 전처럼 바얀 핀잔이 맡아서 수행하기로 했다. 그리고 그는 울제이 타르칸, 테케 핀잔, 토이나, 압둘라 핀잔, 아미르 호자 사미, 쿠틉 앗 딘 삼징, 마수드 란준 등과 함께 중앙 관청의 사무를 함께 처리하고 수행했다.

❖ 이슬람으로 개종한 아난다 왕자 ❖

아난다 왕자는 망칼란의 아들이며, 망칼란은 쿠빌라이의 셋째 v.3, p.472, 5 ~p.473, 4
아들이자 노무칸의 형이다. 테무르 카안은 망칼란이 보유했던 군대와 그에게 귀속되었던 탕구트 지방을 아난다에게 하사했다. 탕구트 지방은 대단히 큰 왕국이며, 키타이어로는 그곳을 '호시(河西)'라고 부른다. 그곳의 큰 도시들로는 킨잔푸(京兆府), 캄주(甘

州), 이르카이(寧夏), 칼라잔(賀蘭山), 악크발리크(漢中) 등이 있다. 그 왕국 안에는 24개의 큰 도시가 있는데, 주민들은 대부분 무슬림이지만 농민과 촌락민은 불교도다. 외모는 키타이인과 비슷하며, 전에는 키타이 군주들에게 세금을 바쳤다.

v.3, p.473, 6 ~p.474, 1 아난다의 아버지 망칼란은 그를 투르키스탄 출신의 무슬림에게 맡겨서 양육시켰고 그의 부인이 그에게 젖을 먹였다. 그런 까닭에 그의 마음속에는 이슬람이 굳게 자리 잡았다. 그는 쿠란을 배웠고 타직 문자를 아주 잘 썼다. 자신의 시간을 항상 경배와 예배로 보냈고, 그의 휘하에 있던 15만 명가량의 몽골군이 거의 다 무슬림이 되었다. 그의 장군들 중에서 사르탁이라는 사람이 이슬람을 거부하고 테무르 카안에게 가서, 아난다가 늘상 모스크에서 기도를 올리고 쿠란을 읽으며 시간을 보내고, 많은 몽골 아이들에게 할례를 시키고 대부분의 군인들을 이슬람으로 개종시켰다고 불평했다. 카안은 그 이야기를 듣고 매우 화가 나서 매잡이들의 수령인 지르칼란과 지르트쿠 형제를 그에게 보내 예배를 금하고 무슬림을 멀리하며 절에 부처를 모시고 분향을 하라고 종용하였다.

v.3, p.474, 1 ~20 아난다는 카안의 말을 거부하며, "불상은 사람이 만든 것인데 어떻게 그것을 경배할 수 있단 말인가? 태양도 주님의 피조물이기 때문에 경배하는 것이 온당치 아니한데, 하물며 인간이 만든 물리적 형상을 어떻게 경배할 수 있겠는가?"라고 말했다. 카안은 분노하여 그를 감금하라고 명령했지만, 그는 이슬람과 신앙을 확고하게 지켰다. 카안은 그를 불러들여 물었다. "네가 만약 꿈

을 꾸었거나 어떤 징조가 나타났거나 아니면 어떤 사람이 너를 이슬람으로 인도했다면 내게 말해서 나도 인도하라!" 그러자 아난다는 "위대한 주님께서 저를 인도하신 것입니다"라고 대답했다. 카안은 "너를 그 길로 인도한 것은 악마다"라고 말했고, 아난다는 "만약 나를 인도한 것이 악마라면, 나의 '아카'인 가잔 칸을 인도한 것은 누구입니까?"라고 물었다. 이에 테무르 카안은 입을 다물고 생각에 잠겼다.

쿠케친 카툰이 카안에게 충고하면서 이렇게 말했다. "네가 보좌에 앉은 지 2~3년밖에 지나지 않아서 아직 왕국이 정비되지 않았다. 아난다는 수많은 군대를 보유했고, 그 군대와 탕구트 지방의 주민들은 모두 무슬림이어서 너의 권유를 거부하고 있다. 또한 그들은 반란을 일으킨 사람들의 지방과 가까우니, 그 또한 변심하지 않도록 조심해야 한다. 지금 압박하는 것은 좋은 방책이 아니다. 신앙과 종교의 문제는 그가 알아서 하도록 하는 것이 좋겠다." 카안은 어머니의 충고가 자신을 걱정해서 한 것임을 알았고, 그래서 아난다를 감옥에서 풀어주었다. 그를 위로한 뒤 탕구트 왕국과 군대를 계속 지휘하게 했다. v.3, p.474, 20 ~p.475, 3

아난다는 어렸을 때부터 마음 깊이 이슬람을 받아들이고 실천했다. 이란 땅의 가잔 칸이 무슬림이 되어 순수한 종교를 확고히 받아들인 뒤, 그곳의 모든 몽골인들을 무슬림으로 개종시키고 우상을 부수고 불사들을 파괴했다는 소식을 듣고는 신앙심이 더욱 굳건해졌다. 자신도 그를 본받아 이슬람을 강화하기 위해 노력하였다. 또한 테무르 카안의 모친과 가까운 몇몇 대신들이 이 v.3, p.475, 4 ~p.476, 1

슬람의 보호를 위하여 노력했다. 이런 일이 있고 몇 년 뒤 아난다는 쿠릴타이에 참가하기 위해 카안의 어전으로 갔다. 그는 이슬람을 공개적으로 드러냈고, 카안은 가잔 칸이 이슬람으로 개종했다는 소식에 기뻐하면서, "아난다도 가잔과 마찬가지로 마음에서 원하는 바에 따라 이슬람을 믿도록 하라. 나는 이슬람이 좋은 길이자 종교라고 생각한다"라고 그들의 신앙을 인정했다.

v.3, p.476, 1 ~13 그런 까닭에 아난다는 이슬람을 위해 더욱 힘쓰게 되었고, 다시 한번 탕구트 왕국으로 돌아와 모든 것을 통치하고 관할하고 있다. 비록 카안의 대신과 비틱치들이 그곳의 상세를 장악하고 있지만, 대부분의 세금은 아난다의 휘하에 있는 군대의 경비로 지출되고 중앙으로 가는 액수는 그다지 많지 않다. 이슬람을 부정하고 아난다를 고발했던 사르탁도 지금은 무슬림이 되었다. 그는 아난다의 대신으로 일하고 있으며, 멩글리라는 대신도 무슬림이다. 아난다는 현재 필시 서른 살이고, 갈색 얼굴에 수염이 검고, 키는 크고 살이 쪘다고 한다. 그에게는 아들이 하나 있는데, 이름은 우룩 테무르다. 아난다는 자신의 울루스에서 군주의 자리에 확고하게 앉아 있다. 그는 오르도들 안에 모스크를 짓고 항상 쿠란을 낭송하며 예배를 올리고 있다.

❁ 카이두 왕국의 최후 ❁

v.3, p.476, 14 ~22 테무르 카안이 즉위한 지 4년이 된 해에 바락의 아들 두아는 군대와 함께 카안의 왕국 변경을 관할하고 있는 왕자와 장군들을

공격하기 위해서 출병했다. 카안은 모든 요충지에 초병들을 주둔시켰다. 서쪽 변경 끝에 있는 아지키와 추베이의 요충에서 동방에 있는 무칼리의 요충에 이르기까지 역참들을 세우고 전령들을 배치했다. 그때 적군이 갑자기 나타났다는 소식이 전해졌다. 마침 쿠케추, 중쿠르, 낭기야다이 등의 왕자들이 모여서 연회를 벌이며 음주를 즐기던 날 밤중에 소식이 전달되었다. 그들은 술에 취해 정신이 없었기 때문에 즉시 출정할 수 없었다.

카안의 사위인 쿠르구즈 쿠레겐이 홀로 자기 군대를 이끌고 출정했는데, 금세 적군이 도착했다. 그들은 특별한 경계를 기울이지 못한 상황이었다. 더구나 우익과 좌익의 일부 군대는 적군이 도착했다는 소식조차 듣지 못했고 또 거리도 멀었기 때문에 본대와 합류하지 못했다. 그리하여 쿠르구즈 주변에 있는 병사는 6000명도 채 못 됐다. 두아는 휘하의 군대를 이끌고 쿠르구즈를 공격했다. 그는 두아에게 패배하고 어떤 산으로 도망쳤고, 적군은 그를 추격하여 붙잡아서 죽이려고 하였다. 그는 "나는 카안의 사위이자 군사령관인 쿠르구즈다"라고 신분을 밝혔다. 두아는 그를 죽이지 말라고 명령했다. v.3, p.476, 22 ~p.477, 5

군인들 가운데 일부 패주한 사람들이 카안에게로 갔다. 올바로 경계를 하지 못해서 제때에 출정하지 못했던 카안의 삼촌 쿠케추는 외딴 곳에 숨어버렸다. 카안이 그를 여러 번 불렀으나 오지 않았다. 마침내 카안은 아지키 왕자를 보내 그를 달래서 데려오게 했다. 군대가 도망쳐 카안에게 왔을 때, 카안은 도망친 장군들 가운데 중쿠르와 낭기야다이를 포박케 했다. 그리고 "너희들 v.3, p.477, 5 ~11

이 어떻게 방심할 수 있었는가?"라고 질책했다.

v.3, p.477, 12 ~p.478, 1 그런데 그때 두아의 진영에 있던 유부쿠르와 울루스 부카 같은 왕자들과 두르다카 장군이 두아에게 등을 돌리고 1만 2000명의 군대와 함께 테무르 카안에게 귀순했다. 두르다카는 쿠빌라이 카안 때 카이두와 두아에게 투항했던 인물이다. 카안은 그들이 온다는 소식을 들었지만 믿을 수 없었다. 왜냐하면 두르다카가 쿠빌라이 카안의 치세에 한 번 돌아왔다가 앞서 말한 왕자들과 함께 다시 배반한 적이 있기 때문이다. 그래서 지르트쿠와 무바락 샤 담가니와 사윤을 아지키와 함께 파견하여 그들을 데려오게 하였다. 유부쿠르와 두르다카 두 사람이 도착했고, 카라코룸에 있던 울루스 부카에게는 천천히 뒤쫓아 오라고 하였다. 그런데 울루스 부카가 카라코룸을 겁략하고 시장과 창고들을 약탈했다.

v.3, p.478, 1 ~11 울루스 부카가 어전에 도착하자, 카안은 "칭기스 칸 묘소의 머리맡에서 어떻게 그런 짓을 할 수 있단 말인가?"라고 질책한 뒤 그의 죄를 물어 포박하고 감금했다. 그는 "도망쳐서 카라코룸으로 갔는데 뒤이어 두아의 군대가 쫓아왔습니다. 도시를 약탈한 것은 우리가 아니라 그들이었습니다"라고 변명을 했다. 아수타이의 카툰인 타이키와 그녀의 아들 카이샹은 아수타이의 형제인 울루스 부카를 위해 중재에 나섰고, 그 결과 울루스 부카를 방면했다. 그러나 카안은 그를 신임하지 않았고 이후 어떤 전쟁에도 보내지 않았다. 오직 자기 옆에 머물러 있으라고 명령했다. 그리고 유부쿠르를 위무하면서 "그에게는 죄가 없다"라고 말했다.

카안은 아미르 두르다카에게 분노하며 "그는 두 차례나 도망 v.3, p.478, 11 ~20
쳤으니 야사에 처하라!"라고 명령했다. 그는 울면서 이렇게 말했다. "나는 쿠빌라이 카안이 무서워서 도망쳤습니다. 그러나 그곳에 있는 동안 한 번도 전쟁에는 나가지 않았고 카안의 군대를 해치지도 않았습니다. 테무르가 카안이 된 지금이 좋은 기회이기 때문에, 왕자들과 돌아온 것입니다. 제가 끌고 갔던 군대보다 더 많은 수를 데리고 왔는데, 이는 저의 힘을 다 바쳐 카안을 위해 봉사하겠다는 뜻입니다. 만약 저에게 은사를 내려주신다면, 제가 데려온 군대와 카안께서 주신 군대를 이끌고 두아를 추격해서 과거의 제 잘못을 보상하겠습니다. 그렇게 된다면 쿠르구즈를 다시 찾아올 수 있을지도 모릅니다."

대신들은 그의 말을 카안에게 보고하면서 중재에 나섰다. 카 v.3, p.478, 20 ~p.479, 2
안도 그의 죄를 용서한 뒤 출정시키라고 지시했다. 그를 군대와 함께 출병시켰는데, 유부쿠르에게는 같이 가지 말라고 명령했다. 그런데 그 역시 나서서 "우리는 힘을 다 바치기 위해서 왔습니다. 저의 모든 부하들을 이곳에 두고, 저만이라도 가게 해주십시오. 왜냐하면 그곳의 왕국과 군대의 정황을 우리가 잘 알고 있기 때문입니다"라고 말했다. 카안은 유부쿠르에게도 연민을 베풀어 위무하였고, 이렇게 해서 그들은 모두 함께 출정하였다.

두아는 한 번 승리를 거둔 것에 취하여 완전히 마음을 놓고 자 v.3, p.479, 3 ~12
기 오르도로 돌아갔다. 그리고 아난다와 아지키와 추베이가 있는 요새와 변경, 즉 카라호자 지방을 정벌할 생각을 하면서 천천히 이동하고 있었다. 군대가 커다란 강가를 건너려고 하는 바로 그

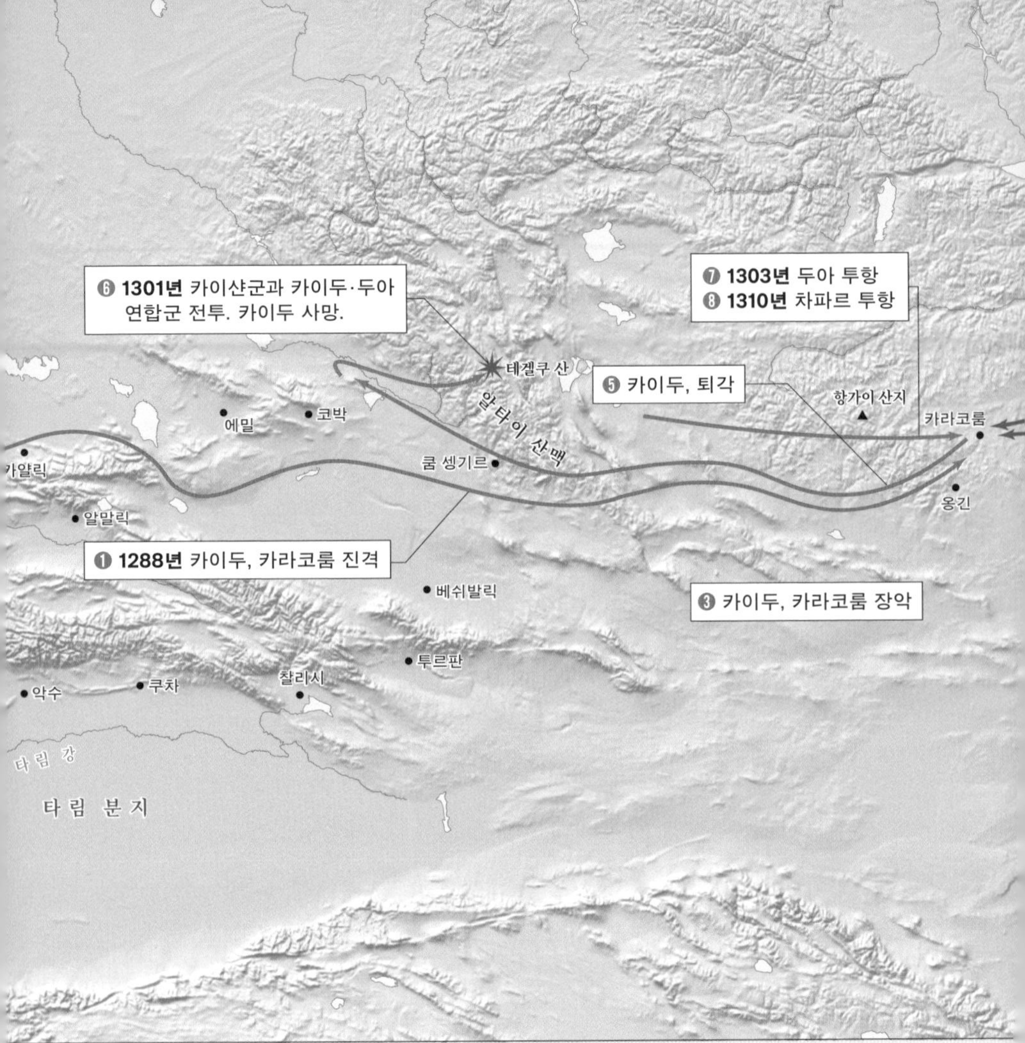

지도 13. 나얀의 반란과 카라코룸 공방전

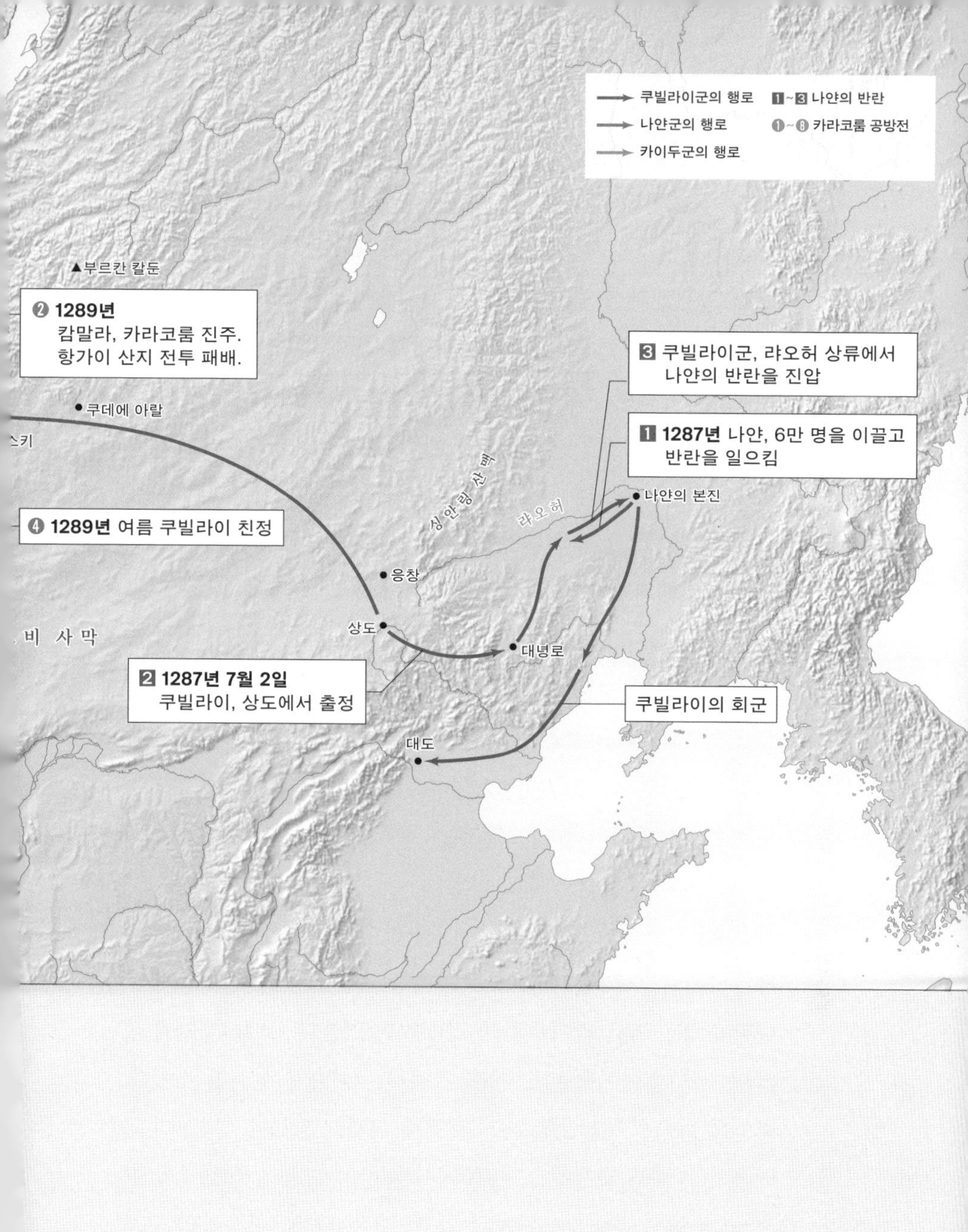

쿠빌라이군의 행로
나얀군의 행로
카이두군의 행로
1~3 나얀의 반란
1~8 카라코룸 공방전
▲부르칸 칼둔
❷ 1289년
캄말라, 카라코룸 진주.
항가이 산지 전투 패배.
3 쿠빌라이군, 랴오허 상류에서
나얀의 반란을 진압
1 1287년 나얀, 6만 명을 이끌고
반란을 일으킴
쿠데에 아랄
나얀의 본진
❹ 1289년 여름 쿠빌라이 친정
싱안링 산맥
랴오허
응창
상도
대녕로
비 사 막
2 1287년 7월 2일
쿠빌라이, 상도에서 출정
쿠빌라이의 회군
대도

순간에 갑자기 유부쿠르와 울루스 부카와 두르다카가 나타나 두아와 그의 군대를 공격하여 많은 사람들을 죽였다. 하지만 아무리 애를 써도 쿠르구즈를 찾을 수 없어서 두아의 사위 한 사람을 붙잡고 귀환했다. 카안은 그들을 위무하고 은사를 내려주었다.

v.3, p.479, 12 ~21 그 뒤 대신들은 두아의 사위와 카안의 사위를 교환하자고 제안했다. 며칠 뒤 두아의 사신들이 와서 전갈을 전했다. "우리가 잘못을 저질렀고 그 벌을 받았다. 지금 쿠르구즈는 내게 있고 내 사위는 당신에게 있다." 쿠르구즈 역시 부하 한 사람을 보내 "나는 평안하지만 부하도 없고 여력도, 먹을 것도 없다. 두세 명의 부하와 음식을 내게 보내달라"라는 전갈을 보냈다. 카안은 그에게 속한 신하 네 명과 충분한 물자와 음식을 보내주었으며, 두아의 사위도 함께 보냈다. 그러나 그들이 그곳에 도착하기 전에 두아는 쿠르구즈를 죽여버렸다. 그러고는 "우리는 그를 카이두에게 보냈는데 그가 가는 도중에 죽고 말았다"라는 변명을 둘러댔다.

v.3, p.480, 1 ~18 그 뒤 오르다의 일족이자 코니치의 아들인 바얀이 오르다 울루스의 군주가 되었는데, 그의 사촌들 가운데 한 명인 쿠일룩이 반란을 일으켜서 카이두와 두아에게 망명했다. 그들 사이에 몇 차례 전쟁이 벌어졌는데, 이에 관해서는 뒤에서 설명할 것이다. 바얀은 카안의 어전으로 사신을 보내 이렇게 말했다. "당신의 군대는 그곳에서 출정하고, 동쪽에서는 항상 그들에게 고통을 받고 있는 바닥샨의 군주가 출정하고, 서쪽에서는 이슬람의 군주 가잔 칸이 확실히 지원합시다. 사방에서 일어나 두아와 카이두를 협공한다면, 그들을 붙잡아서 단번에 이 문제를 처리할 수 있

을 것입니다." 이러한 협의가 은밀하게 진행될 때 카안의 어머니 인 쿠케친 카툰이 "키타이와 낭기야스 왕국에는 우리의 울루스가 대단히 많다. 카이두와 두아의 지방은 멀다. 그러니 만약 네가 출정한다면 문제를 해결하고 돌아올 때까지 1~2년은 족히 걸릴 것이다. 혹시 그 사이에 혼란이 일어나 처리하지 못하게 되는 사태가 벌어지면 어떡하겠느냐. 그러니 지금은 우리가 참아야 할 때다"라고 말했다. 이로 인해 출정은 지연되었다.

그로부터 2~3년 뒤 카안의 군대는 다시 카이두와 두아에게로 v.3, p.480, 19 ~22
향했다. 그들은 카이두가 있는 곳 근처에서 격렬한 전투를 벌였다. 카이두에게 부상을 입히고 그의 군대를 패주시켰다. 두아는 더 먼 곳에 있었기 때문에 며칠 뒤에야 와서 다시 한번 전투가 벌어졌다. 격렬한 전투였고 두아 역시 부상을 당했다. 카이두는 그때 입은 상처로 인해 사망하고 말았다.

❀ 가잔 칸의 즉위와 노루즈의 최후 ❀

아르군의 아들 가잔은 사락스 부근의 카라 테페에서 자신의 숙부 v.5, p.68, 17
인 게이하투가 1295년 3월에 피살되고 바이두가 그다음 달에 칸 ~v.5, p.72, 18
으로 즉위했다는 소식을 들었다. 그는 도읍이 있는 서쪽으로 가면서 바이두와의 대결은 생각하지 않았다. 그래서 자신이 주둔하고 있던 후라산에서 적은 수의 군사만 데리고 왔다. 전투에 필요한 무기를 가져오지도 않았다. 가잔은 쿵쿠르 울렝에 도착하여 바이두가 보낸 사신들을 접견한 뒤 세피드 루드 강을 건넜다.

v.5, p.73, 7 ~p.76, 10 5월 중순 양측의 군대가 맞붙었다. 가잔의 선봉대가 바이두의 군대를 향해 돌진하여 그 중군을 돌파했다. 사태가 불리하게 돌아가는 것을 본 바이두는 협상을 통해서 문제를 해결하려 했다. 양측은 사신을 주고받은 뒤 전투를 끝내고 다음과 같은 사항에 합의하였다. 즉 아르군 칸의 오르도들과 대카툰 불루칸, 우룩 카툰, 가잔의 동생인 하르반다 왕자 및 다른 왕자들을 가잔에게 보내고, 그의 재화도 돌려준다는 것이었다. 그리고 세피드 루드 강 건너편에서부터 시작해서 이라크와 후라산과 쿠미스와 마잔다란은 가잔의 영역으로 하고, 파르스 왕국의 절반과 그곳에 있는 모든 왕령 직할지도 가잔에게 넘겨주기로 하였다.

v.5, p.84, 15 ~21 한편 가잔은 그해 6월에 위대한 종교 지도자 이브라힘 함무위의 권유를 받아들여 대신들 앞에서 유일한 신을 인정하는 구절, 즉 "알라 이외에 신은 없고, 무함마드는 그의 사도다"라는 구절을 선포하고 무슬림이 되었다. 그는 예언자 무함마드의 후손과 종교 지도자들을 위로하고, 그들에게 선물과 희사를 베풀었다. 또한 사원과 신학교와 수도장을 널리 세우도록 칙령을 선포했다.

v.5, p.87, 2 ~p.88, 14 그해 8월에 가잔의 깃발은 위풍당당하게 라이 방면으로 이동을 시작했고, 선봉에는 노루즈와 쿠틀룩 샤 장군이 서 있었다. 가잔이 하블라 루드에 도착했을 때 아미르 추판과 알리낙의 아들 쿠룸시 쿠레겐이 바이두에게서 도망쳐서 그에게 왔다. 거기서 이동을 시작하여 쿠하 강가에 숙영하면서 며칠을 지냈다. 그 뒤 가잔은 우잔으로 갔다. 그때 노루즈와 쿠틀룩 샤가 바이두를 붙잡아 타브리즈로 보냈다고 보고했다. 가잔은 바이두를 직접 만

나서 심문할 필요도 없으니 거기서 그를 처리하라고 명령했다. 바이두는 10월 4일에 타브리즈에서 최후를 맞고 말았다.

v.5, p.89, 7 ~p.91, 11

그 후 가잔은 타브리즈 방면으로 향하여 바이두가 처형되던 바로 그날 교외의 샴에서 숙영했다. 그는 노루즈를 울루스 전체를 통할하는 재상으로 임명하는 칙령을 내린 뒤, 거기서 부친 아르군의 부인이었던 불루칸 카툰과 혼례를 올렸다. 그 뒤 그는 이동하여 동영지가 있는 알란의 카라바그에 도착했다. 거기에 카툰, 왕자, 대신, 귀족들이 모두 모였다. 11월 3일 이슬람의 제왕을 군주의 보좌에 앉히는 즉위식이 거행되었다.

v.5, p.91, 17 ~p.92, 9

즉위 쿠릴타이의 연회가 끝난 뒤 그는 왕국의 사무를 정비하는 일에 집중하였다. 먼저 타가차르를 룸 지방의 장관으로 임명하고 방위를 맡겼다. 변덕이 심한 그를 가능하면 어전에서 먼 곳에 두는 것이 상책이라고 판단했기 때문이다. 12월 9일에는 두아와 카이두의 아들 사르반이 후라산과 마잔다란으로 넘어와서 약탈하기 시작했다는 보고가 들어왔다. 그는 대신들과 협의하여 수케 왕자와 노루즈 장군을 그곳으로 파견했다.

v.5, p.106, 16 ~p.107, 3

노루즈는 바이두의 치세에 그를 넘어뜨리고 가잔 칸에게 보좌를 넘겨준 인물이다. 그런데 그가 바이두를 제거할 계략을 꾸밀 때, 바그다드 출신으로서 시리아와 이집트 사이를 자주 여행했던 카이사르라는 사람을 이집트의 군주에게 사신으로 파견하여, "바이두는 이교도이고 우리는 무슬림입니다. 서로 연합하여 그를 제거합시다"라고 제안했다. 카이사르가 답신을 받아 돌아왔을 때는 바이두가 패망하고 가잔이 이미 보좌에 오른 뒤였다. 노루즈의 권세도 최고의 정점에 도달했기 때문에 카이사르는 노루즈와 관련된 정황을 가잔 칸에게 아뢰는 것은 좋은 생각이 아니라고 보았다.

v.5, p.107, 9 ~p.110, 20 노루즈가 카이사르를 이집트의 술탄에게 보냈던 정황이 결국 가잔 칸의 귀에 들어갔다. 가잔은 사람을 보내 카이사르를 붙잡아 오라고 하였다. 당시 새로 재상의 지위에 오른 사드르 앗 딘 잔자니는 노루즈의 권력을 무너뜨릴 절호의 기회라고 생각하고, 마치 노루즈가 이집트의 술탄에게 보내는 것처럼 꾸민 편지 여섯 통을 작성해서 카이사르의 보따리에 숨겨두었다. 가잔 칸은 어전으로 끌려온 카이사르를 심문하는 과정에서 그 편지들을 발견했다. 분노한 가잔은 노루즈에게 속한 모든 사람들을 잡아들여 처형하라고 명령했다. 1297년 3월에 일어난 일이다.

v.5, p.112, 1 ~p.118, 14 그해 5월 가잔은 그의 동생인 하르반다(일명 후다반다) 왕자를 위시하여 쿠틀룩 샤와 추판과 불라드 키야 같은 장군들에게 많은 군대를 주어 후라산 방면으로 파견했다. 니샤푸르 부근에서 전투가 벌어졌고, 노루즈는 패배하여 소수의 사람들과 함께 헤라트로 도망쳤다. 노루즈는 헤라트의 군주인 파흐르 앗 딘 카르트의 초청을 받아들여 400명의 기병과 함께 시내로 들어갔다. 곧 이어서 쿠틀룩 샤가 도시를 포위하고 공격하기 시작했다. 처음에는 노루즈를 보호하려 했던 파흐르 앗 딘도 사태의 심각성을 깨닫고 은밀한 계획을 세워 노루즈를 가잔의 군대에 넘겼다. 쿠틀룩 샤는 노루즈의 몸을 둘로 가른 뒤 그의 머리를 가잔의 어전으로 보냈다. 1297년 8월 중순에 벌어진 일이다.

가잔 칸의 시리아 원정

1299년 9월 가잔 칸의 어기(御旗)가 타브리즈에 도착했을 때 룸과 디야르바크르 방면에서 소식이 전해졌다. 이집트의 맘루크 왕조에 속하는 시리아인들이 변경을 약탈하고 있으며, 도로를 습격하고 곡식을 불태우며 무슬림들에게 피해를 입히고 있다는 것이었다. 그들은 마르딘을 공격하고 매우 많은 사람을 포로로 끌고 갔다. 라마단월인데도 모스크에서 무슬림의 딸들을 상대로 음란한 일을 저질렀고 더러는 술을 마시기도 했다. 마르딘 주변의 도시와 지방이 모두 약탈당했다. v.5, p.129, 5~14

가잔 칸은 10월 중순 시리아 원정을 위해 도읍인 타브리즈를 출발했다. 마라가를 지난 뒤 잡 강을 건너 11월 21일에는 니시빈 부근에서 군대를 사열했다. 쿠틀룩 샤를 선봉으로 출발시키고 자신도 그 뒤를 따라 유프라테스 강을 건너, 12월 12일에는 알레포에 도착했다. 그로부터 열흘 뒤 홈스 부근에 있는 작은 강가에 숙영하면서 본격적인 전투를 준비했다. v.5, p.130, 9~P.132, 15

적이 도착했다는 보고를 받은 가잔 칸은 병사들과 두 차례에 걸쳐 기도를 드린 뒤에 출정했다. 가잔이 이끄는 군대의 전열은 다음과 같이 편성되었다. 우익의 선두에 물라이가 서고, 그의 뒤로 사탈미시와 쿠틀룩 샤와 야민과 무르타드가 차례로 배치되어 각자의 만인대를 이끌고 진군했다. 중군에는 이슬람의 제왕 가잔이 산처럼 장엄하게 버티고 있었고, 중군의 선봉에는 술탄과 추반 장군이 좌우에 배치되었다. 중군의 우익에 토그릴 차가 있었고, 대(大)중군의 뒤에는 가복들이 따라왔다. 그 뒤로는 일바스 v.5, p.132, 16~P.133, 12

미시가 자신의 만인대를 이끌고, 그 뒤로는 치췌, 쿠룸시, 쿠르 부카가 차례로 배치되어 측면을 방어했다.

v.5, p.133, 15 ~P.134, 2 "북을 쳐라"라는 명령이 떨어지자 병사들은 일제히 적군을 향해서 달려갔다. 이집트인들은 가잔 칸이 그 대열 안에 있을 것이라고 생각하고, 일제히 그곳을 향해서 공격했다. 적의 천인대가 차례로 다가와서 아군의 전열을 흩트리고 용사들을 무너뜨렸다. 많은 사람이 죽거나 부상을 당했다. 맘루크군은 5000명의 아랍 기병을 측면에 매복시켰으나, 이를 눈치 챈 가잔은 쿠르 부카 장군에게 5000명의 몽골 기병을 주면서 군대의 후방을 수비하라고 명령했다. 과연 아랍 병사들이 매복에서 튀어나왔으나 쿠르 부카가 모두 격퇴했다.

v.5, p.134, 10 ~17 전투는 오전부터 밤까지 계속되었고 마침내 이집트인들은 도주하기 시작했다. 이슬람의 제왕은 그들을 추격하며 홈스 북쪽으로 천천히 진격했다. 도시에서 5.5킬로미터 떨어진 곳에서 숙영하는데, 홈스의 주민들이 와서 제왕에게 복속했다. 그들은 이집트 술탄의 재고를 넘겨주었고, 가잔은 그것을 장군들에게 나누어주었다.

v.5, p.134, 18 ~P.135, 12 몽골군은 12월 31일에 다마스쿠스에 도착했다. 그 도시의 대인과 귀족들이 칸을 마중나와 복속을 청했다. 가잔은 그들에게 "내가 누구인가?"라고 물었다. 그들은 한 목소리로 "칭기스 칸의 아들 톨루이 칸, 그의 아들 훌레구 칸, 그의 아들 아바카 칸, 그의 아들 아르군 칸, 그의 아들이 샤 가잔 폐하입니다"라고 대답했다. 그러자 가잔은 다시 물었다. "맘루크의 군주 나시르의 아버

그림 7. 가잔의 시리아 원정

지는 누구인가?" 그들은 "알피입니다"라고 대답했다. 그가 "알피의 아버지는 누구인가?"라고 묻자 모두가 당황했다. 왜냐하면 그가 몽골의 노예였다는 사실을 모두 알고 있기 때문이다.

v.5, p.136, 3 ~5 ; v.5, p.137, 14 ~p.138, 6 가잔 칸은 다마스쿠스의 태수직을 자발적으로 복속하러 나온 킵착에게 다시 주고, 몽골 장군인 쿠틀룩 키야를 감관으로 임명하였다. 그리고 그다음 해 1300년 2월 초에 다마스쿠스에서 귀환길에 올랐다. 쿠틀룩 샤와 추판에게 군대를 주어 그곳을 방어하게 하고, 봄이 되면 돌아오라고 지시했다. 칸은 2월 중순 자아바르 요새의 맞은편에서 자신이 고안한 다리로 유프라테스 강을 건넜는데, 그 다리는 나무껍질로 만든 끈으로 뗏목들을 묶어서 만들었다. 신자르 부근에서 유수영에 합류하여 카툰들과 재회했다. 마침내 6월 4일 칸의 어기가 마라가에 도착했다.

v.5, p.139, 17 ~p.141, 1 가을이 오자 가잔 칸은 시리아 지방에 대한 두 번째 원정을 결심했다. 9월 16일에 쿠틀룩 샤를 선봉으로 세워 출격시켰다. 그 자신은 9월 30일에 타브리즈에서 출발했다. 모술에 도착해 이삼일간 연회를 즐긴 뒤, 추반과 물라이 등을 먼저 보냈다. 그는 12월 말에 유프라테스 강을 건넜고, 알레포 가까운 곳에서 숙영했다. 거기서 더 나아가 킨니스린 맞은편에 진을 쳤다.

v.5, p.141, 6 ~12 그해 겨울에는 비가 많이 왔다. 일부 병사들이 땅이 좋지 않은 지점에 숙영을 했는데, 갑자기 많은 비가 내리고 혹심한 추위가 닥치자 주변이 온통 진창으로 변했다. 수많은 가축이 폐사했다. 칸은 1만 명의 군대를 보내 부대를 구원했다.

v.5, p.141, 13 ~p.142, 24 가잔 칸은 1301년 2월 초에 회군을 결정했다. 그달 중순에는

신자르 아래에 있는 차하르 탁에서 카툰들과 합류했고, 5월에는 티그리스 강을 건넜다. 마침내 6월 초에 이슬람의 도시 우잔에 도착하여 천막을 쳤다.

❧ 톡타이와 노카이의 대결 ❧

앞에서 설명했듯이 톡타이는 노카이의 지원을 받아 주치의 보좌 v.3, p.200, 4~17
에 앉게 되었다. 그는 여러 차례 노카이에게 사신을 보내 좋은 조건과 약속을 제시하며 초청했으나 노카이는 응하지 않았다. 톡타이의 장인인 쿵크라트 출신 살지타이 쿠레겐은 켈미시 아카의 남편이고, 둘 사이에 야일락이라는 아들이 있었다. 그는 노카이의 딸인 코박을 자기 아들의 부인으로 맞아들이기 원했고 노카이도 이를 허락했다. 혼례 후 코박 카툰은 무슬림이 되었다. 야일락은 위구르 출신이었기 때문에, 두 사람은 종교와 신앙의 문제로 항상 다투었다. 야일락 집안 사람들은 코박을 박대했고, 그녀는 부모와 형제들에게 자신의 사정을 알렸다.

노카이는 대단히 화가 나서 톡타이에게 사신을 보냈다. "내가 v.3, p.200, 17~p.201, 5
너를 사인 칸의 보좌에 앉히기 위해서 어떠한 고생을 했는지 아느냐. 지금 카라추(평민)에 불과한 살지타이가 그 보좌를 좌지우지하고 있다. 나의 '아들' 톡타이여, 그대가 우리 부자의 관계가 튼튼해지기를 원한다면 살지타이를 호라즘 가까운 곳에 있는 그의 목지로 돌려보내라!" 톡타이는 이에 응하지 않았다. 노카이는 다시 사신을 보내 살지타이를 자기에게 보내라고 요구했다. 이에 톡타이는 "살지타이는 내게 아버지와 같고, 나의 스승이자 연로한 대신인데 어떻게 넘겨줄 수 있겠습니까?"라면서 그 요청을 거부했다.

v.3, p.201, 6 ~14 노카이에게는 매우 현명하고 유능한 차비라는 부인이 있었다. 그녀가 톡타이에게 사신으로 갔다. 그녀에게서 세 아들이 나왔으니, 장남은 주게, 차남은 무게, 막내는 투리였다. 그들은 톡타이에게 속한 일부 천호를 유인하여 복속시킨 뒤 이틸을 건너 노카이에게 왔다. 톡타이는 분노하여 그 천호들을 돌려보내라고 요구했으나, 노카이 역시 이에 응하지 않으면서, "살지타이와 그의 아들 야일락, 그리고 탐마 톡타이를 내게 보내면 나도 그들을 보내겠다"라고 말했다.

v.3, p.201, 15 ~p.202, 5 결국 양측에서 분란과 반목의 불길이 타올랐다. 톡타이는 군대를 집결하여 우지(드니프로) 강가에 거의 30투만의 군대를 사열했다. 그러나 1298~99년 겨울에는 우지 강이 완전히 얼어붙지 않았기 때문에 도강에 실패했다. 노카이는 자기가 있는 곳에서 움직이지 않았다. 봄이 되자 톡타이는 귀환하여 돈 강에서 여름을 보냈다. 다음 해에 노카이는 가족과 함께 돈 강을 건넜다. 그는 다시 위계를 부리며 "쿠릴타이를 열고 서로 즐기자"라고 제안했다. 그런데 톡타이의 군대가 이미 해산했고 현재 병력의 숫자가 적다는 사실을 안 노카이는 그를 급습하기 위해 신속하게 진군했다. 그가 왔다는 소식을 들은 톡타이도 군대를 집결시켰다. 양측은 돈 강가의 바흐티야에서 전투를 벌였다. 톡타이가 패배하여 사라이 방면으로 도주했다.

그때 마지, 수탄, 산구이 같은 장군들이 노카이에게서 도망쳐 v.3, p.202, 6~16
톡타이에게로 갔다. 톡타이는 오랫동안 데르벤드를 지키고 방위하던 발라가의 아들 탐마 톡타이를 불렀다. 그리고 다시 대군을 모아서 진격했다. 노카이는 대항할 힘이 없었기 때문에, 방향을 돌려 우지 강을 건너갔다. 그는 크림 시를 약탈하고 수많은 노예를 끌고 갔다. 그곳의 주민들이 노카이를 찾아가 포로들을 풀어달라고 탄원하자 그렇게 하라고 지시했다. 그러자 군인들은 노카이를 원망하며, 톡타이에게 "우리는 일 칸, 즉 톡타이 당신의 노예요 속민입니다. 만일 군주께서 허락하신다면 저희가 가서 노카이를 붙잡아 당신에게 가겠습니다"라는 전갈을 보냈다.

노카이의 아들은 이처럼 비밀스런 전갈이 오간 것을 눈치 채 v.3, p.202, 16~p.203, 5
고 천호들을 죽이려 하였다. 그러나 천호의 지휘관들은 노카이의 둘째 아들 무게에게 사람을 보내 "만일 저희에게로 신속히 오신다면 왕위를 바치겠습니다"라고 하였다. 무게가 그들에게 가자, 그들은 즉각 그를 가두었다. 그의 형 주게가 군대를 모아서 대천호들과 전투를 벌였다. 천호들이 패배하고 천호장 한 사람이 그의 손에 붙잡혔다. 주게는 무게를 구금하고 있던 다른 천호들에게 그 천호장의 머리를 보냈다. 그러자 300명이 밤중에 무리에서 빠져나와 노카이와 그 아들들에게 귀순했다.

톡타이는 노카이 진영에 대립이 생겼다는 것을 듣고 60투만 v.3, p.203, 6~15
의 군대를 이끌고 우지 강을 건너서 노카이의 목지가 있었던 타르쿠 강가에 하영하였다. 저쪽에서는 수레를 탄 노카이가 30투만의 기병을 이끌고 강가로 왔다. 그는 병에 걸렸다고 하면서 수레에 누워 톡타이에게 사신을 보냈다. "이 노예는 군주께서 옥체를 이끌고 몸소 오신 까닭을 모르겠습니다. 왕국과 군대는 일 칸 당신에게 속한 것입니다. 이 노예는 늙고 병들었습니다. 저의 모든 생애를 당신의 부친께 봉사하는 데에 헌신했습니다. 만약 문제가 생겼다면 그것은 제 아들들의 죄입니다. 그 죄를 용서해주시기를, 군주의 관대함에 기대어 바랍니다."

v.3, p.203, 15 ~p.204, 5 한편 그는 은밀하게 주게를 파견하여, 타르쿠 강 상류 쪽을 도하해서 톡타이와 그의 군대를 공격하게 하였다. 톡타이의 초병들이 첩자를 붙잡아 상황을 보고했다. 톡타이는 노카이의 계략을 눈치 채고 군대를 그곳으로 보냈다. 양쪽 군대가 전투에 돌입했고, 노카이와 아들들이 패배하고 수많은 사람이 그 전투에서 죽임을 당했다. 노카이의 아들들은 기병 1000명과 함께 켈레르와 바쉬기르드 방면으로 갔고, 노카이는 기병 17명만 데리고 도망쳤다. 톡타이 휘하의 군인들 가운데 러시아인 기병 하나가 노카이에게 부상을 입혔는데, 그는 "나는 노카이다. 나를 칸인 톡타이에게 데리고 가라!"라고 말했다. 그의 고삐를 잡아서 톡타이에게 끌고 가는데, 도중에 숨을 거두고 말았다.

v.3, p.204, 6 ~13 톡타이는 승전보를 울리며 도읍 바투 사라이로 돌아갔다. 반면 노카이의 아들들은 대책없이 유랑하며 자신의 운명에 더 이상 가망이 없다는 사실을 깨닫게 되었다. 무게, 그의 모친인 차비, 그리고 투리의 모친인 야일락 등은 주게에게 "반목과 저항을 포기하고 톡타이에게 가는 것이 최선이다"라고 말했다. 주게는 그 제안에 겁을 먹고 자기 형제와 부친의 부인을 살해한 뒤, 자신

은 한 무리의 속민들과 함께 약탈과 유랑 생활을 하다가 한 성채에 은신했다.

이런 일이 있기 전에 노카이는 훌레구 울루스의 칸들과 우호와 연맹의 관계를 맺기 시작했다. 먼저 자신의 카툰인 야일락을 그녀의 아들 투리 및 대신 한 명과 함께 아바카 칸에게 보내 그의 두 딸과 혼인시키려 했다. 그리고 자신의 딸은 투리에게 주었는데, 그들은 얼마 동안 그곳에 머물렀다. 아바카는 그들을 후대한 뒤 돌려보냈다. 노카이는 톡타이와 분란이 생겼을 때 항상 사신을 이슬람의 군주에게 보내 도움을 청하였다. 그러나 가잔 칸은 노카이와 톡타이 사이에서 중립을 지키며 모르는 척하는 편이 낫다고 말했다. v.3, p.204, 15 ~p.205, 11

이에 두려움을 느낀 톡타이도 가잔의 어전으로 사신들을 파견했다. 이슬람의 군주 가잔 칸은 양측 사신을 모두 불러서 이렇게 말했다. "나는 당신들 사이에 끼지 않겠소. 만약 당신들이 회의를 소집하여 서로 평화를 맺는다면 기쁘고 좋은 일이오." 그는 알란으로 가서 동영하지 않고 바그다드와 디야르바크르에서 겨울을 보냈다. 그는 지금까지 톡타이와 노카이의 자식 양쪽 모두를 우의와 성심으로 대하고 있다. v.3, p.205, 12 ~21

❧ 가잔 칸의 세 번째 시리아 원정과 그의 최후 ❧

이슬람의 제왕은 1302년 8월 26일 우잔에서 다시 한번 시리아 원정을 결심하고 하마단 변경으로 향하였다. 그는 하쉬트루드와 v.5, p.150, 11 ~p.155, 3

콘스탄티노폴리스
트레비존드
쾨세닥
시바스
아니
아르잔 알 룸(에르제룸)
에르진잔(아르진잔)
악 사라이
카이세리
코니아
알라타그
아흘라트
나흐체반
호이
마야파리킨
아미드
살마스
샤후
마란드
우잔
타브리즈
타르수스
아야스(라이아스)
루하(에데사)
하란
니시빈
하카리
마라가
미야네
안타키야
알레포
락카
모술
아르빌
타흐티 술레이만
시야흐쿠흐
아사드아바드
참치말
다마스쿠스
사마라
바그다드
디나바르
키르만샤한
아인 잘루트
알렉산드리아
다미에타
예루살렘
카이로
슈슈타르
데르벤트
사마론(샤브
샤마하(사마그)
알란평원
바일라칸
필수바
바르잔드
아르다
술타니
카즈
하마
카스리 시린
훌완
하니킨
두자일
바쿠바
바스지라
마즈라파
나흐라반
안바르
크테시폰
마다인
와시트
카르발라
힐라
쿠파
나자프

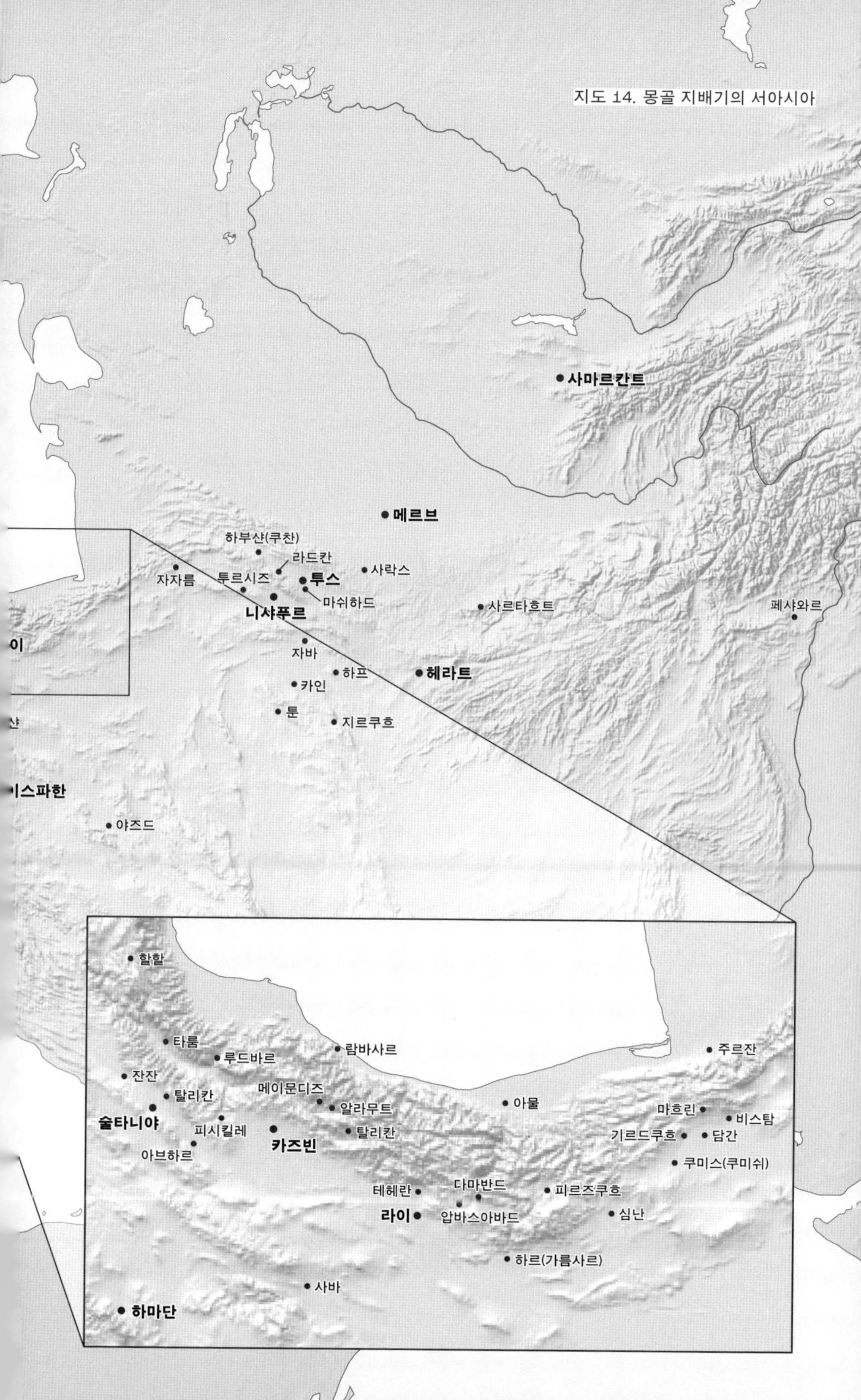
지도 14. 몽골 지배기의 서아시아
사마르칸트
메르브
하부샨(쿠찬)
라드칸
사락스
자자름
투르시즈
투스
마쉬하드
니샤푸르
사르타흐트
페샤와르
자바
하프
헤라트
카인
툰
지르쿠흐
이스파한
야즈드
할할
타룸
루드바르
람바사르
주르잔
잔잔
탈리칸
메이문디즈
알라무트
아물
마흐린
비스탐
술타니야
피시킬레
카즈빈
탈리칸
기르드쿠흐
담간
아브하르
쿠미스(쿠미쉬)
테헤란
다마반드
피르즈쿠흐
라이
압바스아바드
심난
하르(가름사르)
사바
하마단

하마단을 경유하여 비스툰 부근으로 갔다. 거기서 반다니진으로 갔다가 12월에는 바그다드 남쪽에 위치한 힐라에 숙영했다. 그가 그곳에 머물고 있을 때 이집트에서 사신들이 찾아왔지만 그들을 타브리즈로 보내 구금시켰다. 주치 울루스의 톡타이가 보낸 사신들이 300명의 기병과 함께 도착하였는데, 칸은 그들에게 연회를 베풀고 많은 은사를 내렸다.

v.5, p.155, 5 ~p.156, 17 1303년 2월 초에는 카르발라에 들러 예언자 무함마드의 손자인 후세인의 성묘를 참배하였다. 그러는 사이에 후라산에서 전갈이 도착했는데, 4000명의 적이 침공했지만 칸의 동생인 하르반다 왕자의 군대가 그들을 모두 격파했다는 소식이었다. 가잔 칸은 유프라테스 강을 건너 하디싸에 도착했고, 카툰들과 유수영은 신자르로 가서 머물도록 했다. 그는 강 가운데에 있는 섬에 위치한 아나라는 도시에 들어가 숙영하였는데, 그곳의 과수원과 정원에는 5킬로미터 폭으로 나무와 꽃과 향초들이 가득했다. 얼마나 많은지 햇빛이 땅에 비치지 않을 정도였다. 대리석으로 지은 전각과 높은 건물들이 세워져 있었는데, 창문들은 유프라테스 강과 천국 같은 정원을 향해 열려 있었다. 또한 강 양안을 따라 50킬로미터 정도는 폭 5킬로미터가 건물로 빼곡하게 들어찼고, 강물을 대는 댐들이 이어져 있었으며, 물레방아가 밤낮으로 물을 끌어올리고 있었다.

v.5, p.157, 6 ~p.158, 22 가잔 칸은 3월 중순에 라흐바 근교에 도착했다. 그는 대장군 수에타이와 술탄, 그리고 이 책의 저자인 나 라시드 타빕, 사힙 디반의 직책을 맡고 있던 사아드 앗 딘 등에게 성채 가까이 가서

투항을 권유하라고 지시했다. 명령에 따라 아랍어로 쓴 칙령에 인장을 찍어서 성채 안으로 보냈다. 그다음 날 성채의 영주는 한 무리의 귀족 대인들과 함께 성 밖으로 나와 칸을 알현하고 복속했다.

3월 말경에 후라산 방면에서 좋은 소식이 왔는데, 카이두의 군 v.5, p.159, 1 ~21
대가 패배하여 그는 사망하고 두아는 부상을 입었다는 것이다. 이러는 사이에 쿠틀룩 샤, 추반, 물라이 등이 군대와 함께 라카 부근에서 유프라테스 강을 건넜고 알레포 변경에 도착했다. 봄이 되자 강의 수량이 불어났고 날씨도 더워졌다. 가잔 칸은 신자르와 모술 방면으로 향하기 위해 4월 초에 유프라테스 강을 건넜고, 뒤이어 티그리스 강을 건너 카샤프 평원에 숙영하였다.

이슬람의 제왕이 시리아로 파견한 쿠틀룩 샤는 군대를 이끌고 v.5, p.160, 5 ~p.161, 1
힘스에 도착하여 대대적인 약탈과 살육을 시작했다. 그들은 4월 19일 다마스쿠스 부근에 도착하여 적과 마주쳤고, 그다음 날 전투가 벌어졌다. 아군의 좌익이 적의 우익을 공격하여 그들의 중요한 장군 열세 명을 죽이고 적군을 패주시켰다. 중군을 지휘하던 쿠틀룩 샤가 적군을 추격하는 좌익을 돕기 위해 그쪽으로 이동하자 우익은 고립된 상태가 되었다. 그때 맘루크 군 좌익의 공격을 받았고 아군의 숫자가 적었기 때문에 후퇴할 수밖에 없었다. 쿠틀룩 샤가 돌아왔을 때에는 이미 승패가 정해진 상태였다.

쿠틀룩 샤는 언덕 위로 올라가 자리를 잡았고 우리 측 병사들 v.5, p.161, 2 ~p.162, 5
도 그곳으로 갔다. 그날 밤은 새벽이 될 때까지 모두 말을 타고 있었다. 갈증이 사람과 가축을 엄습했고, 이집트인들은 밤중에 언덕을 포위했다. 해가 뜨고 전투가 시작되었는데, 오전이 지나기 전에 병사들은 이탈하고 천호들 역시 서로 떨어져서 전열을 정비하는 것이 불가능해졌다. 정오 기도 시간이 될 때까지 버텼지만 결국 퇴각해서 돌아왔다. 도중에 수많은 말이 물과 진창에 빠져 죽었다. 퇴각하던 병사들은 전부 흩어졌다. 5월 7일 쿠틀룩샤가 카샤프 평원에 머물고 있던 가잔 칸의 어전에 도착했다. 어기는 이동을 시작하여 아르빌로 온 뒤, 거기서 장기 지방의 협곡을 경유하여 바그다드로 갔다. 마침내 6월 하순에 이슬람의 도시 우잔으로 돌아와 숙영하였다.

v.5, p.163, 1~19 가잔 칸은 9월 초순에 도읍 타브리즈로 가서 자리를 잡았다. 군대와 무기를 정비하라는 지시를 내렸는데, 그때 돌연 안질이 생겼다. 의사들이 치료를 위해 진력했지만 효과가 없었다. 키타이 출신 의사들이 뜸을 떠서 치료를 시도했고 그의 몸 두 군데에 그 자국이 생겼다. 칸은 10월 말에 타브리즈를 출발했다. 인도에서 보내온 코끼리 등에 보좌를 올려놓았다. 오후까지 코끼리를 타고 갔고, 도시의 주민들은 남녀를 불문하고 몰려나와 그 모습을 구경하면서 칸의 건강을 위해 기도하였다.

v.5, p.164, 2~16 얼마 후 배에 뜸을 놓다가 생긴 상처 때문에 고삐를 쥐기도 힘들어졌다. 그래서 대부분의 시간을 들것에 실려 있었다. 하루 이동 거리도 짧아졌다. 11월 말경에 수구를룩과 하마단 부근에 많은 눈이 내리고 추위가 혹심해졌다. 그 길을 통과해서 동영지가 있는 바그다드로 가는 것은 불가능했다. 그런 연유로 훌란무렌 강가에 숙영하였는데, 그곳도 아주 훌륭한 동영지였다. 주위에

먹거리가 충분했고 땔감도 많았다. 사람들은 각자 자신의 목지에 자리를 잡고 숙영했다.

그다음 해인 1304년 1월 가잔 칸의 부인인 사라이 주르마가 동 v.5, p.170, 1 ~p.171, 5
영지에서 사망했다. 그녀는 아직 한창 젊은 나이였고 세상의 맛을 보지도 않았기 때문에 칸은 몹시 비통해했다. 그는 그녀가 사망한 뒤 그의 오르도에 와서 많이 울었다. 하루는 대신들이 모두 참석한 자리에서 "세상에서 가장 어렵고 힘든 것이 무엇인가?" 라고 그가 물었다. 사람들은 "적에게 포로가 되고 굴복하는 것" 이라고도 하고, "가난함" 혹은 "죽는 것"이라고 대답하기도 했다. 그러자 그는 이렇게 말했다. "가장 힘든 것은 태어나는 것, 즉 세상에 나오는 것이다. 바로 거기에서부터 모든 고통, 재난, 상처, 고난이 생기기 때문이다. 만약 존재하지 않았다면 어떠한 어려움도 없었을 것이다. 그렇기 때문에 세상 사람에게 죽음보다 더 좋은 휴식은 없다. 자연이 주는 속박에서 풀려나는 일이야말로 영혼의 해방을 가져온다."

봄이 되자 그는 훌란무렌의 동영지에서 이동하여 사바라는 도 v.5, p.172, 2 ~p.175, 6
시로 갔다. 거기서 연회를 베풀고 모든 카툰과 왕자들과 대신들이 그에게 술잔을 바치고 고두의 예를 취했다. 사흘 뒤 그는 라이로 출발했다. 기력도 회복하여 말을 타고 각종 음식도 먹을 정도가 되었다. 그런데 병이 재발할 기미를 보였다. 라이 부근에 도착했을 때는 병환이 그를 압도한 상태였다. 큰 부인인 불루칸 카툰을 빨리 불러오라고 지시했다. 칸은 거기서 조금씩 이동하여 카즈빈 교외에 있는 피시킬레에 도착했다. 카툰과 대신과 귀족들이 차례로 와서 그를 만났다. 그들에게 각자의 처지에 맞는 훈계와 충고를 해주었다. 그리고 이미 5년 전에 자신의 후계자로 임명했던 동생 하르반다 울제이투 술탄에게 그 약속을 다시 확인시켜주었다. 마침내 5월 17일 그의 영혼이 허영의 왕국에서 열락의 낙원으로 옮겨갔다. 그의 고귀한 유해는 타브리즈 교외에 있는 샴이라는 곳에, 그가 전에 건설을 명했던 높은 묘지에 묻었다.

에필로그*

나는 주군인 가잔 칸의 칙령에 따라 여기저기 흩어져 있는 다양한 문서와 책자와 사본들을 기초로 해서 이 『가잔 축복사』, 즉 세계 정복의 군주 칭기스 칸과 그의 일족들의 역사를 기록하였다. 그런데 이 책의 본문을 완성하고 그 초고의 일부를 깨끗이 필사한 상태에서, 아직 책 전체의 머리말은 쓰기 전인 1304년 5월 17일, 가잔 칸은 카즈빈 부근에서 육신의 껍질을 벗고 천국의 보금자리로 가셨다. 그가 임종하기 5~6년 전에 직접 후계자로 임명하신 무함마드 후다반다, 즉 울제이투 칸은 당시 후라산 지방에 있었는데, 형 가잔 칸의 임종 소식을 듣고 곧바로 왕국의 도읍이 있는 아제르바이잔을 향해 출발하여 마침내 그해 7월 4일 '이슬람의 도시' 우잔에 있는 거대한 오르도에 도착했다.

왕비와 왕자들, 장군과 대신들이 집결하여 새 군주를 모시는 영광에 동참했다. 칸은 며칠 동안 나라의 중대사를 엄정하고 신

* 원문에는 「서언」이라고 되어 있고, 『집사』의 제1부, 즉 몽골제국사의 첫 부분에 나온다. 그러나 실제로는 라시드 앗 딘이 본문을 모두 완성한 뒤에 최종적으로 쓴 것이며, 몽골제국사 서술의 편찬 경위를 설명하는 편찬자의 에필로그라고도 할 수 있다. 따라서 본서에서는 이 부분을 원래의 위치에서 책의 말미로 옮겨서 「에필로그」로 삼았다.

중하게 살핀 뒤, 7월 19일 여명에 대쿠릴타이를 열었다. 기쁨의 연회가 끝난 뒤 그는 가잔 칸이 제정한 법령과 규범을 자세히 살펴보았고, 형에 대한 깊은 사랑과 감사의 마음으로 그를 위해 일하던 장군과 대신들이 과거와 같은 지위를 유지하며 존경을 받도록 하였다. 이렇게 각자의 직위와 직무를 정하고, 왕국의 사무와 강역의 업무도 과거와 동일한 방식과 기준에 따라 시행되도록 조치를 취하였다.

이어서 폐하께서는 일부만 정사되고 대부분 초고 상태로 있던 이 역사서를 두루 살펴보신 뒤, 제왕다운 지성과 통찰력으로 내용을 대폭 개정하라고 지시하셨다. 개정된 책은 형의 치세에 집필된 것이기 때문에 가잔 칸의 이름으로 완성하고, 그에 대한 헌사를 써서 책의 머리말로 삼으라고 하셨다. 그는 또 이렇게 말씀하셨다.

> 지금까지 어느 시대에도 세계 모든 지역의 민족과 온갖 계층에 대한 정황을 기록한 역사서는 집필된 적이 없다. 그러나 지금은 지상의 많은 나라들이 칭기스 칸 일족의 칙령을 받들고 있고, 키타이와 마친, 인도와 카시미르, 티베트, 위구르와 여타 튀르크 종족들, 아랍과 프랑크 등 각종 종교와 민족에 속한 현자와 점성가와 학자와 역사가들이 짐의 어전에 모여 있다. 그들은 각각 자기 족속의 역사와 설화와 신앙에 관한 글들을 갖고 있다. 그러니 그것들을 토대로 완벽한 개요를 짐의 이름으로 완성하고, 그것을 세계의 강역과 지리를 묘사한 책과 함께 모두 두 부분으로 집

> 필하라. 그것을 상술한 『가잔 축복사』의 속편으로 만든다면, 유례가 없는 대집성이 될 것이다. 그 같은 기념물은 어느 시대의 제왕도 갖지 못했던 것이니 지체 없이 완성시켜, 나의 이름과 명예를 영원케 하라.

이 같은 명령에 따라 나는 상술한 종족들에 속한 덕망 있고 탁월한 사람들에게 탐문하고 과거의 서적들에 기록된 내용을 수집하여, 지상의 여러 지역의 보편적인 역사를 서술한 『세계 민족지』를 집필했다. 또한 그것의 보충으로 여러 경역의 지도와 도로에 관한 『세계 경역지』를 편찬하여 이 『가잔 축복사』의 속편으로 삼았다. 이렇게 세 부분으로 이루어진 책 전체를 『집사(集史)』라고 이름했다.

어떠한 역사가라도 자신이 쓰고 서술하는 사실과 일화들을 모두 직접 자신의 눈으로 목도하지 않았다는 것은 분명한 사실이다. 따라서 그들은 사실과 사건을 서술할 때 전승에 의거할 수밖에 없다. 전승에는 두 가지 종류가 있는데, 하나는 '연속된 것'이고 다른 하나는 '고립된 것'이다. 즉 전자는 전승의 사슬이 끊어지지 않고 연결된 것이고, 후자는 그렇지 않고 개별적인 일화들만 전해지는 것이다. 다양한 종족과 장구한 세월에 걸친 역사는 완전히 확인할 수 없고, 또 그에 관한 전승도 서로 일치하지 않는다는 사실은 분명하다. 비록 연속된 전승일지라도 전하는 사람이 자의적으로 과장하거나 축소하는 경우도 많다. 더구나 고립된 전승은 진실 여부를 두고 의견이 엇갈릴 수밖에 없을 것이다.

만약 역사가가 확실한 사실만을 서술하고자 한다면, 세상에서 벌어진 사건과 사실과 일화들은 전부 폐기될 것이고, 역사를 서술한다는 것 자체가 무용한 일이 되고 말 것이다. 따라서 역사가의 의무는 여러 종족들 사이에 전해지는 일화와 사실들을, 그들이 갖고 있는 서책 속에 기록된 것이나 혹은 구전을 통해 전해지는 방식대로, 즉 그들 사이에 통용되는 유명한 책자나 덕망 있는 명사들의 입을 통해서 얻은 내용을 진술하고 집필하는 것이다.

전승에 관한 나의 입장을 밝히는 목적은 다음과 같다. 이 보잘것없는 사람이 『집사』라는 책을 저술하라는 어명을 받아, 각 종족이 갖고 있는 유명한 서적 안에 묘사되어 있는 것, 또 각 종족에게 연속적인 전승을 통해 잘 알려진 것, 그리고 신망 있는 식자와 현자들이 자기의 신념에 따라 서술한 것, 바로 그 같은 자료들에 기초하여 어떠한 개변이나 교체나 유추를 가하지 않고 모두를 있는 그대로 글로 옮겼다는 것을 밝히기 위함이다. 필자의 이해 부족이나 전승인들에 대한 부주의로 그중 일부가 누락되었을 가능성도 있다. 또한 전력을 다하여 일화들을 탐색하려고 했지만 별다른 성과를 거두지 못한 경우도 있었다.

뿐만 아니라 시간도 충분하고 내가 젊고 여유가 있는 나이라면 어떻게든 더 훌륭하게 만들 수 있었겠지만, 노년에 들어선 뒤에야 비로소 이 작업을 하도록 임무를 부여받았다. 더구나 폐하께서는 이 무능한 종을 재상으로 임명하여 국가의 대사를 처리하는 일을 위임하셨으니, 그 일을 하기에도 능력이 부족한 내가 그에 못지않은 중대사라고 할 수 있는 역사를 집성하는 이 일을 어떻게 또 감당할 수 있겠는가? 그러니 이 책을 읽으실 수많은 대인들께서는 이러한 이유와 변명들을 생각하여 관용을 베풀어 주실 것을 바라며, 오류와 결점이 눈에 띄고 실수와 잘못이 있어도 널리 용서해주시리라 믿는다. 또한 필요하고 적절하다고 판단된다면 수정과 첨가를 말씀해주시고, 이 무능한 사람의 사과를 받아들여주시기를 바란다.

나라의 종인 내가 자신의 부족함에 대해, 또 자신과 다른 역사가들을 위해 변명을 적은 내용을 이 책의 전체 '서문'으로 작성하여 어전에 헌상하니, 울제이투 폐하께서는 그것을 살펴보시고 자비의 은사를 베풀며 이렇게 말씀하셨다.

> 이전에 어느 누가 서술하고 집필한 것일지라도 거기에는 과장과 축소가 있을 수 있다. 네가 언급했듯이 그들은 용서받을 것이며, 너도 분명 용서받을 수 있으리라. 칭기스 칸의 시대부터 지금까지 모든 사건과 지파에 대한 설명은 정확하고 진실되며 어느 누구도 반박할 수 없다. 이와 같은 것은 누구도 쓴 적이 없고 기록한 적도 없었다. 그 같은 사건과 일화와 그 세세한 내용들을 잘 알고 있는 사람들이라면 모두 이에 동의할 것이며 이의를 제기하지 못할 것이다. 이 역사서보다 더 정확하고 진실되며 더 분명한 책을 이제껏 아무도 쓴 적이 없었노라.

이슬람의 제왕 폐하께서 이토록 기뻐하셨기 때문에 나는 지고한 신께 감사를 드렸다. 비록 모든 방면에서 나 자신의 부족함을 알고 있었지만, 폐하께서 그렇게 기뻐하시고 가납하시며 자애로이 받아주시니 어떠한 감사로 보답할 수 있겠는가. 지고한 창조주께서는 종을 위로하시는 이 군주에게 자비의 그림자를 드리우사, 그의 통치와 왕좌의 위대함을 영원하게 하소서!

시각자료 출처

그림

1. 세 아들을 훈계하는 알란 코아, 프랑스 파리 국립도서관, Supplement persan 1113, Ǧāmi' al-tavārīḫ. Rašīd al-Dīn Fazl-ullāh Hamadānī, 15v.
2. 치나스 부족을 가마솥에 삶아 죽이다, 프랑스 파리 국립도서관, Supplement persan 1113, Ǧāmi' al-tavārīḫ. Rašīd al-Dīn Fazl-ullāh Hamadānī, 98v.
3. 칭기스 칸의 즉위, 프랑스 파리 국립도서관, Supplement persan 1113, Ǧāmi' al-tavārīḫ. Rašīd al-Dīn Fazl-ullāh Hamadānī, 44v.
4. 칭기스 칸의 사망과 장례, 프랑스 파리 국립도서관, Supplement persan 1113, Ǧāmi' al-tavārīḫ. Rašīd al-Dīn Fazl-2ullāh Hamadānī, 117r.
5. 톨루이와 소르칵타니 베키, 프랑스 파리 국립도서관, Supplement persan 1113, Ǧāmi' al-tavārīḫ. Rašīd al-Dīn Fazl-ullāh Hamadānī, 164v.
6. 바그다드 공략전, 프랑스 파리 국립도서관, Supplement persan 1113, Ǧāmi' al-tavārīḫ. Rašīd al-Dīn Fazl-ullāh Hamadānī, 180v-181r.
7. 가잔의 시리아원정, 프랑스 파리 국립도서관, Supplement persan 1113, Ǧāmi' al-tavārīḫ. Rašīd al-Dīn Fazl-ullāh Hamadānī, 236r.

지도

1. 몽골제국 출현 전야의 세계와 몽골 고원의 주요 부족들, 김호동, 『아틀라스 중앙유라시아사』, 사계절출판사, 2016, 128~129쪽.
2. 칭기스 칸의 대외 원정 – 오이라트·탕구트·여진, 김호동, 『아틀라스 중앙유라시아사』, 사계절출판사, 2016, 131쪽.
3. 칭기스 칸의 대외 원정 – 중앙아시아·서아시아, 김호동, 『아틀라스 중앙유라시아사』, 사계절출판사, 2016, 130쪽.
4. 몽골의 서방 원정, 김호동, 『아틀라스 중앙유라시아사』, 사계절출판사, 2016, 133쪽.
5. 몽골제국의 역참 네트워크, 김호동, 『아틀라스 중앙유라시아사』, 사계절출판사, 2016, 156~157쪽.

6. 톨루이 가문의 쿠데타, 김호동, 『아틀라스 중앙유라시아사』, 사계절출판사, 2016, 134쪽.
7. 뭉케 카안의 남송 원정, 라시드 앗 딘 지음, 김호동 역주, 『칸의 후예들』, 사계절출판사, 2005, 488쪽.
8. 훌레구의 서방 원정, 김호동, 『아틀라스 중앙유라시아사』, 사계절출판사, 2016, 133쪽.
9. 쿠빌라이와 아릭 부케의 대결, 김호동, 『아틀라스 중앙유라시아사』, 사계절출판사, 2016, 137쪽.
10. 쿠발라이와 카이두의 대결, 김호동, 『아틀라스 중앙유라시아사』, 사계절출판사, 2016, 139쪽.
11. 몽골의 남방 원정, 김호동, 『아틀라스 중앙유라시아사』, 사계절출판사, 2016, 132쪽.
12. 카안 울루스의 행정구역, 1310년경, 김호동, 『아틀라스 중앙유라시아사』, 사계절출판사, 2016, 145쪽.
13. 나얀의 반란과 카라코룸 공방전, 김호동, 『아틀라스 중앙유라시아사』, 사계절출판사, 2016, 140~141쪽.
14. 몽골 지배기의 서아시아, 라시드 앗 딘 지음, 김호동 역주, 『이슬람의 제왕』, 사계절출판사, 2023, 삽지.

참고 문헌

『집사』 번역본

『라시드 앗 딘의 집사 1: 부족지』(김호동 역주, 사계절출판사, 2002)

『라시드 앗 딘의 집사 2: 칭기스 칸기』(김호동 역주, 사계절출판사, 2003)

『라시드 앗 딘의 집사 3: 칸의 후예들』(김호동 역주, 사계절출판사, 2005)

『라시드 앗 딘의 집사 4: 일 칸들의 역사』 (김호동 역주, 사계절출판사, 2018)

『라시드 앗 딘의 집사 5: 이슬람의 제왕』 (김호동 역주, 사계절출판사, 2023)

W. M. Thackston, *Rashiduddin Fazlullah's Jami'u't-tawarikh: Compendium of Chronicles*, 3 vols(Cambridge, Mass.: Harvard University, Dept. of Near Eastern Languages and Civilizations, 1998~99)

개설서

김호동, 『몽골제국과 세계사의 탄생』(돌베개, 2010)

김호동, 『아틀라스 중앙유라시아사』(사계절출판사, 2016)

데이비드 O. 모건, 『몽골족의 역사』 (권용철 옮김, 모노그래프, 2012)

르네 그루쎄, 『유라시아 유목제국사』(김호동·유원수·정재훈 옮김, 사계절출판사, 1998)

스기야마 마사아키, 『몽골 세계제국』(임대희·김자구·양영우 옮김, 신서원 1999)

M. Biran & Kim Hodong ed., *The Cambridge History of the Mongol Empire*(Cambridge: Cambridge University Press, 2023)

T. May & M. Hope ed., *The Mongol World*(London: Routledge, 2022)

기타

라츠네프스키, 『칭기스 칸』(김호동 옮김, 지식산업사, 1992)

마리 파브로, 『말 위의 개척자, 황금 천막의 제국』(김석환 옮김, 까치, 2022)

모리스 로사비, 『쿠빌라이 칸』(강창훈 옮김, 천지인, 2008)

『몽골비사』(유원수 옮김, 사계절출판사, 2004)

찰스 핼퍼린, 『킵차크 칸국』(권용철 옮김, 글항아리, 2020)

티모시 메이, 『칭기스의 교환』(권용철 옮김, 사계절출판사, 2020)

인명 찾아보기

ㅅ

몽골제국 연대기

2024년 8월 23일 1판 1쇄
2024년 9월 20일 1판 2쇄

지은이
라시드 앗 딘

옮기고 엮은이
김호동

편집
이진, 이창연, 조연주

디자인
박다애

제작
박흥기

마케팅
김수진, 강효원

홍보
조민희

인쇄
천일문화사

제책
J&D바인텍

펴낸이
강맑실

펴낸곳
(주)사계절출판사

등록
제406-2003-034호

주소
(우)10881 경기도 파주시 회동길 252

전화
031)955-8588, 8558

전송
마케팅부 031)955-8595, 편집부 031)955-8596

홈페이지
www.sakyejul.net

전자우편
skj@sakyejul.com

블로그
blog.naver.com/skjmail

페이스북
facebook.com/sakyejul

트위터
twitter.com/sakyejul

값은 뒤표지에 적혀 있습니다. 잘못 만든 책은 서점에서 바꾸어드립니다.
사계절출판사는 성장의 의미를 생각합니다.
사계절출판사는 독자 여러분의 의견에 늘 귀 기울이고 있습니다.

이 책의 본문은 '을유1945' 서체를 사용했습니다.

ISBN 979-11-6981-220-7 03900